THE MISSING JEW

New and Selected Poems

Books by

RODGER KAMENETZ

Poetry

The Missing Jew   (1979)
Nympholepsy   (1985)

Autobiography

Terra Infirma   (1985)

THE MISSING
JEW

New and Selected Poems

by RODGER KAMENETZ

TIME BEING BOOKS
POETRY IN SIGHT AND SOUND
Saint Louis, Missouri

Time Being Books
10411 Clayton Road
Saint Louis, Missouri 63131

Time Being Books volumes are printed on acid-free paper, and binding materials are chosen for strength and durability.

Library of Congress Catalog Card Number: 91-68488

ISBN 1-877770-56-6
ISBN 1-877770-57-4 (pbk.)
ISBN 1-877770-59-0 (cassette)

Designed by Ruth A. Dambach
Southeast Missouri State University
Manufactured in the United States of America

First Edition, first printing (March 1992)

Acknowledgments

Certain poems in this book first appeared in the periodicals *The Reconstructionist*, *Midstream*, *ORIM*, Baltimore *Jewish Times*, *Gargoyle*, in the anthologies ***Voices Within The Ark*** (Avon), ***Up Late*** (Four Walls and Eight Windows), ***From Adam to Zipporah*** (Judaisms) and in ***The Missing Jew*** (Washington, D.C. and San Francisco: Dryad Press, 1979), and *Nympholepsy* (Washington, D.C. and San Francisco: Dryad Press, 1985). I am grateful for permission to reprint these poems.

Also, I want to thank Merrill Leffler, publisher of Dryad Press, for his generous past support of my work.

I am especially appreciative of the staff of Time Being Books for their skill in presenting this book.

To the memory of my grandparents:

David Kamenetz and Dora Kamenetz,

Benjamin Kierr and Agnes Kierr

Contents

MIDRASH

APOCRYPHA AND PROVERBS

THE MISSING JEW

New and Selected Poems

THE MISSING JEW

JEW

Part One

History of the Invisible

I

The invisible is stronger than the visible.
The desert subtracted so many objects
there was nothing left but the wind.
Like all good ideas, God was stolen.
The Jews being superior thieves
removed all the markings.

The history of my family is
the history of breezes.
And the exodus, the getaway:
my grandfathers, one carrying
a barber pole, the other
a tailor's needle.

II

Jews do not come from heaven
they come from Russia.
With green eyes and olive skin.
Jews do not go to heaven
they go to Baltimore.

They do not come from heaven
because heaven is always
in the back of their minds.
They don't want to think about
heaven any more
it's too much trouble.

III

God was stolen by the Jews
from an old Egyptian. My grandfather
with his sack on his back
carried God in steerage to America.

➜

In the beards of rebbes
in loaves of challa
God was smuggled
into America.

But when they assembled the pieces
there wasn't enough
God in America
to fill the empty spaces:
too much desert
too many opportunities.
The Jews went about their business
because they forgot God was
looking, and they dropped
the pieces all over the place
a little here, a little there
the sweepers have too much
work to do, there are
only a few sweepers and they stand
with their brooms
looking for God in the dust.

IV

The dead are with you when you try
to write history — it cheers them up.
Most of time is so gloomy and slow
but in history time moves with a lilt.
My grandfather on his boat to
America stood on the deck to
get some fresh air. A sailor
knocked him on the head with a bat
and stole his sack. There was
nothing inside it but rags.

V

The Jews' history was huge and murky
no room for it anywhere in Europe.
If only the Jews could inherit Texas
it might be big enough to hold their past.

The Jews who went out West
wore cowboy hats
like Cousin Dan from Oklahoma
who showed up
at my grandfather's funeral
by uncanny instinct
in his cowboy hat and boots
and just sat in the living room
while we stared.

It is amazing how the land
will transform a man's face:
Cousin Dan looked part Cherokee
part fat cat oilman
(he sold buttons).
And he spoke with a twang,
the yarmulke kept falling off
his ten gallon head,
only a cowboy hat
would fit.

VI

Being Jewish is magnetic.
A polarity points us
in the same direction
just as all synagogues
have a praying wall facing east.
So that around a Jew, even if

* * *

he doesn't know he's a Jew,
there's a disturbance in the air,
something has cut across
his spiritual field,
someone is interfering
with the regular broadcast
to insert a special message.

Because what 5000 years
would sound like is
a lot of Jews killed
for no particular reason
over and over
in an insistent rhythm
that beats under ordinary time
sending shocks everywhere.
Any time a metaphor
gets out of hand
more Jews are killed
to restore the general complacency.

An Explanation

An old man went to a rabbi saying, "I demand an explanation for all this suffering." The rabbi said, "Walk out of town, keep walking in a straight line and you will find an explanation." So the old man thought he had nothing to lose, he was going to die any day; he followed the rabbi's advice and walked.

He kept walking and there was nothing, just an ordinary road — a man in a wagon moving slowly. He thought, maybe it would be all right if I got a ride with him because the old man wasn't used to so much walking. He called to the driver, and the driver whipped his horses. The old man ran after him, shouting, and finally the wagon stopped. He came around to the front of the wagon and was surprised to see the rabbi driving.

"Why didn't you stop?"

"You see," the rabbi said, "a man in a hurry doesn't have time for explanations."

THE MISSING
JEW
Part Two

"When a person who is close to you dies, in the first few weeks after his death he is as far from you, as far as a near person can ever be; only with the years does he become nearer, and then you can almost live with this person."

— Isaac Bashevis Singer

K

I

Once I hit my thumb with a hammer.
It was an accident.
I was nailing up a portrait
of my grandfather.

Pain runs in the family.
A dull ache spreads
through the family tree
flowering in ludicrous buds.

Probably infected
with the same luminous sap
we all stagger, limp
or walk improperly.

We do not understand ourselves.

In the portrait
he holds his limbs stiff
trunk straight
hair brushed high
in a pompadour.

II

I spend my time in Riga
loading apples for the Duke.
We take them in a wagon
my father and I
and sell them in a market.

My father was a tailor
and so I am a tailor.
We call the dumb ones farmers
say they have goyishe kopf
don't know how to make a dollar.

Market Place I sold vegetables
cabbage, celery, onions
sold them by the bushel.
I rented rooms to greenhorns.
They kept horses in their bathtubs.

Ben made my deliveries.
I said, "Ben, you should get married."
I had a sister Sara.
We went down to City Hall
to get a dog's license.
"As long as we are here
you can get a marriage license."

Then I found out he was stealing.
He kept back half the money.
But what could I do?
I had to sell the business.
I couldn't fire family.

Then I had the soda factory.
We made chocolate soda
but they drove us out of business
when we couldn't get the bottles.
Goyishe kopf.

Then I was a tailor.
Irvin rang doorbells and asked,
"Do you have any cleaning?"
That's how we made the Depression.
I took one side of the street
and he took the other.

And when I had the clothing store
down on Gay Street, I kept
iron bars under the clothes.
If some tried to rob me — the bastards —
I hit them over the head.

And Dora tended bar with me
in Annapolis.
She kept a baseball bat
behind the counter.

You know something.
I wanted him to be a doctor.
A doctor looks at you and says,
"Five dollars please." "Thank you."
"Five dollars." "Thank you."
But he wouldn't listen.
He had a job.
He was making twenty-five dollars a week.
That was a lot of money.
And he had a machine, a Chevrolet.
He wouldn't listen that time.

And once in Riga
I went down to a lake
it was early morning
it was the Duke's forest
that's all I remember.

III

He had a theory about the wind
he'd brought with him from Kamenetz.
How branches blocked the good winds
and kept the tree from blooming.

He told my father,
"Cut your hair.
The apple doesn't fall
far from the tree."

To me he said,
"Act like a gentleman.
Walk up to a man and shake his hand.
Say, 'Good morning, sir.'
'How are you, sir?'
'Nice to see you.' "

That October
his tree bore fruit.
I shook one down.
We each ate a slice.
He said, "Old apples
taste the sweetest."

Kay's Cleaners

Thousands of needles, a forest
stuck in a tabletop,
little slabs of tailor's soap
for marking hems and seams,
drawers and drawers of buttons
big, small, wooden, plastic,
yardsticks with old phone numbers
from the days of advertising,
worn cloth measures,
cards that read "Kay's Cleaners"
stained at the edges.

In the back a yellowed frigidaire
7-Up and an Eskimo Pie,
a toilet where I'd
try on new pants and up two steps
the steam press, treadle run
lid up like a car hood.

Racks and racks of unclaimed clothes.
"Here try this on — it fits you."
Pleated pants.
"Don't worry
I'll take them out."
Closing his eyes
he'd roll the fabric
between his fingers.
"It's good material."

The old neon "Kay's Cleaners."
K the secret initial
code name for the mispronouncable.
Once a sailor whose suit was burned
stormed in demanding K.
He looked up from his sewing.
"My name is Walker."

Through the years, the sign
in the window faded.
The models, smiling,
in their latest fashions
1943
turned sickly pink
still promising
"magic dye"
"invisible weave."

The rows of unclaimed cleaning hung
in their sylph robes
yellow tickets
with unlikely addresses.
The trousers walked all day
in their racks
blown by the power fan
while their owners
moved to other cities
wore other clothes
used other cleaners.

Scraps

After he blacked out
backed over a gas main
cracked a fire hydrant
crashed into a window
crushed two parked cars
and nearly killed a dog

they took away his license.

And the family said why don't you two
move up there with him but we said
no we have our own life to live
so went down to Virginia.

And he said, How are you living there?
Grandpa, we have no running water
no bathroom, just an outhouse, no heat
we cut our own wood for fires.

And he said, I told your father not
to send you to Harvard.
Better you should have stayed at the state school.
Now your eyes are in the woods.

What do you mean, Grandpa?
But he just said,
They gave you everything
and you start from scraps.

Curve of the Earth

I turn on the lamp.
"Grandfather, where have you been?"

"I have been in the room
where voices mingle
like waters in a faucet.

I want to tell you
your dreams have no meaning
and no one speaks alone
or ever dies alone.

Sometimes you come near
and I can almost touch you.
Your feeling is bright
like sunlight on a ditch,

but when you rehearse
the sentence that disquiets you
your dim words fall off
the curve of the earth."

Fool the Angel

His father was a blacksmith,
also, baker of matzo
author of passports.

Breakfast in a dishpan
milk, black bread
and potatoes.

In spring they got busy
on long wooden tables
rolling out matzo meal

while he pricked
holes in the matzos
with a metal wheel.

One son was left,
a sister-in-law,
and her baby.

The passport room
had the only wooden floor
in the village.

His father said,
"Take your brother's name"
and wrote him a passport.

The first time they called him
to board the ship
he didn't answer.

Four days out
and so seasick
they took him for dead.

Prayed together to
change his name
to fool the Angel of Death.

No Pep

He got tired of working
in blacksmith shops
and the factory paid well

but the doctor said
the steam and oil
are settling in your lungs.

His cousin said,
"Come to Dallas
the climate will do you good."

"Why do you want
to go out West?
In their pockets, guns."

He started with a pushcart
and fifty dollars
from the Hebrew Free Loan

then opened a grocery
with his cousin
bought secondhand fixtures

got wholesale credit
slept the first week
with a gun on his lap

until he got locks
and wire screens
but the grocery failed.

Out on the streets
wandering around
a wife and two babies at home

no pep, no confidence
no prospects, he wondered
why he had come.

Married Up

I'd moved in the house
with my partner and his sister.
She cooked for us.

About that time
the war had started
my family talked me

into marrying up
to keep me out
of the army.

So we bought a home
on Peabody
got along very nice.

After we lived there
about three years
my wife got very nervous.

The Pious Barber

I call myself rotten.
I call the world I live in
a rotten taste of world.
I don't cut hair on Shabbas.

Meat of pig.
Things that swarm.
Cloven hoofs
that chew no cud.
Hair I sweep.
Shmata hair.
Tuchus hair.
Little balls of dreck.

Thou shalt not and
thou shalt not and
thou shalt not

work the Shabbas.

Queen of Torah.
Rabbi's daughter.
Woman of ecstasy.
Daughter of Solomon.

Dancing by a
braided candle.
Saying prayers
with a silver spicebox.
Dowsing the candle
in the wine.

Shimmering.

You Should

You should live that long.
You should be so lucky.
You should only see them.
You should see them now.
You should have seen them.
You should be seeing them soon.

You should drop dead, you.
You should drop dead in the street of a heart attack.
You should drop dead in the street and the angels
    shouldn't know you.
You should drop shit in the ocean.

You should be a doctor.
You should finish school.
You should only know what I know.
You should take care of yourself.
You should watch your diet.
You should eat lots of fruits and vegetables.
You should live to a hundred and twenty years old.

You should know better.
You should know by now.
You should a listened.
You should listen what advice I give you.
You should watch out for yourself.
You should be careful.
You should drop dead you mamzer.

You should hurt where you breathe.
You should drown in the ocean.
You should have tsuris.

You should be so poor.
You should be so desperate.
You should be unhappy like that!
You should be poor like the Rockefellers.
You should be so poor.
You should have such problems.

THE MISSING
JEW

Part Three

"And Jacob swore by the Fear of his father Isaac."

Genesis 31:42

Santa C.

At first it meant you didn't believe in
Santa Claus, then later that you returned
the reproaches, became the doubter
wiseguy, cynic. Because not
going along with the official magic
left you looking for how the tricks worked.

Santa Claus with his rouged cheeks
candy cotton beard and black boots
became the enemy: so bright and cheery
he promoted a love of melancholy
in Jewish children.

Pilpul

Rabbi, if a child is born with two heads
which head should wear the yarmulke
on which head the tefillin?
Some say the right head and some
say the left. All quote Torah.
Some say both heads, just in case.

But if a man is born with two heads
he is always confused. He never knows
on which head to wear the yarmulke.

Two heads and only two eyes.
He walks towards himself
in the old cemetery, where the rabbis
are buried. There seems to be some
disagreement: some are saying
we are dead; others, we are alive.
Some say both, all quote Torah.

Jewish History

To say that nothing ever happens twice
is to deny Jewish history.
It's like saying
God never does anything right!

Q and A

All the Jews who came here
were gathered in one room
and asked the same questions:

Why did you come here?
How did you get your name?

Some day I will be only
a simple Jew
I will shrug my shoulders
and I won't answer.

Isaac's Fear

A Jew comforts his fear
he treats it with respect.
On the good days
    it has done him no visible harm
and on the bad days
    well, watch out.

A Jew is friends with it.
A Jew likes it
    he knows it's always refreshing.
A Jew regards it
    as part of his skin
    as part of his protection.

A Jew looks at it
as a way of thinking rapidly
    in certain situations
not having to add up the figures
to come up with the sum.

A Jew does not understand
the borders between himself and the world
until it underlines
his every request.

A Jew is saved from embarrassment
    in social situations
it always tips him off
when the punch line is coming
and how to duck out.

One day the Jew will sit naked
and feel the raw edges of his skin
melt into one another
    blast-heated by one of God's angels
who wasn't even particularly busy.

➜

A Jew worries about it
more than he worries about himself.
He is afraid of losing it —

Sometimes a Jew worries it sick
it goes away for a while.
The Jew stays home
    resting comfortably
in his barbecue apron
        his barbecue hat.

But a Jew never says goodbye to it.
That is the kiss of death,
like worshiping at the snout
        of a porcine god.

A Jew remembers the good times
    when it was like a
        Distant Early Warning System
picking up stray anti-Semitic remarks
    and zapping them with Jew jets
    which were a thousand times more effective
        than ordinary retorts.

A Jew remembers when his sarcasm
    never flinched in the face
        of politeness
but cut to the quick
just this side of cruelty.

A Jew remembers
    and is grateful
        O Lord!

Anyone

Anyone who has ever thought about
   the difference between himself
      and the figure he cuts in the world
begins to understand
   the Jewish position.

Anyone who looks on that figure
    as a brother
and laughs like a brother
could put the Jews out of business.

Why I Can't Write My Autobiography

Anyone who has ever lived
should have written a little book.

The anonymous dead are unread.

The next time you take a walk
shaded by enormous trees
think of the rotting leaves
you kick out of the way:

life is deciduous.

What falls off
is often more brilliant
than what remains.

In the Zohar it is said
"great splendor."
Every life is a spark
from the generator
every spark is an angel
who lives in eternity
only an instant —
that instant is a man's life.

And the great splendor
of all these lives
sparking into space
as if every color in
the aurora said,
Look at me, look at me.

Just to consider an individual
even oneself, takes so much effort
at distinction, it's a wonder
we aren't blinded by the glare

as Isaac was, who lying on his back
on a heap of burning wood
forgot his father
in the presence of the Shekinah.

His eyes grew so dim
he could no longer tell
Jacob from Esau

as I no longer can tell
who exactly I am
when I feel the brilliance
of those around me

because the desire to merge
with angelic voices
makes life lucid.

The only way you can
see through yourself
through this thick body
these ungainly bones
is in the presence
of an awesome light

"great splendor."

The Coach Bound for No Jewry

One Jew meets another but
there is no recognition:
the Rabbi of Pisa does not know
the Rabbi of Concealment
as the train rolls on
bound for No Jewry.

There, they will sit side by side
on long wooden benches
answer questions from the No Talmud
where the unwritten laws are explained
in the words of prophets who never spoke
and rabbin who never taught.

In the great silence which is the desert
at the center of Jewish learning
which is no paradise
all the laws, written and unwritten
have their common root
in the Tree of No Knowledge.

There Torah is No Torah
as No Torah is Torah
both are written
on flaming parchment
the black letters burn
through the black eyes of Jews
who have studied so hard
they have precepts in every bone.

Each mitzvah is no mitzvah
its doing is an undoing
removing a bone
until the Rabbi of Pisa
and the Rabbi of Hiding
stand outside their bodies
in the Promised Land
where every man is a stranger.

Kabbalah Pinball

Jews don't depend on luck.
They don't play the lottery.
Their number has come up
too many times. The great rabbis sit
in their visionary loneliness
reciting the prayers that will justify
injustice. On Yom Kippur they beat
their breasts and cry, explaining how
God keeps the gates open and shut
it's an open and shut case:
heaven is open any time a Jew
is ready for an explanation.

He thrusts his lip forward
he sticks his neck out
the gate shuts.

Pain is a digest of puniness.
The body turns into a mind
the world turns into a book.
He plays kabbalah pinball
lighting the sefirot with a push
of a button, a pull on the springer,
a pilpul sends ten angels sparking
each spark a ten thousandth second
each angel a lifetime's guardian.

When God Hears Arguments

When God hears arguments about his book
he is happy like any successful author
he knows all controversy will bring him
more readers, he doesn't mind.

The beards of the rabbis flap over the scrolls.
Black beards, white beards, beards streaked and striped,
flapping. In the darkening skies, they lift
the scrolls safe from history, and zigzagging
they freely interpret the past. From below
it appears they are flying
this way, then that, but actually they are
tracing a straight line through God's
curved wrath. And those who live free of
interpretation, who think they are walking
on positive paths, are paving over
the Garden of Eden with every step.

Said Reb Moishe,

When God speaks Hebrew he is no grammarian.
He is not concerned with syntax.
His words are solid but without connections.
Time weathers them into soft molded features,
a human body, a human face
beautiful or ugly, stern or possessed.

The rabbis who ponder his words contribute
to the process: call it misconception.
They wrestle with the body
until the body yields more words
great beauty of yielding.
They write it all down.
But these words often grow cold and hard.
Only moist human breath can warm them.

When God wishes to speak
he does not feel the need for syntax.
Every sentence creates its own world
which will continue explaining itself
until the end of time.
His letters are packed.
Each one will unfold into a thousand pages
and generations of explainers
until the paper grows thin
with layers of print
transparent and yellowed
like the sclera of old scholars.

When God speaks, he creates
the book and its readers
the text and its context.
He creates the congregation and its responses.
He listens for the echoes before he speaks
and sees the implications in the points of his vowels.

➜

All the worlds God did not create are also written
in books that have been destroyed since the beginning.
The smoke of their burning
contained the seeds of imperfect worlds
or worlds too perfect for angels to bear.

When God wishes to speak the angels prepare
a space in their brains to receive the holy word.
It is painful for them, they may not wish to
but have no choice: they are listeners.

Said Reb Nahum,

When God prepares to speak, the sefirot flicker
and on earth, thought grows dim.
Men cannot tell their right hand from their left
and walk for a moment in shadow
even in full sunlight.
There is a blank in their reasoning.
Conversations pause and cannot begin again.
The sleeper turns in his sleep
and there is a dark hole in his dream.

When God's lips move just a little
the sparks prepare to leap
the seat of his throne rocks
the angels bearing it groan
they move at the speed of lightning
but appear to be still
all the while singing his praises.

When God finally speaks
each letter creates a star
each star has ten worlds
each world has ten men
each man has ten voices
each voice has ten languages
each language has ten books
each book tells the whole story
and lists all the names.

Each name is an angel
riding the outflow of breath
that God is still making with his voice.

Said Rab Zolar,

When God wishes to speak, he does so
through human voices.
He lets them scatter his thought
through every contradiction.
It is in the harmonic beating
of these varied voices
that God is broadcast.
Neither agreement nor disagreement
but the rhythm created
by agreement and disagreement
defines his wavelength.
We own dictionaries
but God redefines every word
as it comes from his mouth.

Any time God speaks he twists
the language away from itself.
The Jew is left with his Hebrew tenses
to unravel a mystery of living.
To be the exception proving the rule
is syntactically awful, to live
at the center of a painful grammar
to be the irregular verb of being
that follows the pattern of creation
inflecting every change of mood or voice.

"How Is the Jew a Verb?"

Reb Otto said, How is the Jew a verb?
If man were all good
there would be no need for language:
all intentions would be the same.

If man were all bad
there would be no need for language:
all inclinations would be the same.

If man were good
language would be all noun
intention would be consummation.

If man were bad
language would be all adjective
inclination would be consumption.

Some say, the Jew is verbose
not a verb.

Reb Arthur said, If a Jew is a verb,
he is conditional.

Reb Toynbee said, past perfect.

Reb Yatzik answered fiercely,
future perfect.

Why Ten Voices? Why Ten Men?

Why ten voices? Ten places, called ten palaces.
Each one has a ruler.
A king of splendor sits on a heap of silk.
A king of misery sits on a heap of rags.
These are one.

A king of light rides the horizon.
A king of questioning rifles the dark.
These are two.

A palace of innocence where a king trembles.
A palace of guilt where a queen trembles.
A palace of ecstasy where both tremble.
These are three.

A palace of fire where a prince initiates.
A palace of air where a princess controls.
A palace of courtyards where subjects wait.
And a palace of silence.
These are four.

Why Ten Men?

Why ten men?
So there will be a minyan, said Reb Abram.

Ten commandments, said Reb Basho
a man to obey each one.

Ten fingers, said Reb Basho ben Basho
to point in ten directions.

To make two fists, said Reb Basho his grandson.

Ten footstools, said Reb Carlo.

Ten cocktail waitresses, said Reb Devo.

Ten doorways, said Reb Ephraim.

Ten disagreements, ten scourges
said ten rabbis all together.

So the souls would be gathered in one skein
and form a knot to grab a world by.

This all agreed on.

Why Ten Voices?

One voice in bitterness, one voice in joy.
One voice explaining, one voice complaining.
One voice in the ecstasy of having not.
This makes five.

One voice soothing, one voice urging.
One voice halving, one voice doubling.
One voice silent for the world to come.
This makes ten.

MIDRASH

The Invisible Is Stronger Than the Visible

The invisible is nowhere
and has no entrance.
Or does one dive,
through sad holes
and plunge to an unknown
depth, while
appearing to stand
one's ground?

As though
in a bright
room, a shadow pierces
a thought and
illuminates it
from below, the way
a dream gives
an impulse
weight and color
every moment has
its invisible face.

When I am speaking
to it, my lips
move as in prayer
repeating a formula
or incantation.
The holes I
often experience
are plugged with fear.
To unclog them
the remedy is not
logic, but song.

The Invisible Is

The invisible is stranger
than the visible.

And how do we treat
the stranger? Like
someone to be feared?
No, like a guest.

The Desert Subtracted . . .

The desert subtracted
the moon.
The lichens subtracted
the sea.

The minus signs hovered
in the air of worlds
until the world
hardened.

A belief in angels
carried a man singing
past his destruction.

He entered the wasteland
and the manna grew
in surprising bunches
that could not be counted.

From the top of the mountain
the promised land
stretched out to the sea
then subtracted itself
from space
leaving only the promise
and that unspoken.

The silence subtracted
from itself
entering zero
like a mirror
and coming out
on the other side
a long stretch
of time.

. . . God Was Stolen

Because He could not
be handled
in his absence.
How does one steal God?
At night, when no one
is looking? By day
when the obvious stalks
of grass shiver
in an uneven sun?
During an eclipse
when the oak leaves
scatter crescents
on the ground?

The strategy
is to outwit
yourself, to walk
into the desert
even if that
is only your room
and propose a question
that only a question
can answer.

The Jews Being Superior Thieves . . .

The greatest thief
steals your heart
he steals everything
at once and without
using his hands.
The greatest thief
has the elements
on his side.
He cannot begin
to imagine
a rainstorm
is a crime
nor could he commit
a crime since
in his heart
he is only restoring
everything
to its place.
He has a smile
that takes
centuries
he has a hand
that is a nation
and he speaks
the seventy languages
in an uneven
chant or whine.
Moving across
borders
he destroys
their permanence
he erases
their lies.

The Jews Being . . . Thieves

So in all modesty
we accuse ourselves
of every crime.
Our enemies
cannot say
the worst of us
we have spoken plainly
and not lied.

The Markings . . .

Lips on faces
tassels
of the oak
in flower, silk
of corn, the gelatin
of the seed
and its taste
bursting against
the roof
of the mouth:

Lips on faces
speaking
the original
words, all stripped
away, so disbelief
shall not mar
the tongue, nor
idolatry
blind the eye
but all shall be seen
as seen once.

That *once*
recurring
in flashes
throughout time
when the proper
light illuminates
the scene
as seeing the bud
of the ligustrum
burst, knowing
its name is right
that is called
smelling the breath
of the newborn,
a sweet secret.

➜

That *once* . . .
before Adam
spoke the names
that rose
from the war
within each thing,
dividing the light
from the darkness
and giving
to darkness
the name.

Jews Do Not Come from Heaven

Jews are all people
in time.
They are as plain
as day.
The light on the clock
falls through the hands
and the shadows
of presence
touch without sensation.
To be on this earth
is a plain thing
the ground level
of a life
dust in the sunlight
a hand on a hand
what we have in common
touches us
and heaven is so far away
it is a story
told in another room
when we were children
and needed
a happy ending.

But now we stand
face to face
the features
are not hidden
they are enough
to console us
in the light of
who we are.

I thought to go back
to some Russia
of the eyes.
Hazel eyes
green mixed with brown
young wheat, dark soil
streaks of sunlight
and a winter
of suffering.
I thought to gnaw
on that old potato
to suffer under
an old master
but I could not
remember
the word for hello
even the word
for peace.

In the world to come
which means
the future
nostalgia
will be the crime
punished
by discontent.
I have emptied out
the contents
of my world.
I am here
in the thinnest sense
imaginable
an exile
wherever I go.

Jews Do Not Go to Heaven . . .

But heaven comes
to every man
who sees
the leaf uncurl
the petal open
and the horizon
dense with light

who smells the breath
of the newborn
and remembers
the scent
in the hour
of his death.

They Come from Russia . . .

Where Russia is not a place
but the name of exile
though the ground appeared
to be real.

When Rav Nachman visited
Kamenetz
he spilled a wine cup
on the ground
and the ground disappeared.

It turned into a notation
from which grew
the tiny spring potatoes
the peasants fed their wives.

When Rav Nachman turned his back
on Kamenetz
it disappeared
the Dniester flew
past the cliffs
like a crow

and every Jew
left by sundown
replacing his heart
with a well worn cloth
soaked in tears.

This became the rain
over all of Russia
the rain that freshened
the fields.

For suffering freshens
the fields of the other
even loss is not lost.

The Dead Are with You

Why do people
suffer?
Because
they ask
questions
that have
no answers.

Or they ask
questions
of what
cannot answer.

Or they lose
themselves
in an old
quarrel.

The Dead Are with You . . .

At a loss for words
which is the place
where all words begin.

God is not a two-timer.
Once he makes up his mind
that is the end of it.
One big idea
from the beginning of the earth
to the end of time.

We are at a loss for words
which is to say
the dead are at our lips
and remain unspoken.

To address the dead
is to find them at home.
They are sitting
in their favorite chairs.
One of them
is smoking a pipe.
Another is a child.

The tendency to repeat
oneself is the dead part
of the conversation.
It is like a prayer
to deaden the soul.

Yet no longer believing
at odd moments
in the conversation
we pray to anyone
who will listen.

Paving Over the Garden of Eden . . .

In the beginning was the Word
and the Word was made Cash
and the Cash flew through the world
on green wings, in green rings
on the pond of the world as a mirror
to idle men's eyes. Down down they looked
and the wings of the money flew
about them like tropical birds
& the only topic of conversation
was the sound of sobbing in the distance
of the men who had been left out.

There was a sound like the whirl
of trash being packed and there was
a wonder like a vision given to a man
no one will listen to, at the edge
of a sidewalk pawing the garbage
in the cities of suffering.

In the beginning
God created the headache and the mirth
and the headache was full of darkness
and suffering and the mirth was unformed
until an exclamation stood out
and solidified. There was a talent
for darkness and twenty-nine in silver
but the hidden ways of the poem
unearthed paths for those free
of speculation: the rest were blind.

The Missing Jew

for Louis Daniel Brodsky

In the heart of the heart
we have searched for him.
Everywhere we shine a light
the missing Jew wears
a tallis of shadows.
He quotes elliptical scripture
knows syllables missing from Torah.

But where is the missing Jew?
He disobeys every law
he violates every precept
he has memorized them
so he will know exactly
how to avoid them.

We search for him, raising
the dust in which he hides.
He loves it, he laughs.
If we knock on his door
he whispers a stubborn
commandment and we flinch.

The missing Jew has opened a store
sells milk and meat, pork and oysters
carefully obeys the laws of the land.
He owns what he knows.
How can we find him?

The missing Jew is faster than history
he disobeys the laws of time
he interprets himself into the present
hides himself in an explanation.

He scrapes Torah from his palate
rabbis mingle their voices in his
his blood quotes pilpul
in the veins of his neck
his penis wears a yarmulke of sweat
his thighbone full of midrash
yet his feet never know
which path to take.

The Hebrew letters
swing violent arms
their sharp black legs
scythe the air
spelling his hidden name.

APOCRYPHA AND PROVERBS

The All New Adventures of Superman

Immigrant from outer space
remember the world
distant as Krypton
shattered long ago?
Its scattered pieces
are dangerous to you now . . .

Missouri cornfields
silos
farm houses
barns
country sausage
class three roads.
Ma and Pa Kent!
Smallville!
Smallville High!
Girls with blue eyes.
White bucks and buck teeth.
They were your kryptonite.

Green kryptonite
green edge of rotting ham
it makes you sicken and die.
Red kryptonite
lobster shell, crab claw.
Deadly white kryptonite
pure lard
prairie snow.

Clark Kent
what was your name
before you changed it?

Kal-El, son of Jor-El
son of Jo-El, Nathani-El, Dani-El
Remember Our el, Elohenu
Mighty voice
Promised land?

➥

You were stuck in Smallville.
You were excused from gym.
You wore glasses.
You dated Lana Lang.
Your x-ray vision useless.
She wore lead skirts.
You could see through everything
but no way you could fly!

You were mamma's boy.
You were klutz.
You wore an apron.
You did the dishes
at the speed of light.
In your fortress of solitude
your upstairs attic
you made three vows:
(1) Never to touch it
(2) To be a man of steel
(3) Truth, Justice and the American Way

Metropolis . . .
Big City, Superman, kosher hotdogs
lox and bagels, a little shul
where you can daven.
Yiddish theater! comedians!
A job on the Daily Forward.
And yes, Superman, pretty Jewish women.
Lois Lanowitz — she digs you
you, not Clark Kent, digs you
the way you are.
She thinks you can fly.

Evenings you don the costume
no rubber boots or tights
not that silly cape
but a yarmulke and a tallis
wrapped around your shoulders
you fly beyond the daily planet
chanting holy names.
Your prayers wing through space
back to a lost time.
They echo in a tongue
unknown to Ma Kent
elohenu vailohei avotenu
unspeakably beautiful words
your tallis flapping in the wind . . .

This Is the Map

Judenrein.
Jew free.
Pas de juifs.
Defense de juifer.
No Jews allowed.
No dogs or Jews.
This word Jew
an insult in itself.

Get used to the sound:
Jaws work up and down
saying Jew.

The word Jew, from Judah
hence Judaism, in German
juden, yiddish, yid
juif, en anglais:

I am a Jew.
You are a Jew.
He, she, it is a Jew.

It is a Jew.
Watch it walk.
Welcome, Jew!
That sounds strange.
Welcome to our land.
Our land.

Changing Names

I hereby change my name
from Rodger Kamenetz
to fill in the blank.
What's in a name?
Nothing more than
you put into it.
The roses in my name
have all wilted
but the touch of Celia's breath
would revive
them at once.

Who is Celia?
Who is Laura?
Who is Beatrice?
Who is Sylvia
that all the swains do commend her?
We make up names
to save innocent loves
from our drunken praise
so they may marry
rich men, not poets
and have many servants
one of whom, the maid
will find, locked
in a secret diary
the secret poems
addressed to the secret lady
with the secret name
and the secret number
of kisses, thirty thousand
all in a row
from Catullus to Petrarch to now.

I'll change my name
to something, anything
but Rodger Kamenetz.
My name's odd conjunction
splays me across time — Rodger,
the Celtic warrior,
he who carries a mighty spear
in the midst of battle —
okay, at least it's not Dick
or Peter but the resonance
is close: I see a drunken
hairy brute with a spear
as long as a laundry pole
and thick as a baseball bat
haft set in mud
his heels have dug
a jug of mead half-tipped
at his side and arrows
mudballs, rocks and stones
thick in the air.
One meaty hand fingers
forelock and beer-soaked
beard: Rodger!

Then there's Kamenetz
Ellis Island wisecrack.
Kamenetz: a name that roars
like thunder across the bay . . .
No, Kamenetz, a name so hard
to pronounce and easy to misspell
tangled in miles of cable
twisted through coves of ears
punched into guts of demented
computers and spat out:

                    *   *   *

Kavanet
Kabinets
Kamenetty
Kamentz
Ka-menn-etz
Kameneta
Kamentez
Kramentz
Kramenetz
Kanenetz
Kastanets
Kostalenetz
Katzenstein
Kamenhammer
Katzenjammer

Really, it's not even Kamenetz
but Kam-yen-yetz, the Russian e
greased by adding a sliding y
or so three big bears of Russian
bibliographers told me
at the Columbia Library
Slavic section linking
arms on their way
to the union meeting
singing the Internationale,
they hailed me, "Come
tovarisch Kam-yen-yetz!"

Cities of grim slaughter.
I mean Kamenetzes, little towns
in Poland, Latvia, the Ukraine
cramped shtetls.
Kamenetz from Russian kamen

* * *

meaning stone and etz
makes it little, little stones
(and Rodger, a mighty spear)
mismatch of sexual equipment
but more likely a quarry town.
Kamenetz means gravel.

Cities of grim slaughter.
Jews without last names
just David son of Samuel.
It's the old story
change your name
to mark a memory
to mark a moment:
Abram became Abraham
Jacob, Israel
"he who struggles with God"
struggling still.

I hereby change my name
from Rodger Kamenetz
to idle-speculator-daydreaming-
the-new-syntax-that-will-release-
names-from-dread-history-
and-send-them-spinning-
an-echolalia-of-nonsense.

I want a name as common as dirt
a name like a mantra
as Walt Whitman hypnotized himself
chanting Walt Whitman Walt Whitman
Walt Whitman, who heard the sea
whispering death death death
and right, I hear no sea
whispering Rodger . . .
hear no trains clacking by

                    *   *   *

Kamenetz Kamenetz Kamenetz . . .
Every little breeze seems to whisper
the sound of one hand clapping
and the nightjar that keeps me
awake all summer with her lust
doesn't crack her throat on Kamenetz
but whips poor will to death.

I don't want to change my name.
I want my name changed.
I want it inhabited by force.
I want it to mean something.
I want a name to match
how dissatisfied I feel.

Oh Sammy Rosenstock
I want a name as tragic
and magical as yours
when you changed it
to Tristan Tzara
Rumanian for lost lands . . .
I want a change as surgical
and sure as yours
Manuel Rabinowitz
when you erased the middle west
and the middle class
with a single stroke
and became Man Ray.
And you Pablo Neruda
what was your name
before you borrowed
that dead Czech poet's?
So thoroughly you succeeded
we have lost it . . .
As for you, Ezra Pound
some people are just born lucky . . .

➡

I hereby throw my name
into the air.
I want it digested
into something subtle
as alcohol dissolves dye
retrieving blue.
I want to cultivate
the seeds in my name.
I want to groom
that drunken lout, Rodger
and that scared immigrant, Kamenetz
and blend them into a single name
courageous and empty as a shout!

The Rending

I

All funerals form a single procession.
All burials belong to common ground.
The rites, the handshakes, the sad faces
are scenes from one movie
the odd events
of one night's dream.

One funeral fades to another
exchanging details:
pine casket to copper but always,
the raw red dirt furled around the grave.

It is the same dirt.
We throw it on the casket.
We wipe it off our shoes.
It rains. It is sunny.
We walk with the same gait.
Our grief belongs to a common weather.

II

We came by an underground passage
avoiding the long line of mourners
snaking through the hall above us.
I could hear them though, chattering.
My chest tightened at their voices.
One of the undertakers came to rend.

He wore a cheap dark suit
with gapped shirt buttons.
He pinned a black ribbon to my lapel
took out a Gem razor and sliced it,
two thousand year old custom.

➜

III

The Talmud is very clear:
A Jew must tear his clothes
as soon as he hears the news.
But the rabbis' thoughts darken:

What if a man has ten sons
and all die at once?
Does he rend ten times? No.
Only once.

What if a man learns his mother died
and rends his garment? Later he finds
the news garbled. His father died.
Does he tear again? No.

What if he rends for his cousin
and learns it was his mother?
He must rend again.

And who knows just how far to rend?
Some say, as far as the navel.
Some say, as far as the breast.

IV

I did not rend according to the Talmud.
I did not rend to the navel.
I did not rend at all.

I did not take my shirt
the moment I saw her die
and rip down to the breast.

I did not tear the suit
I wore the day of her funeral
did not tear it down the sleeves
to leave my arms bare
as used to be the custom so anciently
even the first rabbis could not explain it.

I did not rend, I did not rip, I did not tear.

And so though the Talmud speaks
of basting after seven days,
I did not baste, I have not sewn.

V

I remember my daughter's head, her hair
kinked and matted with blood
her body still in her mother's body.

I remember the strange cord
that bound mother to daughter
red and blue cable
the placenta like a skirt of blood.

I watched the doctor sew her up
for the baby's head was large and had torn her.
He basted with long strokes
raising his hand high.
He whistled as he sewed.

VI

The prophet said,
"Rend your heart and not your garments."
And so I answer the rabbis:
I should have torn to the navel
the sign of birth.
Between navel and breast,
no contradiction,
I should have torn my heart.

The Commentary

I

In every man's life there is a Genesis,
an Exodus, and a Deuteronomy.
Where the narrative ends
the laws are counted
but where the story never ends
the laws are repeated
and we violate them one by one
breaking open the almonds
for the sweet meat inside
then forgetting,
and chewing the shells.

II

Here is my life
and here is the commentary.
The first was on a sheet of paper
but the second marched around
the margins of the pages
like ants from a broken mound.

Read the fine print
they always say.
Don't sign without reading.
But what choice did I have?
The commentary always comes
too late to change the story.

Yahrzeit

She lights a candle in a jar. He sets it
on the mantle. The candle burns because
it's the custom and their grieving doesn't know
where to put itself. It might as well burn
inside a jar as anywhere on the earth.
There are heavens where the dead relive life
and hells where they do the same. But they
light a candle and watch it burn. It is so slow
like a light put down a well, canceled
by darkness the deeper it goes, like a body
fading in a hole, the day giving up its light.
The faintest glow casts a fainter shadow.
They follow that shadow across the ceiling
all afternoon and into the evening.
Maybe then it's time to say a prayer.
When she lights the candle his wife cries.
It's the custom. They don't believe. Despair
would tell them to do nothing, but that's no good.
They do what they can. They did what they could.

Local Wisdom

If a divorced man marry a divorced woman
there are four different minds in one bed.
Two eggs, two nuts, two cucumbers and two of some other thing
which I cannot remember, prove injurious to a man.
Because the rabbis could not find out what that other thing was
they included two of everything as a precautionary measure.

A woman is not affected by even numbers
but a prominent woman should nevertheless be careful.

Asparagus is always counted in with things tending to good but
not evil.

If you would hang yourself, at least select a stout tree.

Do not cook in the same pot your neighbor once used.

Do not live in the city of Shakantzib.

Do not sit on the bed of a Syrian woman.

Do not stand in front of an ox just emerging from the swamps.
R. Samuel said, "This refers only to a black ox in the month of
Nissan."

Do not go out at night alone.
Do not stand naked before a light
and do not enter a new bathhouse.

Why should a man not stand naked before a light?
Because we have learned
one who stands naked before a light
is liable to be seized with epilepsy
and one who has sexual intercourse before a light
may produce epileptic children.

Why should a man not go out alone at night?
Because an evil spirit called Agrath
the daughter of Ma'hlath
together with one hundred and eighty thousand other evil spirits
go forth into the world.

Do not live in a city where you cannot hear a horse neigh or a
dog bark.
Do not live in a city whose head is a physician.
Do not take two wives. If however, you already have two wives,
take a third.

When you go on a journey, no matter how short,
always take some food with you.
Even when a hundred cucumbers may be had for one zuz
do not say you will buy food on the way
but carry it with you
for you never know what might happen.

Never try to tease a snake and do not make sport of a Persian.

Rather eat onions and sit in peace in your house, than geese and
chickens.

Proverbs

The world does not propose its limits.

Fear measures the truth of a situation.

Men are selfish because they are dead, poisoned by their own secretions.

Contempt is the attitude of an idol to its worshippers.

We must forgive because having the power to forgive is an agony.

God created the world in order to get rid of it.

Prejudice is the skepticism of the gullible.

We grant significance — why do we ever withhold it?

As Zeus was limited by fate, so God blends into reality.

He who has no worship has no soul.

He who never stings never heals.

The face of your enemy is a mirror.

We ought to question the style of memory.

We beg to differ when we should apologize for being the same.

Rodger Kamenetz was born in Baltimore, Maryland in 1950. He graduated from Yale University, Phi Beta Kappa, at 20; he also studied at Johns Hopkins and Stanford. He is a recipient of an N.E.A. Fellowship in Literature for 1992. *The Missing Jew*, first published in an abbreviated edition by Dryad Press, marked his first exploration of the Jewish tradition and his relationship to it. His poetry, essays, and fiction have appeared in a dozen major anthologies and in numerous periodicals. Mr. Kamenetz currently teaches English and creative writing at Louisiana State University in Baton Rouge. He has also published *Nympholepsy*, a book of poems, and an autobiography, *Terra Infirma*.

Also available from **Time Being Books**

LOUIS DANIEL BRODSKY
    You Can't Go Back, Exactly
    The Thorough Earth
    Four and Twenty Blackbirds Soaring
    Mississippi Vistas: Volume One of *A Mississippi Trilogy*
    Forever, for Now: Poems for a Later Love
    Mistress Mississippi: Volume Three of *A Mississippi Trilogy*
    A Gleam in the Eye: Poems for a First Baby

WILLIAM HEYEN
    Pterodactyl Rose: Poems of Ecology
    Erika: Poems of the Holocaust
    Ribbons: The Gulf War —A Poem

LOUIS DANIEL BRODSKY and WILLIAM HEYEN
    Falling from Heaven: Holocaust Poems of a Jew and a Gentile

Please call or write for a free catalog.

TIME BEING BOOKS
POETRY IN SIGHT AND SOUND
Saint Louis, Missouri

10411 Clayton Road • Suites 201-203
St. Louis, Missouri 63131
(314) 432-1771

TO ORDER TOLL-FREE
(800) 331-6605 Monday through Friday, 8 a.m. to 4 p.m. Central time
FAX: (314) 432-7939

Классическая проза

Шарлотта Бронте

ЭММА

Роман

ИЗДАТЕЛЬСТВО
ФОЛИО
Москва
2000

УДК 820
ББК 84(4Вл)
Б 88

Всероссийская Государственная Библиотека
иностранной литературы им. М.И. Рудомино

Составители:
И.Н. Васильева и Ю.Г. Фридштейн

Ответственный редактор
Е.Ю. Гениева

Серийное оформление и компьютерный дизайн Е.Н. Волченко

«И ОБЕРНУЛАСЬ СМЕРТЬ БЕССМЕРТИЕМ СВОИМ»

«Мечта, ты обгоняла нас
В наш ранний, лучезарный час».

Шарлотта Бронте

«Храни меня, о Бог Видений,
. . . .
Я предпочла тебя всему».

Эмили Бронте

Феномен сестер Бронте — действительно уникальное явление в английской литературе, даже в такой изобильно щедрой на большие имена период, каким была середина XIX века. Слава пришла к ним одновременно и, быть может, поэтому была столь ошеломляюще яркой: в 1847 году вышли «Джейн Эйр» Шарлотты, «Грозовой перевал» Эмили и «Агнес Грей» Энн Бронте.

Неудивительно, что этот сенсационный факт дал основание для появления всевозможных домыслов: автор — один, утверждала критика, но скрывается под разными псевдонимами (дополнительным поводом стал выход в свет сборника стихов сестер, изданный за год до того под псевдонимами Каррер, Эллис и Эктон Белл); автор — очень известен, но предпочитает скрыть от публики свое истинное имя и т.п.

Сестер Бронте уже при жизни окружали всякого рода загадки и мифы, оказавшиеся столь устойчивыми, что намного пережили их самих — жизнь сестер была трагически краткой: Эмили умерла в тридцать лет, Энн не дожила до тридцати, и лишь Шарлотта прожила тридцать девять лет, познав под конец радости замужества и приближающегося материнства. Всех Бронте сгубил наследственный фамильный недуг — туберкулез, как и их брата Брэнуелла, а еще раньше двух старших сестер, Марию и Элизабет.

Ореол трагической ранней смерти и не менее трагической жизни — в постоянном преодолении подступавших болезней, тягот нелегкого повседневного быта пасторского дома в провинциальном Хоуорте, вынужденная стесненными условиями семьи работа гувернантками — все эти нелегкие жизненные обстоятельства лишь придавали яркость нимбу героичности, таинственности и загадочности, существующему вокруг сестер. Ни критика, ни читающая публика не могли поверить, что эти хрупкие, болезненного вида юные женщины оказались столь невероятно стойкими и сильными духом, а главное, столь неправдоподобно талантливыми.

Еще при жизни внимание критиков не обошло сестер, особенно Шарлотту, о чем свидетельствует, в частности, биография Э. Гаскелл, опубликованная через два года после смерти Шарлотты. Э. Гаскелл немало общалась и переписывалась с Шарлоттой, в ее распоряжении была деловая и семейная корреспонденция Ш. Бронте. Поэтому и по сей день ее работа — источник бесценных сведений о жизни сестер, о том, как принимала их романы критика и литературное общество того времени — У. М. Теккерей, Дж. Г. Льюис; какие отклики печатали ведущие журналы — «Атенеум», «Экзэминер», «Этлас».

Критики разных убеждений вдруг дружно осознали, что именно в произведениях сестер Бронте роман стал способом самораскрытия личности.

В XIX веке произведения сестер Бронте привлекли внимание Дж. Элиот, М. Арнольда, У. Батлера, Э. Троллопа и даже ... королевы Виктории. Но особый интерес к романам Бронте выказали прерафаэлиты Д. Г. Россетти, Ч. А. Суинберн, У. Пейтер — их влекло романтическое мировосприятие Эмили и Шарлотты Бронте, ни на что не похожая образность их поэтики.

Очень силен был интерес к жизни сестер, их окружению, однако биографии, писавшиеся в изобилии «по следам» Э. Гаскелл, отличались наивностью, хотя им и был присущ пристальный интерес к малейшим деталям их трудного быта. Книг, посвященных семье Бронте, было так много, что к началу XX века вполне оправданно появился термин «Bronte-land» (выражение критика У. Тернера, 1913 г.), а к середине века сложилась поистине целая «индустрия бронтоведения» (Дж. Хьюиш) — литература, посвященная сестрам Бронте, уступает в количественном отношение разве что написанному о Шекспире а Диккенсе.

Созданное в 1893 году «Общество сестер Бронте», превратившее скромный домик в Хоуорте в широко посещаемый музей, в котором бережно хранятся рукописи, рисунки, личные вещи членов семьи Бронте, весьма способствовало изучению произведений сестер в самых разных аспектах, вплоть до второстепенных, но выразительных деталей, которые читатель, а тем более искушенный исследователь обнаруживает в романах Бронте (книги, упоминаемые в романах, домашние работы, особенно вышивание, употребление латыни в «Грозовом перевале», описание животных в «Агнес Грей» и т.п.) Характерны названия некоторых недавних работ, к примеру: «Могла ли быть счастлива Джейн Эйр?», «Хитклиф — убийца?»

Как тут не согласиться с Г. К. Честертоном, писавшим еще в 1903 году, что «яркий факел биографов вряд ли оставил в покое хоть один темный угол старого йоркширского дома».

От многочисленных наивных биографий критика пришла к подробным жизнеописаниям и творческим исследованиям духовного и художественного мира сестер Бронте, понятия специфического, уникального. Исследования подчинены духу и принципам того или иного критического метода: фрейдистского (работы Ч. Буркхарта, Р. Лэнгбридж), феминистского (П. Бир, Дж. Мейнарда), постмодернистского (Д. Лоджа), психо-социального (М. Петерс, У. Джерин, Т. Дж. Уиннифрит). Каждая очередная литературоведческая школа обращалась к наследию сестер Бронте, исследуя его на свой лад.

Поток работ заметно усилился к надвигавшемуся и бурно отмеченному в литературоведении и критике 150-летию выхода в свет первых — и основных — романов сестер Бронте. При этом существенно возросло внимание к поэтике романов, их языку, своеобразию художественного мира Бронте, его оригинальным, неповторимым особенностям (работы 90-х годов Ст. Дейвиса, Л. Гордон, Э. Макнилз, В. Г. Майер, К. Тиллотсон, К. Александер, Дж. Селлерс).

Кстати, в 80—90-е годы в критике ясно обозначилась тенденция рассматривать творчество сестер Бронте в целом, как единый литературный феномен, обладающий внутренней органичной цельностью (исследования У. Джерин, Т. Дж. Уиннифрит, И. С. Юбэнк, М. Эллот, Э. Читхейма, Дж. Баркер).

Даже беглый взгляд на литературу о сестрах Бронте, вышедшую в XX веке, показывает, что в критических предпочтениях на первое место вышла Эмили Бронте (1818—1848). И это очевидно: «высоковольтная аура» (М. Спарк) ее мрачных, наделенных «безграничностью страстей» (Л. Стивен) героев, ее стремление проникнуть в «тайну бессмертия души» (Д. Сесил) все это оказалось как нельзя более созвучно поэтическим и психологическим исканиям художников XX века. Напрасно Эмили писала с душевным надрывом:

> «Ни любопытства, ни тоски
> Ни в ком не вызвал мой удел» —

ее время пришло. Недооцененность при жизни с лихвой окупилась безграничной посмертной славой. Это в благопристойном и уравновешенном — по крайней мере, на уровне декларируемой общественной морали — XIX веке ее необычные, наделенные способностью переживать неистовые страсти герои могли вызывать у критики и читателей оторопь, подчас отторжение. И вызывали: даже Э. Гаскелл считала героев «Грозового перевала» «зловещими и ужасающими преступниками», «порочными людьми». Даже Шарлотта Бронте полагала, что от романа любимой Эмили исходит «ужас великой тьмы». Да и сама Эмили в своих стихах проницательно заметила, что ее удел — «искры прозрений над теменью ада».

Но в XX веке, сполна изведавшем «тьму человеческой души» и «кошмар истории», роман Эмили Бронте, «не имеющий ничего общего с литературой своей эпохи» (С. Моэм), стал восприниматься как роман-пророчество. Эмили Бронте была удостоена причисления к «великой традиции» английского классического романа (Ф. Р. Ливис), С. Моэм назвал «Грозовой перевал» в числе десяти самых ярких произведений мировой литературы.

Биографов привлекает редкая незаурядность личности Эмили, слабо очерченная, почти бессобытийная внешняя жизнь — и эмоциональная бездна в душе. Напряженность чувств, интенсивность мысли, ярко и необычайно смело выраженная в «Грозовом перевале» природа исступленной, обреченной любовной страсти — все это не перестает привлекать исследователей.

Как никому из писателей ее эпохи, Э. Бронте удалось, справедливо отмечают современные критики, выразить высокий трагизм конфликта между желаниями человека и общественными установлениями, «стремление к максимальной реализации собственного личностного начала» (Д. Лодж). Измученная, исступленная душа Эмили, которой она наделяет своих героев, ее бездонные бездны по-прежнему влекут критиков. Равно как восхищает и ее безграничная, оригинальная фантазия, и безудержный полет ее воображения, что придает частным судьбам ее героев вселенский масштаб мифа. Особый, ни с чем не сравнимый характер фантазии Эмили отмечают многие критики. Именно сила воображения выводит происходящее с ее героями «высоко над обыденностью человеческой жизни» (В. Вулф). Сосредоточившись на «скрытых грозных страстях» (М. Спарк), Эмили нисколько при этом не нарушает, но лишь обобщает жизненную достоверность. «Великое, святое уважение к правде», характерное для творчества всех сестер Бронте и подмеченное еще У. Теккереем, сегодня акцентируют многие критики и писатели, в частности, — пишущие об Эмили: дар воплощать «безудержность страстей» (Л. П. Хартли) делает ее персонажи «правдоподобнее правды» (М. Спарк); «это роман, рожденный фантазией поэта, и все же трудно создать более реалистически достоверные описания» (В. С. Притчетт).

Потому-то «Грозовой перевал», в котором изощренные мастера современной прозы иной раз усматривают «неуклюжесть композиции» (С. Моэм), привлекает и всегда будет привлекать читателей: в нем чувствуется «стремление к абсолюту» (Л. П. Хартли), «единение с Бесконечным» (С. Моэм) — качества, даже на долю истинного таланта редко выпадающие.

Конечно, в наши дни внимание прозаиков и критиков именно к Э. Бронте и ее роману, «одной из самых необычайных книг, когда-либо созданных человеческим гением» (Р. Фокс) — бесспорный факт.

Но и Шарлотта Бронте (1816—1855), благодаря таланту и силе духа которой и стал известен миру «феномен сестер Бронте», не обойдена вниманием исследователей литературы (из писавших о Шарлотте назовем работы Р. Фрейзер, М. Петерс, У. Джерин, Т. Дж. Уиннифрит). Ей так же, как и Эмили, больше свойствен пристальный интерес к миру души, чувствам, а уж затем к воссозданию жизненных реалий. «Наше воображение, — писала Шарлотта в письме к Э. Гаскелл, — великий дар, настоятельно требующий воплощения». Это особенно относится к «Джейн Эйр», роману, неизменно, вот уже сто пятьдесят лет пользующемуся читательским предпочтением: как критика выбирает своим преимущественным объектом изучения «Грозовой перевал», так читатели разных стран, возрастов, социального положения неизменно отдают свои симпатии «Джейн Эйр», суммарные переиздания которой исчисляются астрономическими числами.

Талант нраво- и бытописателя обнаружился в более поздних романах Шарлотты Бронте «Шерли» (1849) и «Городок» (1853), но и в них заметен диктат фантазии, приоритетное внимание к внутреннему миру героев. Это и понятно. Замкнутые в узком мирке Хоуорта с его трудной, изолированной от большого мира жизнью, сестры обращались прежде всего к своему воображению (что отразилось еще в их детских играх и мечтах, позже нашедших воплощение в сказаниях о волшебных Ангрии и Гондале) и, что еще естественнее, — к собственной душе. В этом плане все романы сестер Бронте, можно сказать, автобиографичны, и тем самым так близки нашему времени. Кстати, некоторые, условно говоря, политические взгляды Шарлотты Бронте словно обращены к нашему времени впрямую: «Мятежи и сражения — тяжелая болезнь наций, — пишет она все той же Гаскелл, — и они имеют тенденцию истощать своим неистовством жизненную силу стран, в которых это происходит».

В поэтике Шарлотты Бронте удивительно гармонично единение романтического видения (включающего «готические» мотивы), и реалистического взгляда на жизнь, на психологию героев — особенность, оказавшаяся притягательной для современных авторов многочисленных подражаний, объектом которых особенно часто становится «Джейн Эйр» (из наиболее известных назовем, к примеру, роман Джоан Райз «Широкое Саргассово море» (1966) о сумасшедшей жене Рочестера).

Романам Шарлотты Бронте — всем, но особенно «Джейн Эйр» — присуща так интересующая современных критиков дихотомия страсти и разума, конкретного и мифологического, чем, в частности, объясняются постоянно используемые ею описания стихий — не только с целью воссоздания картин природы, но и как способ метафорического отражения эмоционального мира героев (см. статью Д. Лоджа, помещенную в данном сборнике).

Быть может, именно в романах Энн Бронте «Агнес Грей» и «Незнакомка из Уайлдфелл-Холла» (1848) больше внешней жизненной фактуры, ей менее присуща романтизация жизни души, а мятежность не свойственна вовсе. Ее взгляд направлен на происходящее вовне. Оттого Энн так удается воссоздать атмосферу быта и нравов провинциального английского дворянства, которую она наблюдала, принадлежа к нему по рождению; пригодился также и опыт гувернантки. Ее незаурядная наблюдательность и непосредственность манеры в воссоздании картин жизни этого слоя английского общества придают романам Энн Бронте черты документальности. Роман «Незнакомка из Уайлдфелл-Холла» в большой степени воплощает черты семейно-психологического романа, жанра, столь характерного для середины XIX века.

В триптихе сестер Бронте место Энн, возможно, и более скромное, чем у Эмили и Шарлотты, но безусловно не менее достойное, и неудивительно, что к ее книгам все чаще обращен пристальный взгляд литературоведов (ее жизни и творчеству посвящены солидные исследования Ф. Бентли, У. Джерин, Т. Дж. Уиннифрит).

Слава знаменитых книг сестер Бронте оказалась на редкость устойчивой и многообразной. К ним снова и снова обращается заинтересованное внимание потомков. Небольшое наследие сестер оказывается на самом деле неисчерпаемым. К стопятидесятилетнему юбилею вышел четырехтомник критической библиографии о творчестве Бронте (составитель Э. Макнилз) — трудно обозримый компендиум, из которого очевидно одно: посмертная слава сестер Бронте — удивительное явление в мировой культуре.

Да, именно культуре, а не только литературе: помимо бесконечного количества романов-подражаний, а также пьес и повестей, в которых члены семьи Бронте становятся главными героями и участниками самых невероятных событий, романы сестер Бронте, в особенности, разумеется, «Джейн Эйр» и «Грозовой перевал», вызвали к жизни множество самых разнообразных кино-, теле- и театральных версий. Впрочем, пальма первенства, конечно же, принадлежит «Джейн Эйр»: ее первые экранизации появляются еще в «немой период», причем, чуть ли не ежегодно (1910, два фильма в 1914 году, следующие версии — 1915, 1918, 1921 гг.). Звуковое кино начинает осваивать эту «ниву» в 1934 году (фильм, снятый режиссером Кристи Кабанном, с Вирджинией Брюс и Колином Клайвом в главных ролях). Экранизация 1944 года (режиссер Роберт Стивенсон, в главных ролях Джоан Фонтейн и, тогда еще молодой, но уже вполне прославившийся и как актер, и как режиссер, Орсон Уэллс) примечательна тем, что сценарий фильма был написан Олдосом Хаксли, к тому моменту создавшему все те романы, что принесли ему при жизни мировую славу: утомленный, весьма вероятно, собственным мрачным экспериментаторством, происходящим словно бы под знаком Апокалипсиса, он обращается в поисках устойчивости к «надежной» классике викторианской поры. В 1970 году телефильм, снятый по роману «Джейн Эйр», выпускает американский режиссер Делберт Манн, известный своей тягой к экранизации именно английской и именно викторианской классики (в том же году он выпустил еще один телефильм: диккенсовского «Дэвида Копперфильда»). Вообще телефильмов (а в последние годы — и целых телесериалов) было очень много, причем первый по явился на самой заре телевидения — в 1939 году. С огромным успехом прошел фильм, поставленный по роману «Джейн Эйр» знаменитым итальянским режиссером Франко Дзеффирелли (1994).

Среди многочисленных театральных версий, созданных по мотивам романа Шарлотты Бронте (примечательно, что первая из них была опубликована в 1856 году — через год после кончины писательницы), небезынтересна одна из последних, принадлежащая известной современной английской романистке Фей Уэлдон.

Кинолетопись «Грозового перевала» значительно менее богата событиями, зато почти каждый ее эпизод по-своему уникален: «классической» экранизацией романа Эмили Бронте, по праву не только первенства, но и по праву художественному, считается фильм Уильяма Уайлера (1939 год), где в роли Кэтрин снялась известная американская актриса Мерл Оберон, а роль Хитклифа навсегда стала одной из самых прославленных киноработ знаменитого Лоренса Оливье. Мало кто знает, что один из своих первых, принесших ему признание фильмов, «Бездны страсти» (1953) знаменитый испанец Луис Бунюэль также снял по мотивам романа Эмили Бронте. Последняя на сегодняшний день экранизация «Грозового перевала» (1992, режиссер Питер Космински) интересна тем, что в ней в роли Хитклифа впервые появился на экране один из самых незаурядных актеров своего поколения Рейф Файнз (впоследствии получивший мировую славу благодаря фильмам «Список Шиндлера», «Английский пациент» и «Евгений Онегин»). Роль Кэтрин в этом фильме сыграла Жюльетт Бинош.

Не обошли своим вниманием кинематографисты и младшую из сестер Бронте: замечательный телефильм по роману Энн Бронте «Незнакомка из Уайлдфелл-Холла» снял режиссер Д. Конрой.

Как видим, неиссякающий интерес к литературному наследию сестер Бронте невозможно объяснить вспышками моды — это устойчивый, непреходящий интерес к высокой литературе с ее неизменной сосредоточенностью на вечных чувствах человека.

Предлагаемая вниманию читателя книга построена так, чтобы с очевидностью можно было уловить динамику интереса к творческому наследию сестер Бронте — от XIX века к нашим дням. При том, что слава их выдержала, как говорится, проверку временем и скептиков опровергать эту очевидную истину не найдется, в самом *движении* интереса к их романам есть определенная специфика, объясняемая характером той или иной эпохи, и этот-то момент мы и хотели выявить.

Мы публикуем ранее не переводившуюся главу из известной книги Э. Гаскелл «Жизнь Шарлотты Бронте» с тем, чтобы яснее стали оценки творчества сестер, в первую очередь Шарлотты, современной им критикой. Каков характер непосредственных откликов на романы сестер? Что привлекало критиков, что отталкивало? Как отразилось то время, его критерии в характере восприятия написанного Бронте? Нам представляется, что глава из книги Э. Гаскелл дает богатый материал на эту тему.

От точки зрения современников Бронте — к мнениям наших современников, высказанным спустя сто и более лет после выхода в свет этих удивительных романов. Чем они привлекают нас сегодня? Отчего их по-прежнему так широко читают? Ответ — в огромной литературе, посвященной творчеству сестер Бронте. Представить ее даже сколько-нибудь бегло нет возможности. Поэтому мы стремились познакомить — с нашей точки зрения это особенно интересно, — хотя бы со взглядами сегодняшних английских писателей[1] на романы своих великих предшественниц. Эстафету мнений, высказанных крупнейшей писательницей XIX века Э. Гаскелл, принимают и развивают в этой книге В. Вулф, С. Моэм, В. С. Притчетт, М. Спарк, Л. П. Хартли, Д. Лодж, творчество которых весьма показательно для развития художественных тенденций XX века. Их оригинальные, как правило, очень личные, нередко своеобразно высказанные точки зрения (выше мы ссылались на них) позволяют увидеть в произведениях Бронте то, что — теперь это уже очевидно — обеспе-

---

[1] Справедливости ради следует отметить, что уже в первые десятилетия XX века существовала довольно обширная «писательская критика» о сестрах Бронте; особенно обращают на себя внимание книги М. Синклер «Три сестры Бронте» (1912) и Э. Ф. Бенсона «Шарлотта Бронте» (1932). Бросается в глаза, что оба автора — приверженцы «готической» прозы и, следовательно, и у Бронте их влекли аналогичные мотивы.

чило им поистине творческое бессмертие (предчувствие его — в строке из стихотворения Шарлотты Бронте, вынесенной в заглавие нашей статьи).

Вторая часть нашего сборника представляет историю восприятия творчества сестер Бронте в нашей стране: условно говоря, «взгляд из России». История эта достаточно скромна по объему: не говоря уже о русской «шекспириане», ее не сравнить ни с «русским» Диккенсом, ни с «русским» Теккереем. Как это ни странно (впрочем, как и всякая кажущаяся поверхностному взгляду «странность», и эта тоже имеет свое объяснение), об этих писательницах, с их действительно невероятной популярностью у самой широкой читающей аудитории (речь идет, разумеется, о двух романах — «Джейн Эйр» и «Грозовой перевал»), — совсем немного писательско-критических откликов. Тем интереснее проследить, каковы те отклики, что все же существуют. Обзору «русских» материалов, связанных с творчеством сестер Бронте, посвящена статья, открывающая «русский» раздел предлагаемого читателю сборника.

Как уже было отмечено, интерес к наследию сестер Бронте — опять-таки «писательский» — проявился в многочисленных романах-подражаниях, развивающих те или иные темы произведений Бронте, судьбы персонажей, особенно заинтересовавших современных авторов. Вообще жанр романа-подражания, пастиша, стал весьма популярен в английской прозе 60—90-х годов нашего века, возникло своеобразное «викторианское возрождение» — явление, отразившее ностальгический интерес к художественным, нравственным, да и бытовым чертам ушедшего века (всем известный пример подобной литературы — знаменитый роман Дж. Фаулза «Женщина французского лейтенанта»).

Еще У. Теккерей, внимательно отнесшийся к начатому и, увы, не законченному Шарлоттой Бронте роману «Эмма» (она успела написать лишь две главы), грустно вопрошал, будет ли когда-нибудь завершена история юной Эммы. Она дописана, в наши дни, автором, пожелавшим остаться неизвестным [1], но, как увидит читатель, очень бережно отнесшимся к наследию Шарлотты Бронте и постаравшимся воплотить не только стиль той эпохи, но и дух произведений великой писательницы.

---

[1] Мы можем раскрыть читателю недавно обнаружившуюся тайну имени, скрывающегося за анонимностью автора: это современнная писательница Констанс Сейвери (Constance Savery), перу которой принадлежит немало романов, преимущественно историко-приключенческого характера, талантливо воссоздающих атмосферу Англии XVIII—XIX веков. «Моя внешне бессобытийная жизнь, — признавалась К. Сейвери, — наполнена приключениями, описанными в моих книгах».

Наследие сестер Бронте привлекает к себе внимание наших современников и в ином стилистическом ключе: не только как подражание всерьез, но и с позиции столь характерной для английской традиции литературной мистификации, комического обыгрывания. Пример тому в нашей книге — рассказ Роберта Барнарда, доктора философии, блистательного знатока творчества сестер Бронте и литературы о них, главы Совета Общества Бронте.

Творчество сестер Бронте — не просто важнейший факт истории английской литературы, это живой, развивающийся культурный феномен: непрерывающиеся нити заинтересованного читательского восприятия более, чем все критические выкладки, подтверждают, что литературе, обращенной к вечным человеческим чувствам, суждена долгая жизнь.

И. ВАСИЛЬЕВА

ШАРЛОТТА БРОНТЕ
and
ANOTHER LADY

Эмма

Перевод с английского
Т. Казавчинской (гл. I—IX)
и В. Кулагиной-Ярцевой (гл. X—XVII)

ГЛАВА ПЕРВАЯ

Все мы ищем в жизни идеальное. Когда-то мной владела сладкая иллюзия, будто в положенное время большинство людей находит предмет своих исканий и происходит это скорее рано, нежели поздно. Хотя мне не довелось найти его в годы моей юности, твердая уверенность в том, что он все же существует, продолжала жить в моей душе в самую лучшую, светлую пору жизни, сохраняя надежду. Но я не нашла его и в зрелости и смирилась с тем, что отныне так всегда и будет. Несколько бесцветных лет я жила спокойно, ничего не ожидая от грядущего. А сейчас, не знаю, чем-то новым вдруг повеяло в моем жилище, и меня это необычайно радует.

Поглядите на мой дом, читатель. Не проследуете ли вы со мной в гостиную? Решайте сами, стоит ли мне придавать значение подобным дуновениям. Впрочем, будьте так любезны, посмотрите прежде на меня. Нам легче будет понять друг друга, если я отрекомендуюсь должным образом. Меня зовут миссис Чалфонт. Я вдова. У меня хороший дом и довольно средств, чтобы при случае оказать помощь или нехитрое гостеприимство. Лет мне не так уж много, но и молодой меня не назовешь. Хотя в волосах еще не серебрится седина, золотистый блеск их потускнел, и почти забыто время, когда румянец оживлял мое лицо — правда, не тронутое пока морщинами. Замуж я вышла очень рано и провела в супружестве пятнадцать лет, которые, при всех отягощавших их невзгодах, не были бесцельным времяпрепровождением. Еще пять лет я прожила

---

¹ Перевод выполнен по изданию: Charlotte Bronte and Another Lady. Emma. London: Dent, 1980. 202 p.

одна, без близких, мучась одиночеством, так как детей у меня нет. Но на днях фортуна, колесо которой повернулось в неожиданную сторону, привнесла в мое существование смысл и подарила спутницей.

Я живу в уютной местности — здесь вполне приятная природа и добропорядочное, хоть и небольшое, общество. А не так давно, года три тому назад, в миле от моего дома открылся пансион для девочек. К его начальницам, которые мне хорошо знакомы, я отношусь хотя и сдержанно (съездив ненадолго за границу для завершения образования, они порядком набрались там разных вычуров, кривлянья и жеманства), но с должным уважением, какого, думаю, заслуживают все женщины, бесстрашно глядящие в лицо жизни и добывающие пропитание своим трудом.

В один прекрасный день — наверное, год спустя после того, как сестры Уилкокс основали школу, в которой учениц было еще наперечет, и с явным беспокойством ожидали, станет ли их больше, — ворота распахнулись, и на короткую подъездную аллею вкатила карета (как впоследствии описывала мисс Мейбл Уилкокс, «весьма элегантная и модная»), запряженная парой породистых лошадей. Стремительный въезд во двор, заливистый звон дверного колокольчика, шумное раздевание, церемонии, с которыми приезжие вступили в светлую гостиную, — все это очень взволновало владелиц «Фуксии». Мисс Уилкокс вышла к гостям в новеньких перчатках, с батистовым платком в руках.

При ее появлении сидевший на диване джентльмен тотчас встал, оказавшись высоким, красивым мужчиной, — по меньшей мере, таким он ей запомнился, хотя стоял спиной к свету. Он назвался мистером Фицгиббоном, поинтересовался, есть ли в школе места, и вскользь упомянул, что хочет поручить заботам мисс Уилкокс новую ученицу — свою дочь. То была добрая весть, ибо в классной комнате пустовало немало парт, к тому же, пансионерок в вышеупомянутом учебном заведении было только три — по правде говоря, очень мало, при всей изысканности этого числа, — и счета, которые предстояло оплатить директрисе и ее сестрам в конце первого полугодия, внушали ей немалую тревогу. Немногое могло доставить ей такое удовольствие, как зрелище, к которому мистер Фицгиббон привлек ее внимание взмахом руки: у окна, прижавшись к подоконнику, стояла детская фигурка.

Будь в заведении мисс Уилкокс большой набор — добейся она в ту пору процветания, которым впоследствии могла похвастать благодаря неусыпному вниманию к показной стороне дела, — она бы прежде всего спросила себя, годится ли ее новейшее приобретение для роли образцовой ученицы. Она бы мигом оценила внешность девочки, ее платье и все прочее, на основании чего точно установила бы, сколько она стоит. Но в ту шаткую, начальную пору своей деятельности мисс Уилкокс едва ли могла себе позволить роскошь прицениваться: новая ученица сулила сорок фунтов в год за обучение и, помимо того, должна была столоваться с учителями, а значит, и платить за это, директриса же весьма нуждалась в сорока фунтах и очень желала их получить; к тому же, отменный экипаж, отменный господин, отменная фамилия — всего этого было более чем достаточно, чтобы сообщить ей приятную уверенность в разумности полученного предложения. Поэтому с уст ее слетело признание, что набор в «Фуксию» не закончился, и мисс Фицгиббон может быть сию же минуту зачислена в школу, где будет изучать то, что обещано в проспекте, а также все, что душе угодно, — иными словами, мисс Фицгиббон обещала стать столь высокооплачиваемой и выгодной ученицей, какую могла пожелать себе любая директриса. Все прошло как по маслу — без возражений и с изъявлениями щедрости. При обсуждении условий мистер Фицгиббон не выказал ни несговорчивости дельца, привыкшего при заключении сделок стоять на своем, ни бережливости человека малообеспеченного, живущего трудами своими, так что мисс Уилкокс сочла его «истинным джентльменом» — все склоняло ее к тому, чтобы исполниться благоволения к маленькой воспитаннице, которую он, прежде чем откланяться, официально препоручил ее заботам. И словно для того, чтобы укрепить благоприятное впечатление директрисы, оставленная им визитная карточка гласила: «Конуэй Фицгиббон, эсквайр, Мэй-Парк, Мидлендс». В честь новоприбывшей в тот же день были оглашены три указа: новая ученица будет спать в спальне мисс

Уилкокс, сидеть рядом с ней за столом, ходить вместе с ней на прогулки.

А несколько дней спустя всем стало ясно, что в действие введен еще один негласный пункт: мисс Фицгиббон будут холить, лелеять и выставлять напоказ при всяком удобном случае.

Одна из дурно воспитанных учениц, до «Фуксии» учившаяся в течение года у неких старозаветных сестер Стерлинг в Хартвуде, где набралась менее гибких взглядов на справедливость, дерзнула заявить, что она думает о такой системе предпочтений:

— Сестры Стерлинг, — не к месту брякнула она, — никогда не ставили одну девочку выше других только потому, что она богачка или красиво наряжается, они бы не унизились до этого. Они хвалили нас, когда мы хорошо себя вели, не обижали слабых и хорошо учились, им было все равно, сколько у кого шелковых платьев, кружев и перьев.

Нельзя тут не упомянуть, что из сундуков мисс Фицгиббон и впрямь был извлечен изысканнейший гардероб, и столь великолепны были разные его предметы, что мисс Уилкокс вместо того, чтобы отправить их на хранение в школьную спальню, в крашеный сосновый комод, определила их в собственную комнату, в шкаф красного дерева. По воскресеньям она облачала свою маленькую любимицу — всегда собственноручно — в шелковую ротонду, шляпку с перьями, горностаевое боа, французские ботиночки и перчатки. Сопровождая юную наследницу — а от мистера Фицгиббона пришло письмо, в котором говорилось, что дочь — его единственная наследница, и к ней впоследствии перейдут все его поместья, включая и Мэй-Парк в Мидлендсе, — так вот, сопровождая ее в церковь и горделиво помещая подле себя на самом виду, на галерее, мисс Уилкокс прямо сияла от самодовольства. Пожалуй, беспристрастный наблюдатель не смекнул бы, чем она гордится, и лишь пожал бы плечами, не отыскав особых достоинств у этой малолетки, одетой в дорогие шелка, как взрослая дама, — по правде говоря, мисс Фицгиббон не была красавицей, и розовые личики иных ее соучениц выглядели намного миловиднее. Будь она из семьи победнее, мисс

Уилкокс тоже не приглянулись бы черты ее лица, скорее вызвав неприязнь, чем симпатию; более того, — хотя мисс Уилкокс даже себе не решалась в том признаться и всячески старалась отогнать дурные мысли — порой ей почему-то делалось не по себе и не хотелось продолжать игру в любимчики. Отчего-то ей претило окружать почетом эту девочку. Порой она испытывала смутную тревогу, задумываясь, почему, задабривая и лаская будущую наследницу, она не чувствует при этом искреннего удовольствия, не радуется тому, что девочка всегда находится при ней и под ее особым попечением. Мисс Уилкокс, разумеется, не отступалась от предпринятого, однако — лишь из принципа, из одного лишь принципа, ибо ей то и дело приходилось говорить себе: «Это самая знатная и богатая из моих учениц, она больше всех укрепляет мою репутацию и больше всех приносит денег, и только справедливо, чтоб я выказывала ей особенное снисхождение». Она и выказывала, но делала это вопреки какому-то неясному чувству, растущему в душе.

Понятное дело, незаслуженные милости, которые словно из рога изобилия посыпались на юную Фицгиббон, не пошли на благо предмету всех этих щедрот. Попав в любимицы, она лишилась места среди сверстниц, которые решительно отвергли ее общество. Им не пришлось подчеркивать свое недружелюбие — почувствовав, что в классе ее сторонятся, она тотчас смирилась со своим положением: малышка была замкнутой. Нет, даже мисс Уилкокс она никогда не казалась общительной. Посылая за девочкой, чтоб предоставить ей возможность щегольнуть изящными нарядами перед собравшимися в зале посетителями, и особенно приглашая к себе в гостиную, чтобы скоротать с ней вечерок, мисс Уилкокс испытывала странное замешательство. Директриса всегда была приветлива, старалась развеселить и вызвать на откровенность юную наследницу, и если все эти ухищрения пропадали втуне — а пропадали они неизменно, — в том не было ее вины. Однако мисс Уилкокс была не из тех, кто легко сдается, и какова бы ни была подопечная, покровительница из принципа не отказывалась от своей методы.

У любимчиков не бывает друзей. Об эту пору в «Фуксию» наведался один джентльмен и, когда взгляд его упал на мисс Фицгиббон, у него вырвались слова: «Что за несчастный вид у этой крошки!» — разряженная мисс Фицгиббон в полном одиночестве вышагивала по дорожке, а рядом весело играли девочки.

— Кто эта бедная малышка? — спросил он вновь. Ему назвали ее имя и положение.

— Бедная крошка! — повторил он, глядя, как она мерит шагами дорожку — туда, потом обратно: спина прямая, руки — в горностаевой муфте, нарядная ротонда искрится на зимнем солнце, большая шляпа из итальянской соломки бросает тень на личико (по счастью, не похожее на лица остальных учениц).

— Бедная малышка! — не унимался джентльмен. Отворив окно гостиной, он продолжал следить за обладательницей муфты, пока не поймал ее взгляд и не поманил к себе пальцем. Когда она приблизилась и обратила к нему взор, он наклонился и спросил:

— Ты не играешь, детка?

— Нет, сэр.

— Что ж так? Ты что же, не такая, как другие?

Ответа не последовало.

— Наверное, все говорят, что ты богатая, вот ты ни с кем и не водишься?

Юная мисс не стала слушать. Он потянулся задержать ее, но, увернувшись от его руки, она побежала прочь и быстро скрылась из виду.

— Что вы хотите, она единственная дочка, — стала оправдывать ее мисс Уилкокс, — отец, должно быть, избаловал ее; будем же снисходительны к ее маленьким капризам.

— Хм! Боюсь, одним снисхождением тут не обойтись.

ГЛАВА ВТОРАЯ

Мистер Эллин, тот самый джентльмен, которого мы упомянули в предыдущей главе, обычно направлял свои стопы куда заблагорассудится, а так как определенных занятий у него не было и он очень любил посудачить о чужих делах, ему угодно было посещать довольно много разных мест. Вряд ли он был богат, ибо вел слишком скромный образ жизни, но деньги у него, должно быть, все-таки водились, ибо, будучи человеком досужим, имел и дом, и слугу. Он часто говорил, что прежде состоял на службе, но если и так, то оставил он ее, надо полагать, недавно, ибо отнюдь не выглядел старым. А уж в гостях, по вечерам, слегка разгорячившись от беседы, порой казался и вовсе молодым, но очень уж был переменчив: и настроение, и выражение лица, и глаза — то голубые и веселые, то серые и мрачные, то вновь зеленые и лучистые, — менялись по-хамелеоньи. Описывая его в общем и целом, можно сказать, что он был светловолос, роста среднего, скорее тощ, но при этом очень крепок. В наших краях он жил не более двух лет, и о прошлом его ничего не было известно, но так как в местный круг его ввел ректор — чье положение в обществе, семья и знакомства были безупречны, — все двери тотчас отворились перед ним, и до сего дня ничто в его поведении не заставляло пожалеть об оказанной ему чести. Иные, правда, говорили, что он «та еще штучка», и полагали, что он со странностями, но прочие, не видя оснований для подобной аттестации, считали его безобидным и спокойным, не всегда, впрочем, достаточно открытым и понятным, как того хотелось бы. В глазах у него прыгали чертики, порою и в словах проскальзывало что-то трудноуловимое, но слыл он все же человеком благомыслящим.

Мистер Эллин нередко заглядывал к барышням Уилкокс, порою оставаясь выпить чаю. Похоже, он охотно угощался чаем с булочками и был не прочь поучаствовать в разговоре, неизбежно сопровождающем чаепитие. Поговаривали, что он меткий стрелок и удачливый рыбак, но, в первую очередь, он показал себя большим любителем посплетничать — уж очень ему нравилось перемывать чужие косточки. Как бы то ни было, он явно предпочитал женское общество и был не слишком требователен к знакомым дамам по части редких совершенств и дарований. Известно, что интересы барышень Уилкокс были мельче, чем поднос их чайного сервиза, однако мистер Эллин преотлично с ними ладил и с явным удовольствием выслушивал все околичности, касавшиеся школы. Он знал по именам всех юных учениц и, повстречав их на прогулке, здоровался с ними за руку; он знал, когда у них экзамен, когда праздник, и всякий раз сопровождал младшего приходского священника мистера Сесила в школу — опрашивать учениц по церковной истории.

То был еженедельный ритуал, который совершался по средам после полудня, после чего мистер Сесил нередко оставался к чаю, и в гостиной его неизменно поджидало несколько приглашенных по этому случаю прихожанок. И уж тут без мистера Эллина не обходилось. Молва прочила в супруги священнику одну из барышень Уилкокс, предназначая вторую его другу, и при подобном взгляде на дело, они составляли небольшое, но приятное общество, находившееся в весьма занимательных отношениях. На вечера эти обычно была звана и мисс Фицгиббон, являвшаяся в вышитом муслиновом платье, перехваченном длинным, струящимся кушаком, с тщательно завитыми локонами; других пансионерок тоже приглашали, но с тем, чтобы они попели, или покрасовались чуточку за фортепьяно, или прочли стишок. Мисс Уилкокс честно старалась блеснуть успехами своих юных учениц, полагая, что тем самым выполняет долг перед собой и перед ними: упрочивает собственную репутацию и приучает девочек держаться на людях.

Занятно было наблюдать, как в этих случаях естественные, настоящие достоинства одерживали верх над вымышленными и ненатуральными. «Милая мисс Фицгиббон», разряженная и заласканная, только и могла, что бочком обходить гостей с убитым видом (который, кажется, был неотъемлем от нее), едва протягивая руку для пожатия и тотчас же ее отдергивая, а после с неуклюжей торопливостью садилась на приготовленное для нее место рядом с мисс Уилкокс и замирала в полной неподвижности, не улыбаясь и не произнося ни слова до конца вечера, — тогда как иные из ее соучениц, такие, как Мери Фрэнкс, Джесси Ньютон и другие, — хорошенькие, живые, непосредственные девочки, бесстрашные, ибо не чувствующие за собой вины, спускались в гостиную с улыбкой на устах и краской удовольствия на лицах, изящно приседали у дверей, доверчиво протягивали ручки тем из гостей, которых знали, и бойко садились за фортепьяно сыграть в четыре

22

руки отлично вызубренную пьеску, и все это с такой наивной, радостной готовностью, что покоряли все сердца.

Одну из них, по имени Диана, отчаянную, смелую, — ту самую, что обучалась прежде у мисс Стерлинг, — остальные девочки боготворили, хотя и слегка побаивались. Умная, прямая, бесстрашная, она была прекрасно развита физически и умственно и в классной никогда не давала спуску великосветскому жеманству мисс Фицгиббон, но однажды ей достало духу ополчиться на нее и в гостиной. Как-то раз, когда священнику случилось тотчас после чая уехать по делам прихода и из чужих остался только мистер Эллин, Диану вызвали в гостиную исполнить длинную и трудную музыкальную пьесу, с которой она мастерски справлялась. Она как раз дошла до середины, когда мистер Эллин, пожалуй, впервые за весь вечер заметив присутствие наследницы, осведомился шепотом, не холодно ли ей, и тут мисс Уилкокс, воспользовавшись случаем, стала нахваливать безучастие, с которым держалась мисс Фицгиббон, — ее «аристократическое, скромное, примерное поведение». То ли по напряженному голосу мисс Уилкокс нельзя было не догадаться, что она очень далека от восхищения превозносимой ею особой и выражает его лишь по долгу службы, то ли порывистая по натуре Диана не смогла сдержать досады — сказать трудно, но только, крутанув вращающуюся табуретку и развернувшись лицом к собравшимся, она бросила мисс Уилкокс:

— Мэм, эту ученицу не за что хвалить. И ничего в ней нет примерного. На уроках она молчит и задирает нос. По-моему, она просто задавака, многие наши девочки ничуть не хуже нее, а то и получше, только не такие богачки. — После чего захлопнула инструмент, сунула ноты под мышку, сделала реверанс и вышла.

Вы не поверите, но мисс Уилкокс не произнесла в ответ ни слова, да и потом не стала выговаривать Диане за эту вспышку гнева. С тех пор, как мисс Фицгиббон появилась в школе, прошло три месяца, и, надо полагать, за это время директриса успела поостыть к своей любимице и несколько поумерить свои первоначальные восторги.

Между тем время шло, и можно было ожидать, что ослепление ее вот-вот рассеется; подчас казалось, что еще немного, и репутация мисс Фицгиббон пошатнется, но всякий раз, как будто для того, чтоб посмеяться над приверженцами разума и справедливости, случалось вдруг какое-нибудь маленькое происшествие, которое искусственно подогревало угасавший интерес директрисы к невзрачной ученице. Так, однажды мисс Уилкокс доставили громадную корзину с оранжерейными дынями, виноградом и ананасами в виде подарка от мисс Фицгиббон. Возможно, самой мнимой дарительнице досталась слишком щедрая доля этих восхитительно сладких плодов, возможно также, что она переела именинного пирога мисс Мейбл Уилкокс, но, как бы то ни было, ее пищеварение вышло из строя — мисс Фицгиббон стала ходить во сне. Однажды ночью она переполошила всю школу, — бледной тенью бродила она по спальням в одной ночной сорочке, издавая стоны и простирая руки.

Тотчас вызвали доктора Перси; но его лечение, видимо, не возымело действия, ибо не прошло и недели после этого приступа лунатизма, как мисс Уилкокс, подымаясь в темноте по лестнице, споткнулась, как она было решила, о кошку и, призвав на помощь служанку со свечой, увидела, что ее ненаглядная мисс Фицгиббон, вся синяя от холода, с закатившимися глазами и помертвелыми губами, с закоченевшими руками и ногами, лежит, свернувшись клубочком, на лестничной площадке. Больную долго приводили в чувство. А у мисс Уилкокс появился лишний повод целыми днями держать ее на диване в гостиной и баловать еще больше, чем раньше.

Однако недалек был час расплаты и для заласканной наследницы, и для лицеприятной наставницы.

Как-то ясным зимним утром, едва мистер Эллин приступил к завтраку, по-холостяцки наслаждаясь мягким креслом и свежей, еще пачкавшей пальцы лондонской газетой, как ему подали записку, помеченную: «В собственные руки» и «Срочно». От последней приписки было мало проку, ибо Уильям Эллин никогда не торопился — это было не в его натуре, его всегда удивляло, что людям хватает глупости пороть горячку, ведь и без того жизнь слишком коротка. Он повертел в руках сложенное треугольником письмецо, надушенное и надписанное женской рукой.

Почерк ему был знаком и принадлежал той самой даме, которую Молва не раз прочила ему в жены. Джентльмен, который пока еще не вступил в означенный союз, достал сафьяновый маникюрный прибор, неторопливо выбрал среди множества миниатюрных инструментов крошечные ножнички, вырезал печать и прочел, что мисс Уилкокс кланяется мистеру Эллину и будет искренне признательна, если он уделит ей несколько минут в удобное ему время, — мисс Уилкокс нуждается в его совете, но воздерживается от объяснений до предстоящей встречи.

Мистер Эллин неторопливо доел завтрак, затем тщательно экипировался для выхода на улицу — стоял погожий декабрьский денек, морозный и бодрящий, но мягкий и безветренный, — достал трость и двинулся в путь. Шагать было приятно — в воздухе не было ни малейшего дуновения, от солнца исходило слабое тепло, чуть припорошенная снегом дорога приятно пружинила под ногами. Он постарался растянуть удовольствие — пошел в обход через поля, то и дело сворачивая с дороги на извилистые тропки. Когда на пути попадалось дерево, словно манившее остановиться и передохнуть, он непременно останавливался и, удобно прислонившись к стволу и скрестив на груди руки, мурлыкал себе под нос какую-то мелодию. Приметь его Молва в подобную минуту, она бы окончательно уверилась, что он мечтает о мисс Уилкокс. Впрочем, вскоре он прибудет в «Фуксию», и мы увидим сами по его повадке, сколь справедливо это заключение. Но вот он у дверей и звонит в колокольчик. Его впускают в дом и провожают в малую гостиную — ту, что предназначается для дружеских визитов. Там его ждет мисс Уилкокс — она восседает за письменным столом. Вот она подымается навстречу гостю, приветствуя его не без жеманства. Этим вычурам она обучилась во Франции, в одной парижской школе, где за полгода усвоила десятка два французских слов и бездну всяческих изящных жестов и ужимок. Тут нужно сказать, что мистер Эллин, возможно, и впрямь восхищается мисс Уилкокс. Она отнюдь не из дурнушек и ни в чем не уступает своим сестрам, а они особы элегантные и ослепительные, всем цветам предпочитают ярко-синий и никогда не забывают прикрепить на платье пунцовый бант — для контраста. У них в чести все больше сочные цвета: травянисто-зеленый, лилово-красный, густо-желтый, — а приглушенные тона им не по вкусу. Вот и мисс Уилкокс, стоящая сейчас перед мистером Эллином, одета в васильковое мериносовое платье с лентой гранатового цвета и выглядит, как сочли бы многие, очень и очень привлекательно. Черты лица у нее правильные, нос, правда, немного островат, а губы тонковаты, но цвет лица свежий, и волосы с рыжинкой. Необычайно собранная и весьма практичная, она не знает тонких чувств и мыслей — это натура предельно ограниченная, пекущаяся о приличиях и весьма самодовольная. Холоден взгляд ее выпуклых глаз с бесцветной радужной оболочкой и острыми, плоскими, «недышащими» зрачками, белесыми бровями и ресницами. Мисс Уилкокс — очень достойная, почтенная особа, но деликатность и застенчивость ей чужды, ибо природа отказала ей в чувствительности. В голосе ее не слышно переливов, в лице нет смены выражений, в манерах нет и тени искренности, и ей неведомы ни краска радости, ни дрожь стыда.

— Чем могу служить, мисс Уилкокс?— с этим вопросом мистер Эллин подходит к столу и садится на стул подле нее.

— Я думаю, советом, — отвечает она,— а может быть, и кое-какими сведениями. Я совершенно сбита с толку и в самом деле опасаюсь, что дело плохо.

— Чье дело плохо, где?

— Конечно, следует добиться возмещения ущерба, — но как за это взяться, получив такое! Присаживайтесь поближе к огню, мистер Эллин, сегодня холодно.

Оба они садятся поближе к камину. Она продолжает:

— Вы помните, что близятся рождественские каникулы? Он подтверждает это кивком.

— Ну так вот, недели две тому назад я, как обычно, разослала письма родителям моих учениц, и, указав день, когда мы закрываемся, просила уведомить меня, не собирается ли кто-нибудь из них оставить своего ребенка в школе на время каникул. Все ответили быстро и как ожидалось, все, кроме одного — Конуэя Фицгиббона, из Мэй-Парка, что в Мидлендсе, — отца Матильды Фицгиббон, вы знаете.

— Как так? Он что, не хочет брать ее домой?

— Какое там «брать домой», дорогой сэр! Сейчас узнаете. Миновало две недели, я что ни день ждала ответа — его так и не последовало. Это меня возмутило — ведь я особо подчеркнула, что прошу ответить побыстрее. Сегодня утром я решилась написать еще раз, как вдруг... Догадываетесь, что пришло по почте?

— Пока — нет.

— Мое собственное письмо! Подумать только! Мое собственное письмо вернулось назад с почтовой припиской — и какова приписка! Впрочем, прочтите сами.

Она протянула мистеру Эллину конверт, он вынул оттуда письмо и еще один листок, на котором было нацарапано несколько строчек, смысл которых сводился к тому, что в Мидлендсе нет усадьбы под названием «Мэй-Парк», и никто слыхом не слыхал о Конуэе Фицгиббоне, эсквайре.

От удивления мистер Эллин широко открыл глаза:

— Вот уж не думал, что дело так плохо, — отозвался он.

— Как? Вы, значит, полагали, что оно плохо? Вы что-то подозревали?

— Не знаю, подозревал я или нет. Подумать только, Мэй-Парка не существует! Огромного поместья с дубами и оленями! Исчезло вмиг с лица земли! А с ним и мистер Фицгиббон! Но вы же видели его, он приезжал к вам в собственной карете?

— Да, приезжал, и в очень элегантной, — подтвердила мисс Уилкокс. — И сам он очень элегантный господин. Вы полагаете, что тут какая-то ошибка?

— Ошибка-то ошибка. Ошибку можно разъяснить, но и тогда не думаю, что мистер Фицгиббон или Мэй-Парк объявятся. Не отправиться ли мне в Мидлендс и не поискать ли обе бесценные пропажи?

— О мистер Эллин! Будьте так добры! Я знала, что могу рассчитывать на вашу доброту. Поехать, расспросить на месте, что может быть лучше?

— Да, пожалуй. Ну, а тем временем, как вы поступите с малышкой — с мнимой наследницей, если она и впрямь такова? Выведете на чистую воду, поставите на место?

— Полагаю, — ответила задумчиво мисс Уилкокс, — полагаю, пока не стоит спешить. Если, в конце концов, окажется, что она из такой семьи, как думалось вначале, не нужно делать ничего такого, о чем потом придется пожалеть. Нет, я не буду менять своего обращения с ней, пока вы не вернетесь.

— Отлично. Как вам угодно, — ответил мистер Элвин с тем бесстрастием, которое, в глазах мисс Уилкокс, и превращало его в столь подходящего советчика. В его холодной лапидарности она услышала ответ, согласовавшийся с ее расчетливым бездушием. Раз не последовало возражений, она считала, что было сказано все, что нужно, и более пространных комментариев, чем те, что он отмерил крайне скупо, ей не требовалось.

Мистер Эллин, как он выразился, «пошел по следу». Похоже, что комиссия пришлась ему по вкусу, ибо, кроме соответствующих предпочтений, у него были и свои особые приемы. Его манило к себе любое тайное дознание, наверное, в его натуре было что-то от сыщика-любителя. Он умел вести расследование, не привлекая ничьего внимания: его спокойные черты не выдавали любопытства, а зоркие глаза — настороженности.

Отсутствовал он около недели и через день по возвращении явился к мисс Уилкокс как ни в чем не бывало, словно они расстались лишь вчера. Представ перед ней с нарочито бесстрастной миной, он первым делом доложил, что вернулся ни с чем.

Но сколько бы таинственности он ни напускал, ему было не удивить мисс Уилкокс — она не видела в нем ничего таинственного. Иные люди побаивались мистера Эллина, не понимая его поступков, ей же и в голову не приходило разгадывать его натуру, задумываться над его характером. Если у нее и сложилось какое-либо впечатление, то состояло оно лишь в том, что человек он праздный, но услужливый, миролюбивый, немногословный и сплошь и рядом полезный. Умен он и глубок или же глуп и ограничен, замкнут или чистосердечен, чудоковат или ничем не примечателен — она не видела практического смысла в том, чтобы задавать себе подобные вопросы и потому не задавалась ими.

— Отчего же ни с чем? — спросила она его.

— Главным образом, оттого, что и узнавать было нечего, — ответил он.

28

Означает ли это, что он не может ей предоставить никаких сведений, поинтересовалась она.

— Очень немного, помимо того, конечно, что Конуэй Фицгиббон — вымышленное лицо, а Мэй-Парк — карточный домик. В Мидлендсе нет и следа такого человека или поместья, как нет их и в иных графствах Англии. И даже Устная Молва не может ничего сказать ни о нем, ни об этом месте. Да и Хранителю былых деяний сообщить было нечего.

— Кто же тогда приезжал сюда и кто эта девочка?

— Вот этого я как раз и не знаю и потому говорю, что вернулся ни с чем.

— Но кто же мне уплатит?

— Этого я тоже не могу вам сказать.

— Мне причитается за четверть: плата за полный пансион и обучение, а кроме того, за стол — она же столовалась с нами, а не с ученицами, — не унималась мисс Уилкокс. — Какая низость! Мне не по средствам подобные убытки!

— Живи мы в добрые старые времена, которых всем нам очень не хватает, — поддержал ее мистер Эллин, — вы бы просто могли выслать мисс Матильду на виргинские плантации, продать ее за соответствующую сумму и оплатить свои расходы.

— Матильда! Да еще Фицгиббон! Маленькая самозванка! Хотела бы я знать, как ее зовут по-настоящему?

— Бетти Ходж? Полли Смит? Ханна Джонс? — стал перебирать мистер Эллин.

— Нет, все-таки вы должны отдать должное моему чутью! — вскликнула мисс Уилкокс. — Поразительно, но как я ни старалась, буквально из кожи вон лезла, а все равно не смогла ее полюбить. В этих стенах ей разрешалось все, я жертвовала собой во имя принципа, старалась уделить ей максимум внимания, но вы не поверите, до чего она была мне неприятна с первой же минуты.

— Почему же не поверю? Я видел это собственными глазами.

— Что ж, ...это лишь доказывает, что моя интуиция редко меня подводит. Ну все, ее карта бита, час настал. Я до сих пор ни слова ей не говорила, но теперь...

29

— Вызовите ее сейчас, при мне, — предложил мистер Эллин. — Знает ли она обо всей этой истории? Участвует ли в сговоре? Сообщница она или орудие в чьих-то руках? Вызовите ее сейчас, пока я не ушел.

Мисс Уилкокс позвонила в колокольчик и послала за Матильдой, которая вскоре предстала перед ней с тщательно завитыми локонами, в платье, украшенном фестонами и оборками и перехваченном широким кушаком, — на все эти роскошества псевдонаследница — увы! — уже лишилась права.

— Стань там! — сурово одернула девочку мисс Уилкокс, увидев, что та направляется к камину. — Стань по ту сторону стола. Я буду спрашивать, а ты отвечай. И помни, мы хотим услышать правду. Мы не потерпим лжи.

С тех пор, как мисс Фицгиббон нашли в беспамятстве на лестнице, лицо ее было бледно, как полотно, под глазами лежали темные круги. При первых же словах, обращенных к ней враждебным тоном, она задрожала и побелела, превратившись в живое воплощение вины:

— Кто ты такая? — допрашивала мисс Уилкокс. — Что ты об этом знаешь?

Невнятный возглас вырвался у девочки — какой-то звук, в котором слышен был и страх, и нервный трепет, какой испытывает человек, когда то страшное, чего он так давно боялся, наконец настигает его.

— Держи себя в руках и, будь любезна, отвечай, — не отступалась мисс Уилкокс, которую нельзя было упрекнуть в недостатке сострадания — оно вообще не было ей свойственно. — Как твое имя? Мы знаем, что у тебя нет права называться Матильдой Фицгиббон.

Девочка молчала.

— Я требую ответа. И рано или поздно, ты сознаешься. Лучше сделай это сразу.

Допрос явно сильнейшим образом подействовал на виновную. Застыв, словно в параличе, она силилась заговорить, но, видимо, язык отказывался ей повиноваться. Мисс Уилкокс не пришла в неистовство, но ощетинилась и стала очень жесткой и настойчивой. Она заговорила громче. Ее срывающийся голос, в котором появился какой-то сухой треск, казалось, резал слух и бил по нервам девочки. Были задеты интересы мисс Уилкокс, пострадал ее кошелек, мисс Уилкокс отстаивала свои права и никого и ничего перед собой не видела, кроме своей цели. Мистер Эллин считал себя, по-видимому, всего лишь наблюдателем — не двигаясь, не говоря ни слова, стоял он на каминном коврике.

Наконец обвиняемая заговорила. Тихий шепот слетел с ее уст: «О, моя голова!» Со стоном и плачем, она сжала голову руками, пошатнулась, но успела схватиться за дверь и удержалась на ногах. Иные гонители встревожились бы за преступницу и даже отказались бы, наверное, от допроса, но не такова была мисс Уилкокс. И вовсе не из-за жестокости и кровожадности, а из-за грубости, вызванной бесчувствием. Задыхаясь от гнева, она продолжала допрос.

Мистер Эллин сошел с коврика и стал неторопливо похаживать по комнате, словно устал стоять на месте и захотел немного поразмяться. Когда он повернул назад и подошел к дверям, за которые держалась допрашиваемая, до его слуха донесся легкий вздох, принявший очертания его имени:

— О, мистер Эллин!

Выговорив это, девочка лишилась чувств. Каким-то сдавленным, чужим голосом мистер Эллин попросил мисс Уилкокс ничего более не говорить. Он поднял с пола упавшую, которая была еще слаба, но уже пришла в сознание. Она немного постояла, прислонившись к мистеру Эллину, и вскоре задышала ровно и подняла на него глаза.

— Ну что ты, детка, ничего не бойся, — ободрил он ее.

Она прижалась к нему лбом и быстро успокоилась. Он ничего для этого не делал — просто она поняла, что он не даст ее в обиду. Стих даже бивший ее озноб. Совершенно спокойно, но весьма решительно мистер Эллин попросил, чтобы девочку уложили в постель. Он сам отнес ее наверх и подождал, пока ее укладывали. Затем вернулся к мисс Уилкокс и сказал:

— Ничего больше не говорите ей. Будьте осторожны, иначе вы причините большой вред. Такой большой, какого и понять не можете, какого и не желаете причинить. Это существо совсем иной породы, чем вы, — вам невозможно было полюбить ее. Оставьте все как есть. Поговорим об этом завтра. Предоставьте мне самому расспросить ее.

ГЛАВА ТРЕТЬЯ

Мисс Уилкокс скрепя сердце подчинилась просьбе мистера Эллина. Оставив ее мрачно размышлять в одиночестве о двоедушии рода человеческого, сам он поспешил ко мне в «Серебряный лог» — просить об одном богоугодном деле. Просьба эта, весьма неожиданного и безотлагательного свойства, потребовала моего столь же поспешного согласия.

Предстоящее сильно меня беспокоило, но, по счастью, в тот день мне уже некогда было предаваться раздумьям, ибо все мое время, до самого вечера, было отдано неким приготовлениям. Покончив с ними, я погрузилась в тревожное ожидание грядущего.

Наутро, тотчас после завтрака, мистер Эллин вновь прогулялся по морозному декабрьскому воздуху в «Фуксию», где, коротко переговорив с мисс Уилкокс, расположился в гостиной, ожидая, пока к нему выведут девочку.

Она вышла в самом простеньком своем платьице, с красными от слез глазами, нервно теребя пальцами оборку. Оградив ее от дальнейших расспросов мисс Уилкокс, он не мог уберечь маленькую злоумышленницу от молчания этой дамы, которое, со всей очевидностью, было ничуть не лучше предшествовавшего расследования. Он тотчас догадался, что следует спросить:

— Может быть, тебе надо что-нибудь сказать мне, детка?

Она отрицательно мотнула головой.

— Тогда у меня есть небольшой план, — продолжал мистер Эллин. — Ты ведь знаешь, что другие девочки уезжают на каникулы домой, и, наверное, мисс Уилкокс тоже бы хотелось отдохнуть и пожить без учениц. Одна моя хорошая знакомая хочет на время каникул взять тебя к себе, в свой славный дом, где никто не будет спрашивать тебя о том, о чем ты не хочешь говорить. Ты знаешь эту даму в лицо — она сидит рядом с тобой в церкви.

Видимо, сильно растерявшись, девочка спросила робко:

— Это та самая дама, которая никогда не видела своих пасынков?

Мистеру Эллину припомнились пересуды на одном из чаепитий в гостиной у мисс Уилкокс, где, с неизбежностью, присутствовала и ее любимица, молчаливая свидетельница разговора, на его взгляд, неуместного и клеветнического, который он всячески старался оборвать.

— Не бойся, — успокоил он ее. — Миссис Чалфонт — сама доброта, и нимало не повинна в непростительном поведении своих пасынков. Пойдешь со мной?

Она почти беззвучно прошептала:

— Да.

Поднявшись, он взял ее за руку — подергивавшиеся пальчики тотчас успокоились в его ладони. Вместе вышли они из дому и вместе пришли ко мне в «Серебряный лог».

— Что я вижу? — вскричала я вместо приветствия. — Вот так-так, мистер Эллин! Вы увели бедную девочку, не дав ей времени надеть капор и накидку!

— Клянусь честью, так оно и есть! — испугался мистер Эллин. — Поскорей усадите ее поближе к огню, миссис Чалфонт. Что за несносная рассеянность! Простишь ли ты меня, Матильда?

Она подняла на него глаза, и тень улыбки задрожала на ее распухшем от слез лице. Не сказав в ответ ни слова, она, тем не менее, послушно села в кресло, по обе стороны которого расположились мы с мистером Эллином. Нам тотчас подали горячий суп, который был приготовлен к ее приходу, и мы все его отведали. Я с радостью заметила, что ее лицо приняло более спокойное выражение: она с интересом следила за проделками моей кошки — особы весьма избалованной и пытавшейся, в знак протеста, выжить мистера Эллина с ее любимого места. Когда сверкающий взгляд и изогнутый хвост не привели к желанной цели, миссис Киска прыгнула на сиденье, прямо за спину захватчика, и изо всех своих кошачьих сил впилась в него когтями в надежде столкнуть с места.

— Ну, понятно, ты хочешь сказать, что я засиделся в гостях, — сказал он, подымаясь.

Девочка тоже вскочила на ноги. Она молчала, но дрожала всем телом и протянула к нему руку, словно пытаясь удержать. В ее глазах — хотя из уст не вырывалось ни звука — сквозил страх: ведь ей предстояло остаться со мной наедине.

Он нежно похлопал ее по ручке:

— Ты тут в полной безопасности, детка. Миссис Чалфонт любезно разрешила мне заглянуть к вам днем на чашку чаю. А пока я поеду на рынок в Барлтон и сделаю срочные покупки, там отличные лавки. У тебя есть ко мне поручения?

Не уверенная в том, что правильно его поняла, она продолжала безмолвствовать.

— Хочешь, я куплю тебе засахаренных слив, или жареного миндаля, или мятных лепешек?

Ответом ему было горестное покачивание головой из стороны в сторону.

— Ага! Значит, тебе больше по вкусу черные анисовые пушечные ядра, которые продаются в маленькой кондитерской у мадам Петтигрю?

На этот раз его сначала одарили гримаской отвращения, а потом и открытой детской улыбкой:

— Только не анисовые шарики, пожалуйста.

Он удалился, а я вновь усадила свою гостью поближе к камину, судорожно перебирая в уме возможные темы для разговора. Она, со своей стороны, казалось, рада была помолчать. На ее сшитом из дорогой материи платье красовалось безобразное чернильное пятно, словно на подол, по неловкости, уронили чернильницу. Отложив в сторону пяльцы, я стала разглядывать пятно. Какое-то время тишину нарушало лишь потрескивание яблоневых поленьев в камине и мурлыканье кошки, певшей торжествующую песнь над поверженным, как она полагала, противником.

Приближалось время дневной трапезы. Я поднялась с места и как можно приветливее позвала Матильду:

— Пойдем — тебе, наверное, интересно посмотреть твою комнату.

Она послушно двинулась за мной, как заводная кукла.

Маленькую гостевую комнату с двумя дверьми, одна из которых выходила в мою спальню, приготовили еще накануне. Безучастный взгляд девочки потеплел, когда она увидела розовые занавески, белоснежную постельку, картинки на стенах и безделушки. На подвесной полке стояло несколько книжек, которые я любила с детства. Наугад я сняла с полки одну из них:

— А ты читала «Головоломку для любознательной девочки», Матильда?

— Нет, мэм, — проговорила она хрипло и негромко, но уже не шепотом.

— Хочешь, я почитаю тебе ее попозже? Гулять сегодня все равно нельзя из-за погоды, даже если бы этот рассеянный мистер Эллин и не привел тебя без плаща.

Я с радостью услышала протестующий шепот:

— Никакой он не рассеянный. Он быстрый и... очень добрый!

Так мог бы сказать узник, вызволенный из тюрьмы. Я лишь улыбнулась в ответ, чтобы показать, что соглашаюсь с поправкой. Мы уже были в дверях, как вдруг мой взгляд упал на незнакомый мне предмет, хотя я собственными руками все расставляла в комнате к приезду гостьи: маленький дорожный сундучок.

— Это вещи мисс Фицгиббон, — объяснила приблизившаяся к нам Элиза. — Мисс Уилкокс прислала его с час назад, и я велела Ларри поставить его сюда.

Я с трудом подавила едва не вырвавшийся у меня возглас удивления: уж очень убогий вид был у этого короба, плохо согласовавшегося с утонченными нарядами и уборами мисс Фицгиббон. Обернувшись к девочке, я предложила:

— Давай распакуем его вместе, детка. Повесим твои платья на место, и ты сразу почувствуешь себя дома.

Ответом мне был сдавленный крик:

— Это не мой сундучок!

Я открыла крышку.

— И платья там не мои! — Личико ее стало землистым, стиснутые руки побелели.

Элиза отвела меня в сторону:

— Мне сказала Джемайма, ну та, что служанкой в школе: одна из молодых мисс так быстро выросла, что ее маменька, приехавши нынче утром забирать ее домой, оставила ненужную одежонку, чтобы мисс Уилкокс раздала ее бедным детям.

Мы с Элизой поглядели друг на друга, и я поняла, что история падения мисс Фицгиббон известна ей во всех подробностях. Итак, то был ультиматум мисс Уилкокс, предъявленный нам с мистером Эллином: пока ей не уплатят, она конфискует гардероб наследницы в порядке возмещения законнной платы.

— Это платья мисс Дианы Грин, — шепнула мне Элиза.

Вид моей юной гостьи, тоскливо перебирающей содержимое сундучка в тщетной надежде найти хоть что-нибудь свое среди ветоши, принадлежавшей ее соученице, привел меня в еще большую растерянность. Бесплодные поиски обнаружили лишь малую толику вещей первой необходимости, куда, среди прочего, входила ночная рубашка с длинной прорехой, видимо, образовавшейся от резкого движения во время шалостей. Как и прочие вещи, она была велика Матильде, но мала Диане.

Я взяла девочку за руку и увела из комнаты.

— Мы посоветуемся с мистером Эллином. Произошла какая-то ошибка. Мистер Эллин все уладит, вот увидишь, — заверила ее я.

Признаюсь, что кривила душой, ибо плохо представляла себе, каким образом мистер Эллин может поправить дело. Но Матильда верила в него больше моего: нахмуренное личико разгладилось, тень горя сбежала с него.

Я свела ее вниз и вновь усадила у огня — скоротать несколько минут до обеда, который в моем доме подавали рано.

Держа на коленях книгу с гравюрами, она пристально смотрела в огонь, отрываясь лишь для того, чтобы перевернуть очередную страницу, на которой даже не останавливалась взглядом. И все же обед прошел в более непринужденной обстановке, чем можно было ожидать от двух собеседниц, имевших крайне ограниченный выбор тем. Она уже запомнила имена моих горничных — Джейн и Элизы, и моего садовника — Ларри; мне удалось завести разговор и о третьей служанке — старушке Энни, которая после многолетней верной службе нашей семье удалилась на покой и жила у меня, имея в своем распоряжении маленькую гостиную и спальню. Как и моя мать, Энни родилась в далеком Корнуолле и была одной из немногих живых носительниц корнуоллского языка. Слыхала ли Матильда, что в давние времена в Корнуолле был свой собственный язык, который нынче исчез, вытесненный английским?

Нет, Матильда никогда не слыхала ни о затонувшей сказочной земле Лионесс [1], ни о забытом языке Корнуолла. Я назвала несколько слов, которым выучилась в детстве от Энни, а там уж от «quilquin» — лягушки мы, естественно, перешли к моему саду, в котором сейчас нечем было полюбоваться, кроме омелы, гаултерии [2], пятнистого лавра и алых ягод остролиста.

— Но пройдет немного времени, и мы будем радоваться золотым аконитам, «светлым девам февраля», гиацинтам, крокусам, фиалкам и примулам, — пообещала я.

Она устремила на меня озадаченный взгляд:

— Светлым девам февраля?

— Так называют подснежники, — пояснила я и прибавила, поддавшись безотчетному порыву:

— А ты тоже светлая дева февраля? Я имею в виду, детка, не приходится ли твой день рождения на февраль? Тебе, наверное, скоро, десять?

Она заколебалась, словно не зная, вправе ли ответить на мой вопрос, и наконец вымолвила:

— Одиннадцатого февраля мне исполнится десять. Но я же не светлая: волосы у меня каштановые, глаза карие.

— Это не в счет. Даже если бы у тебя волосы были черные как вороново крыло, раз ты родилась в феврале, ты все равно его «светлая дева».

По ее лицу скользнуло слабое подобие улыбки, и я порадовалась про себя, что вовремя сдержалась и не сказала того, что просилось на язык: «А я видела тебя, когда ты и впрямь была беленькая, как подснежник». Было бы жестоко напоминать ей, что всего лишь в минувшее воскресенье она блистала в церкви разодетая в белые меха, тогда как сейчас у нее только и было, что перепачканное чернилами платьице, да обноски Дианы, которая даже не была ее подругой.

Пока мы доедали обед, мои мысли неотвязно вертелись вокруг ее злополучного гардероба, превратившегося в неразрешимую задачу. Само собой разумеется, невозможно было, не вступая в недопустимые препирательства, получить у мисс Уилкокс одежду девочки, но точно так же невозможно было требовать, чтобы она, бедняжка, превратилась в Диану Грин. Да и как знать, не могло ли такое переоблачение ввергнуть ее вновь в тот странный ступор, который дважды находил на нее в школе? С другой стороны, не одевать же мне с ног до головы девочку, которую могут у меня забрать в любую минуту, лишь только объявится ее ичезнувший куда-то отец или какой-нибудь другой родственник, имеющий на нее права? В конце концов, решила я, спрошу-ка я совета у Элизы и Джейн — на их природный ум, я знала, можно положиться.

Я сдержала данное слово и стала ей читать вслух «Головоломку для любознательной девочки». Поначалу Матильда слушала с интересом, но потом, склонив голову на ручку кресла, стоявшего у самого камина, заснула, а я выскользнула в кухню, где Элиза и Джейн с горячим сочувствием выслушали рассказ о моих затруднениях. Обе они хотели, и не просто хотели, а горели желанием помочь мне подкоротить и привести в порядок девочкины вещи. Элиза обещала каким-то ей одной известным волшебным способом перешить залитое чернилами платье так, что комар носа не подточит. А у Джейн была в деревне тетушка, которая творила истинные чудеса с красителями, добытыми, с помощью какого-то тайного рецепта, из ежевики, лука и кипрея. Держа в руках измятое и грязное белое муслиновое платье, она пообещала, что из него получится нежно-розовое чудо, когда тетушка покрасит его корнями растущего у нее подмаренника.

С легким сердцем ушла я от добрых девушек, принявшихся за узел со старьем. Свою подопечную я застала все еще крепко спящей.

Мой приход не пробудил ее от сна, который, несомненно, был сном усталости. Долго сидела я в вечереющем декабрьском свете, вглядываясь в лицо девочки, столь необычным образом попавшей под мою опеку. Ее фигурка, освобожденная от вечно топорщившегося, пышного наряда, была исполнена небрежной грации.

Гардины задернули, на столике перед спящей мисс Фицгиббон сервировали чай; вдруг она открыла глаза и вздрогнула от испуга и смятения, не понимая, где находится. Я поспешила успокоить ее, и она откинулась умиротворенно, радуясь теплу ярко горевшего огня, свету лампы, отражавшейся в столовом серебре и фарфоре, аромату кексов, подогревавшихся на камине, посвистыванию чайника и мурлыканию кошки.

Тут очень кстати появился мистер Эллин, с пакетом засахаренных слив в руках и двумя свертками под мышкой. Сложив свой груз на стул, он принял от меня чашку чая. Мисс Фицгиббон подкреплялась и пила чай, не сводя с него сияющих глаз.

Когда поднос унесли, он указал на два пакета, из-за которых, по его словам, и ездил на ярмарку в Барлтон в такой холодный, морозный день. Вручив засахаренные сливы и пакет поменьше мисс Фицгиббон, он сказал, что привез ей из города маленькую подружку.

Она тотчас догадалась, что это за «подружка», и дрожащими от нетерпения руками стала разворачивать бумагу. Оттуда, о чудо! показался изысканейший образчик кукольного искусства — чудесная восковая красавица в длинной, воздушной белой сорочке.

— Ах! — вскричала юная барышня, задохнувшись от восторга. — О мистер Эллин! Спасибо, тысячу раз спасибо!

— А здесь, — и мистер Эллин похлопал по большому свертку, — материя, чтобы сшить малютке-леди платьице и плащ. Я попросил, чтобы в магазине подобрали то, что ей пойдет.

Я развернула сверток, в котором, как я понимала, было довольно материи, чтобы одеть не только куклу, но и кое-кого побольше, и достала голубой бархат на платье и такого же цвета сукно для накидки. Девочка смотрела на все это, не отрываясь, черты ее разгладились второй раз за день, и нашим глазам явилась широчайшая улыбка. Все так же прижимая к груди свою восковую подружку, она повернулась ко мне:

— Миссис Чалфонт, — воскликнула она, — посмотрите, что наделал мистер Эллин! Он не знает, сколько нужно кукле на платье и плащ — он купил столько, что и мне хватит!

— Я всего лишь бедный старый холостяк, — оправдывался, хитро на меня поглядывая, мистер Эллин. — Но это счастливая ошибка, потому что теперь мама и дочка будут одеты одинаково, и это прелестно.

Похоже, что мисс Фицгиббон тоже так считала. Она нежно баюкала куклу и светилась улыбкой.

— А как ты назовешь ее? — спросил мистер Эллин. — Луиза, Джорджина, Арабелла или как?

У меня блеснула мысль — как оказалось, верная, — что мистер Эллин купил куклу с двойным умыслом. Кроме всего прочего, то была осторожная попытка выведать, зовут ли девочку на самом деле Матильда Фицгиббон или нет, как считала мисс Уилкокс. Мистер Эллин полагал, что Матильде не избежать легкого замешательста, если в длинном списке имен, который он собирался на нее обрушить, мелькнет и ее собственное имя.

Но его хитрый план был расстроен вмиг — нимало не колеблясь, мисс Фицгиббон тотчас же откликнулась:

— Либо Эллен, либо Элинор.

— Вот оно что! — воскликнул обескураженный мистер Эллин, лукаво поглядывая в мою сторону. — Так ты хочешь, чтоб бедняжку звали так же гадко, как и меня?

— И совсем не гадко, — запротестовала мисс Фицгиббон, — а очень красиво.

— Вот у миссис Чалфонт и впрямь красивое имя, — возразил расхрабрившийся мистер Эллин.

— А как ее зовут?

— Арминель.

Я предпочла не интересоваться, откуда ему известно мое имя. Мисс Фицгиббон немного подумала и разрешила дело:

— Тогда у нее будет двойное имя: Арминель-Эллен или Арминель-Элинор. Какое, по-вашему, лучше?

Он решил в пользу Элинор — что, как я с благодарностью отметила про себя, все же больше отличалось от его собственного прозвания — и тут же предпринял попытку иным способом выведать желаемое:

— Кстати, — сказал он как бы невзначай, — помнится, в мое время разрешали брать с собой в школу сундучок с игрушками. Свой я набивал всякой всячиной, которая, как я думал, может мне пригодиться, от печенья до рогатки. Но может статься, в наши дни юные барышни не берут в школу свои сундучки?

Она воскликнула, задыхаясь от переполнявшей ее обиды:

— У Дианы, у Мери, у Джесси — у всех были сундучки.

— А у тебя?

Она смешалась, уклоняясь от ответа, явно опечаленная.

— Навряд ли мисс Уилкокс, — продолжал мистер Эллин, не отрывая от нее взгляда, — оставит у себя твой сундучок. Что ей с ним делать? Какой старьевщик купит игрушки маленькой девочки?

(Мисс Уилкокс уже сообщила ему, что отослала в «Серебряный лог» старые вещи Дианы Грин, а дорогие туалеты и украшения богатой наследницы оставила у себя, чтобы продать, как только можно будет по закону.)

— Н-не знаю, — пролепетала Матильда, заикаясь.

— Может быть, — предположил он, — она отошлет сундучок мне, а я верну тебе.

Глаза Матильды наполнились слезами:

— Его нет у мисс Уилкокс и никогда не было. Он велел мне оставить его в...

Тут она зарыдала, вспомнив давнее горе.

— Дома?

— Нет, в... — вновь последовали пауза и замешательство. Затем, смахнув слезы, она сказала, явно нарушая наложенный на нее запрет:

— ...в гостинице, где мы останавливались по дороге в школу. Он сказал, потому что карета переполнена. Но он же не тяжелый — такой малюсенький сундучок.

Невозможно было судить, была ли то истинная причина, или же сундучок оставили потому, что он мог служить разгадкой к личности девочки. Мистер Эллин продолжал выспрашивать:

— А как называлась гостиница, ты не помнишь?

Она, несомненно, помнила. Мы видели, как мучительно ей хотелось признаться нам, но страх вкупе с осторожностью удерживали ее от дальнейших слов. Да и что толку было мучить ребенка, ведь хозяин гостиницы, несомненно, продал или вышвырнул на свалку вещи, оставленные случайным постояльцем?

Она, должно быть, понимала, какая судьба постигла ее сокровища, ибо отвернулась и устремила отрешенный взор на пунцово-золотые огненные замки и горы в камине, всей своей позой выражая покорность судьбе. Мы с мистером

Эллином поговорили несколько минут о том о сем, и он откланялся.

Короткий зимний вечер подходил к концу. Матильда послушно поднялась в ответ на мое предложение лечь пораньше и вскоре улеглась в маленькую беленькую кроватку, где я оставила ее не без тайного опасения, что ночью малышка сбежит. Но куда было деваться бездомной, едва оперившейся пичужке вроде нее?

Этого можно было не опасаться. Когда я позже заглянула к ней в спальню, на щеках у нее еще не высохли слезы, но она мирно дышала во сне. Элинор-Арминель, укутанная в мою вязаную косынку, чтобы не зябнуть в легкой сорочке, была водружена на стул, придвинутый вплотную к кровати.

ГЛАВА ЧЕТВЕРТАЯ

Элиза с нетерпением ожидала минуты, когда ей, наконец, отдадут в переделку платье мисс Фицгиббон. Благодаря ее тайному искусству Матильда на следующее утро вышла к завтраку одетая как с иголочки. Я тогда подумала и думаю так и поныне, что то был жизненно важный шаг, вернувший девочке чувство самоуважения, — правда, не приблизивший нас к разгадке того, кто она такая.

После завтрака она, по моей просьбе, помогла мне разложить рождественские подарки для бедных и стариков, живших по соседству, и я ушла их раздавать, а она радостно взялась за шитье раскроенной мною нижней юбки для Элинор. Вернувшись два часа спустя, я услышала чей-то грозный голос у себя в гостиной. Огорченная Джейн доложила мне, что мисс Уилкокс «ворвалась в дом» — как она выразилась, требуя, чтобы ей дали возможность поговорить с мисс Фицгиббон.

В гостиной мисс Уилкокс коршуном налетала на перепуганную девочку. В руке директриса держала роскошный золотой браслет-змейку — вещь дорогую, но почему-то неприятную, — с рубиновыми бусинами вместо глаз.

— Теперь, — гремела она, — тебе не отвертеться, тебе больше не помогут вранье и угрюмое молчание. На этом браслете выгравировано твое имя, и ты нарочно засунула его в потайной ящик своей шкатулки для драгоценностей. Ты Эмма, Эмма, Эмма! Не отпирайся! Но как дальше? Как твоя фамилия? Где ты живешь? Говори! Иначе я позову констебля!

Девочка закричала в панике:

— Мистер Эллин, мистер Эллин, где вы?

— Не выйдет! — грубо парировала допрашивавшая. — Его тут нет, и он тебя не защитит! Он далеко и не услышит твоего нытья. Отвечай сейчас же...

— Что это значит? — возмутилась я. — Мисс Уилкокс, прошу вас держаться в рамках. Я не позволю вам так вести себя в моем доме.

Она развернулась ко мне всем корпусом.

— Взгляните! — закричала она, протягивая мне браслет-змейку. — Она его хитро припрятала, но я все равно нашла, там выгравировано ее имя — Эмма. Я настаиваю, чтобы мне сказали правду, будь то в вашем доме или за его стенами. Ну же, Эмма, открывай рот и говори!

— Я не Эмма! — запротестовала девочка, задыхаясь. — Не Эмма, не Эмма, не Эмма! — Она ломала руки, всхлипывала и заходилась плачем. Как всегда неумолимая, мисс Уилкокс высилась над ней, подобно башне. Еле сдерживаясь, чтобы не схватить непрошеную гостью за плечи и не вытолкать вон из комнаты, я только притянула Матильду к себе и прижала покрепче, тщетно пытаясь прервать пронзительный поток звуков, рвущихся из уст ее бывшей наставницы.

Как и я, девочка была не в состоянии остановить его, и, не видя иного способа избавиться от своей мучительницы, крикнула, отчасти поддавшись:

— Я не Эмма! Я Мартина...

И замолчала — в ужасе и отчаянии. Больше она не произнесла ни звука; думаю, никакой силой на свете нельзя было вырвать у нее ее фамилию. Я чувствовала, как дрожит и сотрясается все ее тельце, и с решимостью, на которую прежде не считала себя способной, попросила мисс Уилкокс немедленно покинуть мой дом. Директриса промаршировала к двери, сжимая браслет и побелев от гнева, — ведь ей воспрепятствовали в минуту, когда победа, как она полагала, почти была у нее в руках.

Я опустилась на диван, обняла малышку и постаралась успокоить, как умела. Когда ее возбуждение немного улеглось, я тихонько вышла из комнаты, чтобы написать записку мистеру Эллину и сообщить о случившемся. Он появился, едва только вернулся домой.

— Ну, — сказал он весело, — значит, тут разыгралась страшная буря в стакане воды, а? Так тебя зовут Мартина? Не бойся, ни миссис Чалфонт, ни я не намереваемся спрашивать твою фамилию. Лучше я скажу про другое: нам с миссис Чалфонт имя Мартина нравится не в пример больше, чем Матильда. И я позволю себе предположить, что дома тебя обычно называли Тиной. А впрочем, если и нет, неважно, ибо я собираюсь впредь называть тебя так. Тут он обернулся ко мне:

— Миссис Чалфонт, не сомневаюсь, вы не из тех несносных людей, что не одобряют уменьшительные и ласкательные имена и обращения. У меня была тетушка, которая никогда не называла меня «Вилли», когда я был маленьким, а только «Уильям», и у нее это получалось: «У-иль-и-ум» — и ужасно мне не нравилось. Ну что, детка, ты не против, если я буду называть тебя Тиной?

Она подняла на него взор. Ее заплаканные глазки сияли:

— Мне нравится имя Тина.

— И ты не будешь плакать из-за твоего браслета-змейки?

Высоко подняв голову, девчушка ответила с достоинством:

— Я не из-за него плакала. Терпеть не могу эту гадость. И убрала я его потому, что видеть не могла, — я вовсе не собиралась его прятать от мисс Уилкокс.

— Вот это приятно слышать. Постарайся поскорей забыть случившееся. Если мысли об этом все же будут докучать тебе, попробуй вспомнить, что мисс Уилкокс сейчас отчаянно нуждается в деньгах. Ей нужно платить жалование, оплачивать услуги разных людей, а кроме того, еще всякие сборы и налоги. Я думаю, ты в жизни еще не раз увидишь, какими сердитыми становятся взрослые из-за денег.

Тина вынула из кармана платья небольшой кошелечек:

— Тут у меня шесть шиллингов. Раньше было больше, но все сестры Уилкокс по очереди праздновали свои дни рождения, и нужно было делать им подарки от учениц. Диана сказала, что я самая богатая и должна дать больше всех. Шесть шиллингов ей пригодятся, чтобы уплатить по счетам?

— Несомненно, — ответил мистер Эллин с полной серьезностью, — но твоему отцу не понравилось бы, если бы ты лишилась карманных денег, детка. Пока он не даст знать о себе, я сам уплачу мисс Уилкокс, сколько требуется. Спрячь кошелечек и забудь ее жестокие слова. Радуйся и не забывай, что завтра Рождество, когда все радуются или, вернее, всем следует радоваться. А знаешь, почему?

Она была хорошо вышколена — наверное, мистером Сесилом или человеком, который привез ее и больше не объявлялся:

— Мы радуемся потому, что в этот день родился Спаситель, Господь наш Иисус Христос.

— Прекрасно, — ответил мистер Эллин. — Так что оставь грустные мысли и готовься к празднику. Веселого Рождества вам обеим!

И он удалился, возвратив радость туда, где царило уныние. Подъему духа моей гостьи весьма способствовало неожиданное появление тачки с увесистой плетеной корзиной — ее привез к моей двери мальчик-рассыльный, который так объяснил причину своего прихода:

— Мое почтение, мэм, миссис Смайли передает вам поклон и очень сожалеет, что ей пришлось послать благотворительную корзину двумя неделями раньше положенного, но это потому, что она вдруг была вынуждена уехать — заболел ее родственник, и она уехала ухаживать за ним.

Задыхаясь, он волоком втащил в гостиную настоящую громадину — в такую высоченную и объемистую корзину без труда поместился бы любой из сорока разбойников Али-бабы. Я прочла в Тининых глазах безмолвный вопрос, и объяснила, что благотворительную корзину используют для сбора средств, идущих на обращение язычников в далеких краях. Приходские дамы жертвуют свои вещи, вполне приличные, и потом в течение месяца продают из этой корзины все, что можно, своим друзьям и знакомым, а потом отправляют ее другой даме, чье имя значится следующим в списке.

Я достала из шкафа заранее приготовленные пожертвования и разложила их на круглом столе, тихонько радуясь про себя, что догадалась подумать об этом заблаговременно.

— Иди сюда, Тина, — позвала я, — помоги мне, пожалуйста, освободить стол. Уберем с него книжки и безделушки и разложим вещи. Если оставить их в корзине, не видно будет, что мы продаем. Пока корзину везли от дома миссис Смайли, соседки ее уже наверняка приметили и, значит, вскоре сюда пожалуют, чтобы в последнюю минуту купить недостающие рождественские подарки. Ты мне поможешь?

Ничто не могло сейчас больше обрадовать девочку, чем разрешение нырять с головой в корзину и извлекать оттуда разные предметы. Доломаны, ночные чепцы, подставки для яиц, кожаные перочистки в виде ромашек, варежки, передники, букетики искусственных цветов — все это нам предстояло оценить и решить, достойно ли оно занять место на большом столе или на малом, распоряжаться которым я попросила Тину. На лице у нее явственно промелькнуло удовольствие, и она тотчас рьяно взялась за великое перемещение, отвергая почти все, что мы с ней прежде приготовили и оказывая предпочтение все новым и новым сокровищам, выуживаемым из корзины. Оставив ее действовать по собственному разумению, я отправилась к Джейн и Элизе — советоваться, какое угощение приготовить для неведомого количества покупателей, ожидающих, разумеется, что в канун праздника им окажут гостеприимство. Но как знать, будет ли их много или мало? Чтобы запастись угощением, на которое они рассчитывали, у хозяев, которым корзина сваливалась как снег на голову, времени оставалось в обрез. Единственная моя надежда была на то, что кондитер еще не распродал всех своих запасов. Джейн помчалась к нему стрелой и вернулась, сияя, с солидным запасом песочного печенья и пирожных с кремом; Элиза горячо взялась за дело и напекла лепешек; Ларри побежал на ферму за молоком.

Можно было не опасаться, что у нас останется много лишних припасов: с самого полудня колокольчик заливался не умолкая, и так — весь день до темноты. Не успел он звякнуть в первый раз, как, опираясь на палку из черного дерева с серебряным набалдашником, появилась старая Энни и уютно расположилась в кресле у камина, а Джейн и Элиза, пользуясь заслуженной привилегией, первыми выбрали себе покупки. Тина пристально следила за ними минуту-другую и потом шепнула робко: «Миссис Чалфонт, можно и мне кое-что купить?»

Я кивнула в знак согласия. На остававшиеся в ее кошельке шесть шиллингов она купила пять вещичек, истратив все до последнего пенни. Я подивилась про себя, что она собирается делать с двумя вышитыми игольниками, на редкость уродливой подушечкой для булавок, тщательно расшитым карманчиком для часов и шкатулкой, инкрустированной раскрашенными и залакированными морскими ракушками. Она не снизошла до объяснений по поводу их назначения, только убрала с глаз подальше в книжный шкаф и поспешно вернулась к своему столику. Едва она заняла свое место, как появилась первая группка моих собратьев-прихожан; на них было столько снега, что я в душе порадовалась собственной предусмотрительности: я заблаговременно распорядилась застелить ковер в гостиной газетами. Полагаю, что не оскорблю их несправедливым подозрением, если скажу, что иных из них привело в мой дом не столько христианское рвение, сколько желание рассмотреть получше бывшую наследницу, слухи о падении которой уже кружили по деревне. Много заинтересованных и многозначительных взглядов бросили они друг другу, многими замечаниями обменялись шепотом, но — рада признать — совершенно беззлобными. И уж конечно, миссис Раннеклз позволила себе ввернуть: «Кто бы подумал, что надутая аристократочка из «Фуксии» превратится в скромную маленькую продавщицу из «Серебряного лога?»

Тина, к счастью, не замечала ни косых взглядов, ни шушуканья: все ее внимание было отдано покупателям и лишь изредка отвлекалось на алладдинову пещеру — корзину, куда она ныряла, чтобы пополнить запасы. Лишь появление мистера Сесила и мистера Эллина оказалось столь сильным магнитом, что заставило ее оторваться от дела: она не сводила с друзей глаз, пока они шли через гостиную.

Как и остальные, они пришли заполнить пробелы в своих рождественских подарках; мистер Сесил был особенно озабочен покупкой теплой шали для одной бедной вдовы из нашей деревни. После того, как я подобрала для нее красно-черную шаль и разные теплые пушистые вещицы для стариков из богадельни, друзья перешли к Тининому столику. Мой вышитый мережкой комплект из полотняных манжетов и воротничка пользовался в тот день большим успехом, но не был продан, так как казался непомерно дорогим нашим бережливым покупательницам. Этот комплект и подставка из голубых и прозрачных бусинок составляли теперь главное украшение Тининого стола. Не успел мистер Сесил купить подставку, как тотчас раздался не знаю чей свистящий шепот касательно «мисс Мейбл Уилкокс». Тина тоже его слышала. Молниеносным движением сунула она воротничок и манжеты под накидку для стула, связанную из тускло-коричневых и бордовых шерстяных ниток. Я мигом уразумела смысл этого маневра: в ее безмолвном присутствии, должно быть, не раз перемывали косточки мистеру Эллину и мистеру Сесилу, и в юной головке мгновенно созрело решение не допустить, чтобы мои манжеты и воротничок украсили особу мисс Уилкокс.

Я уповала, что мистер Эллин не заметил или хотя бы не понял смысла ее поступка. Но взгляд его хамелеоньих глаз сказал мне, что то была напрасная надежда: его зеленые глаза, тотчас поголубевшие и повеселевшие, блеснули понимающе, и он спросил:

— Что ты там прячешь под этой шерстяной штукой, Тина? А ну-ка покажи, что это такое. Я как раз ищу подарок для своей сестры, она родилась под самый Новый год.

Тина вздохнула с плохо скрытым облегчением, и в ответ в его глазах заплясали еще более озорные огоньки. Она отодвинула шерстяную накидку в сторону:

— Это миссис Чалфонт вышивала. Правда красиво и, наверное, пойдет вашей сестре? Только дамы говорили, что стоит дорого.

— Ты боишься, что я уже потратил все свои деньги? — засмеялся мистер Эллин. — Ничего, у меня еще кое-что осталось, и если поднапрячься, можно позволить себе небольшую роскошь.

В минуту, когда он повернулся к двери с завернутыми в серебряную бумагу манжетами и воротничком, у меня появилась совершенная уверенность — впрочем, вряд ли я нуждалась в ней, — что он никогда не был кавалером мисс Уилкокс и посещал ее дом в качестве одинокого, дружелюбного джентльмена, желающего оказать услугу мистеру Сесилу, не более того.

Перед уходом, как я с удовольствием отметила, он задержался и сказал несколько приветливых слов Энни, которая наблюдала со своего места за только что разыгравшейся сценой. На его вопрос о здоровье она ответила несколько неожиданно:

— Чувствую-то я себя хорошо, сэр, да, чувствую хорошо, да как-то сбита с панталыку. Как-то сбита с панталыку, сэр. Годков мне много, а у стариков легко все в голове мешается. Скажите-ка мне, сэр, это что, одна из племянниц мисс Чалфонт вон там стоит? Маленькая мисс Маргарет или, может, маленькая мисс Берта?

— Нет, нет, — заверил ее мистер Эллин,— вы запамятовали, Энни. Эта девочка гостит у миссис Чалфонт, ждет, пока за ней приедет отец. Ее зовут Мартина Фицгиббон.

— Ну да, ну да, — закивала Энни. — Надо же, у меня от шума совсем все в голове помутилось. Вот я и говорю, нас, стариков, легко сбить с панталыку.

Вскоре она уже пребывала в тиши собственной спальни. А еще через несколько минут было съедено последнее пирожное, выпита последняя чашка чая, и опустела до конца корзина. Под смех и рукоплескания мистер Сесил пересчитал деньги, которых оказалось двенадцать фунтов, и спрятал в одну из своих покупок — черный шелковый кошелечек-сапожок. Мистер Эллин, остававшийся на распродаже до конца, предложил мистеру Сесилу сопроводить его домой на правах полицейского патруля, чтобы уберечь от грабителей, притаившихся в засаде в надежде разжиться столь гигантской суммой.

Великим весельем была встречена моя покупка трех последних вещиц, остававшихся непроданными, как нам всем было хорошо известно, вот уже три года. То была куцая полоска ткани, дюймов в восемнадцать длиной, вышитая тамбуром и не имевшая сколь-нибудь понятного применения, столь же бесполезный обрывок широкой желтой ленты, а также некое невероятное сооружение из меха, фетра и перьев, назначение которого оставалось для всех полной загадкой.

— Что вы будете делать со всем этим? — спросила Тина, когда посетители разошлись и гостиная уже была приведена в свой обычный вид. Я как раз ставила веточки остролиста в большую вазу с рождественской зеленью, а она, достав свои покупки из тайника, заворачивала их в обрезки серебряной бумаги.

— Потерпи, это рождественский секрет, — ответила я.

— Как я люблю рождественские секреты! — отозвалась Тина, делая ударение на слове «рождественские» и продолжая свое. Подушечка для булавок, догадалась я, предназначалась Энни, игольники — Джейн и Элизе, а карманчик для часов и шкатулка — не иначе как мистеру Эллину и мне.

Тень озабоченности пробежала по ее лицу, когда она стала разглядывать плоды своих трудов:

— А мистера Эллина я завтра увижу?

— Вряд ли, не думаю. Ты не сможешь посещать церковь, пока не будет готов твой плащ, а на это уйдет, по меньшей мере, неделя. У тебя для него подарок, да? Если ты мне его доверишь, я попрошу слуг отнести ему.

Она вручила мне один из своих крошечных пакетиков, а остальные положила на стол, где мои подарки уже дожидались веселого рождественского утра.

Согласно обычаю, оно ознаменовалось появлением певцов рождественских колядок, укутанных до самых глаз шарфами, размахивавших фонарем и распевавших звонкими голосами. Мы их позвали в дом, угостили сладким пирогом, булочками с колбасой, кусками сырного торта и какао и одарили серебряными монетками. Потом я осталась в одиночестве.

ГЛАВА ПЯТАЯ

Мне было грустно и одиноко. С тех пор, как в доме побывала миссис Уилкокс со своей находкой, на меня нахлынули тяжелые мысли — то были гнетущие, болезненные воспоминания, которые вот уже пять лет, как я старалась похоронить глубоко в тайниках души, не имея надежды изгнать их из памяти навсегда. Находясь в дружественном окружении, я умела держать свои мысли в узде, но в молчании ночи они наваливались на меня всей тяжестью, и мне недоставало сил их отогнать.

Чтобы одолеть вражеский натиск, я призвала на помощь своего верного помощника — работу. За синее бархатное платьице для куклы Элинор я принялась еще прошлой ночью, но все же не была уверена, что поспею сшить ей наряд, достойный рождественского праздника. Поэтому все, что можно, следовало сделать на скорую руку, для чего я намеревалась использовать три последние вещицы из благотворительной корзинки. Полоску, вышитую тамбуром, довольно было скрепить всего одним шовчиком и пришить к ней поясок из репсовой тесьмы, чтобы получилась кукольная юбка; широкую желтую ленту легко было присобрать в виде лифа, спрятав все изъяны отделки под моим шейным платком; а сделав стежок-другой в нужных местах, ничего не стоило превратить кусок фетра с нашитыми перьями и мехом в нарядную кукольную шляпку.

Не прошло и двадцати минут, как я справилась с работой и охотно принялась за синее бархатное платье. Но хотя мои пальцы сновали без остановки, мое самое лучшее и самое надежное средство меня подвело — не изгнало из моих мыслей неумолчно звучавшее там слово. И это слово было «Эмма! Эмма! Эмма!», которое трижды выкрикнула, торжествуя, мисс Уилкокс и, содрогаясь от ужаса и горя, — Мартина. Эмма! Эмма! Эмма! — это имя набатом гремело у меня в ушах. Напрасно пыталась я не видеть стоявших у меня перед глазами неотвязных образов, пробужденных к жизни этим именем. Уютная, украшенная остролистом гостиная расплывалась у меня перед глазами и превращалась в фаэтон с откинутым верхом, которым правил мой муж. Он вез меня, свою семнадцатилетнюю невесту, в мой новый дом. Мистер Эшли Чалфонт, вдовец, был на двадцать пять лет старше меня и своим суровым обликом внушал мне трепет. Никто и никогда не относился ко мне враждебно, я просто не знала, что это такое, и потому не испытывала ни малейшего страха перед четырьмя своими пасынками, с которыми мне предстояло встретиться. Да что там страха! Я ожидала в них увидеть чуть ли не сотоварищей, столь молода я была, столь прискорбно молода.

Приближалась ночь. Смеркалось. Темные тучи нависли над безбрежными, унылыми вересковыми пустошами, которыми мы проезжали; их багрянец, крепости на холмах, жухлая зелень листьев — все тонуло в сером сумраке. Внезапно из раскачивавшейся от ветра рощицы на нас вылетело что-то огромное и черное. Мгновение спустя предмет оформился и оказался массивной каретой, несшейся на отчаянной скорости и переваливавшейся с боку на бок. Вскрикнув от неожиданности, муж прижал фаэтон к обочине, с трудом удерживая лошадей, напуганных, как и мы, вынырнувшим из тьмы призраком. Сильно накренившись, виляя из стороны в сторону и едва не врезавшись в фаэтон, громадная неуклюжая колымага пронеслась мимо. На миг я увидела возницу — придурковатого, бессмысленно улыбавшегося малого, рядом с которым скорее возвышалась, чем сидела, понукая лошадей, молодая девушка с черными волосами, дико развевавшимися на ветру.

Мой муж не видел ни девушки, ни возницы: его внимание было всецело поглощено лошадьми, которых он пытался успокоить, с трудом удерживая в руках вожжи. Когда ему удалось утихомирить испуганных животных, он перевел взгляд на карету, уже почти скрывшуюся из виду. «Клянусь честью, это старый катафалк, обслуживающий Груби и соседние деревни, — сказал он, — и, кажется, правит им сын гробовщика, можно сказать, недоумок. Что только Джонс себе думает? Пускает этого олуха Билли ездить по дорогам в такой час! Я поговорю с ним завтра. А с ним девушка, говорите? Очень на него похоже! Может почитать себя счастливицей, если вернется домой, не переломав костей! На месте ее отца я бы с ней так поговорил, что она «взяла бы в помин», как выражаются здешние крестьяне.

Тем временем катафалк, раскачиваясь, гремя и подскакивая, скрылся во мраке. Я услышала, как мистер Чалфонт, тронув вожжи, коротко и зло рассмеялся. Не знаю, что его рассмешило, меня же пронзила сильнейшая дрожь, и, вместе с тем, охватило непонятное, необъяснимое чувство одиночества. Что я здесь делаю, спросила я себя, зачем еду по этим безотрадным пустошам с этим совершенно посторонним человеком?

Я поверила своим родителям, внушившим мне, что Эшли Чалфонт — превосходный, уважаемый человек, пользующийся славой добросердечного хозяина. Как раз такому человеку они, немолодые и немощные, могли, не опасаясь, доверить свое любимое младшее чадо. Я ничего не знала о любви. Единственная известная мне привязанность была любовь к родным и друзьям. Да и откуда было знать о ней девочке, только что вышедшей из классной комнаты, подруге собственных племянников, на равных забавлявшейся с детьми старшего брата? Желая угодить моим дорогим родителям и отблагодарить их за заботу, я легко дала убедить себя в том, что страха в сочетании с восторгом и почтительностью вполне довольно, чтобы стать мужней женой. К тому же мне льстило, что мистер Чалфонт остановил свой выбор на мне — подумать только, ни одну из моих старших сестер не выдали замуж так рано: в семнадцать лет! Но сейчас, при виде этого катафалка, меня охватили сомнения, тревога и страхи. Мой муж, казалось, не заметил того, что я пала духом; он все так же правил, по-прежнему не говоря ни слова, разве что изредка бросал какое-нибудь замечание о той или иной исторической, географической или архитектурной достопримечательности, которую мы проезжали. Быть может, его тоже встревожил чуть ли не потусторонний вид кареты, и он счел это дурным предзнаменованием? А впрочем, не могу сказать.

Наконец, мы миновали пустоши и въехали в чистенькую, аккуратную деревушку, в которой все казалось серым: дороги, стены домов, садовые ограды и даже деревья, — все было одного и того же угрюмого цвета, и уж совсем серыми выглядели темные крыши из сланца — более прочного и здорового материала, чем солома, как с удовлетворением заметил мой муж. На краю деревни высилась серая церковь с погостом, обсаженным тисовыми и другими, столь же унылыми деревьями. Между ними я с трудом разглядела едва белевшее строение ложноклассического стиля. «Фамильная усыпальница, воздвигнутая моими предками», — сказал мой муж, и тут же стал пространно объяснять, как трудно было уговорить деревенских не брать воду из кладбищенского колодца. Хотя прошло много лет с тех пор, как он построил другой, отвечающий всем требованиям, они прокрадывались с ведрами, стоило лишь какому-нибудь безрассудному глупцу сломать поставленные запоры. «В конце концов, я отчаялся и снял замки — пусть травятся, если им угодно», — заключил он свою речь.

Славные темы тут принято обсуждать, подъезжая к дому! Слава Богу, что в эту минуту церковь и погост скрылись из виду за поворотом дороги. Показались ворота с колоннами, и привратник широко распахнул их при виде нас.

— Мы в Груби-Тауэрс, моя милая, — промолвил мистер Чалфонт. Перед нами высился громадный величественный замок, башни и башенки которого выглядели не посеребренными, а рыжими при свете луны, что как-то неприятно поражало. Едва мы остановились перед колоннадой портика, как я услышала прозвучавший несколько раз совиный крик. Я отшатнулась в ужасе и тотчас с еще большим ужасом заметила темные крылья круживших над нами и пищавших летучих мышей.

Подбежал грум и, подхватив поводья, повел лошадей на конюшню. За распахнувшимися дверьми открылся ослепительный блеск и сверкание огней. Но разноголосица, которой челядь встретила наше появление, не сменилась стройными приветственными возгласами, и в огромном холле слуги стояли не кругом, как положено, а сбившись в кучки.

— О сэр, — доносилось со всех сторон,— о сэр, дети убежали!

Голос моего мужа перекрыл общий шум:

— Убежали? Что значит «убежали»?

Ответ слился в громкий гомон, перерезаемый одним и тем же словом: «Эмма! Эмма! Эмма!»

— Мисс Эмма увезла мальчиков, сэр. Сами бы они и не подумали уехать, это все она. Она вызвала Грегсона, велела запрячь карету и везти их прямиком к дедушке и бабушке, но он наотрез отказался, сказал, без ваших распоряжений и шагу не сделает...

— Тогда мисс Эмма топнула ногой, сэр, и стала обзывать Грегсона всякими словами...

— Но как увидала, что от Грегсона ей своего не добиться, убежала в бешенстве. Мы уж думали, тем дело и кончится, но не тут-то было...

— Мисс Эмма не такая, чтобы сдаться. Она тайком пробралась в дом к гробовщику Джонсу и подкупила Билли, чтобы он вывез катафалк потихоньку от отца. Мистер Джонс прямо голову потерял от страха, как узнал, что стряслось. Прибежал сюда, весь дрожа, как осиновый лист, и рассказал, что она натворила...

— Они выскользнули из дома прямо в чем были, и помчались в сторону Пенниквик-Лейн. Хворая Норкинс видела, как они забрались в катафалк и поехали, да решила — не ее это дело мешать им малость поразвлечься. И то сказать, она и понятия не имела, что все это значит. А мы узнали, когда было уже поздно...

Они все тараторили и тараторили, как заведенные, и не могли остановиться, страшась возможных обвинений в недосмотре и недобросовестности и одновременно убеждая хозяина в том, что все равно нельзя было бы уговорить детей ослушаться мисс Эмму.

— А куда смотрел учитель? Где гувернантка? — взорвался мой муж, когда смог, наконец, перекричать всю эту тарабарщину. — Что, мистер Гарланд и мисс Лефрой ничего об этом не знали? Почему их здесь нет?

Все так же отвечая разом и перебивая друг друга, слуги напомнили ему, что он сам распорядился устроить детям выходной день, чтоб они могли повеселиться по случаю его женитьбы. Мисс Лефрой уехала к друзьям куда-то далеко от дома, а учитель отправился по своим делам, не сказав никому куда.

Мистер Чалфонт не стал напрасно тратить время на дальнейшие расспросы и решать, кто прав, кто виноват. Решение его было молниеносным.

— Немедленно поменять лошадей и подать фаэтон! — приказал он. Толпа слуг зашевелилась; налетая друг на друга, они помчались в разные стороны. Старый дворецкий выступил вперед, убеждая хозяина подкрепиться перед дорогой, но муж резким взмахом руки заставил его замолчать и обратился ко мне:

— Если я выеду немедленно, я, может быть, смогу предотвратить катастрофу, в ином случае неизбежную.

— Возьмите и меня, — взмолилась я. — Нам нужно ехать вместе! Они должны увидеть сами, что мачеха не так страшна, как...

Но он прервал мои страстные заклинания:

— Я поеду один. Прошу вас, не возражайте. Ожидайте меня завтра, не знаю, когда в точности.

— Вас? Только вас? А дети? Ведь вы вернете их домой?

— Только если они сами того пожелают.

Держался он отчужденно, говорил отрывисто, словно, по неизвестной мне причине, считал меня повинной в бегстве детей. Враждебностью дышали и лица окружавших меня слуг. Меня охватила паника — я содрогнулась при мысли, что останусь совсем одна в этом громадном доме, где злобными стеклянными глазами таращатся со стен оленьи морды и рыцарские латы живут какой-то непонятной, страшной жизнью.

— О, Эшли, не оставляйте меня одну! — вскричала я. — Не уезжайте без меня! Не уезжайте!

Черты его лица окаменели. Он не стал урезонивать меня в присутствии развесивших уши слуг, но его молчание было красноречивее самых суровых упреков. Выдержав долгую паузу, в которой выразилась вся глубина его недовольства, он сказал, указывая на экономку:

— Миссис Ноубл будет прислуживать вам. Медлить нельзя — потерянная минута может стоить жизни.

Лица слуг, оленьи морды, фантасмагорические доспехи — все словно хотело сказать: «Ты должна была это предвидеть». Испуганная и униженная, я сдалась. Должно быть, миссис Ноубл решила отвести меня в мою комнату, потому что я осознала, что покорно иду рядом с ней по парадной лестнице, но прежде я снова опозорила себя, издав крик ужаса при виде чудовищной скульптуры Флаксмена «Гнев Афаманта», поставленной в огромном холле среди охотничьих трофеев и средневекового оружия. Экономка распахнула дверь и объявила гробовым тоном:

— Мадам, парадная спальня.

Это прозвучало так торжественно, словно она привела меня на аудиенцию. Вчера такая забавная мысль заставила бы меня улыбнуться, но нынче мне казалось, что я навсегда разучилась улыбаться. Она предложила прислать ко мне горничную, но я отказалась, предпочитая подождать, пока прибудет Энни, ехавшая за моим фаэтоном в повозке с вещами.

Я ждала и ждала, но Энни так и не появлялась. Наконец, я спросила молоденькую горничную, совсем еще девочку, которая принесла горячую воду, не прибыла ли повозка с вещами.

— Нет, — ответила она, разглядывая меня, — и мы никак в толк не возьмем, почему бы это, разве что...

— Разве что?.. — переспросила я, чувствуя, как беспокойство мгновенно перерастает в страх.

— Разве что лошадь потеряла подкову или еще что, — пробормотала она, запинаясь от столь великого смущения, что я догадалась: она боится, что на повозку налетел катафалк. Я не стала больше ни о чем расспрашивать, а принялась готовиться к праздничной трапезе, которую мне предстояло вкушать в одиночестве. На душе у меня было так тяжело, что не хотелось менять дорожное платье на подвенечное, лежавшее в моем саквояже. Да и зачем бы я его надела теперь?

В ответ на требовательный звук гонга я спустилась вниз и расположилась под тяжелыми взглядами старых семейных портретов, замечательных, главным образом, своими выпученными глазами. Мне подали целую вереницу блюд, но я не в силах была притронуться ни к одному из них. Встав из-за стола, я немного посидела в величественной гостиной, где впервые увидела портреты своих пасынков и падчерицы. Трехлетний Гай, круглолицый, розовощекий бутуз, пока не имел каких-либо выраженных признаков индивидуальности; у Лоуренса, которому почти исполнилось двенадцать, был смелый, решительный, но добрый взгляд; тринадцатилетний Августин казался холодным и замкнутым; десятилетняя Эмма выглядела старше своих лет, она была черноволоса и замечательно красива опасной, властной красотой. Ее глаза, хотя и не выпуклые, как у предков, смотрели таким же, как у них, тяжелым взглядом, и это так на меня подействовало, что я перебралась в другую часть залы, где меня не мог достичь ее сверлящий взгляд. Я сидела там с растущим беспокойством, ожидая новостей от Энни. Ее все не было, и вызванная мною миссис Ноубл не могла сообщить ничего утешительного. Она выразила надежду, что никакого несчастья не случилось. «Но когда по дороге несется такой вот Билли Джонс, можно ли быть в этом уверенным? — прибавила она. — Ясное дело, что-то стряслось и задержало повозку, и значит, Энни, Оукс и Блант заночевали где-нибудь в дороге».

Вообразив, как все трое лежат в беспамятстве где-то на дороге, я стала просить ее послать кого-нибудь на розыски. Но она полагала это излишним, так как мистер Чалфонт, проезжая по дороге, не мог не заметить потерпевших, а значит, уже позаботился об их благополучии. Повторив еще раз свои утешения и заверив меня, что Энни и двое мужчин благополучно расположились где-нибудь в гостинице, она удалилась в свои апартаменты.

После ее ухода я, сколько могла, тянула и не ложилась спать. Но нельзя было откладывать это до бесконечности, и, в конце концов, я медленно и неохотно проследовала в спальню, внушавшую мне какую-то особенную неприязнь. На несколько минут я задержалась в дверях, вглядываясь в мрак, едва рассеиваемый тусклым светом двух высоких свечей, стоявших на туалетном столике. Я знала, что двери, а их было четыре, вели в гардеробные или к шкафам, но не могла не думать о том, что эти самые шкафы и гардеробные, возможно, населены призраками, которые, того и гляди, появятся оттуда. Что касается роскошного ложа с плотно задернутым пологом, я бы не поручилась, что там никто не прячется. И тотчас меня пронзила мысль: «В этой кровати скончалась моя предшественница».

По правде говоря, не знаю, как я себя принудила войти и закрыть дверь. Помню только, что рухнула на диван и, скорчившись, ждала, пока бледная заря не заглянула робко в окно и не постучалась горничная. Наверное, я задремывала порой от усталости, но, кажется, не спала всю эту бесконечную ночь. Не отрывая глаз от полога кровати — длинного, доходившего до самого паркета, я судорожно сжимала резное деревянное изголовье дивана — все мускулы были напряжены, в любую минуту я готова была вскочить и с криком убежать из этой комнаты. Кто еще, какая невеста на свете провела таким же образом свою первую брачную ночь?

Наутро я была бледнее привидения, и хорошо, что все мое время было так заполнено делами, что некогда было обращать внимание на многозначительные кивки и перешептывания окружающих, которых горничная не преминула оповестить, как молодая хозяйка провела ночь. Я получила записку, что повозка с багажом и в самом деле столкнулась с катафалком, промчавшимся мимо нее без остановки, опрокинулась в канаву и потеряла колесо. Роберт Оукс отделался кровоподтеками и ссадинами, моя бедная Энни сильно ушиблась при падении, а Джеймс Блант сломал руку. Все трое появились в полдень, кипя от возмущения, вид они имели самый жалкий и нуждались в помощи. Я целый день готовилась к их появлению, потом устраивала, успокаивала, старалась обеспечить всем необходимым. Учитель и гувернантка, вернувшиеся после выходного, внушали не меньшее сочувствие, чем жертвы столкновения с катафалком. Они объяснили, что оба старших мальчика находятся под безграничным влиянием Эммы, которую характеризовали так, что слова «упрямая», «своевольная» и «грубая» были самыми мягкими из сказанного. Они повторяли вновь и вновь, что их питомцы остались без присмотра не по их вине: от мистера Чалфонта прибыла срочная записка — он приказал предоставить детям полную свободу, чтобы они насладились ею в последний день, прежде чем попадут «под мачехино иго»!

Сколько я ни повторяла мистеру Гарланду и мисс Лефрой, что винить их в случившемся было бы несправедливо, их это не утешало. Они продолжали терзаться, ходили с вытянутыми лицами, что отнюдь не помогало мне воспрянуть духом.

Бесконечно тянувшийся день стал клониться к вечеру. В сумерки прибыл фаэтон, из которого вышел только мой муж.

Встретив горячую поддержку дедушки и бабушки, дети наотрез отказались возвращаться в Груби-Тауэрс, пока я там нахожусь. Верный своему слову мистер Чалфонт оставил их в Парборо-Холл у мистера и миссис Грэндисон, которые были счастливы взять на себя заботу о своих дражайших внуках, поскольку и сами были чувствительно задеты — о чем я только тогда узнала — вторым браком зятя.

Холодны и немногословны были объяснения, которыми удостоил меня мистер Чалфонт. Немудрено, что большую часть вечера он провел с учителем и гувернанткой, обсуждая разные шаги, которые нужно было сделать для блага детей, разыскивая игрушки, спортивное и охотничье снаряжение и книги, которые они пожелали иметь при себе и просили прислать завтра с каретой. То был пространнейший перечень, и немало трудов потребовалось, чтоб разыскать сотни запропастившихся куда-то мелочей.

Возвратившись, наконец, в гостиную, где я дожидалась его в одиночестве, мистер Чалфонт перебил меня властным тоном, когда я сквозь слезы выразила свои сожаления и надежду, что чувства детей еще, может быть, переменятся:

— Дело кончено, все решено, больше мы не станем касаться этого предмета, — сказал он так повелительно, что я не осмелилась возражать, а просто сидела не шевелясь, окаменев от горя. Несколько минут он беспокойно мерил шагами комнату, затем вновь заговорил:

— Я желаю, чтобы впредь у нас не было никаких разговоров о детях — в пределах разумного, конечно. Я, конечно, оповещу вас обо всем, что вам необходимо знать, и прошу не докучать мне излишними расспросами и намеками. Дети, разумеется, собираются проводить каникулы дома, в это время вы свободны гостить у членов вашей семьи или ваших друзей. Моя крестная, миссис Верити, будет рада приютить вас на это время, если вашим родственникам окажется почему-либо неудобно принять вас. На обратном пути я заезжал к ней и обрисовал положение дел...

— Но чем я заслужила подобное отношение? — воскликнула я, на миг обретя мужество отчаяния. — Я спрашиваю вас, что я сделала? Вы возлагаете на меня вину за случившееся, но, говоря по совести, в чем вы можете винить меня? Это жестоко, несправедливо, нечестно, наконец.

— Я ни в чем вас не виню, — холодно парировал мистер Чалфонт. — Я думаю лишь о благополучии своих детей.

— А думаете ли вы о благополучии вашей жены? Как вы могли «обрисовать положение дел» одной из своих старых приятельниц? Подумали ли вы о том, в какое «положение» вы ставите при этом меня? Какие поползут слухи, какие разразятся скандалы? Моя жизнь превратится в ад! Почему вы позволяете своенравной десятилетней девчонке вертеть собой, словно вы один из слепо повинующихся ей братьев, а не ее отец...

— Довольно, я не намерен более слушать, — отрезал мистер Чалфонт, и глаза его при этом так полыхнули гневом, что мне стало страшно, и я подчинилась, ведь я была еще очень молода. — Вопрос исчерпан.

Вопрос и в самом деле был исчерпан. На следующий день учитель, гувернантка и няня отбыли в нагруженной детскими вещами карете, и мне ничего не оставалось, как лицезреть угрюмые лица челяди и соседей, которым эти дети всегда внушали и восторг, и ужас. Когда потрясение из-за вынесенного мужем вердикта несколько улеглось, я написала увещевающее письмо Грэндисонам и еще одно — детям, с просьбами и уговорами. Когда мистер Чалфонт узнал об этом, он запретил мне всякие сношения с ними и пригрозил, что примет меры, чтобы мои письма, написанные вопреки его запрету, не могли достичь детей. В ту пору здоровье младшего, Гая, внушало тревогу: ребенку не пошло на пользу перемещение в новый дом. Собрав все свое мужество, я предложила, чтобы несмышленое дитя, не по своей воле участвующее в бунте старших, было возвращено в Груби-Тауэрс. Но просьба моя была решительно отклонена. Когда Гаю исполнилось семь лет, я узнала из случайного замечания миссис Ноубл, что его здоровье вновь внушает опасения. Незадолго перед тем портрет мальчика был вывешен в картинной галерее (чтобы возместить себе отсутствие детей, муж выработал привычку запечатлевать их, по мере их роста, на портретах). На портрете был изображен мальчик с задумчивыми карими глазами и нежным рисунком рта; печаль, которой дышало его маленькое, овальное, правильно очерченное личико, наводила на мысль, что он о чем-то тоскует, быть может, о материнской ласке. И я вновь попросила вернуть его домой, и вновь получила отказ, да такой гневный, что зареклась когда-либо повторять просьбу. Кончено — больше никогда! Таково было мое решение и решение моего мужа.

Пятнадцать лет! Пятнадцать лет — как я пережила? Немалую их часть я волей-неволей провела за пределами Груби-Тауэрс; наверное, ни одних детей на свете не отпускали так часто на каникулы, как юных Чалфонтов, которые требовали их и всякий раз безотказно получали от своего любящего папеньки. Хотя в Парборо-Холл к их услугам была любая мыслимая роскошь, нигде они не были так счастливы, как среди приволья родных пустошей, где бродили, предоставленные сами себе, по огромным безлюдным просторам, не таившим в себе никакой притягательности для мачехи этих детей. Я с трудом выносила зрелище понурого, тусклого, лиловато-коричневого океана, расстилавшегося вокруг, сколько хватало глаз, и, наконец, терявшегося в дымке, которая укрывала, как саваном, сторожевое кольцо холмов. Но для детей, как мне потом сказала старушка Норкинс, пустоши были родным домом — с первых младенческих шагов они собирали там охапки голубых колокольчиков, птичьи перья, разноцветные камешки, полосатые улиточные домики и другие пустяки, которые так дороги детям. За минувшие пятнадцать лет они не раз носились на коньках по тамошним замерзшим озерам, охотились на зверей и птиц, удили рыбу, пускались в экспедиции по опасным болотным топям, взбирались по серо-черным обрывистым склонам суровых стражей горизонта; впоследствии светские рассеяния отроческой жизни также не повлияли на их любовь к пустошам.

А пока они упивались жизнью, где была я? Что делала я? Порой, как и задумал мистер Чалфонт, я проводила эти дни у братьев и сестер или у родителей. В другое время жила у его крестной — миссис Верити, весьма пожилой и безнадежно глухой дамы, которая относилась ко мне с молчаливым неодобрением. Мне так и неизвестно, какие объяснения представил ей мой муж, и удалось ли ей расслышать и уразуметь их. Я была слишком горда, чтобы опускаться до расспросов, да и дознаться правды было невозможно, не напрягая своих голосовых связок до таких пределов, что история моих злоключений стала бы известна всей челяди.

Четыре года спустя после моего замужества мои родители умерли один за другим-в течение месяца. Меня не оставляет надежда, что я сумела скрыть от них правду. Отец, вне всякого сомнения, остался в неведении, ибо во время моих визитов то и дело превозносил доброту мистера Чалфонта, который лишает себя моего общества ради тестя и тещи, но не уверена, что матушка не догадывалась о том, что в моей жизни что-то всерьез не ладится, — порой она окидывала меня таким горестным, недоумевающим взором. Однако можно не сомневаться, что в свой единственный, по старческой их немощи, визит, который они нанесли в Груби-Тауэрс, истина не вышла наружу. Муж мой оказывал им всяческое уважение, а отсутствие детей объяснить было нетрудно: Августин и Лоуренс к этому времени уже уехали в школу, Гай гостил у тетушки Грэндисон, а Эмма училась играть на скрипке у знаменитого музыканта, которого пригласили к ней дедушка и бабушка. К счастью для спокойствия моего мужа, старики уехали от нас прежде, чем стало известно, что знаменитый музыкант покинул Парборо-Холл в гневе, наотрез отказавшись заниматься с самой непослушной и дерзкой ученицей на свете, которая, по несчастью, ему встретилась.

Хотя мне удалось скрыть свое горе от родителей, — по крайней мере, я на то надеюсь, — нечего было и думать обмануть бдительность моих братьев и сестер, столь горячо и откровенно нападавших на мистера Чалфонта, что охлаждение между ними и моим мужем было неизбежно.

Не скажу, что меня не в чем было упрекнуть за все эти пятнадцать лет — да и кто из смертных без греха? Верно, что наружных признаков бунта против моей горькой участи я позволяла себе немного, да и моему мужу довольно было нескольких суровых слов, чтобы подавить мятеж, но мрачное состояние духа, внутреннее раздражение и чувство обиды давали себя знать. Постепенно на смену этим душевным бурям пришло смирение, обретенное в молитвах, и с тех пор, если не считать случайных срывов, когда укоренившиеся привычки брали свое, я жила вполне счастливой, на сторонний взгляд, жизнью: отдавала распоряжения по хозяйству, радушно принимала наезжавших в гости соседей, как желалось того моему мужу, посвящала свой досуг чтению, музыке, рисованию и пяльцам, а также тщетным попыткам превратить чахлую почву Груби-Тауэрс в цветущий розовый сад. Но никогда меня не покидало сознание бесплодности жизни — я жила только для себя. В доме у меня не было ни друзей, ни сторонников, не считая моей преданной Энни, да еще двух слуг, попавших под катафалк. В деревне моей надежной, хотя и единственной, союзницей, оставалась бабушка Роберта Оукса, хворая Норкинс. Челядь в усадьбе мужа была суровым, независимым племенем — люди они была состоятельные, недоверчивые к чужим, боготворившие моих пасынков. В кругу знакомцев мужа меня принимали с подобающей вежливостью, так и не перешедшей в дружбу, ибо я не знала, как их убедить, что нимало не ответственна за то, что Эмма и мальчики — весьма несправедливо — называли «изгнанием». Мои братья и сестры были обеспечены и не нуждались в моей помощи и участии.

Как я уже говорила, у меня бывали минуты слабости, но, как правило, все эти годы я делала все от меня зависящее, чтобы исправить случившееся. Я усердно молилась о том, чтобы Бог послал нам мир, взаимопонимание и благоволение; я старалась сопротивляться своим вынужденным, а мужниным добровольным отлучкам из дому, пыталась преодолеть его неизменную вежливую отчужденность и свою мрачность, нападавшую на меня порой из-за однообразия жизни. Я заносила в тетрадь все, что мне случалось узнать о жизни детей: их спортивные успехи, отметки Августина и Лоуренса в колледже, потом — известие о свадьбе Августина, обстоятельства его жизни в доме тестя, где он служил управляющим, пока не вступил в права наследования Груби-Тауэрс. В последние годы мистер Чалфонт пристрастился вечерами читать вслух описания знаменитых путешествий, но он ведать не ведал, что я прекрасно знаю, чем вызван этот интерес: путешествиями и жизнью природы страстно увлекался Лоуренс.

Мои старания добиться примирения не находили поддержки и у священника нашего прихода, пожилого, нелюдимого человека, который, как и все остальные, подозревал меня в низких интригах против пасынков. Я получала не слишком большое духовное утешение от его наставлений, проникнутых угрюмой враждебностью. Но в одно достопамятное воскресенье какой-то чужой священник служил у нас вместо его преподобия, отлучившегося по делу. Имени этого священника я не расслышала, и он никогда больше не посещал Груби, но я всегда буду благодарна ему за слова, которые помогли мне сохранить веру и надежду в долгие часы душевного мрака.

О Боге он говорил как об Источнике жизни, истины, света, любви, радости и мира. Он привел несколько строк из неизвестного мне духовного поэта, совсем простых, но незабываемых:

> К тебе, о Господи, хочу
> Припасть, как к светлому Ключу.
>
> О Сыне Божий, Ты тот Ключ,
> В ком нам блеснул надежды луч.
>
> Ты нам, как Ключ, о Дух Святой,
> Несешь живительный покой.
>
> Трем воплощениям Твоим
> Свои молитвы посвятим. [1]

Не могу я забыть и молитвы, которой он закончил проповедь; он призвал паству жить, взыскуя этих искрящихся, сияющих вод, которые одни лишь могут утолить душу жаждущего. То была старинная, короткая молитва, которую мне удалось потом отыскать в одной книге и уже никогда с ней не расставаться:

Всемогущий Боже, к Тебе припадаем, Источник Вечного Света, и молим Тебя, просвети Твоей истиной наши сердца и излей на нас сияние Твоей мудрости через Сына Твоего, Иисуса Христа.

Мой муж страстно любил книги и был человеком широко и основательно начитанным, как и его отец и дед; на библиотечных полках в Груби-Тауэрс не было недостатка в религиозных сочинениях и богословских трактатах. И вскоре я нашла там и составила для себя собрание разных молитв и отрывков, где упоминалось о радужном Источнике, Небесный Свет которого вновь воссиял для души, полагавшей себя совсем заброшенной и одинокой.

---

[1] Здесь и далее все стихотворные переводы Дм. Раевского.

Невидимая преграда, разделявшая нас с мужем, дважды едва не пала в течение этих пятнадцати лет, и оба раза — вследствие событий, которые я, пусть со страхом и трепетом, но все же сочла нужным довести до его сведения. Какие душевные муки я вытерпела, когда миссис Ноубл сообщила мне, что Эмма, которой тогда исполнилось семнадцать лет, тайно обручилась с человеком, дурная репутация которого была хорошо известна!

— Вы уверены, миссис Ноубл?

— Можете положиться на меня, мэм, — и полился поток неопровержимых доказательств.

— Вы сообщите это мистеру Чалфонту?

— Нет, мэм, не возьмусь. Не мое это дело.

На этом она стояла неколебимо — роль жертвенного агнца была не для миссис Ноубл!

За семь лет, которые прошли с отъезда детей, Августин ни разу не совершил ни одного проступка. На Гая тоже никто никогда не жаловался — то был спокойный, теперь уже десятилетний мальчик. Совсем иначе обстояло дело с Лоуренсом и Эммой, чьи безумные выходки и вызывающее поведение причиняли моему мужу немало хлопот. Никогда прежде я не рассказывала ему об их прегрешениях, даже если они становились мне известны, и делала это вполне сознательно, но в этом случае, решила я, ни один здравомыслящий человек не стал бы их скрывать.

Уязвленный до глубины души и поначалу не поверивший мне, мистер Чалфонт, в конце концов, был благодарен за предоставленные сведения. Он тотчас устремился в Парборо-Холл предупредить дедушку и бабушку о том, что затевается, и после множества бурных сцен преуспел и убедил Эмму расторгнуть помолвку. До меня дошло окольными путями, что Эмма поклялась отомстить мне за постигшее ее разочарование, но я не придала этому значения.

Спустя два или три года все повторилось вновь, только в худшем виде. На этот раз я ничего не знала до тех пор, пока Эмма чуть не удрала с одним молодым негодяем, по сравнению с которым ее предыдущий избранник казался рождественским херувимом. Ее отец едва успел предотвратить несчастье. Не знаю, откуда ей стало известно, что, волею обстоятельств, мне опять пришлось сыграть роль доносчицы. Знаю только, что чувства ее были задеты еще глубже, нежели в прошлый раз, и, соответственно, угрозы в мой адрес были еще более яростны — несмотря на то, что ее отец привел неопровержимые доказательства своей правоты, и, в конце концов, она была вынуждена согласиться с ним. Она обещала ему повиноваться и сдержала слово. Угрозам я не придавала значения, ибо в ту пору у меня была своя тайна — невидимая миру причина для радости, способная оградить меня и от кипящей ненависти. К тому же, думала я, что она может сотворить такого, чего бы еще не сделала? Разве, по жестокости молодости, она не воздвигла преграду между мужем и мной, преграду, которая сейчас уменьшилась, вследствие нашей с ним общей заботы об ее благополучии?...

Огонь в моем очаге догорал, колядовавшие давно разошлись по домам, все стихло, кроме завывания зимнего ветра. Я не в силах останавливаться сейчас на том, что случилось дальше в моей горестной истории, ибо в тысячный раз пытаюсь отогнать суеверный, неотступно преследующий меня страх, что Эмма прокляла меня: я едва не умерла родами, а когда стала поправляться, мне сказали, что девочка родилась мертвой. Ее похоронили, мою бедную, безымянную детку, в семейной усыпальнице — в жутком здании, тускло белевшем среди тисовых зарослей, на ветреном и сыром погосте. Со смертью моей радости рухнули все надежды на то, что мы с мужем будем жить в согласии. Мы вернулись к отчужденной вежливости, которой придерживались и раньше. До меня доходили слухи и сплетни о долгах Лоуренса, о дерзких выходках, которые позволяла себе Эмма всякий раз, когда представлялся случай, начиная от ночных скачек с препятствиями и кончая тайными поездками в игорные дома Европы. Не было такой дикой выдумки, которую не испробовала бы эта отчаянная парочка; последние пять лет мистер Чалфонт с нескрываемым облегчением следил за участившимися поездками сына к гробницам фараонов, в пещеры Сирии, на раскопки древней Трои. Я, со своей стороны, всегда старалась сохранять достоинство.

Пятнадцать лет, пятнадцать лет! Окончились они внезапно — в ту пору я была больна и лежала в доме моей сестры Мери, куда отправилась по просьбе мужа, чтобы дать ему возможность насладиться обществом детей. На эту семейную встречу пожаловала незваная гостья — смерть. На охоте, куда он поехал с Эммой и двумя сыновьями, его лошадь споткнулась и сбросила его оземь — падение оказалось роковым.

Меня не допустили на похороны, но я бы не могла поехать, даже если б допустили. Августин прислал мне ледяное письмо с соболезнованиями, одновременно выразив сожаление по поводу моей болезни, которая, несомненно, воспрепятствует моим попыткам вернуться в Груби-Тауэрс. Вслед за этим посланием вскоре прибыло письмо от адвоката, где сообщалось, какая сумма будет мне выплачена в соответствии с завещанием мужа, а также, что мои личные вещи будут упакованы и пересланы по любому указанному мной адресу.

Мистера Чалфонта никогда нельзя было упрекнуть в скупости. Я получила достаточно денег в свое распоряжение, и мои милые братья очень быстро приискали мне подходящее жилище подальше от Груби-Тауэрс. В «Серебряном логе» я обрела мир, разумеется, омраченный бесплодными сожалениями, но все же — мир. Отчего же ровно сегодня меня терзают воспоминания об Эмме... Эмме ...Эмме... Вот она стоит на катафалке с развевающимися по ветру волосами и подгоняет кучера. Вряд ли мне доведется еще когда-нибудь в жизни увидеть моих пасынков — почему, почему же меня сейчас преследуют эти видения?

Хотя я была погружена в эти гнетущие мысли, пальцы мои делали свое дело, не останавливаясь ни на минуту, и вот уже голубое платье для Элинор было дошито и лежало передо мной. Я завернула его в бумагу и скрепила пакетик обрывком яркой ленточки. Затем взяла крошечную шляпку, юбку и корсаж и направилась к Тине. Как и накануне вечером, кукла, завернутая в мою шейную косынку, сидела на стуле у изголовья кровати. Осторожно поставила я на стол свечу, размотала косынку и одела Элинор в одежки, сшитые из лоскутов, найденных в благотворительной корзинке, а на колени ей положила рождественский подарок.

Тина не проснулась. Прикрыв свечу ладонью, я долго вглядывалась в ее личико. Странное, суровое личико, какие тайны за ним скрываются? Какие печали и радости выпали на долю этого свалившегося с неба ребенка?

Тихонько выбралась я из комнаты, помолилась и легла спать.

ГЛАВА ШЕСТАЯ

После ветреного, бурного сочельника выдался ясный, тихий и холодный рождественский день. Когда я вошла в комнату, Тина стояла у окна, которое мороз разрисовал серебряными папоротниками, и приглашала Элинор полюбоваться ими: «Смотри, Элинор, какие красивые, смотри же! — услышала я, — где ты еще увидишь такие султаны, перья, сказочные травы?»

— Дед Мороз нарисовал для вас обеих лучшие свои узоры, — подхватила я.

Ее серьезные карие глаза встретились с моими:

— Похоже на заколдованный лес. Но Элинор не хочет меня слушать. Эта кокетка и думать ни о чем не хочет, кроме как о своей нарядной новой шляпке и новом голубом платьице. Вы все это сшили ночью? Большое спасибо.

Одета она была аккуратнее, чем можно было ожидать от девочки, с которой мисс Уилкокс несколько месяцев обращалась, как с живой куклой. Мы вместе спустились вниз, и она побежала вперед раскладывать выбранные ею вчера подарки, получив которые, все взрослые выразили свое живейшее удовольствие. Подарки для нее — простенькие сувениры, какие мне удалось найти в деревенской лавке, а, кроме того, книга и разрезная головоломка от мистера Эллина, были разложены на столе. Девчушку, у которой так долго не было ничего своего, все это бесконечно обрадовало. Мы с Джейн и Элизой отправились в церковь на утреннюю службу, а Тину я охотно оставила со старушкой Энни, слишком немощной, чтобы выходить из дому в снежную погоду, и потому расположившейся в своей маленькой гостиной с молитвенником на коленях. Когда я вернулась, в комнате царило дружелюбное молчание

Тина сидела на каминном коврике, разложив вокруг себя свои сокровища и прижав к уху большую раковину, обычно хранившуюся вместе с другими диковинками в стеклянном шкафчике у Энни. Наклонившись вперед, старушка очень благожелательно, но так же озадаченно, как и в сочельник, вглядывалась в нашу гостью, словно увидела привидение и не могла поверить своим глазам. Я решила, что она уже позабыла объяснения мистера Эллина, но из сказанного ею поняла, что это не так.

— Мисс Арминель, — когда не было чужих, она называла меня по-старому, и отучить ее от этого было невозможно, — я вот смотрю, ну точь в точь вы, когда были девочкой и так же играли с этими же раковинами, которые мой брат Джек привез из заморских краев давным-давно. Я тут рассказывала мисс, как он утонул, вот уже, почитай, пятьдесят лет тому...

Тина отложила раковину, вскочила на ноги и шепотом, видимо, чтобы не огорчать Энни, продекламировала: «И станет плоть его песком, кораллом кости станут», — это Шекспир. Диане задали разобрать эти строчки по членам предложения, но она не справилась и сказала, что это неправильно написано. Ей поставили плохую оценку — мисс Уилкокс заявила, что это дерзость: «Подумать только, критиковать Шекспира!»

Не знаю, то ли из-за рассказов Энни, то ли из-за того, что Тине вспомнилась «Фуксия», но она вся дрожала и побелела, как простыня. Ни о чем не спрашивая, я быстро увела ее.

Джейн и Элизе нужно было кончать приготовления к ужину, который они устраивали для своих родственников, и, пообедав в тот день пораньше, мы решили провести тихий день дома вдвоем: я читала Тине вслух, помогала складывать разрезную головоломку, писала благодарственные письма в ответ на поздравления, а она занималась рождественскими обновками Элинор. Как мало это было похоже и на веселые рождественские праздники моей юности, и на рождественские дни, которые я, несчастная изгнанница, проводила в чужих домах, где мне предоставляли временный приют! Как я уже говорила, сидевшая рядом со мной юная сиротка, казалось, была вполне счастлива и уж совсем развеселилась, когда получила послание, адресованное «Мисс Мартине Фицгиббон» — его опустил в мой почтовый ящик мистер Эллин во время своей одинокой вечерней прогулки. Она без конца читала и перечитывала несколько строчек, в которых он благодарил ее за замечательный рождественский подарок, и наконец, посадив куклу на руки, стала читать ей письмо вслух:

— Вот послушай, Элинор, что пишет мистер Эллин! Ему понравился карманчик для часов, честное слово, понравился!

Энни, которая плохо переносила оживленные и, как водится, шумные сборища, коротала вечер с нами и после чая согласилась, в ответ на мои горячие просьбы, рассказать нам корнуоллские сказки — те самые, которые мы с братьями и сестрами слушали в детстве как зачарованные.

Что это были за диковинные, фантастические истории! Мерцало пламя в камине, и я вновь испытывала сладкий ужас, слушая рассказ о скачке Джесси Варко, о злобном Тригиагле, о белом кролике Эглошейле и о таинственных подвигах волшебника Миллитона из Пенгеруика, чей серебряный пиршественный стол, уставленный золотыми кубками и блюдами, покоился на дне Маунт-Бэй с тех самых пор, как княжеская ладья ушла под воду вместе со всеми гостями. Мы всякий раз не верили, что бесстрашный путешественник решится произнести волшебные слова «Фрэт, Хэверингмор, и все, кто с вами!», отлично зная, что заклинание вызывает шторм, и он и все его товарищи утонут.

В оловянных рудниках, где работал отец Энни, рудокопам являлись привидения в саванах и слышались жуткие звуки. Мороз подирал по коже от истории о фермере и его жене, поселившихся в некогда величественной, бывшей усадьбе Тригиаглей, от которой только и осталось, что фермерский дом. Вернувшись как-то поздно вечером с ярмарки, фермер и его жена не поверили своим глазам, когда увидели, что из всех окон их дома струится свет, за шторами проносятся силуэты дам и кавалеров в старинных костюмах, а внутри слышится пение и звуки разгульной попойки. Фермер, человек не робкого десятка, ринулся к дому, чтобы спугнуть незваных гостей, хозяйничавших в его отсутствие. Но едва он коснулся садовой калитки, как огни погасли, фигуры растаяли в воздухе, пение смолкло, и все погрузилось во тьму и тишину.

Когда мои братья повзрослели и набрались ума-разума, они стали поговаривать между собой — я сама слышала,— что никто бы не увидал никаких чудес в заброшенной усадьбе, если бы не кружка-другая сидра, выпитая у ярмарочных балаганов. Но такие приземленные объяснения чужды были невинному уму Тины, которая все приняла за чистую монету, кроме истории о затонувшей ладье Миллитона, которую она, как только уснула Энни, опровергла с помощью логики и здравого смысла. «Ведь если никто с ладьи не спасся, как узнали, что один из них был такой глупый, что сказал «Фрэт!»? — доказывала она мне шепотом, чтобы не разбудить Энни.

Но сон Энни был слишком глубок, и она не проснулась, даже когда я стала объяснять Тине, что в голове у старушки смешались две разные истории, одна из которых пришла вовсе не из Корнуолла, а с границ Уэльса, и была сочинена в назидание всем, кто задумает переплыть заколдованное озеро Хэверингмор.

— Надеюсь, мне никогда не придется переплывать это озеро, — сказала я, — я бы наверняка не удержалась и крикнула «Фрэт!», просто чтобы посмотреть, что будет.

Тина весело засмеялась. Потом мы еще долго сидели в сумерках и смотрели, как луна выплывает из-за заснеженных елей, росших через дорогу, в саду доктора Перси, и я услышала, как девочка чуть слышно пробормотала: «О, здесь я отдохну». Из этих, таких недетских, слов я поняла лучше, чем из любого рассказа, как долго она жила в чудовищном напряжении. Тишина и покой — вот все, чего желали мы обе, женщина и ребенок.

Я всегда любила переводить с французского и вскоре после того, как стала жить вдовьей жизнью в «Серебряном логе», наткнулась на стихи Жюстины Морис, которые поразили меня вложенным в них чувством. Перевод получился слабым, неточным, неуклюжим и был далек от завершенности, тонкости и изящества французского оригинала, но все же, работая, я ощутила, что у меня делается легко и покойно на душе. Как водится у одиноких людей, я стала бормотать себе под нос отдельные строчки, совсем позабыв, что у меня теперь есть слушательница. Тина напомнила мне о себе:

— Повторите, пожалуйста. Мне очень нравится.

Я исполнила ее просьбу:

Молю: оставь мне все мечты,
Мой свод небес, зеленый дол,
Мои леса, мои цветы,
Холмы, деревья и кусты,
Лазурь речной волны.

Покуда цел прибрежный мой приют,
Где нет мне дела до грядущих бед,
Пусть дни в блаженной радости текут,
И счастье этих сладостных минут
Продли на много безмятежных лет!

Пускай, неспешна и легка,
Под сенью ивовых ветвей,
Струит свой вольный ток река,
Ловя дыханье ветерка,
Лаская край полей.

Душа внимает пенью всех ветров,
И в такт им чередой идут часы,
И сонмы дивных, лучезарных снов,
Как вешний дождь, не знающий оков,
Врываются в мою младую жизнь.

Твердят, что жизнь — тяжелый гнет,
Но для меня она легка.
Меня молитва бережет
От боли, горя и забот,
Как матери рука.

Ребенку недоступен бег времен,
Его вселенная — единый миг.
Не ведая о бурях жизни, он
Душой в мечты о счастье погружен,
Как мотылек, беспечен и игрив.

Сверкает вереница дней,
Как брызги летнего дождя.
В душе — ни страха, ни скорбей,
Лишь благодарностью к Тебе
Она всегда полна.

Пусть неизбежно жизни отцвести.
Что значит Смерть? Смеживший веки сон,
Чтобы сказать прошедшему: «Прости»,
Любить и верить, что в конце пути
Мне в Небесах проснуться суждено.

— Да, — сказала Тина серьезно и наставительно. — Хорошие стихи.

— Не думаю. Вот в оригинале они хорошие.

— В оригинале?

— Это французское стихотворение, я перевела его на английский.

— Это было что-то вроде урока?

— Нет, мне нравится переводить, но не нравится, как у меня получилось. Все же понять, что хотел сказать автор, можно.

— Не знаю, каким словом это назвать. Может быть, «спокойствие» или «мир»?

— Пожалуй, я бы назвала это умиротворением.

— Умиротворение. Умиротворение, — повторила она за мной два или три раза. — Как красиво звучит!

— Это слово встречается в одной старинной оде, написанной на смерть друга. — И я процитировала несколько строк из «Пиндарической оды» Джона Олдэма [2]:

Так сладок был в торжественной тиши
Пленительный покой твоей души.
Был тих и безмятежен твой уход —
Неслышней мягкой поступи часов,
Беззвучней, чем движение планет.
И умиротворением таким
Наполнен был последний легкий вздох,
Что, если б голубь сел тебе на грудь,
Чтоб дать усталым крыльям отдохнуть,
Движенья б он не ощутил ничуть.
Как постоянно дышит тишиной
Морская гладь, и никакой волне
Ее не сдвинуть с места, и смутить
Ее не в силах никакой прибой;
Как ясная небесная лазурь
Не ведает ни туч, ни грозных бурь,
И тщетно Нил ждет от нее дождя, —
Так был твой дух всегда самим собой,
Подобно сказочной земле — такой,
Где неизвестны ни мороз, ни зной.

Тина сказала:

— И это тоже очень красиво, хотя я не совсем поняла. Почитайте еще что-нибудь этого поэта.

— Почти нечего больше. Он умер молодым.

— Тогда прочтите, пожалуйста, французское «Умиротворение» еще раз.

Я повиновалась. Тогда последовало:

— А вы часто этим занимаетесь?

— Чем — этим?

— Переводите французские стихи на английский?

— Нет, не очень. Временами.

— Прочтите еще что-нибудь из своих переводов, пожалуйста.

— На сей раз выберу что-нибудь повеселее. Ты знаешь, как по-французски «вишня»?

Она заколебалась:

— Я знаю только, как яблоко — pomme и груша — poire.

— А вишня — la cerise. Вот стишок, который тоже так называется. Я перевела его для двух своих маленьких племянниц, у их папы много вишневых деревьев в саду. И у Маргарет и Берты всегда праздник, когда собирают вишни: им разрешают собирать их вместе со всеми.

— Я хочу поскорее послушать.

— Тогда слушай:

> Зимой тот куст
> Был сух и пуст,
> Стал по весне
> Белей, чем снег.
>
> Потом опали
> Все цветы,
> Но загляни
> Под ветки ты:
>
> Здесь ягодки!
> Горят они,
> В листве сокрывшись,
> Как огни.
>
> Скорей сюда!
> Как сладок вкус!
> Я в куст поглубже
> Заберусь!

Пока я читала, повалил снег и запорошил оконные рамы.

— Какое хорошее стихотворение про вишни, — сказала Тина. — Оно тоже про умиротворение, но какое-то другое. У мистера Эллина в саду есть вишневое дерево, я сама слышала, как он рассказывал. А у вас тоже есть?

— Нет, у меня нет.

— А мистер Эллин угощал вас вишнями из своего сада?

Верность правде заставила меня признаться, что такое имело место.

— В прошлом году?

— Нет, в прошлом году он, кажется, угощал только мистера и миссис Рэндолф. Он тогда только недавно переехал в Клинтон-Сент-Джеймс, и ректор с женой были его единственными близкими друзьями.

— А в этом году угощал?

— В этом угощал.

— Вот видите. А в этом году было мало вишен, урожай был плохой. Я знаю. Меня тут не было осенью, но я потом про это слышала. Совсем мало вишен, и все же он дал вам. Вам, и больше никому.

Я расслышала торжествующую нотку, ясно указывающую, кто имелся в виду под «больше никому». Я поспешила изменить тему:

— Это очень великодушно с его стороны, правда? Смотри, как быстро валит снег! Завтра мы идем на обед к доктору Перси и его жене, а Энни будет обедать с их экономкой-старушкой; тем временем Элиза и Джейн будут готовить говядину и сливовый пудинг для обеда, который они устраивают у своих родителей в день святого Стефана. Как ты думаешь, сумеем мы втроем с Энни перейти через дорогу, не утонув в сугробах?

Но моя хитрость не удалась, как и до того уловка с урожаем вишен: никакой силой нельзя было отвлечь Тинины мысли от добрых деяний мистера Эллина:

— Ну, если мы и впрямь провалимся в сугроб все втроем, мистер Эллин увидит это из своего окна — его дом совсем близко от дороги — и сразу прибежит и спасет нас.

Я оставила ее размышлять над этой счастливой возможностью, а сама тем временем села читать его письмо ко мне, прибывшее одновременно с записочкой для нее.

До сих пор мне казалось, что мистер Эллин, пожалуй, поторопился с покупкой материи на платье и накидку для Мартины и что следовало дать отсутствующему мистеру Конуэю Фицгиббону еще одну возможность снестись с миссис Уилкокс, или собственной персоной прибыть в «Фуксию» для объяснений. Не была я уверена и в том, что мистер Эллин сделал все возможное, чтобы склонить миссис Уилкокс вернуть Мартине хотя бы часть вещей. Однако его письмо, хотя и не могло полностью оправдать его поспешность, тотчас убедило меня, что поражение, которое он потерпел, пытаясь упросить мисс Уилкокс ослабить хватку и вернуть Мартине часть ее одежды, нельзя отнести на счет его кажущегося легкомыслия. Как оказалось, она с таким жаром отвергла две его попытки уломать ее, что ему стало совершенно ясно: отказ продиктован низменным желанием проучить бедную маленькую Мартину за «упрямство». Даже Дианины обноски, заявила директриса, слишком хороши для такой мерзкой, отвратительной, строптивой девчонки.

Однако же в коммерческих переговорах, касавшихся браслета-змейки — украшения, полезного, возможно, для установления личности Мартины, мистер Эллин оказался удачливей. В сочельник, проводив мистера Сесила домой, он нанес в «Фуксию» еще один визит и уговорил мисс Уилкокс продать ему браслет по цене, которую назначит ювелир, — конечно, при условии, что мистер Конуэй Фицгиббон не объявится. («Ох, мистер Эллин, — подумала я, читая это, — щедр, как всегда, себе во вред! Этот браслет недешево вам станет. Учитывая потерю дочкиного гардероба, мистер Фицгиббон сочтет, наверное, что ничего больше не должен мисс Уилкокс за обучение. И я не удивлюсь, если она возьмет с вас кругленькую сумму, — безжалостно рассуждала я, — чтобы компенсировать свои потери за учебную четверть, ведь мистер Фицгиббон не уведомил ее в положенное время».)

Далее мистер Эллин сообщал, что раз уж, сам того не желая, навязал мне заботу о Тине, он более чем готов принять на себя расходы по ее содержанию на то время, пока будет продолжать свое расследование. «Я полагаю себя чемто вроде частного сыщика, — писал он. — И пожалуй, могу справиться с этим делом не хуже джентльменов с Боу-стрит. Конечно, это может затянуться, ибо я решил не добиваться признаний от Тины, которая, на мой взгляд, находится на грани нервного истощения, она ведь всего только ребенок. Разумеется, все может разъясниться, если вновь появится мистер Фицгиббон и приведет уважительные причины своего поведения, но если он не потрудится написать или явиться собственной персоной, пройдут недели, а, может быть, и месяцы, прежде чем мы сумеем разгадать эту загадку. Но важнее всего немедленно решить, что делать с Мартиной, за которую мисс Уилкокс наотрез отказывается нести ответственность, если ей не дадут допросить девочку по-своему и вырвать у нее признание. Я уже злоупотребил вашей добротой, попросив приютить Мартину на время каникул, в надежде найти за это время школу для нее где-нибудь поблизости. И был бы бесконечно признателен вам за совет: может быть, лучше поселить ее в семье священника? Рэндолфы, вне всякого сомнения, не откажутся взять ее к себе, но сейчас, как вы знаете, все их дети болеют свинкой...»

Остаток рождественской ночи я провела без сна — раздумывая, как лучше ответить на безмолвную просьбу мистера Эллина. Было более, чем ясно, что он просит меня опекать Мартину не ближайшие две недели, а сколько понадобится: возможно, месяц-другой, а возможно, и долгие годы... Было ли разумно, было ли безопасно так себя связывать после трехдневного знакомства? Тина — создание непростое, хотя и не внушает мне отвращения, как мисс Уилкокс. Может быть, она как раковина, створки которой плотно сомкнуты, зато внутри прячется жемчужина, чей блеск я, кажется, успела разглядеть? Может быть, это и есть тот таинственный воздух перемен и поисков, который так давно тревожил мои мысли? Заботиться и воспитывать юное существо, чья участь так печальна и непостижима? Отправить такую девочку в школу значило бы оторвать ее от единственных друзей и обречь ее всегда носить ту непроницаемую, защитную броню, которая ужаснула и отвратила от нее прежнюю наставницу.

Я долго думала и молилась. Потом села писать ответ мистеру Эллину. Мягко попрекнув его тем, что, как я догадывалась, было расточительством при покупке браслета-змейки, я сообщала ему, что готова принять на себя заботу о девочке, чьи несчастья тронули мое сердце, не только на время каникул, но на столько времени, сколько будет нужно. Объясняла, что могу себе позволить расходы на ее одежду, питание и обучение, но если ему так приятнее, согласна разделить их с ним, по поводу чего мы, несомненно, легко договоримся (как оно и случилось). Одобряла его решение испытать себя в роли сыщика-любителя и желала ему всяческого успеха на этом поприще, обещав свою безотказную помощь. Выражала надежду, что в наших совместных усилиях помочь девочке-сиротке Господь не оставит нас своей милостью.

Я подписала и запечатала письмо и приготовила к отправке утренней почтой. Так я вступила на путь исканий, потерь и обретений.

ГЛАВА СЕДЬМАЯ

Мистер Эллин с радостью, и даже не с радостью — с восторгом — принял мое предложение. Но не думайте, что мы решили дело, даже не спросив Мартину, где бы она хотела жить, словно она не человек, а вещь, у которой нет желаний. Она уже знала, что каникулы ей предстоит провести в «Серебряном логе», и мы решили, что поговорим с ней о будущем чуть позже — накануне возвращения пансионерок в «Фуксию». Однако перед самым Новым годом, когда до конца каникул оставалась еще неделя, случилось небольшое происшествие, заставившее нас переменить планы.

Все это время Тина жила в доме, как пленница, и если и выходила за порог, то для того лишь, чтоб, сделав несколько шагов, перейти через дорогу и попасть в дом к доктору Перси. Но в тот день, вместо тоненьких туфелек, в которых она оказалась в доме, у нее появилась пара крепких башмаков — местный сапожник, торопясь изо всех сил, дошил их, наконец. Она умирала от желания лепить снежную бабу, которой я предпочла бы украсить собственный сад, надежно укрытый от чужих глаз, но уступила ее настоятельным просьбам не совершать несправедливости и не лишать такого дивного зрелища бедную больную миссис Перси. Мистер Эллин взялся помогать нам, и целое утро мы втроем сооружали бабу и готовили мороженое из снега с малиновым вареньем. Мы всей душой предались этому увлекательному занятию, как вдруг заметили высокую, чопорную мисс Уилкокс, торжественно вышагивавшую по улице с двумя девочками по бокам.

Тина застыла на месте, ее посеревшее личико окаменело от ужаса.

— Каникулы уже кончились? — пробормотала она, запинаясь. — Я должна вернуться *ТУДА*?

— Нет-нет, еще не кончились, — успокоил ее мистер Эллин. — Это две новенькие, их родителям, как мне сказал мистер Сесил, нужно было уехать в Шотландию, проведать больную бабушку. Поэтому девочек отослали в школу неделей раньше. И ты вообще не должна возвращаться «*ТУДА*», разве что очень этого захочешь.

— Нет, нет, ни за что! Там ужасно. Девочки шушукались за моей спиной, дразнили меня «попугаихой» и «вороной в павлиньих перьях», а Диана сказала, что мисс Уилкокс — жаба, а я жабье отродье.

— Ну и что, — прервал ее мистер Эллин, желая поскорее прервать этот поток воспоминаний. — Жабы — очень полезные животные и очень милые, если их приручить. У меня самого в саду живет жаба. Я назвал ее Нед и как-нибудь тебя с ней познакомлю. А хочешь, я тебе расскажу, что мы с миссис Чалфонт придумали?

Она кивнула, и мы пошли в дом.

— Ты знаешь, что такое «опекун»? — спросил мистер Эллин.

Она кивнула вновь:

— Опекун — это тот, кто тебя опекает, заботится.

— Так вот, у тебя теперь есть два опекуна: миссис Чалфонт и я. Мы сами себя назначили опекунами, потому что больше некому было это сделать. Мы будем опекать тебя, пока твой папа не приедет или не напишет. Мы договорились, что ты сама решишь, останешься ли ты в «Серебряном логе» или отправишься в другую школу, не в «Фуксию». Не торопись, можешь подумать несколько дней. Подумай хорошенько, а потом скажи.

Она ответила тотчас:

— Тут и думать нечего. Я хочу остаться у миссис Чалфонт. Очень-очень.

— Это не обязательно решать окончательно, ты можешь потом передумать.

— Я никогда не передумаю. — И почти сразу добавила: — А можно, мы снова пойдем лепить?

Итак, решив вопрос о том, где она будет жить, мистер Эллин направил свое внимание на поиски пропавшего мистера Фицгиббона, покинувшего несуществующий Мэй-Парк в Мидлендсе. Стояли ли такие трудности перед каким-нибудь другим сыщиком-любителем? Причем не только он сам, по собственному разумению, решился действовать в подобной неизвестности, но так же рассудил и доктор Перси, пристально наблюдавший за Тиной во время обеда у себя дома в день святого Стефана, — он предостерег меня, чтобы я не принуждала Тину говорить и не пыталась выведать ее тайну. На нее и так уже оказывали чрезмерное давление, и если кто-нибудь, пусть с самыми лучшими намерениями, будет и дальше склонять ее к неповиновению и нарушению прежнего запрета, ее душевное здоровье может непоправимо пострадать.

Казалось, все стихии были заодно с исчезнувшим родителем Тины: из-за сильных снежных заносов мистеру Эллину никак не удавалось отправиться на розыски потерянного сундучка, который, кто знает, мог помочь в разгадке того, куда подевался этот джентльмен, или кто была Тина. В Клинтон-Сент-Джеймс вели шесть дорог, и по любой Фицгиббон мог добраться до деревни, но мистеру Эллину не удалось найти никого, кто помнил бы этого джентльмена. Три недели все дороги были покрыты снегом, почерневшим льдом и жидкой грязью. Едва только они освободились, как мистер Эллин стал объезжать одну деревню за другой, начав с тех гостиниц и постоялых дворов, куда можно было добраться верхом, ибо понял из слов Тины, что сундучок был объявлен «слишком тяжелым» уже в конце пути.

Из последнего рейда он вернулся с триумфом. В ответ на его расспросы, хозяин гостиницы мигом достал сундучок из шкафа, где хранил чужое добро, дожидавшееся того часа, когда за ним приедут забывчивые владельцы. Он не стал спешить и выбрасывать сундучок, потому что пожалел девчушку, чей папа, несмотря на ее горе, заявил, что это лишний груз, но хозяин понадеялся, что, может статься, ей позволят забрать сундучок по дороге домой на каникулы.

Добрый малый вскипел от возмущения, когда мистер Эллин рассказал ему Тинину историю. Он добавил одну немаловажную подробность: мистер Фицгиббон приехал в школу не в собственной карете, а нанял ее в гостинице. Это был весьма модный экипаж, который хозяин купил по сходной цене у душеприказчиков одного недавно скончавшегося джентльмена и отдавал его в наем постояльцам, желавшим, по той или иной причине, пустить пыль в глаза.

Это известие заставило мистера Эллина «кое о чем задуматься», как сказал он сам, когда, торжествуя, возвратился с сундучком. Впрочем, ни он, ни я не видели никакого проку от этой находки, кроме того разве, что оба мы еще больше утвердились во мнении, что мисс Уилкокс, какова бы она ни была, попалась на удочку тщеславного и фатоватого мошенника.

Сундучок нашелся чуть не накануне Тининого десятилетия. Справившись с одолевавшим его нетерпением, мистер Эллин согласился не показывать его до праздничного чаепития и вручить его прямо в день рождения, на который был зван к пяти часам пополудни.

Долгожданный день настал, и перед завтраком я разложила на столе подарки — свои и мистера Эллина. Тина им явно очень обрадовалась, но я не заметила того самозабвенного восторга, какой бывает у детей, хотя нам с мистером Эллином казалось, и не без оснований, что все это время она была счастлива в «Серебряном логе» на тихий, мирный лад. И уж само собой разумеется, со слезами и ночными страхами было покончено, не считая двух-трех раз, когда она просыпалась от собственного крика, увидев во сне кошмар.

Но вот праздничный обед закончился, и был сервирован чай, к которому подали торт с бело-розовым кремом и украсили стол вазочкой с подснежниками. Тут раздался хорошо знакомый стук в дверь: вошел мистер Эллин, и на спокойном личике Тины появилось чинное выражение, приличествующее виновнице торжества. В конце трапезы, когда все подарки были с гордостью продемонстрированы, все загадки и головоломки решены, мистер Эллин раздернул, по моему знаку, занавес в нише, где потертый, видавший виды сундучок ныне соседствовал со стоявшей там всегда пальмой. В первую минуту Тина не поверила своим глазам, потом рванулась вперед и опустилась на колени перед вернувшимся к ней сокровищем:

— Мой сундучок! — восклицала она. — Мой сундучок! Но откуда он здесь?

— Юная мисс, я выехал на поиски, — ответил мистер Эллин, — и мне пришлось порядком поколесить по графству, прежде чем я нашел его. Но повремените-ка со своими восторгами, ибо у нас нет ключа и, боюсь, придется взломать замок.

— Ну нет, — запротестовала не помнящая себя от счастья Тина, — ключ есть, я сейчас его принесу.

Она помчалась за кошельком, достала оттуда ключ, дрожащими руками вставила в замочную скважину и открыла сундучок.

Увы, все наши упования оказались напрасны! Сколько можно было судить, в сундучке не было ничего, что помогло бы разгадке. Что мы надеялись найти, перебирая краски, альбомы для рисования, маленьких куколок с шарнирными ручками и ножками, каких, я думаю, в свои детские годы одевала в шелковые и атласные лоскутки наша всемилостивейшая королева? Была там музыкальная шкатулка, были и книжки, но большей частью тоненькие, трехпенсовые и шестипенсовые, с золотым обрезом, в бумажных цветастых обложках. Пока ликующая Тина снова и снова прижимала к груди свою любимицу — большую куклу по имени Розамунда, мистер Эллин ухитрился полистать три-четыре книжки в твердом переплете, надеясь найти на форзаце имя владелицы, но убедился, что оно, со всей очевидностью, было аккуратнейшим образом вырезано. Мы с мистером Эллином были весьма разочарованы, хотя смотрели не без удовольствия, с каким восторгом Тина извлекает на свет одну любимую игрушку за другой. Потом она убежала показывать свои сокровища Энни, Джейн и Элизе, а я дерзнула высказать надежду, что с возвращением сундучка у нее, возможно, появится чувство защищенности и безмятежности, и ей самой захочется рассказать о своем прошлом. Мистер Эллин с этим согласился.

Но мы ошибались — до известной степени. В том, что у нее возникло чувство безопасности, сомневаться не приходилось, и все же сделала она всего только одно признание; даже и не сделала — оно вырвалось у нее случайно. Как-то раз мы с ней вдвоем играли в игру «Вышли в море корабли», в которой вырезанные из картона маленькие парусные суденышки, называвшиеся «Крокодил», «Мушка» и тому подобное, бороздили, по прихоти бросаемого игрального кубика, опасные картонные морские просторы, где то и дело попадались скалы, акулы, водовороты, водяные смерчи и населенные людоедами острова. Когда в разгар игры появился мистер Эллин, Тина стала горячо упрашивать его присоединиться к нам: «Это такая интересная игра, — уговаривала она его. — Мне подарили ее, потому что мы собирались в Нью...»

Она осеклась. «Мушка» выпала у нее из рук и залетела под стол. Она очень долго возилась там, словно никак не могла найти. Наконец, нашла, выбралась из-под стола и застыла на стуле с выражением крайней тревоги на лице.

Я видела, что мистер Эллин борется с желанием задать вопрос и узнать оборванное слово, но боится испугать ее. В конце концов, он сдержался, сел за стол и, как ни в чем ни бывало, стал расспрашивать ее о правилах игры, на что она сначала отвечала, запинаясь, но постепенно все с большим и большим воодушевлением. А совершив победоносное плавание и загнав его и меня на острова к людоедам, она уже вся светилась счастьем и не могла сдержать улыбки. В холле мистер Эллин сказал мне на прощанье:

— Они должны были плыть в Нью-Йорк, куда же еще? Что повлияло на решение ее отца? Что могло стрястись так внезапно? Отчего он передумал и оставил ее в школе под фиктивным именем?

Вопрос был риторический, ибо обращен был к той, что знала так же мало, как и он, однако могла сообщить ему, что несколько часов назад Джейн надумала почистить и отдраить сундучок, и во время чистки на его крышке проступили стертые буквы или, вернее, части букв. Мы с Джейн разобрали, что одна из букв — «Т», дальше после небольшого интервала следовала буква «Д», а за ней — пять других, разобрать которые не было никакой возможности.

Мистер Эллин поспешил за мной на кухню, где все еще находился сундучок, но в расшифровке стертых букв преуспел не больше нас с Джейн: от них ничего не осталось, кроме нескольких черточек, последняя из которых могла быть косой линией буквы «и», но могла и не быть.

— Я проверю все, какие можно, списки пассажиров, отплывших в Нью-Йорк за последние полгода, — сказал он. — Мисс Уилкокс совершенно определенно поняла, что отец девочки — вдовец; возможно, он решил оставить Мартину в Англии в последнюю минуту. Кто знает, что ему помешало послать весточку домой?

— Но зачем понадобилось фиктивное имя и фиктивный адрес? — возразила я.

— Подозреваю, что какая-то крайняя нужда заставила его искать убежища в Америке. Так, он мог скрываться от кредиторов или от закона. Но по какой бы причине ни покинул мистер Фицгиббон эти берега, теперь совершенно ясно, почему он чуть ли не в последнюю минуту запретил дочери взять с собой в школу сундучок. Во избежание разоблачения он вырезал ее имя из всех книжек и тут заметил, что его собственное имя красуется на крышке сундучка; он побоялся, вдруг вытертые буквы разберут, узнают имя, выследят его... Ну ладно, пора ехать читать списки пассажиров.

Я не стала его удерживать. Я и так не без неловкости ощущала, что в своей двойной роли опекуна и сыщика-любителя мистер Эллин посещал мой дом чаще, чем дозволяли приличия. На меня вскоре обратятся придирчивые взгляды соседей и, прежде всего, трех сестер Уилкокс, за чьим чайным столом мистер Эллин стал появляться реже и менее охотно, чем раньше, впрочем, до известной степени восстановив с ними отношения. И все же, как жаль, что нельзя сейчас поговорить с ним о том, что может скрываться за испуганным молчанием Тины. К каким могущественным доводам или угрозам прибегнул ее отец, чтобы добиться рабского повиновения от такой маленькой девочки, как Тина, лишь дважды нарушившей обет молчания: когда она страстно протестовала против того, что ее зовут Эмма, и когда ненароком обронила слово «Нью...»? Во враждебном окружении ей, разумеется, приходилось хранить молчание, но что заставляло ее молчать сейчас, когда она жила с теми, кого любила и кому доверяла?

Ведь к этому времени наш февральский цветочек и в самом деле любил нас и испытывал к нам доверие — она уже не была живым воплощением бессловесного детского горя, как в ту пору, когда ее, одинокую, отвергнутую сверстницами, замученную лицемерной директрисой, увидел на дорожке школы мистер Эллин. Я окончательно убедилась в этом однажды ночью, через неделю после дня ее рождения, когда она проснулась от собственного крика. Я старалась успокоить и утешить ее, а она, чувствуя мою руку на плече, со всхлипываниями стала бормотать что-то бессвязное про ведьму, которая скребется в окно — «хочет, чтоб ее впустили», про «эти книжки, эти жуткие книжки, которые там у Энни, в гостиной». После терпеливых расспросов правда вышла наружу. Когда-то давно Энни привезла из Корнуолла половину годового комплекта «Арминианского журнала»[1] Джона Уэсли, в одном из номеров которого был помещен страшный рассказ о процессах над ведьмами в Швеции в 1682 году. Вскоре стало понятно, что эта мрачная история напугала Тину чуть не до потери рассудка. Впервые она прочла ее какое-то время назад, когда для поправки здоровья жила на ферме. С тех пор ее преследовали навязчивые мысли о том, что сталось с этими ведьмами, из-за чего ее и мучили ночные кошмары, а уж с тех пор, как эти самые журнальные книжки вновь попались ей на глаза, страх вернулся с удесятеренной силой.

Я с детства помнила эту историю, которую когда-то прочла в тех же журналах с испугом и отвращением, но у меня, менее впечатлительной, чем Тина, чувства эти не переросли в неотвязный страх. Напрасно пыталась я успокоить Тину, уверяя, что процессы над ведьмами происходили очень и очень давно, что спустя столько времени ни одна ведьма не может добраться до ее окна и унести на Блокулу[2], куда ведьмы летают на свои шабаши. Тина поддакивала каждому моему слову, но дрожала не переставая, и я поняла, что она меня просто не слышит. Тут мне пришла в голову счастливая мысль:

— Послушай, Тина, знаешь ли ты, что мистер Эллин жил когда-то в Швеции? Он наверняка все знает о тамошних ведьмах и убедит тебя, что они не могли добраться до Англии и мучить тебя здесь.

— Да? А я и не знала, что мистер Эллин долго жил в Швеции! — отозвалась Тина с явным облегчением. — А кто вам про это сказал?

— Миссис Рэндолф.

— Вы думаете, он захочет рассказать мне про этих ведьм?

— Ну конечно.

Ее перестала бить дрожь.

— Как хорошо, что он жил в Швеции и теперь может точно сказать, что ни одна ведьма не убежала и не поселилась в Англии. Конечно, очень многих тогда убили, но самые хитрые могли спастись бегством. Довольно и одной такой ведьмы, чтоб натворить немало бед, ведь правда?

Я сделала все, что было в моих силах, стараясь убедить Тину, что ни одной ведьме не удалось бежать, но пусть я была лучше всех на свете, я не жила в Швеции, поэтому на мои слова нельзя было положиться. Все-таки она доверчиво прильнула к подушке и открыла глаза только для того, чтобы спросить сонным голосом:

— А почему мистер Эллин сейчас не живет в Швеции?

— Наверное потому, что предпочитает жить у себя на родине.

— Мисс Уилкокс все думала, чем он зарабатывает на жизнь. А вы не знаете?

— Тина, дорогая, мистер Эллин сам нам скажет, если захочет.

— А спрашивать невежливо?

— Думаю, что нет.

— Но про ведьму, которая, может быть, убежала и спряталась в Англии, спросить можно? — забеспокоилась она и, получив заверения, что об этом можно, уснула.

Я спустилась вниз, намереваясь освежить в памяти книгу Энни, где ведьмы дули в замочные скважины церковных дверей и, собрав металлические стружки, образующиеся при изготовлении церковных башенных часов, и соринки с алтаря, сходились в песчаном карьере, а затем, задрав на голову сорочки, умащивали тело мазью троллей и, выкрикнув три раза подряд: «Антессер, приди и унеси нас на Блокулу!», мигом переносились в замок, стоявший среди бескрайних лугов, где устраивали пиршество, и так еженощно. Кроме того, они мучили священников и честных людей, чуравшихся колдовства. Они скреблись в окна — бедная Тина! — и, оставаясь невидимыми, впивались ногтями в головы ни в чем не повинных прохожих, до смерти задаивали коров, вытаскивали детей из кроваток и увлекали с собой на Блокулу; одевались они в красно-синие плащи и камзолы... Я снова читала, как король послал своих людей, «чтобы искоренить это адское племя путем покаянных дней и строгих допросов особ, подозреваемых в ведьмовстве». Посланные добросовестно исполнили королевское поручение, арестовав семьдесят взрослых ведьм и триста детей, сопровождавших их в полетах; двадцать три взрослых ведьмы и пятнадцать детей были тотчас осуждены и преданы смерти, очень многих умертвили впоследствии....

Этот рассказ, поразивший меня еще тогда, когда я была веселым, здоровым ребенком, сейчас произвел на меня ошеломляющее впечатление. Мудрено ли, что он так потряс Тину! Вся надежда была на то, что мистеру Эллину удастся рассеять ее страхи.

Он тотчас откликнулся на мой призыв. Разумеется, ему была отлично известна эта давняя история. Более того, он сам побывал на пресловутой Блокуле — Голубом острове, синим холмом вздымавшимся из вод. «Несчастные создания, они жестоко поплатились за несколько грубых шуток, да за ужасно невкусную еду, которой угощались на ужин: похлебку с капустой и салом, молоко, сыр и овсяные лепешки с маслом». Таковы были его объяснения, испугавшие меня поначалу: я решила, что он хочет отшутиться, но тревоги были напрасны. Он говорил с Тиной очень мягко и серьезно, как и следовало.

Бедные шведские ведьмы — женщины-тролли, как он их называл, — заслуживали жалости, а не осуждения; в те далекие дни судьи не понимали, что обвиняемых не за что было наказывать, ибо все они, и взрослые, и дети, пали жертвами душевного недуга, не менее прилипчивого, чем, скажем, эпидемия свинки, недавно прокатившаяся по Клинтон-Сент-Джеймс. Никто доподлинно не знает, что вызывало эту хворь, но очень может статься, что причиной тому был хлеб, выпекавшийся из зараженной грибком ржи. Известно, что и в других местах, в другое время люди, употреблявшие в пищу такой хлеб, вели себя диковинно. Но не меньше заболевших достойны были жалости и те, кто не страдал этой болезнью, ибо им тоже чудилось, что они слышат стуки, скрипы, царапанье, когда ничего такого и в помине не было, а все потому, что они верили в россказни больных о полетах на Блокулу и о пиршествах на бескрайних лугах. Это была грустная, очень грустная история! Как хорошо, что Мартина живет в наше просвещенное время! И уж совершенно невероятно, чтобы какая-нибудь так называемая ведьма сбежала в Англию; но даже если б, паче чаяния, сбежала — уже лет сто, по крайней мере, как она была бы покойницей. Да и в любом случае, такая ведьма не имеет силы над крещеным ребенком, верующим в Бога.

Увидев, что Тину вполне удовлетворили его объяснения, он стал увлеченно описывать детские и отроческие годы, которые он провел в Швеции, — стране, где расстилались безмолвные дремучие леса, где над голубыми озерами шелестели серебристые березы, где болота казались золотыми от ягоды морошки, а склоны гор были покрыты желтыми фиалками, и всюду царили покой и уединение. Особенно пришелся по душе Тине рассказ о том, как всякий раз, бывая у своих друзей, мистер Эллин навещает и свою старенькую няню, которая живет в маленьком домике среди сосен и всегда одета в черную юбку, красный корсаж и полосатый передник. Летом он всегда угощается у нее лесной земляникой со сливками, а зимой мчится по снегу на особых лыжах, каких и не видывали у нас в Англии.

— А сказки она вам рассказывала, когда вы были маленьким? — полюбопытствовала Тина.

— Еще бы! Но, разумеется, не об английских феях,— пояснил мистер Эллин, — а о великанах, троллях, эльфах, гномах, стучавших в горах молотками, о Неккане, игравшем на золотой арфе.

Тут он вынул из кармана книжку:

— А вот сказки, которые знают все шведские мальчики и девочки, только в пересказе для английских ребят.

Все Тинины страхи как рукой сняло! Она мигом сунула нос в книгу.

— Ой! — вскричала она, рассмотрев как следует подарок, — автор не поставил свое имя, а только инициалы, они ну точно как у вас: У.Р.Э. Это вы и есть им?

— Вы и есть он, — поправил ее мистер Эллин, стараясь уклониться от ответа с помощью короткого экскурса в английскую грамматику. Но тайное стало явным — смущение выдало его с головой. Я тотчас напустилась на него, от души возмущенная тем, что он посмел утаить от друзей и соседей, что он и есть тот самый У.Р.Э., чья история шведской литературы уже стала образцовой и чьи прозаические и стихотворные переводы шведских писателей покоряли читательские сердца своей силой и выразительностью. Примечательно, что никто из соседей не заподозрил в якобы праздном мистере Эллине знаменитого У.Р.Э., и я почувствовала гордость оттого, что давно угадала правду, но просто не дерзала задавать вопросы, чтобы не показаться нескромной.

Но мистер Эллин отнюдь не жаждал превратиться в литературную знаменитость и взял с нас с Тиной слово, что мы никому ничего не скажем. Постепенно он утратил свою обычную сдержанность и поведал кое-что еще. Его отец, трудившийся на дипломатическом поприще в России и Швеции, приложил немало стараний к улучшению наших отношений со Скандинавией. Учился мистер Эллин в Упсале и Оксфорде, потом служил в министерстве иностранных дел — занимался столь увлекательным предметом — заметил он иронически, — как подготовка торговых договоров между Швецией и Великобританией, производившей закупки шведского меха и древесины. В свободное же время, которого у него было предостаточно, он позволял себе дорогие сердцу литературные занятия, но неизменно соблюдал при этом анонимность в соответствии с правилами, которые ввели в министерстве в годы его молодости, и только недавно отменили.

Сказав все это, он, казалось, заколебался, продолжать ли дальше, но, в конце концов, бесхитростно признался, что около двух лет тому назад унаследовал от дяди с материнской стороны изрядное имение — Валинкур, расположенное в двадцати милях от Клинтон-Сент-Джеймс. Тут, подняв голову от сказок, в наш разговор вмешалась Тина:

— А я знаю это место. Но только по картинке. Вокруг еще такой большой парк. Это был самый красивый дом из всех.

— Каких всех? — спросили мы хором.

— В «Фуксии» была такая книжка. Вообще-то там не было хороших книжек, — заявила Тина с нескрываемым презрением, — но на столе в гостиной, рядом с комнатой мисс Уилкокс, лежала огромная толстенная книжища с рисунками старинных поместий. Читать было нечего, и я смотрела картинки и выдумывала всякие истории про людей, которые когда-то жили в этих дворцах. Валинкур был самый красивый.

— Весьма польщен,— улыбнулся мистер Эллин.

Тина засмеялась и снова уткнулась в книгу. А он продолжал объяснять, почему не может поселиться в собственных владениях: по условиям завещания, вдова имеет право оставаться в имении до конца жизни; к тому же, там есть управляющий, которому было бы несправедливо указать на дверь. Но поскольку у него довольно собственных средств, он оставил должность в министерстве иностранных дел и поселился в Клинтон-Сент-Джеймс, чтобы быть поближе к Валинкуру и присматривать за хозяйством. (Впоследствии я узнала уже не от мистера Эллина, а от других, что жену его дяди, весьма неприятную пожилую особу, крайне возмутило завещание мужа, согласно которому имение перешло к племяннику, а не к ней.) Заметив, что он отчасти преодолел стеснительность, мешавшую ему говорить о себе, я призналась, как мне нравятся его переводы — «Odalbonden» Гейера[3] и «Liljor i Saron» Стагнелиуса[4] — прелестных «Лилий Сарона», и спросила, не подумывает ли он взяться за переводы романов Фредрики Бремер[5].

Он покачал головой:

— Нет, это область миссис Мэри Хауитт, и мне не следует вторгаться. Кстати сказать, я знаю, что вы переводите с французского?

— Только для себя, не для печати. А кто вам сказал?

Он кивком указал на кресло, где свернувшаяся калачиком Тина читала, забыв обо всем на свете.

— Значит, и вам знакомы радости и огорчения, которые испытываешь, пытаясь передать чужие мысли словами родного языка?

— Пожалуй, но лишь отчасти, — и мы с увлечением принялись обсуждать достоинства и недостатки разных переводчиков, в том числе Чэпмена [6], Попа [7] и Каупера [8]. (Я провела за шитьем и вышиванием немало часов, пока мистер Чалфонт читал вслух их переводы Гомера.)

С этого дня у нас вошло в обыкновение при каждой встрече обмениваться мнениями о книгах и яростно спорить, когда наши вкусы расходились. Особенно сильное впечатление на Тину произвела одна из наших дискуссий, во время которой я горячо отстаивала макферсоновские переводы Оссиана. Напрасно мистер Эллин взывал к авторитету доктора Джонсона и объявлял Оссиана самой откровенной и дерзкой подделкой, напрасно высмеивал поэмы в прозе как мешанину из тихих вздохов ветра, стенающих дам, мшистых утесов, серых дымок, сверкающих копий, островов со струящимися ручьями и сонма бледных духов, завывающих в унисон глухим порывам ветра. Единственным следствием его усилий было то, что после его ухода Тина объявила:

— Мне хочется почитать эти поэмы. У вас они есть?

Смеясь, достала я книжку с зелено-золотым тисненым переплетом. Раскрыв ее, она возмущенно нахмурилась:

— Кто-то изрисовал ее каракулями. Все поля исчирканы какими-то закорючками и загогулинами, и картинки тоже. Кому пришло в голову сделать такую гадость?

Как и любому ребенку, Тине случалось пролить чай или капнуть краской, но она была на редкость аккуратна с книгами и обращалась с ними нежно, как с живыми существами. Я улыбнулась и сказала:

— Это Гай, когда был маленьким.

— А почему вы не стерли?

Как было объяснить ей, что эти карандашные росчерки были единственным, что связывало меня с мальчиком, которого мне хотелось растить как собственное дитя? Она не стала дожидаться моего ответа:

— Какая гадость — портить книжки! Но почему, почему вы не сказали ему, когда увидели, что он натворил? Ну да, вы же не могли ему сказать, потому что...

От смущения она запнулась на полуслове.

— Ясное дело, миссис Чалфонт не могла выговаривать ему, — вмешалась присутствовавшая при разговоре Энни. — Ты что, забыла? Она же своих пасынков ни разу в глаза не видела.

Не желая растравлять старые раны, я никогда не спрашивала, что ей нашептали обо мне в «Фуксии», но уж теперь нечего было и надеяться на то, что все пробелы в ее знаниях не заполнила щедро Энни, которая сейчас обрадовалась случаю в очередной раз поругать моих пасынков:

— Его науськивали мисс Эмма и двое других — сам он еще был несмышленое дитя, а они разозлились, потому что хотели, чтобы им продолжили каникулы — мечтали посмотреть большой бродячий цирк, который выступал тут у нас по соседству. Но их папа сказал: «Нет, миссис Чалфонт возвращается домой, и уже поздно писать ей и просить отложить приезд, потому что она уже выехала». Вот они от злости и залезли в мачехину спальню — коноводила мисс Эмма, как всегда, — и отомстили за себя: в сердцах разрисовали и исписали всякими пакостями ее книжки. Маленькому мистеру Гаю всего-то и было четыре годика, он еще не умел ни писать, ни рисовать, но старшие подучили его чиркать карандашом, а он и послушал, думал, пусть мачеха рассердится и на него, как на братьев и сестру. А мисс Арминель никому и слова не сказала, благослови ее Бог! Так что про их проказы никто б и не узнал, да их папе как-то понадобилась одна из жениных книг. Сам он держал свои книги в большом порядке и как увидел испакощенную книгу, стал перелистывать другие, а они все попорчены. Ох, он и рассердился, не сказать! Поехал прямиком в Парборо-Холл, и уж им досталось на орехи! Ни фартинга не дал он им карманных денег, пока они не стерли каждую точечку, не подклеили каждый листочек — и все за свой счет, из своих денег. Для мистера Августина то была последняя шалость, больше он уж такого не вытворял, он ведь в ту пору уже учился в школе, и ему было очень не с руки, да и стыдно — я это от людей знаю — не иметь ни пенса, да еще все знали, почему у него в кармане пусто. Это не то, что мастер Гай и мисс Эмма, они-то могли скрыться от чужих глаз, потому как сидели дома. А книжки, которые в руках у мастера Гая побывали, мисс Арминель потихоньку убрала подальше, и мистер Чалфонт так и не узнал, что младшенький был заодно с остальными.

— Раз Гай умел рисовать закорючки и черточки, он уже был достаточно большой, чтобы понимать, что можно, а чего нельзя. Мне вот очень жалко, что он не попался и не получил по заслугам вместе со всеми своими гадкими родственничками. Не хочу читать испорченную книжку, лучше попрошу мистера Эллина принести свою — я знаю, у него есть.

И Тина с чувством праведного гнева покинула комнату.

ГЛАВА ВОСЬМАЯ

Обратиться к мистеру Эллину немедля было невозможно, и Мартина удовольствовалась экземпляром, изрисованным Гаем; впрочем, она возмещала это тем, что с выражением крайнего возмущения демонстрировала книжку своим куклам — Элинор и Розамунде, на которых обрушивала потоки красноречия, внушая им, как важно относиться бережно и уважительно к печатному слову. После чего им надлежало выслушать длиннейший отрывок из вышеупомянутых туманных хроник; как правило, она выбирала трогательные места о девах с покрасневшими от слез глазами и волнуемой вздохами грудью, скорбно оплакивавших героев. Сколько раз бедняжкам-куклам приходилось терпеливо выслушивать одну и ту же, полюбившуюся ей страницу из «Каррик-Туры» [1], где дева-воин Кримора в сияющих рыцарских латах, с распущенными волосами и с луком в руках сопровождает своего горячо любимого Коннала на битву. Заметив его приближающегося противника Дарго, «лук натянула Кримора, целясь в Дарго, но, промахнувшись, пронзила Коннала. Он падает, как дуб на равнине, как с лесистой горы утес. Что ей делать, деве злосчастной? Он истекает кровью, Коннал ее умирает. Всю ночь и весь день напролет рыдает она: «О Коннал, о друг мой возлюбленный!» Объятая горем, скорбная плакальщица умирает. Здесь под холмом скрывает земля чету несравненную. Трава растет меж камнями могилы; я часто сижу в печальной тени. Ветер вздыхает в траве; воспоминания о них теснятся в моей душе...»*.

Маленьким куколкам, обитательницам сундучка, не дозволялось оставаться безмолвными слушательницами, а предписывалось более деятельное участие. Получив по этому случаю имена Фингала, Шельрика, Сельмы, Оскара, Хиделлана, Мальвины и не знаю, кого еще, они бросались в битву, невзирая на опасность, грозившую их шарнирным ручкам и ножкам, а также их нарядам, которые Мартина сшила из шелковых и бархатных лоскутков, хранившихся у меня в мешке с обрезками, и искренне считала костюмами в старинном стиле. Впрочем, увлечение Оссианом было лишь одним из многих других у моей подопечной, ибо она предавалась тысяче занятий: запоем читала все, на что падал взгляд, рисовала карандашами и красками на каждом листке чистой бумаги, который попадался под руку, вскапывала свою грядку в саду и сажала цветы, училась стряпать под руководством добрейшей Элизы и много времени уделяла воспитанию своих кукол, которых учила считать по-корнуоллски: un, du, tri, padzher, pemp, wheth, seith, eith, nau, deig, — чему сама выучилась у Энни; для занятий она сшила из листков бумаги крохотные книжечки, в которых, как она мне объяснила, содержалось все, что им надлежало знать.

Кроме того, она принялась искать друзей среди сверстников, чего трудно было ожидать от такой молчаливой и нелюдимой девочки, еще совсем недавно чуравшейся и учительниц, и учениц. После того, как Ларри, мой садовник и мастер на все руки, вскопал для нее грядку, она поделилась со мной тревогой по поводу того, что не сделала ему подарок на Рождество:

---

* Макферсон Джеймс. Поэмы Оссиана / Пер. Ю. Д. Левина. Л.: Наука, 1988.

— Я же тогда только переехала в «Серебряный лог», мне просто в голову не пришло. И потом, там в корзинке не было ничего подходящего, только карманчик для часов, а он был для мистера Эллина. Как вы думаете, Ларри не обиделся, миссис Чалфонт? Не хотелось бы обижать его.

Я заверила ее, что чувства Ларри ничуть не пострадали, и она убежала прочь — разговаривать через садовую изгородь с детьми ректора, которые, пока в поселке бушевала свинка, были для Тины лишь распухшими детскими рожицами в окне. Старшие дети мистера и миссис Рэндолф либо уже навсегда покинули родительский дом, либо учились в пансионе, но трое младших еще оставались дома: одиннадцатилетний Ансельм, обучением которого занимался отец, больная Элизабет — Тинина ровесница, и маленькая, четырехлетняя Анна. Впервые Тина их увидела, когда Ансельм катил инвалидное кресло Элизабет по дорожкам сада, а моя воспитанница сочувственно за ними наблюдала. Они заметили, что она на них смотрит и окликнули ее. Я еще и знать не знала, что у них завязалась дружба, а Тина уже спешила пробраться назад через дырку в изгороди, чтобы сообщить потрясающую новость: они с Элизабет родились в один день.

— Только подумайте, миссис Чалфонт, Элизабет не праздновала день рождения, потому что у всех детей в доме была свинка. А я праздновала с вами и мистером Эллином, и все было так замечательно! Как жалко, наверное, пропустить такой праздник! Ансельм ходил к одному мальчику на день рождения как раз перед тем, как они все заболели, вот уж праздник так праздник! Он мне рассказывал: пришли одни мальчики, ни одной девочки не было. Они не захотели играть в игры, которые им предложили взрослые, а только прыгали вокруг бочки с яблоками и совали головы в воду, чтоб достать яблоко. Потом швырялись тортом с вареньем, и весь вечер съезжали кто по перилам, а кто — по ступенькам на чайном подносе. Ансельм сказал, что не шалил с другими, но мы с Элизабет не верим. Как бы не так!

Посочувствовав про себя разгневанным родителям, я ничего не сказала Тине — уж очень я была рада порыву искреннего детского веселья, увлекшему ее. Когда в апреле я решила, что Тине нужно больше учиться, и нашей с ней ежедневной игры на фортепьяно и чтения псалмов и отрывков из Библии недостаточно, мистер Рэндолф охотно согласился, чтобы Тина вместе с Элизабет брала уроки у гувернантки, служившей в их доме. Доктор Перси и мистер Эллин посоветовались между собой и сочли, что Тине ничто не мешает вернуться к занятиям, правда, в строго ограниченном объеме: она не должна переутомляться и перегружаться, но в случае, если удастся избежать перенапряжения, они не сомневались, что общество сверстницы, как, скорее всего, и толика здорового соперничества только пойдут ей на пользу.

Сама Тина была очень рада такому повороту событий, отчасти потому, что это избавляло ее от тайного страха, что снова явится мисс Уилкокс и, как она выражалась, постарается опять ее «зацапать» и утащить в свою школу, насчитывающую теперь пятнадцать пансионерок и пятнадцать приходящих учениц; Диана была назначена старостой над всеми ними, а Мэри и Джесси — ее помощницами. Вот почему Тина так охотно пробиралась сквозь дыру в изгороди (вместо того чтобы чинно ходить на уроки по аллее парка) и радостно, вприпрыжку возвращалась домой с ворохом рассказов об удивительных событиях, случившихся с нею в приветливом, веселом доме ректора, где происходило непрестанное людское коловращение и где мистер Рэндолф, с помощью мистера Сесила, как правило, готовил к принятию сана двух-трех молодых людей. Хотя то были будущие богословы, присутствие молодежи только прибавляло веселья этому всегда оживленному дому, и время от времени Тина разгоняла тишину «Серебряного лога» рассказами о шутках и отчаянных розыгрышах, от которых у моих сестер, особенно у моей достойнейшей сестрицы Мэри, волосы встали бы дыбом, происходи обучение их дочерей в такой развеселой обстановке.

Не думаю, что две юные барышни слишком перенапрягались на уроках. Скорее уж во время игр, когда Элизабет, под руководством Тины, стала постепенно избавляться от многолетних привычек больного ребенка. Впервые это выяснилось, когда Тина, которой мистер Эллин подарил скакалку, огорчилась, поняв, что прыгать через веревочку ей предстоит одной.

— Надо научить Элизабет прыгать через скакалку — заявила она. — Не может же она всегда сидеть в этом инвалидном кресле, словно ей девяносто лет. Ансельм не станет прыгать, он говорит, что это не мальчишеское дело. Но мы с Элизабет подозреваем, что он все же прыгает через скакалочку, когда думает, что никто не видит. Мы его выследим, и уж тогда посмеемся от души! Ну, а толстушка Анна еще совсем маленькая, она пока прыгает не лучше, чем кочан капусты. Так что придется Элизабет учиться.

Благодаря несгибаемой воле Тины и ее неизменной поддержке, Элизабет, к некоторому ужасу родителей, оторвалась от инвалидного кресла и поразила всех домашних тем, что стала ходить, а потом даже пробовала бегать, правда, на вожделенную цель — прыжки через скакалку — был наложен медицинский запрет. Мистер и миссис Рэндолф не помнили себя от счастья и не знали, как благодарить чужую девочку, сотворившую это чудо, и меня, эту девочку приютившую.

Но мне не нужно было никакой благодарности, ибо к тому времени забота о Мартине стала для меня тем же игом (если перефразировать цитату, с надлежащим благоговением, надеюсь), «что крылья для птицы». То была, правду сказать, столь глубокая радость, что я стала упрекать себя в эгоизме: как я могла за пять лет своего одинокого существования в «Серебряном логе» ни разу не помыслить о том, чтобы приютить какую-нибудь бездомную сиротку, которая рада была бы обрести пристанище среди жизненных бурь?

Не думайте, что мистер Эллин решил посвятить всю оставшуюся жизнь поискам пропавших родственников Тины. Весь последний год он писал «Историю шведской поэзии», а в перерывах посещал свое имение в Валинкуре. Кроме того, к величайшему его огорчению, его замучили приглашениями в гости, поступавшими со всех сторон, когда вдруг выяснилось, что он известный писатель и зажиточный землевладелец. Секрет просочился через Тину, которая несмотря на то, что дала слово держать язык за зубами, тут же посвятила в эту тайну Элизабет.

— Откуда я могла знать, что мистер и миссис Рэндолф не сказали Элизабет про мистера Эллина? Если бы у меня была маленькая дочка, я бы ей все рассказывала, все-все, — защищалась она, когда мы с мистером Эллином стали выговаривать ей за то, что она обманула наше доверие. — И откуда мне было знать, что Элизабет пойдет и все расскажет мисс Спиндлер, а та всему приходу? Гувернантка должна уметь держать язык за зубами. Я не могла не сказать Элизабет, просто не могла. Она же моя подруга, а некрасиво иметь секреты от друзей.

Мистер Эллин только улыбнулся в ответ на эти оправдания и пожал плечами, но тут его мозг пронзила неожиданная мысль, и он сказал:

— Но ведь мы, миссис Чалфонт и я, тоже твои друзья, Тина. А у тебя от нас есть секреты, хотя ты знаешь нас дольше, чем Элизабет. Не пора ли и тебе рассказать то, что мы хотим знать?

Тина отпрянула от нас и опустила голову, как в прежние дни в «Фуксии».

— Я сказала бы вам, если бы могла, — промолвила она, наконец. — Но я не могу. Не могу и... боюсь.

— Ну ничего, в один прекрасный день ты, может быть, расхрабришься и скажешь, — успокоил ее мистер Эллин. — А пока учись хранить всякие другие секреты, которые нам с миссис Чалфонт доведется, быть может, доверить тебе. На этой неделе мне предстоит побывать на трех обедах, иначе я нанесу смертельную обиду хозяевам. Подумай, что ты наделала, болтушка ты эдакая, подумай и устыдись!

Тина вновь заулыбалась. Непохоже было, что она устыдилась.

Хотя, как я уже сказала, он не собирался положить всю оставшуюся жизнь на выяснение обстоятельств, которые Тина не могла или не хотела назвать, он сделал все, что было в его силах, чтобы разрешить загадку. Начиная с Рождества, в газетах регулярно печаталось обращение к родственникам мисс Мартины Фицгиббон (известной также под именем Матильды) — он просил их связаться как можно скорее с мисс Уилкокс, адрес которой прилагался — к недовольству означенной дамы, ибо она вынуждена была отложить продажу нарядов мисс Матильды до тех пор, пока не станет совершенно очевидно, что Фицгиббоны всех степеней родства не имеют ни малейшего намерения с ней связываться. Как только освободились от снега дороги, он, как уже известно, пустился на розыски сундучка и преуспел в них. Опираясь на такие эфемерные ключи к разгадке, как инициалы Т. и Д. и Тинино упоминание поездки «в Нью-...», он неутомимо наводил справки в пароходных компаниях всех главных портов. Но и самое скрупулезное штудирование списков пассажиров не помогло обнаружить никаких следов Конуэя Фицгиббона, а трое пассажиров с инициалами «Т. Д.» ока...лись людьми безупречной репутации, не позволявшей заподозрить кого-нибудь из них в том, что они способны были бросить малолетнюю родственницу на произвол судьбы. Мистер Эллин уже было окончательно утратил почву под ногами, как вдруг узнал, что французское судно «Пандора» по пути зашло в малоизвестный порт Танпул и взяло на борт нескольких пассажиров, списка которых не осталось в пароходной компании. Ходили слухи, что на полпути к Нью-Йорку корабль пошел ко дну вместе со всеми пассажирами.

С большим трудом выяснил мистер Эллин имена владельцев злосчастной «Пандоры», поначалу наотрез отказавшихся сообщить ему что-либо о пропавшем судне из опасения, что мистер Эллин хочет привлечь их к судебной ответственности. Но успокоившись на сей счет, они, в конце концов, уведомили его, что после кораблекрушения, на самодельном плоту спаслись лишь два брата по фамилии Рейнолдс, которых подобрало проходившее мимо американское судно и доставило в Нью-Йорк. Трагедия разыгралась несколько месяцев тому назад: «Пандора» потерпела крушение ровно через месяц после того, как Мартину оставили в «Фуксии».

Далее предстояло отыскать спасшихся братьев. Они уже давным-давно не жили по своему первоначальному нью-йоркскому адресу, и пришлось рассылать письма им вдогонку — как в отчаянии сказал мистер Эллин, — чуть ли не по всем концам этой необъятной страны. В середине июля его усилия увенчались успехом, но весьма печальным. Пришло письмо от одного из братьев, в котором он подтверждал знакомство, свое и брата, с мистером Конуэем Фицгиббоном, но, к сожалению, оно было не из тех, которые вспоминаются с приятностью. Брат мистера Рейнолдса Джордж проиграл этому человеку, впоследствии изобличенному другими пассажирами в мошенничестве, значительную сумму, да и сам автор письма так и не смог избавиться от первого неблагоприятного впечатления, которое было вызвано одним незначительным эпизодом, имевшим место в самом начале пути, — эпизодом, на который рассказанная мистером Эллином история бросает зловещий свет. Братья и мистер Фицгиббон стояли у поручней, ожидая минуты отплытия, как вдруг почтенного вида слуга стал поспешно взбираться по трапу, который уже было собирались поднять. С трудом переводя дыхание, он протянул мистеру Фицгиббону сверток со словами: «Это для маленькой мисс Мартины, сэр, от...», — имя утонуло в его прерывистом дыхании. Мистер Фицгиббон взял сверток и тотчас развернул его со словами: «Я должен сначала сам взглянуть, что это такое!» В пакете оказался прелестный бювар синей кожи с серебряными застежками. «Мисс Мартина будет в восторге, — сказал он, — сейчас она как раз играет с другими детьми в пароходной столовой. Вы не забудете передать нашу благодарность, Мартины и мою, доброй дарительнице?» Он сунул старику чаевые, и тот ушел.

Далее мистер Рейнолдс объяснял, что имя Мартина, ввиду своей необычности, застряло у него в памяти. А так как он видел, что мистер Фицгиббон поднялся на палубу «Пандоры» в одиночестве, без какого-либо сопровождения, он, понятное дело, решил, что Мартина, дочка или племянница этого джентльмена, прибыла на судно раньше. Он бы и забыл об этом мелком происшествии, если бы впоследствии, уже после того, как «Пандора» отошла от берега, не случилась еще одна странность. Мистер Рейнолдс с братом уже стояли в стороне от мистера Фицгиббона, как вдруг заметили, что он взял бювар со скамьи и изо всей силы швырнул в море, явно полагая, что его никто не видит. После братья узнали, что никакой «маленькой мисс Мартины» среди пассажиров нет. За этим, несомненно, скрывалась какая-то постыдная тайна, но если девочку не удастся склонить к откровенности, правда теперь уже никогда не выйдет наружу, ибо они с братом могут надежно засвидетельствовать, что мистер Фицгиббон погиб при крушении «Пандоры». Держась за крошечный плот и не будучи в силах оказать хоть мало-мальскую помощь другим пассажирам, они с ужасом видели, как опрокинулась перегруженная шлюпка, за борт которой цеплялся мистер Фицгиббон. Это ужасное зрелище навсегда врезалось им в память...

Когда пришло это письмо, мистер Эллин был в Лондоне у издателя, собиравшегося публиковать его «Историю шведской поэзии». Возвратившись и прочитав его, он тотчас отправился ко мне советоваться. Мы попросили к себе Тину.

Весело вбежала она в гостиную, радуясь возращению мистера Эллина. Но что-то в наших лицах насторожило ее, и она застыла на месте, вопросительно на нас поглядывая. Мистер Эллин пододвинул ей стул и жестом попросил занять место.

— Дорогая моя детка, мы с миссис Чалфонт должны сообщить тебе печальную новость. — И в самых осторожных выражениях, какие только можно было подобрать, он сказал ей о смерти отца. Она сидела, не шелохнувшись, опустив голову, не проронив ни слезинки. И, наконец, проговорила совершенно безнадежным голосом:

— Он так и не прислал письма. Так и не прислал. Что же мне теперь делать?

— Сказать нам свое настоящее имя, — нашелся мистер Эллин: поначалу, не увидев естественных признаков горя, он несколько опешил. — Мне кажется, следует сказать нам и о том, почему письмо твоего папы имело такое значение для тебя.

— Я не могу вам сказать ничего, ни единого словечка, раз нет письма, которое папа обещал прислать после того, как благополучно устроится в Америке. Он сказал, чтобы я никому ничего не говорила, иначе все испорчу. А если скажу, с ним и со мной случится что-то ужасное.

— Но с ним уже не может случиться ничего ужасного, он в руках Божьих, — благочестиво возразил мистер Эллин. — И можешь нисколько не сомневаться, что само благое Провидение избрало нас с миссис Чалфонт оберегать тебя от всякого зла. Поэтому наберись храбрости и скажи нам свое имя, а также почему, как ты думаешь, папа оставил тебя в «Фуксии».

— Нет, нет, не могу. Письма не было.

Сколько мы ни просили ее, в ответ она твердила одно и то же, как попугай. И лишь когда мы высказали предположение, что дедушка и бабушка или какие-нибудь другие ее родственники могут тревожиться о ней, она резко, на полуслове замолчала, явно готовясь что-то сказать.

— У меня нет ни дедушки, ни бабушки, они давно умерли, до того, как я родилась, — заявила она. — Нет ни дяди, ни тети, потому что и мама, и папа были единственными детьми. У меня никого нет. А письмо не пришло. Я вам что-то скажу: я не знаю, что папа должен был в нем написать, но он сказал, что это письмо сделает меня счастливее, чем я могу себе представить. Но я уже и так счастлива и не могу быть счастливее, чем есть. Но только мне больше нельзя ничего говорить, потому что письмо не пришло.

Нам пришлось признаться себе в поражении. До конца дня Тина была молчалива и серьезна, казалось, она глубоко обдумывает что-то. Ночью она пришла ко мне, охваченная сомнениями, которые разрешились следующими словами, служившими отчасти объяснением, отчасти оправданием:

— Миссис Чалфонт, мне очень жалко, что папа утонул, правда, очень жалко. Наверное, это очень страшно — утонуть. Когда я была маленькая, я как-то упала в пруд и ужасно испугалась. Но я мало знала папу. Они с мамой все время уезжали, иногда их не было месяцами — они путешествовали или гостили у друзей, а когда бывали дома, у нас собиралось много гостей. По-моему, папа ни разу не поцеловал меня. Он никогда не заходил в детскую, а потом, когда я стала такая большая, что мне уже не полагалось иметь няню, — в классную комнату. Когда мне исполнилось шесть лет, мама сказала, что я люблю няню больше ее, и она больше не хочет, чтоб у меня была няня, и найдет мне гувернантку, которую я не буду любить, потому что никто никогда не любит гувернанток...

В ту минуту я не осознала всю бесконечную горечь этих бесхитростных признаний, я поняла это только потом,

103

когда осталась одна и могла обдумать все спокойно. А пока она говорила, голова моя была занята только одним: убедить ее сказать больше, пока она настроена на откровенность.

— Так ты любила свою няню, детка?

— Да, очень-очень. Я ее так любила.

— А как ее звали?

Последовал разочаровывающий ответ:

— Просто Няня. У меня сначала была другая няня, когда я была совсем-совсем маленьким ребеночком, но я ее не помню, а помню только Няню. Если папа замечал меня где-нибудь на первом этаже, он говорил: «Беги к Няне, Мартина». Я знала папу гораздо хуже, чем вас с мистером Эллином. Если бы утонули вы или он, я бы умерла от горя. Вы скажете мистеру Эллину, почему я не заплакала, когда он сказал про папу? Мне было плохо, очень плохо. Я видела, мистер Эллин подумал, что у меня нет сердца.

Я заверила ее, что все поняла и все скажу мистеру Эллину, и он тоже поймет, а затем спросила, будто невзначай:

— А как звали твою гувернантку? Ты не знаешь, где она теперь?

Выдержав паузу и подумав, Тина решила, что на этот вопрос отвечать неопасно:

— Ее звали мисс Мэрфи, она должна была вернуться в Ирландию и выйти замуж, как только свяжет достаточно кружев. А где она теперь, я не знаю.

Я не могла уловить связи между замужеством и кружевами. Мистер Эллин пошутил бы, что от этих кружев у меня закружилась голова. Заметив мое недоумение, Тина снизошла до объяснений:

— Мисс Мэрфи была помолвлена. Она была помолвлена уже четыре года, с тех самых пор, как стала моей гувернанткой. Но она и ее нареченный — так она его всегда называла — решили, что не поженятся, пока не скопят достаточно денег, чтобы жить, как люди, а не перебиваться с хлеба на воду, в хлеву, вместе с курами и свиньями, как — это она так говорила — дураки-англичане всегда думают про ирландцев. Поэтому она меня учила, а в свободное время вязала крючком целые мили кружев. Их нужно было продавать в лавках или знакомым людям. Она была самая лучшая кружевница в целой Ирландии, говорила она, и на ее кружева был большой спрос. Она вязала шали, и нижние юбки, и платьица для младенцев, и кружева для отделки. Я должна была сидеть тихо, как мышка, и на уроках, и во время игры: не скрипеть карандашом, не задавать вопросы, не задевать ногами о стул, иначе она могла сбиться со счета и пропустить петлю. Она вязала во время уроков, но потихоньку, чтоб никто не видел. Однажды мама неожиданно вошла в классную, и мисс Мэрфи так быстро сунула вязание к себе в сумку, что оно распустилось, да так сильно! Я рассмеялась, и мисс Мэрфи заставила меня вызубрить за это двадцать строчек стихов.

По моему мнению, наказанию следовало подвергнуть лучшую кружевницу во всей Ирландии, а не Тину, чьи уроки, как я поняла, сводились, по большей части, к заучиванию ответов на «Вопросы» Маньяла и упражнениям, называемым обычно «транскрипцией». Далее я поинтересовалась, как звали «нареченного» мисс Мэрфи.

— Его полного имени я ни разу не слыхала, но знаю сокращенное имя — Пэт. Как-то раз сестра мисс Мэрфи приехала из Ирландии повидаться с ней. Она держала письмо над головой мисс Мэрфи и спрашивала, как делаем мы, когда играем в фанты: «У меня есть фант, отличный фант — что сделать этому фанту?» Мисс Мэрфи закричала: «Ты привезла мне письмо от моего душки Пэта!» — выхватила письмо у сестры и выбежала из комнаты. У нее так блестели глаза. А сестра мисс Мэрфи была добрая. Она рассказывала мне всякие истории про гномов и про то, как один человек, знакомый ее отца, по глупости, срезал с дерева волшебную колючку и что с ним потом было.

— А мисс Мэрфи не рассказывала тебе сказки?

— Нет, никогда. Она играла со мной в волан, потому что это полезно для здоровья. Она говорила, что не нанималась рассказывать сказки. И потом, это отвлекало бы ее от вязания, понимаете? Я еще хотела вам сказать: не рассказывайте мне сегодня про Люси в заколдованном замке. Я думаю, это нехорошо из-за папы — я же только что про него узнала.

Я с радостью отметила про себя душевную тонкость, которой было подсказано это решение. К тому же, это было удачно еще и потому, что за несколько вечеров, когда нужно было придумывать все новые и новые приключения Люси, то и дело встречавшей драконов, великанов и колдунов, моя фантазия истощилась, и передышка пришлась очень кстати.

Нежданно-негаданно Тина продолжила, уже по собственному почину:

— Мисс Мэрфи ушла от нас перед самой маминой смертью. Это было совсем неожиданно, так сказали слуги.

— Что было неожиданно, детка? Мамина смерть или отъезд мисс Мэрфи?

— И то, и другое. Мисс Мэрфи рассердилась, потому что ей пришлось уехать гораздо раньше, чем она рассчитывала. Она сказала, что ей будет трудно найти другое место: хозяйки не любят нанимать гувернанток, которые вот-вот уволятся и выйдут замуж. У мамы с мисс Мэрфи вышла ссора из-за этого, такая ужасная. Мисс Мэрфи сказала, что мама не имеет права прогонять ее, раз ее предупредили всего только за месяц, потому что ей было твердо обещано, когда ее нанимали, что ее берут на полных пять лет, пока я не подрасту и не уеду в школу. А мама говорила, что никакого такого уговора про пять лет не было, это все мисс Мэрфи сама выдумала. А мисс Мэрфи сказала, что мама говорит неправду и что ей полагается уплатить за полгода вперед, потому что прошло не пять лет, а четыре с половиной. А мама сказала, что это наглое требование и чтобы она отправлялась паковать чемоданы и убиралась сегодня же. И она уехала. Мне было жалко мисс Мэрфи. Но мама не могла ее больше держать, потому что...

Тут она замялась, очевидно, испугавшись собственной откровенности, и объяснения, почему мисс Мэрфи уволили, так и не последовало. Но я сама догадалась, как впоследствии и мистер Эллин, что причиной или предлогом, неважно, чем именно, послужил приближавшийся отъезд в Нью-Йорк.

Мне стало понятно также, что Тина видела свою мать столь же редко, как отца, и горевала по ней не больше, чем по нему. Поэтому я, не колеблясь, спросила:

— Как к тебе попал браслет-змейка? Это подарок твоей матери? Ее звали Эмма?

На девчушкином личике мелькнуло испуганное выражение:

— Это был мамин браслет, ей подарила подруга. Папа сказал, чтобы я его берегла, но мисс Уилкокс отняла у меня.

— Не огорчайся, детка, мистер Эллин выкупил его у мисс Уилкокс, он у него, и он отдаст его тебе.

— Мистер Эллин всегда такой добрый, — заволновалась Тина, — но умоляю вас, миссис Чалфонт, пусть он у него насовсем остается. Я не хочу его видеть. Никогда.

Расспрашивать дальше было невозможно. Я пыталась подавить смутное, полуосознанное чувство, не покидавшее меня с первых Тининых минут в «Серебряном логе», — чувство, что я знаю, кто такая Эмма. Это было ни на чем не основанное, бессмысленное подозрение. Эмма — имя достаточно распространенное, каждую десятую зовут Эмма! Но даже если мое подозрение было бы небезосновательно, что из того, если Тинина мать получила на память браслет от своей подруги Эммы? Мне вспомнилось, как в юности я, Арминель Сент-Клер, подарила свой подписной серебряный браслет любимой подруге Саре, которую не видела с тех пор двадцать лет и чью фамилию забыла напрочь.

В течение нескольких дней после того, как Тина узнала о своей утрате, вид у нее был подавленный, но никаких признаний она больше не делала, и невозможно было сказать, горюет ли она об отце, или о том, что он так и не прислал обещанного письма. Повесть о приключениях Люси в заколдованном замке возобновилась и продолжалась до тех пор, пока я не запросила пощады и не призналась, что источник моего вдохновения иссяк. Тогда Тина, у которой была неукротимая тяга ко всяческим рассказам, будь то исторические события, житейские истории или волшебные сказки, переместилась в гостиную к Энни — неиссякаемому кладезю всяких побасенок и сказок, и корнуоллских, и других. Действовали ли они на нее успокаивающе, помогали ли победить грусть, не знаю, но все последующие дни она частенько восседала в гостиной у Энни и, устроившись на обложенном подушками подоконнике и подперев подбородок рукой, неотрывно следила своими карими глазами, в которых, казалось, сосредоточилась вся ее душа, за каждым движением Энни.

Однажды вечером, проходя мимо комнаты старушки, я услышала, что Тине рассказывают не сказку, а горестную житейскую повесть. При первых же словах Энни ноги у меня подкосились, и я так и осталась стоять в темном углу, за полуотворенной дверью. Оцепенев, я была не в силах попросить няню, чтобы она замолчала, ибо эта история — самая черная страница моей жизни, не годилась для детских ушей. Тина вся съежилась, лицо ее побелело как мел, зрачки расширились, а в двух шагах от нее притаилась я, вновь погрузившаяся в пучину былого горя.

— О, мисс Арминель не понаслышке знает, что такое беда. Я любила ее больше всех детей в семье, — продолжала свое Энни. — Ох, и суровый человек был мистер Чалфонт! Каменное сердце! Он ей не позволил взять на воспитание маленького Гая, а уж какой бы она была для него матерью! Нет, заявил он, нельзя разлучать Гая с братьями и сестрой. И все эти долгие годы — горькие годы! — она все ждала, что родит ребеночка. И задумала, если родится мальчик, будет Теодором, а если девочка — Теодора. Это греческие имена, растолковала она мне, и значат они одно: «дар Божий». И я знаю, до последнего дня буду так думать, никто меня не переубедит, все было бы хорошо у бедненькой моей мисс Арминель, кабы не мисс Эмма. Младенец уже вот-вот должен был родиться, и что тут выкинула мисс Эмма? Переехала в деревушку Груби, которая всего в миле от усадьбы, переехала вместе с подругой — та сняла в деревне дом, пока ее собственный отстраивали после пожара. То и дело мисс Эмма наезжала сюда в своем фаэтоне, запряженном пони, якобы потолковать с отцом — «подбодрить его», как она повторяла, — пока мачеха ей не мешает, потому как не встает с постели. До смерти напугалась мисс Арминель, как узнала, что та вытворяет. «Энни, она ждет, что я умру, — плакала она, не переставая, — Эмма ждет моей смерти». И так оно и было, я истинно так думаю; как стервятник, она была в этом своем черном плаще, уж так ей полюбился этот цвет, который, по моему разумению, больше бы пристал какой-нибудь старой карге, а не видной молодой девице. Я сама пошла к хозяину, да, пошла, на колени стала, чтоб не дозволял он мисс Эмме показываться в доме, пока дитя не родилось. «Что такое? Запретить моей дочери бывать в родном доме? — закричал он. — Ты ума решилась, старуха. Прочь отсюда, пока я не отослал тебя в Бедлам». И мисс Эмма ездила туда-сюда, сколько ей было угодно, а наверху мисс Арминель слезами исходила: «Она приехала, чтоб посмотреть, как мы умрем». И вправду, и сама мисс Арминель была одной ногой в могиле, и ребеночек родился мертвый, и я каждую минуту тряслась, что моя душенька в землю за ним сойдет. Целый век прошел, пока опасность миновала...

— А кто родился, девочка или мальчик?

— Девочка.

— Значит, Теодора, — задумчиво проговорила Тина.

— Нет! — сердито махнула в ее сторону Энни. — Я же сказала тебе, что дитя родилось мертвое. Его нельзя было окрестить. Тотчас принесли в дом маленький гробик, потому как у гробовщика — того самого, чей катафалк наняла когда-то мисс Эмма — уже был наготове один махонький. Бедолага! Небось, мисс Эмма все ездила мимо его лавки туда-сюда и требовала, чтоб заранее смастерил. Бедная деточка, бедная деточка, ее унесли могильщики; потому как ни сиделка, ни я не могли и на минуту отойти от мисс Арминель. Ох-хо-хо, надо бы говорить — миссис Чалфонт, да по-старому само-собой выговаривается. И все-таки за одно я всегда буду Бога благодарить: дитя похоронили в семейном склепе. Это мне другие слуги сказали потом, когда я уже в силах была разговаривать. Они мне еще кое-что сказали, от чего у меня сердце согрелось. У мисс Эммы с отцом размолвка вышла насчет того, как хоронить дитя. Она требовала, чтоб его захоронили в неосвященной земле, в углу погоста, дескать, незаконно хоронить его в освященной земле, некрещеного. Но, говорят, мистер Чалфонт на нее, как разъяренный зверь, накинулся: «Дитя будет лежать в семейной усыпальнице, сказал он, пусть хоть все епископы на свете будут против». Я никогда не жаловала мистера Чалфонта, кроме этого самого случая, когда он в открытую схлестнулся с этой черной хищницей. «Возьми одно из платьиц, которые приготовила твоя мачеха, — приказал он, — и проследи, чтоб все было сделано, как положено. Я скоро вернусь и сам отнесу дитя в усыпальницу. Ты исполнишь, что велено, или мне вызвать служанку, чтоб она сделала то, что ты должна с дорогой душой сделать для твоей родной сестры?» Она, должно быть, сильно растерялась, вряд ли он когда так резко говорил с ней прежде, какие бы дикие проказы она себе ни позволяла, даже когда она дважды связывалась с ухажерами, которые были ей не ровня. И лишь когда она сказала, что сделает все, как он приказывает, он повернулся и вышел. Она никому даже подойти потом не дала к детке, которую надо было обмыть и отнести, где гроб стоял. Собственными руками уложила она ее в гроб и завинтила крышку. Отца не стала дожидаться, а вскочила в свой фаэтон и укатила, и почти сразу нам сказали, что они с подругой в тот же вечер уехали из того дома, который нанимали. Ох и рада же я была, что больше не увижу, как этот черный плащ в парке хлопает.

— А мистер Чалфонт горевал о девочке? Наверное, все-таки горевал, раз не позволил похоронить ее, где лежат несчастные самоубийцы, и потом он сам отнес ее в эту... как ее... усыпальницу? А что такое усыпальница, Энни?

— Юдоль скорби, милая, место, где мертвецы лежат поверх земли, а не в могиле. Усыпальницу в Груби-Тауэрс построили, будто язычники какие, и обсадили тисовыми деревьями вокруг.

— Ужас! — воскликнула Тина с дрожью в голосе. — А мистер Чалфонт потом помирился с дочерью?

— Уж не сомневайся, чтоб она да не помирилась. Буря в стакане воды, вот как можно сказать. Всего-ничего прошло, а уж опять их было водой не разлить. Да, должно быть, горевал и он о детке, хотя я едва из себя не вышла: госпожа моя на волосок от смерти еще, а он такой разнос учинил из-за какой-то книжки, которая у него пропала. Весь дом как есть вверх дном перевернул. Все одно не нашел, и слава Богу. Поделом ему.

Эта толика обыкновенного человеческого злорадства, проявленного Энни, вывела меня из оцепенения. Я поспешила скрыться в своей комнате, пока меня не заметили ни рассказчица, ни слушательница.

Мне бросилось в глаза, что Тина стала часто впадать в необычную задумчивость после рассказа Энни. В ближайшее воскресенье, повторяя урок из катехизиса, она огорошила меня вопросом:

— Миссис Чалфонт, а правда, что во время конфирмации можно взять еще одно имя?

— Я слышала об этом, но все-таки не уверена. Давай спросим мистера Рэндолфа или мистера Сесила. А откуда ты знаешь?

— Я слышала в «Фуксии», как Диана говорила Джесси, что ей не нравится ее имя, и что она будет Терезой после конфирмации.

— Вот оно что! А ты какое имя хочешь взять?

Она еле слышно прошептала:

— Теодора.

Можно было не спрашивать, чем вызван такой необычный выбор.

ГЛАВА ДЕВЯТАЯ

При первом же удобном случае я довела до сведения мистера Эллина то, что мне удалось узнать от Тины, хоть это было и немного. Когда я упомянула о замужестве мисс Мэрфи, мистер Эллин забыл свои безупречные манеры, и, не удержавшись, свистнул:

— Фью! Только этого нам не доставало в придачу ко всем остальным головоломкам. Как вы полагаете, можно ли разыскать «душку Пэта» на острове, который кишмя кишит такими Пэтами? Клянусь честью, найти бывшую мисс Мэрфи не легче, чем иголку в стоге сена! И все же, попробую. Существуют ли специальные конторы, куда обращаются знатные дамы, когда ищут гувернанток для своих детей? Там, должно быть, ведут регистрационные списки.

На это я возразила, что такие конторы, безусловно, существуют, но мне, например, никогда бы в голову не пришло пригласить гувернантку без рекомендации друзей или знакомых.

— Сначала воспользуюсь лондонским справочником, а если это ничего не даст, — продолжал мистер Эллин, — то и дублинским. Небольшая поездка в Ирландию поможет мне утешиться, ведь вы с Тиной, как я понимаю, в самом скором времени собираетесь предаться радостям жизни у моря, и нам предстоит разлука? Да, мне сейчас пришло в голову, что эти справочники могут быть полезны еще в одном отношении: там должны быть названия и адреса лавок, куда знаменитая кружевница, обучавшая Тину в редкие минуты, свободные от своего всепоглощающего занятия, возможно, сдавала свои изделия. Однако увольте меня от прочесывания самих лавок, это я оставлю на вашу долю — адреса пришлю или сам привезу.

После того, как мы покончили с мисс Мэрфи, я приступила к двум другим делам, по поводу которых мне требовалось знать мнение мистера Эллина. Первое касалось того, стоит ли одевать Тину в траур. Мистер Эллин отговорил меня от этого, справедливо указав, что Мартина появилась в «Фуксии» в роскошных туалетах, сшитых, видимо, чтобы поразить воображение нью-йоркцев, а не в траурном платье, которое он, видимо, не стал заказывать для нее по случаю смерти матери, — следовательно, и у ее опекунов нет резона чтить его память подобным образом. Но, может быть, стоит, прибавил мистер Эллин, внести кое-какие мелкие штрихи в Тинину одежду, предназначенную для отдыха у моря, вроде черного пояса к белому платью, или серого, а то и фиолетового воскресного наряда, однако ему приятно отметить, что тут я в его советах не нуждаюсь.

Это подвело меня ко второму вопросу, на который я хотела обратить внимание мистера Эллина. Жилье для отдыха в морской деревушке мне подыскали сестра Мэри и брат Хью, намеревавшиеся провести вместе со своими семьями месяц на берегу океана, безмятежно наслаждаясь его лучистым блеском. Но разумно ли и милосердно ли, засомневалась я, везти Тину туда, где у нее все время будет перед глазами бурная морская пучина, поглотившая ее отца?

Мистер Эллин рассудил, что мне было бы неудобно нарушать уже имевшийся уговор с родственниками, а внезапная отмена долгожданной поездки, как ему кажется, заденет Тину не в пример больнее, чем морские виды, которыми она будет любоваться вместе с другими, резвыми и весьма жизнерадостными сверстниками.

Успокоившись, я вновь принялась за предотъездные хлопоты, и с тем большим усердием, что последний предмет из Дианиного гардероба — то самое платье, которое тетушка Дженни выкрасила в прелестный нежно-розовый цвет, — был препровожден в шкаф для хранения тряпок (ими пользовались горничные для мытья и уборки дома), ибо заметно пострадал от недолгого, но страстного увлечения, которое разделили с Тиной Ансельм, Элизабет и Анна: изготовления тарелок и мисок из глины, найденной ими в маленьком карьере на берегу Клинта. Постепенно эта страсть сошла на нет, и я была рада, что с первых же дней каникул Тина вернулась к более опрятному и благодарному делу — составлению своей очередной миниатюрной энциклопедии. Для этого нового сочинения, в отличие от предыдущих: малюсеньких, сшитых из листочков книжечек, она выделила записную книжечку винного цвета, которая была побольше и потолще предыдущих самоделок и, более того, была куплена ею на собственные карманные деньги в писчебумажной лавке. Прежде она показывала мне все свои «книжки», но содержание винной книжечки, вопреки установившемуся обыкновению и ее горячему авторскому самолюбию, вслух не зачитывалось и мне известно не было, — по крайней своей занятости, я и не просила его огласить.

Ослепительным солнечным утром мы отправились в самую веселую поездку из всех, какие мне случалось совершать за последние двадцать лет. Наше морское пристанище находилось на самом берегу, как раз в том месте, где вересковые пустоши сбегали к самому морю. То были не зловещие заросли Груби, темные, всегда затянутые туманом и замкнутые со всех сторон угрюмыми холмами, а яркие, безбрежные вересковые дали, простиравшиеся на много-много миль, до самого горизонта. Едва мы приехали, Тина и взглядом не удостоила морскую синеву, переливавшуюся на солнце, а сразу закричала: «Целое лиловое море! Лиловое море! Посмотрите, посмотрите, лиловое море!» Мне навсегда запомнился вырвавшийся у нее крик самоупоенного восторга и полного блаженства, когда выяснилось, что окна наших комнат в уютнейшем фермерском доме выходят на милые ее сердцу лиловые вересковые просторы.

К морю у нее тоже не было ни малейшей неприязни, и все же самые счастливые свои часы она проводила, слоняясь и бродя по пустошам. Первые дней десять она порой подолгу стояла у воды, напряженно вглядываясь в прилив и безмолвно ожидая какой-то неведомой, но страстно желаемой добычи. Меня это тревожило, однако я не решалась запретить эти стояния. Но у меня гора упала с плеч, когда моя племянница Маргарет спросила со смешком:

— Тетя Арминель, а правда, что иногда люди запечатывают письма в бутылки и бросают в море?

— Такое случалось, детка.

— Тина ждет, что море принесет ей письмо, только не говорит, от кого. Дик хочет написать какую-нибудь чепуху, запечатать в бутылку и подбросить, чтоб она нашла ее, — как вы думаете, можно?

— Ой, Маргарет, ни в коем случае! Дик не должен этого делать! Тебе ведь говорили, что у Тины нет папы? А ты знаешь, как он умер?

Маргарет отрицательно мотнула головой.

— Он утонул. Разыщи Дика и объясни, что было бы жестоко так шутить над бедняжкой Тиной.

Добрая маленькая Маргарет тотчас помчалась к Дику, и я видела, как она серьезно что-то втолковывает брату, который, к его чести надо сказать, смутился так же сильно, как она. Трогательно было видеть, как с тех пор он постоянно пытался отвлечь Тину от ее бесплодного ожидания. Да ей особенно и некогда было стоять так у моря — ее дни все больше и больше заполняли всевозможные забавы, которых так много на морском берегу. Правду сказать, ей их выпадало больше, чем моим племянницам, которым многое запрещалось; моя сестра Мери и невестка Джулия давали мне понять, что они в ужасе от того, что я позволяю Тине бегать босиком по песку, бродить по воде вместе с мальчиками, заглядывая в каменистые бухточки в поисках креветок. Остальным девочкам приходилось довольствоваться чинными прогулками за линией прилива, во время которых они высматривали в песке агат, сердолик и ракушки, а Тина тем временем резвилась в воде, как настоящая русалка, под присмотром старой служительницы пляжа.

Так мы проводили время. И если бы не один неприятный случай, я бы считала, что то был месяц безоблачного счастья.

Как-то утром, когда погромыхивал гром и стал накрапывать дождь, все дамы, старшие девочки и Берта уселись в гроте с книжками и рукоделием. Неподалеку малышка Маргарет копошилась на берегу, выискивая в песке сокровища, вынесенные приливом. А подальше на пляже, у воды Тина собирала водоросли, чтобы высушить на солнце и положить под пресс. На ней было то самое летнее платьице, которое очень всех позабавило, когда она впервые надела его: не сговариваясь, мы с Мери выбрали одинаковую материю и одинаковую расцветку, она — для своей законной родной дочери Берты, а я — для своей приемной.

Наши взоры привлекло редкое для этих мест зрелище — мимо проезжала группа нарядных всадников. Одна дама придержала лошадь и что-то сказала Маргарет, указывая хлыстом на Тину, старательно определявшую в эту минуту сравнительные достоинства своего красного, оливкового и зеленого перистого улова, который был разложен на скале для удобства осмотра. Всадница сидела к нам спиной, да и находилась слишком далеко, чтобы можно было расслышать и обращенный к Маргарет вопрос, и ответные слова девочки, которая, заслонив от солнца свои близорукие глаза, смотрела в сторону Тины, стоявшую среди разбросанных водорослей. Какой бы ответ ни дала Маргарет, он удовлетворил даму, которая пустила свою лошадь галопом, догнала спутников и вскоре исчезла из виду, скрывшись за скалами, загораживавшими вход в наш грот.

Маргарет поспешила к нам со всех ног.

— Ой, — закричала она, — вы видели даму в черной амазонке? Она спросила меня, как зовут вон ту девочку у воды. Я посмотрела, и подумайте, решила, что это Берта! Они с Тиной одного роста, и волосы у обеих каштановые, и платья у них сегодня одинаковые. Я сказала: «Это моя сестра Берта — Берта Малтреверс». А дама сказала: «Спасибо. Я приняла ее за девочку, которую когда-то знала», — и ускакала. Должна ли я ее догнать и сказать, что ошиблась, потому что плохо вижу? Сумею я ее догнать или нет?

По причине, в которой я предпочла не признаваться даже самой себе, я ощутила радость, когда Мери ответила:

— Нет, Маргарет, ни в коем случае! Я не позволю тебе носиться по песку, как дикая коза.

Я поняла, что упрек этот, главным образом, предназначался мне из-за полной свободы, которую я предоставляла Тине. А она как раз в эту минуту, бедное дитя, воспользовалась этой своей свободой, чтобы, схватив длинную кожистую плеть водоросли, пуститься вдоль всего пляжа вдогонку за Диком; она неслась, размахивая этим бичом над головой и сопровождая это угрозами, от которых кровь стыла в жилах. Заразившись духом игры, Дик улепетывал от нее так, что пятки сверкали. Но неумолимая преследовательница не отставала, пока запыхавшийся Дик не ворвался в наш тихий круг и, растянувшись на песке и глядя ни Тину снизу, не закричал со смехом:

— Сдаюсь, Тина, сдаюсь! Чего ты так гонишься за мной? Что я тебе такого сделал?

Тина застыла над ним на миг, словно карающий ангел, но тотчас отшвырнула водоросль-бич и бросилась на песок рядом с ним:

— Ничего, — ответила она беззаботно, — мне представилось, что ты мой враг, и я должна тебя уничтожить. Почему-то мне так захотелось.

Я поймала на себе взгляды Мери, Джулии и девочек, ожидавших, что я сейчас отругаю Тину за шумное поведение, не подобающее воспитанной барышне. Я обманула их ожидания, что, не спорю, было неразумно, но я не могла отделаться от тревожного чувства, будто и мне, и Тине в самом деле угрожает враг. Казалось, следовало пожалеть о том, что с нами нет мистера Эллина, я же, напротив, ощущала какую-то преступную радость от того, что он где-то по другую сторону Ирландского моря разыскивает бывшую мисс Мэрфи. Ведь можно не сомневаться, узнай он то, что рассказала Маргарет о высокой черной даме, он бы в тот же миг пустился в погоню, наверное, даже прибегнул бы к помощи быстрых юных ног Дика и настиг бы всадников.

Послушайся я своей совести, я бы поступила так же, как мой сотоварищ-опекун, но внутреннее чувство велело мне ничего не предпринимать и не пользоваться этим ключом к разгадке тайны, окружавшей Тину. Я смотрела, как она сидит на песке рядом с Диком, обняв руками колени, и молча слушает, как Маргарет с удовольствием снова заводит свой рассказ. Дослушав до конца и не проронив ни звука, она сорвалась с места и убежала в сторону, противоположную той, куда ускакала дама и ее спутники. Я же тем временем успокаивала мучившую меня совесть, пока наконец, не преуспела в этом и не заставила ее замолчать, сказав себе, что сейчас даже Дик, помчись он со всех ног, не догнал бы кавалькаду. И потом, ни одному здравомыслящему человеку и в голову не пришло бы требовать, чтобы я пустилась объезжать все большие дома в округе и наводить справки, не живет ли тут дама, пожелавшая узнать имя девчушки, которую она заметила на берегу. Да и будь что-нибудь подозрительное в этом ее вопросе, Мери и Джулия обязательно, совершенно обязательно задумались бы, что за этим кроется, ведь обе они куда осторожнее и сообразительнее меня! Но нет, вот они сидят и, как ни в чем ни бывало, продолжают шить.

Довольно скоро вернулась Тина, уже совершенно успокоившаяся. Она тащила за собой огромный спутанный клубок мокрых водорослей, темно-коричневых, с плотными бородавками на разветвленных стеблях. Наверное, чтобы вознаградить это создание за уродство, ботаники дали ему звучное имя: fucus nodosus.

— Смотрите, что я нашла, тетя Арминель! — радостно закричала Тина.

Услышав, что так ко мне обращаются остальные дети, она последовала их примеру, ни о чем не спрашивая. Несмотря на многочисленные увещевания Мери и Джулии, я не стала ее поправлять. Сейчас я судорожно искала, как бы повежливей и повеселее отозваться на ее явный восторг по поводу последней находки.

— Ну и ну, замечательный экземпляр, — пробормотала я неуверенно.

— Правда? — обрадовалась Тина. — Он еще и полезный, потому что умеет предсказывать погоду. Вот эти пупырышки — она показала на наросты, — всегда сухие, когда ясно, и влажные — перед дождем. Это мне старый рыбак сказал. Мы возьмем эту штуку домой и повесим в гостиной. Тогда не нужно будет спускаться в холл и смотреть на барометр.

Мое легкое, но плохо скрытое смущение не укрылось от ее глаз:

— Нет, пожалуй, я лучше подарю его мистеру Эллину. Я знаю, ему понравится, и, пожалуй, это больше подходит для кабинета джентльмена, чем для гостиной.

Я внутренне содрогнулась при мысли, что придется засунуть этот клубок склизких палок в наш багаж.

— А как ты собираешься довезти это до мистера Эллина? — не уступала я. — По-моему, это чересчур громоздко, чтобы брать с собой в Клинтон-Сент-Джеймс.

— А мистер Эллин, может, и сам сюда приедет нас проведать! — возразила Тина. — Ничуть не удивлюсь, если так оно и будет, а уж он-то придумает, как довезти эту штуку. А пока припрячу-ка я ее в одну такую хитрую расщелину в утесе, чтобы никто не заметил и не украл.

Она удалилась, а предназначавшийся мистеру Эллину сюрприз волочился и извивался за ней, как живой. Исходя из интересов мистера Эллина, оставалось только надеяться, что какой-нибудь злоумышленник — безнадежно повредившийся в уме — покусится на подарок, прежде чем сам благодетельствуемый окажется в этих местах. Впрочем, не было никаких оснований в ближайшее время ожидать приезда нашего друга.

И все-таки он приехал. Уже на следующий день его появление ознаменовалось ликующим воплем Тины. Я приветствовала его не в пример сдержаннее: моя замолкшая было совесть при виде него вновь зашевелилась, понуждая сообщить о том, что произошло между Маргарет и высокой дамой в черном. Но я ее не послушалась, а лишь поинтересовалась, что привело его сюда.

Он, казалось, несколько замялся, отвечая, ибо доставленные им известия не требовали такого дальнего переезда и вполне могли быть изложены в письме. Да и само слово «известия» было тут совершенно неуместно, скорее то был отчет о полном фиаско, которое он потерпел, пытаясь отыскать мисс Мэрфи. Перед отъездом в Ирландию он заручился помощью своей замужней сестры, жившей в Лондоне, и узнал адреса нужных контор и «кружевных лавок», как он их упорно именовал. На письма, спешно разосланные мною по этим адресам перед самым отъездом к морю, пришел отовсюду один и тот же очень вежливый, но неутешительный ответ. Чувствуя себя посмелее в чужих краях, чем дома, мистер Эллин обошел дублинские конторы и лавки собственной персоной, но с тем же отрицательным результатом. Нам ничего не оставалось, как прийти к заключению, что мисс Мэрфи и учениц находила, и изделия свои продавала через посредничество добрых знакомых.

Хотя мистер Эллин был, по его словам, совершенно сломлен всеми этими неудачами, он чрезвычайно воспрянул духом, увидев, что я приняла известия о его поражении с совершенным хладнокровием, хорошо маскировавшим, как я надеялась, охватившую меня при этом радость. Он остановился в деревенской гостинице на два дня, чтобы «дать роздых лошадке», но на самом деле его кобыле немного досталось отдыха, ибо эту злосчастную животину и в хвост и в гриву гоняли по песку мои племянники, равно как и Тина, которая — я собственными ушами это слышала — ревниво домогалась своей доли в верховых забавах на том вдвойне весомом основании, что она раньше других знает владельца кобылы и не хуже прочих ездит верхом: натренировалась, катаясь на пони ректора. В последствия этих посягательств я не стала вникать, уверенная, что мистер Эллин не допустит, чтобы девочка подверглась какой-либо опасности.

Он уже собирался уезжать, когда Маргарет не выдержала и выложила свою историю о высокой даме в черном, глаза которой, по непонятной причине, стали теперь уже гореть и сверкать из-под скрывавшей ее лицо короткой вуали. Этот рассказ заставил мистера Эллина изменить свои намерения и явно вывел из душевного равновесия Тину, впрочем, очень старавшуюся сохранять невозмутимый вид. Я заметила с превеликим огорчением, что, пока мы стояли и смотрели, как мистер Эллин отправляется в первую свою поездку по окрестностям — чтобы отыскать эту даму и ее спутников,— у девочки опять появился прежний страдальческий, застывший взгляд.

И вновь он вернулся ни с чем, хотя носился по округе целую неделю, придерживаясь указаний, полученных от хозяина стоявшей где-то в стороне гостиницы, — как выяснилось, всадники останавливались там обедать. Этот малый, вдоль и поперек знавший все графство, клялся и божился, что их никто не знает в этих краях. Наверное, как и многие богатые люди в наши дни, они тут проезжали в поисках старинных замков и тому подобного, предположил он. К памятникам старины устремился и пытавшийся догнать их мистер Эллин, но из каждой поездки к знаменитым развалинам он возвращался, превратившись — по собственному жалобному признанию — в такую же развалину. Вернувшись с пустыми руками, он задержался еще на несколько дней и завоевал за это время сердца всех членов нашей маленькой компании, чье пребывание в этих краях тоже подходило к концу. Наконец, он уехал, оставив нам две книжки, купленные им во время путешествий: «Поэтическую антологию для родителей», в которой было множество ценных советов для тех, на кого было возложено обучение детей (он купил ее для меня), а также один из ежегодных альманахов мистера Фишера для Мартины. То была выпущенная досточтимой мисс Агнес Стрикленд [1] и достойнейшим поэтом-квакером мистером Бернардом Бартоном «Книга поэтических отрывков для юношества», с изысканными гравюрами, рассчитанными на развитие тонкого вкуса у юных читателей. Какие волшебные часы провели мы обе, Мартина и я, поменявшись книжками! Я забывала излияния Парнелла [2], Мэнта, Мильнера, Коллинза [3] и Грея [4] ради горестной повести о «Белой Розе» и «Надгробных песен, написанных на смерть принцессы Елизаветы», а Тина, уткнувшись лицом в вереск — в свое «лиловое море», по своей воле учила на память «Хамелеон» Меррика. Она собиралась поразить мистера Эллина чтением этого опуса по возвращении домой, ибо помнила дерзкие намеки хозяек «Фуксии» на его хамелеоньи глаза.

Как щедро лило свои лучи солнце с безоблачно-голубого простора, как нежно щебетали птицы, как ласково плескались волны о прибрежные скалы! Такого лета у меня не было с тех пор, как я покинула дом моего детства. То было время почти безмятежного счастья для меня, и, надеюсь, для моей Мартины. Моей Мартины! Да, теперь я называла ее своей, ибо решила, что никогда и ни за что на свете не расстанусь с девочкой, столь необычным образом попавшей под мою опеку. Я совершенно уверилась, что она-то и была предметом моих «исканий», я это верно угадала в свое время. Ее воспитание стало для меня делом жизни, ее общество — моей наградой. Раз уж мистер Эллин не сумел разыскать ни мисс Мэрфи, ни высокую даму в черном, на время затмившую Тине свет солнца, я решила не предаваться более воспоминаниям, так как совершенно уверовала, что более никто не может законно претендовать на бывшую ученицу мисс Уилкокс. Мы с мистером Эллином сделали все, что только в силах человеческих (конечно, в пределах разумного): старались разыскать ее родственников, уговаривали Мартину открыть нам то, что ей велено было держать в секрете. Письмо, которое должно было освободить ее от данного слова, теперь уже никогда не придет, ибо тот, кто намеревался его написать, лежит на дне Атлантического океана. И пусть ее тайна — какова бы она ни была! — умрет вместе с ним: не хочу больше о ней слышать, не хочу знать того, чего Тине говорить не позволено. Пусть поскорее изгладится из ее памяти прошлое — его пора забыть. Пусть она знает только то, что отныне она мое любимое дитя, моя любимая приемная дочь.

ГЛАВА ДЕСЯТАЯ

Прошло семь лет с тех осенних дней, как я поверяла бумаге изложенные выше воспоминания, мемуары — назовите, как хотите. Зачем, может спросить меня читатель, стала я рассказывать историю своих потерь и обретений после того, как мы вернулись от синего и лилового морей Тины в «Серебряный лог»? Что за причины побудили меня провести столько долгих вечеров над тем, что является всего лишь не имеющей конца историей? В таком случае, вот мой ответ: более всего меня побуждало к тому желание «отвлечься», как сказала бы Тина, от загадки, которую я не в состоянии была разрешить.

Как раз в то время стало совершенно ясно, что мистер Эллин хочет от меня большего, чем спокойная платоническая привязанность, которую я готова была дарить ему. Наши религиозные взгляды совпадали, а вкусы в музыке, литературе и искусстве различались лишь настолько, чтобы споры и разногласия доставляли нам удовольствие; наше дружеское общение было просто и естественно. Все это удовлетворяло меня, и, осознав, что мистер Эллин настроен иначе, я встревожилась и обеспокоилась. Ему можно было и не говорить ничего: мы и без слов хорошо понимали друг друга. Кроме того, будучи человеком благоразумным, он не хотел искушать судьбу, видя, как я отступаю, постоянно отступаю, хотя и не скрываюсь с глаз долой.

Я все думаю, что ощущал король Кнуд [1], видя, как все ближе и ближе подкатываются к его ногам волны. Должно быть, ему хотелось подобрать свои королевские одежды и спастись бегством, а не оставаться на своем «гибельном сиденье» [2], дожидаясь неизбежного холодного купания. На его месте я бы понемножку отодвигала свой трон назад, каждый раз на несколько дюймов, надеясь, что раньше или позже прибой отхлынет.

Какую бы привязанность и уважение к мистеру Эллину я ни питала, я не могла заставить себя снова подумать о браке. Унылые, мрачные пятнадцать лет оставили в моей душе глубокие отметины. Я не отваживалась думать о повторном замужестве. Разве я не счастлива, не довольна всем в своем уютном доме? Разве нет у меня цели в жизни — моих исканий?

И, как уже было сказано, я старалась отогнать незваные мысли, записывая историю Мартины для воображаемого читателя, и отложила свое перо не раньше — это произошло в начале ноября, — чем мирные мои дни были нарушены чередой поразительных событий, последствия которых оказались еще более поразительными. Внезапно вся жизнь моя переменилась, и прошло много времени, прежде чем я вспомнила о рукописи, в которой были запечатлены мои поиски. Когда же я наконец вспомнила о ее существовании, то обнаружила, что она необъяснимым образом исчезла.

Я пожалела о пропаже, но не более того. Дни мои были так заполнены, что не оставляли времени для воспоминаний о прошлом. Так промчались, пронеслись семь лет. Но вот несколько недель назад я занялась делом, которое давно откладывала, — разборкой одного из сундуков на чердаке.

Там и обнаружилась моя книга для записей — но как она туда попала, осталось для меня тайной.

Взяв ее в руки, я обнаружила, что там осталось порядочно чистых страниц. Без сомнения, нельзя отнести к числу моих достоинств нелюбовь ко всякой и всяческой незавершенности. Как раздражали меня ненужные вещи, которые из года в год оставались в благотворительной корзине, пока я не поняла, что их предназначение — стать одеждой для Элинор-Арминель! И потому, читатель, я решила рассказывать историю других людей и свою собственную, сколько хватит этих чистых белых страниц, а там — придет ли мое повествование к благополучной развязке или нет — оборвать его.

Начать с того, что мистер Эллин выразил явное неодобрение, когда я сообщила ему, что теперь считаю Тину своей приемной дочерью. Напрасно я твердила, что он зря мнит себя детективом не хуже джентльменов с Боу-стрит: он продолжал настаивать на том, что, вопреки бесплодным усилиям, следует продолжить поиски. Тинино упоминание о пропавшем письме служило ему достаточным основанием, чтобы считать, что тайну ее прошлого, возможно, удастся разгадать. Где-нибудь, полагал он, может обнаружиться добрая родственница, о которой Тина никогда не слышала и которая охотно откроет сиротке свое сердце и свой дом. И поскольку написать обещанное письмо уже не во власти мистера Фицгиббона, друзья семьи непременно сделают все возможное, чтобы обеспечить девочке счастливое будущее, о котором говорил ей отец.

Я не соглашалась с мистером Эллином. В частности, я пренебрегла его предположением о существовании добросердечной родственницы, затаившейся в ветвях генеалогического древа Фицгиббонов. Наш спор длился долго и временами становился настолько горячим, что грозил взаимным охлаждением, каждый из нас настаивал на своем, и добиться согласия не удавалось. Но прежде чем кто-либо из нас признал себя побежденным, дело повернулось самым неожиданным образом. У мисс Уилкокс был брат, пописывавший статьи в газеты и журналы. Приехав погостить в «Фуксию», он подробнее узнал о неблаговидном поведении мнимой наследницы и ее отца — и изложил всю эту замечательную историю для самых широко читаемых газет, в которых сотрудничал! У него хватило совести назвать по имени меня и мистера Эллина как соседей, поддержавших мисс Матильду Фицгиббон после ее разоблачения. Роль же мисс Уилкокс бойкое перо ее братца представило в самом выгодном свете; высокую оценку получила ее проницательность: ведь именно она при помощи золотого браслета-змейки с выгравированным именем «Эмма» выяснила, что девочку зовут не Матильдой, а Мартиной. Мы с мистером Эллином должны были довольствоваться скупым упоминанием о том, что тоже кое-что сделали, прочитав на сундучке с игрушками буквы «Т. Д.». Цветисто и с чувством живописал он нерушимое молчание Мартины и ее очевидную боязнь повредить неизвестному злодею — возможно, обозначенной на браслете «Эмме» — откровенным признанием. Говоря об обманутой наставнице Мартины, он заключал свой шедевр красноречивым призывом ко всем родственникам объявиться и исполнить свой долг по отношению к девочке, чье изящество и красота тронули сердца всех, кто ее знает.

Я была вне себя от ярости, прочитав эти претенциозные излияния, поскольку полагала, что они приведут к гораздо худшим последствиям, чем любые осмотрительно составленные объявления, которые рассылал по газетам мистер Эллин. Со стороны моей собственной семьи я не рассчитывала на сочувствие: все как один считали, что чем скорее я избавлюсь от своей невесть откуда взявшейся воспитанницы, тем лучше. Хотя те из них, кто видел Тину, были настроены менее воинственно, а Малтреверсы, Хью и Джулия, соглашались, что она довольно милая девочка, но слишком избалована мистером Эллином и мною, явно не имеющими понятия о том, как следует обращаться с детьми. Я чувствовала себя, как медведица, у которой хотят отнять детеныша, в еще большую ярость меня приводило то, что от мистера Эллина не приходилось ожидать никакого сочувствия. Он, подобно удалившемуся в шатер Ахиллу, предавался обиде в тот день, когда появилась статья мистера Уилкокса, поскольку в последней нашей словесной битве за Тину оказался побежденным. Более того, как я догадывалась, он нисколько не сожалел о злополучном опусе мистера Уилкокса и полагал, что методы газетчиков могут оказаться более действенными, чем его собственные сдержанные и вежливые обращения.

Они и оказались более действенными, но совсем иначе, чем полагали мы с мистером Эллином. Спустя несколько недель — по совпадению, в тот самый день, как я кончила записывать историю Мартины, — небольшая закрытая коляска подъехала к воротам дома ректора и кучер принес записку, адресованную гувернантке, якобы от меня. Не будет ли она так добра разрешить Мартине уйти с уроков пораньше, так как миссис Чалфонт хочет поехать с ней за покупками в Барлтон? Мисс Спиндлер дала разрешение, Тина радостно выбежала на улицу — и больше ее не видели.

До пяти часов вечера ее никто не хватился. Я с утра поехала навестить подругу, которая была одна, хоть тяжело болела, и оставалась с ней, пока ее замужняя дочь, уже извещенная о болезни матери, не приехала, проделав довольно долгий путь. Поскольку я не могла дать знать обо всем этом Джейн и Элизе, они были несколько удивлены, что ни я, ни Тина не вернулись домой к обеду. Увидев, что Элизабет и Анна рвут в саду зелень для кроликов, Джейн поинтересовалась, что случилось с Мартиной, не оставила ли ее гувернантка после уроков? Девочки объяснили, что Тину отпустили пораньше, и она, в радостном предвкушении поездки, убежала.

Джейн был хорошо известен мой образ жизни, она знала, что я не способна поехать развлекаться, не считаясь с чувствами тех, кто будет готовить и накрывать никому не нужный обед. И мой, как ей думалось, неожиданный каприз удивил ее, но не обеспокоил.

Но когда я вернулась домой от больной подруги, усталая и огорченная, — что за переполох поднялся в «Серебряном логе»! В мгновение ока смятение охватило дом ректора, а затем и всю деревню. Ректор, доктор Перси и мистер Сесил сошлись на том, что следует без промедления пуститься в погоню за закрытой коляской. Если Тину увезли родственники, имеющие на то полное право, мы будем не в силах избавить ее от их опеки, такой же гнусной и неблагородной, как и все их поведение. Но если это было преступное похищение, то закон на нашей стороне, и нам следует, если будет необходимо, вернуть девочку силой, — и как можно скорее.

В погоню пустились спустя полчаса. Мистер Рэндолф и мистер Сесил поскакали на собственных лошадях, доктор Перси отправил конюха, Ларри одолжил коня у фермера Джайлса, а будущие богословы, обрадованные передышкой в напряженных занятиях, взяли лошадей, у кого смогли. Прочие охотники присоединились к ним, и все помчались, по двое всадников вдоль каждой из шести дорог, отходящих от Клинтон-Сент-Джеймс. Такое разделение преследователей было необходимо, ибо как в свое время экипаж мистера Фицгиббона, так теперь коляска Мартины, появились неизвестно откуда и исчезли в неизвестном направлении. Лишь один свидетель мог бы пролить на это какой-то свет — мальчуган, получивший от кучера щедрое вознаграждение, в размере шести пенсов, за то, что показал дорогу к дому ректора. Но, поскольку будучи чревоугодником, парнишка тут же побежал набить живот анисовыми шариками мадам Петтигрю, он мог сказать о коляске не больше, чем если бы она «с неба свалилась».

Когда стемнело, преследователи вернулись домой, не обнаружив и следа исчезнувшего экипажа. Да, результат — или его отсутствие — был именно таков, как я и ожидала, так как коляска опережала погоню на семь часов. На следующее утро поиски возобновились. И вновь не достигли цели. К ночи стало ясно, что преследователи сделали все, что было в их силах.

Вы спросите, где же был мистер Эллин, почему не принимал участия — и не играл главную роль — в происходящем. К сожалению, он поехал в Лондон с тем, чтобы возвратиться через Валинкур, где у него были дела, связанные с имением. Я отправила ему пламенные послания по обоим адресам, и он отозвался так скоро, как только возможно для человека, оказавшегося в совершенно недосягаемом уголке Англии между Лондоном и Валинкуром, куда он заехал навестить друзей. В «Серебряном логе» он появился лишь на шестой день. Наших недавних расхождений как не бывало, он тревожился о безопасности Тины не меньше моего. Даже, как я поняла впоследствии,— больше, поскольку ему было больше известно о мире и царящих в нем нравах.

Однако он свою тревогу ничем не выказал, не совершил ни одного опрометчивого поступка. Нет, он казался спокойным и неторопливым, как обычно. Поинтересовавшись, где именно побывали преследователи и уведомили ли о похищении полицию, он сказал, что хотел бы расспросить детей мистера Рэндолфа, не говорила ли когда с ними Тина о своем родном доме, поэтому мы отправились в дом ректора. На все вопросы Ансельм отрицательно качал головой. Элизабет только и сказала нам, что Тина не любила спать в комнате мисс Уилкокс в «Фуксии», потому что та храпела. При дальнейших расспросах она поведала, что Тина однажды описывала ей свои печальные прогулки с гувернанткой «в парке». Когда у гувернантки бывали выходные, Тина вырезала из бумаги и раскрашивала целые кукольные семейства. Она мастерила им одежду из маковых и розовых лепестков и устраивала им жилища под мощными корнями деревьев.

Хотя эти сведения чем-то дополнили наши представления об окружении, в котором выросла Тина, образ одинокого ребенка мало что прибавлял к уже известному. По счастью, Элизабет смогла рассказать еще кое-что:

«В последнее время мисс Спиндлер задавала нам писать сочинения на темы пословиц или поговорок, вроде: «Семь раз отмерь — один раз отрежь», «Не зная броду, не суйся в воду». Как-то раз нам нужно было написать историю на тему «Ссора до добра не доводит». Тина написала о двух молодых дамах, которые влюбились в одного и того же молодого человека. Они так ревновали и так сердились друг на друга, что решили устроить дуэль на пистолетах, чтобы решить, кому он будет принадлежать. Они стрелялись, и та, что предложила дуэль, попала другой в мизинец. Узнав, что произошло, молодой человек не женился ни на одной из них. Он сказал, что скорее умрет, чем возьмет в жены такую воинственную девушку. Когда Тина прочла мне вслух сочинение, я пришла в ужас и сказала, что мисс Спиндлер ужаснется еще больше, оттого что Тина выдумала такую страшную историю. Тина ответила: «Я не выдумала ее, честное слово, не выдумала. Это случилось на самом деле. Я знала обеих этих молодых дам». Но сочинение она порвала и написала другое, о двух птенцах, которые так ссорились в своем гнездышке, что оба выпали из него и достались на обед проходившей мимо кошке. И мисс Спиндлер, прочтя сочинение, сказала...»

Но мне не хватило терпения выслушать, что же именно сказала мисс Спиндлер о поведении птиц, столь очевидно расходившемся со всеми известными орнитологическими законами. Я прервала девочку вопросом:

— Назвала ли Тина имя хоть одной из этих молодых дам?

— Нет, не назвала. Я спрашивала ее, но она ответила, что забыла, как их зовут.

Вот все, что смогла рассказать Элизабет. На обратном пути в «Серебряный лог», где мы собирались обсудить дальнейшие шаги, мистер Эллин неожиданно спросил:

— Вы не слышали эту историю раньше? Не была ли она случайно достоянием публики? Это помогло бы нам узнать, кто же такие эти юные воительницы.

Я не кривя душой ответила, что история мне известна не была; но не отважилась сказать мистеру Эллину, что та из дуэлянток, что бросила вызов и победила, несомненно походит на мою падчерицу Эмму, чьи многочисленные выходки далеко не всегда были известны не только мне, но и ее отцу. Мистер Эллин не произнес больше ни слова; но когда мы оказались в маленькой гостиной, попросил принести книжечки Тины, которые она имела привычку составлять в назидание своим куклам.

— В какой-нибудь из них может обнаружиться что-нибудь полезное, — предположил он.

Сдерживая нетерпение — я никак не могла понять, что могут дать эти бессмысленные поиски, которые лишь отнимают время, — я показала на шкаф, где они лежали.

— Я почти все их читала, Тина всегда показывала их мне, — и уверена, что ни в одной из них нет ничего относящегося к делу. «Соляные копи в Чешире», «Легенда о незабудке», «Принцесса в замке» и так далее — ее любимые темы. Но вы же сами читали две или три — что вы надеетесь извлечь из них?

— Посмотрим, — ответил мистер Эллин, беря из маленькой стопки верхнюю книжку.

Мне вспомнился прошлый декабрь, день, когда я навещала друзей и, сидя у окна, наблюдала за мистером Эллином, который шел в «Фуксию» на зов мисс Уилкокс. Оставаясь невидимой, я наблюдала, как неторопливо он идет, как стоит в задумчивости, прислонившись к дереву. Все это прекрасно, пока дело не касается жизненно важных вопросов, но меня «вмиг», как говаривала Энни, выводила из себя его манера листать книжечки с таким видом, будто по их страницам были рассыпаны драгоценности. Мне приходилось отводить глаза, чтобы сдержаться и не умолять его быстрее, как только можно быстрее идти спасать Тину, а не заниматься пустяками.

Но, как и следовало ожидать, он не тронулся с места, а продолжал свои методичные разыскания. Открыв взятую в руки книжечку, он не сразу стал ее читать, а прежде обратился ко мне с вопросом.

— Вы позволите мне прочесть кое-что вслух? — спросил он, держа пухлую записную книжку в винно-красном переплете.

Я узнала книжечку, с которой Тина не расставалась несколько дней до нашего отъезда к морю.

— Да, разумеется, — ответила я.

— Вы уверены? — спросил он в явном смущении. — Вам известно, о чем она здесь писала?

Я вспомнила, что Тина не показывала мне винно-красную записную книжку, а я, занятая сборами, не просила ее об этом.

— Как она называется? — задала я вопрос.

Не отвечая, он подал мне книжечку. Название было написано разборчиво, большими буквами: «Жестокие пасынки».

Я сразу догадалась, что последует дальше. Одного взгляда было достаточно, чтобы понять, что здесь изложена — несомненно, в пересказе Энни, — история бегства детей из дома, моего вынужденного отсутствия в Груби-Тауэрс, мстительного налета на мои книги, ссоры Эммы с отцом по поводу похорон моей малютки. Я содрогнулась, но все же попросила мистера Эллина читать. Украдкой я наблюдала за ним. Он был ошеломлен, захвачен, не мог поднять глаз, пока, наконец, не дошел до чернильных росчерков, с помощью которых, Тина, очевидно, пыталась изобразить выходные данные книги. Вынужденный вернуться к реальности, мистер Эллин медленно закрыл книжку, заложив пальцем нужную страницу.

— Вы никогда не говорили мне, что вашу падчерицу зовут Эммой, — произнес он с едва заметной нотой упрека.

Казалось, он хотел сказать: «Я полностью доверял вам, вы же не доверяли мне». Я сознавала справедливость обвинения.

— Да, да, — воскликнула я. — И из этих историй вы знаете, почему. Воспоминания о них — кошмар, преследующий меня всю жизнь, мне хотелось бы скрыть это от всех. Но теперь вы должны услышать все, все, все...

И, захлебываясь словами, я описала ему мрачные часы прошлого сочельника, когда вспоминала один за другим эпизоды своей жизни в Груби-Тауэрс, когда видения прошлого обступили меня, а ужасное имя «Эмма... Эмма... Эмма» набатом отзывалось в моем мозгу. Я не могла сдержать поток слов, пока не выплеснула историю своего злополучного замужества самому лучшему слушателю, какого только можно пожелать.

— Но я говорю только о себе и о себе, что за эгоизм! — воскликнула я, окончив свой печальный рассказ. — Оплакиваю свои давние несчастья, совершенно забыв о бедной Тине. Из этой книжечки вы много узнали обо мне, но это не поможет нам найти девочку.

— Никак не могу согласиться, — сказал мистер Эллин. — Послушайте.

Он открыл книжку и прочел:

«Мои дорогие куколки, я могла бы вам рассказать еще много ужасных вещей про Эмму, но в этой книжечке хватает места, только чтобы очень коротко упомянуть одну историю, — может быть, когда-нибудь в другой раз я запишу ее целиком. О ней не знал ни отец Эммы, ни тетя Арминель; ее очень ловко сумели скрыть. Эмма вызвала леди Сибил Клаверинг на дуэль, они стрелялись на пистолетах. Как они дурно поступили! Эмма победила».

Значит, это была правда, смутные подозрения и предположения оказались справедливыми. Моя падчерица Эмма оказалась «ужасной Эммой» Тины — и Тина с самого начала знала всю правду. В какую-то минуту она отчасти выдала свою тщательно хранимую тайну, — выдала нечаянно. Конечно, Тина сделала это непреднамеренно, поскольку в другой раз, изложив эту историю в сочинении, она благоразумно скрыла от Элизабет имена дам-дуэлянток.

— Вы понимаете, что из этого следует? — спросил мистер Эллин. — Мисс Чалфонт, несомненно, вращалась в тех же кругах, что и родители Мартины: иначе как девочка могла знать о скандале, который «ловко сумели скрыть»? А что, если «высокая дама в черном» вашей племянницы Маргарет окажется мисс Чалфонт, что, если это она интересовалась девочкой, которую когда-то знала? Тогда нам придется обратиться к ней за помощью, иначе мы не найдем Тину.

Меня бросило в дрожь при мысли о том, что придется просить помощи у Эммы, но что оставалось делать? Как иначе выяснить, кто были родители Мартины, так ли она одинока, как кажется, увезли ли ее родственники (с весьма дурными манерами) или она была похищена людьми, не известными ни Эмме, ни нам.

— Да, — неохотно согласилась я, — у нас нет другого пути. Мне следует написать ей, но, может быть, вы сделаете это сами?

— Письмо совершенно необходимо, — ответил мистер Эллин, — и написать его должны именно вы. Но мы потеряем много времени, дожидаясь ответа. Мисс Чалфонт все еще живет у деда с бабушкой, как я понимаю?

— Да. В Парборо-Холл, в Грейт-Парборо.

— Система железных дорог, раскинув повсюду свои щупальца, недавно, как я полагаю, охватила Наксворт, откуда легко добраться до Грейт-Парборо. Наверное, стоит взять с собой письмо и отправиться поездом из Барлтона, как вы считаете? Тогда мисс Чалфонт могла бы нам помочь, — если, конечно, это будет в ее силах.

Как ни горяча была моя благодарность, он оставил ее без внимания. Даже написать Эмме письмо было для меня делом нелегким, а уж встреча с ней казалась мне задачей почти невыполнимой, хотя ради Тины я готова была и на это.

— Я готов отправиться через минуту, — сказал мистер Эллин. — Можно ли мне взять с собой миниатюру Тины?

Я принесла двойной фиолетовый бархатный футляр, в котором покоились две миниатюры — портрет Тины и мой собственный, которые легко было отделить один от другого. Несколько недель тому назад они были закончены одной весьма достойной молодой женщиной, которая давала уроки рисования и писала миниатюры. Я позволила себе эту роскошь не только из желания поддержать трудолюбивую художницу, но и с мыслью о том, что спустя много лет Тине будет приятно иметь память о своем детстве. Мисс Уэбстер удивительно удалось передать сходство с оригиналом (со «светлой девой февраля»): на миниатюре было изображено овальное личико с правильными чертами лица и выразительными карими глазами. Мистер Эллин долго и внимательно вглядывался в портрет, затем закрыл футляр и унес с собой. Сначала я не обратила внимания на то, что моя миниатюра исчезла тоже, а когда заметила, сочла это проявлением его рассеянности. Что было пользы от моего портрета для поисков Тины?

Такой методичный человек, как мистер Эллин, не мог покинуть Клинтон-Сент-Джеймс, не убедившись, что полиция ведет поиски надлежащим образом и в присмотре не нуждается. Он уехал не «через минуту», как обещал, а рано утром спустя неделю. Я же осталась дожидаться в одиночестве.

Я убеждена, что на свете не существует картины, способной передать весь ужас одиночества, печаль, отчаянную, беспомощную, достигшую высшей точки. Если бы я могла нарисовать такую картину, на ней была бы изображена женщина, которая с горечью смотрит на свои пустые руки — руки, которые не качают ребенка.

ГЛАВА ОДИННАДЦАТАЯ

Из-за густого тумана предыдущий поезд сошел с рельс, и мистер Эллин лишь поздно вечером сумел добраться до станции, находившейся в получасе езды от Грейт-Парборо, куда рассчитывал попасть засветло. Но его ждала еще одна задержка: когда он вместе с четырьмя своими попутчиками направлялся к выходу, их обогнала высокая молодая женщина, которую сопровождал носильщик с чемоданом. Она впрыгнула в наемный экипаж, резким голосом отдала приказ вознице, тот взмахнул кнутом, и лошади рванули с места. Вслед неслись тщетные возгласы изумленного носильщика, а все пассажиры онемели от неожиданности. Впрочем, не все. Исключением была пожилая дама, жительница Грейт-Парборо, которая тут же принялась сердито порицать дерзкую захватчицу маленького омнибуса, способного, в случае надобности, вместить шесть человек.

— Бейтсон вернется скоро, мэм, как только отвезет мисс Чалфонт в Холл, — вот единственное утешение, которое мог предложить носильщик.

МИСС ЧАЛФОНТ! Начало не сулит успеха моей миссии, подумал мистер Эллин.

— Почему она так поступила? — жалобно спросила одна из пассажирок.

— Почему? — воскликнула пожилая дама. — Почему! Милая моя, если бы вы жили в Парборо, вам бы не пришло в голову спрашивать, почему Эмма Чалфонт так поступила. Все мы, здесь живущие, вынуждены терпеть ее выходки. Ей представилась возможность добраться до дому быстро, и не в набитом омнибусе, который еле тащится, а одной, и поскольку она высокомерна и эгоистична, она так и поступила, зная, что Джо Бейтсон в ее руках мягче воска. Какое ей дело, что нам придется целый час дожидаться на холоде его возвращения?

Вежливо обратившись к пожилой даме по имени, — как оказалось, ее звали миссис Тидмарш, — носильщик сообщил, что в большом зале ожидания зажжен камин. Туда-то она и направилась, не забыв посоветовать своим товарищам по несчастью ни в коем случае не давать мистеру Бейтсону ни фартинга сверх положенной платы, как бы он ни раскаивался и какое бы усердие ни выказывал, укладывая и снимая их багаж.

Как только все расселись, стало очевидно, что миссис Тидмарш горела желанием выложить все, что ей известно о мисс Чалфонт; от чего, однако, благоразумно воздерживалась до тех пор, пока не выяснила, что из четырех ее попутчиков трое задержатся в гостинице Парборо лишь до утреннего омнибуса, а четвертый — путешествует по здешним местам. У него есть дело в Парборо (он не уточнял, какого свойства), на которое, по всей вероятности, завтра потребуется некоторое время. Миссис Тидмарш, уверившись, что слушатели не смогут передать рассказанное объекту ее нападок, приступила к повествованию. Она не подозревала, соперничая со Старым Мореходом, воспетым Кольриджем, что, во всяком случае, одного из слушателей она приковывает к месту и без помощи горящих глаз и цепкой руки. Для мистера Эллина томительный час ожидания пролетел мгновенно.

Миссис Тидмарш начала свой подробный рассказ с того, что владельцы Парборо-Холл, пожилая супружеская пара, дед и бабушка мисс Чалфонт, лет двадцать назад взяли опеку над своими четырьмя внуками, мать которых к тому времени умерла, а отец женился вторично. Затем последовала изобиловавшая красочными деталями история стремительного бегства на катафалке от мачехи, которая (миссис Тидмарш явно преувеличивает, но я цитирую ее фразу без изменений) «была хороша, как картинка, и всего семнадцати лет от роду». Дедушка и бабушка были рады беглецам и слишком баловали их — они не одобряли второго брака их отца, который, по мнению миссис Тидмарш, поступил весьма неразумно, позволив им навсегда остаться в Парборо-Холл.

Затем следовал перечень осложнений, возникших в результате неразумного решения мистера Чалфонта. Миссис Тидмарш перещеголяла даже Энни, описывая мою горестную судьбу. Повествуя о моих невзгодах, она живописала и портреты четырех беглецов. Об Августине или Гае ей почти нечего было сказать. Августин отличался той же холодностью и вежливостью, что отец, и его жизненный путь был безупречен. Миссис Тидмарш слышала — хотя с трудом могла поверить этой истории — что Августин однажды вместе с остальными принимал участие в скверной проделке — дети, как всегда, хотели навредить мачехе, — но это единственное, что можно было поставить ему в вину. Он блестяще окончил школу, потом — колледж, да и жену выбрал себе под стать — такую же высокомерную ледышку. Какое-то время он работал управляющим у своего тестя, учился обращаться с крупным имением. Лет пять назад он унаследовал Груби-Тауэрс, и сейчас может служить примером образцового во всех отношениях землевладельца. Гай тоже человек спокойный, хотя совсем другой, чем Августин. Он, конечно, книжник, но, не в пример старшему, высокомерному и суровому, дружелюбен и скромен. Зато Эмма и Лоуренс — вот это я вам скажу парочка! Вот это парочка!

Их выходки, продолжала миссис Тидмарш, не поддаются описанию, тем не менее, она все же привела слушателям несколько примеров, из которых следовало, что ночные скачки с препятствиями — просто невинная шутка. Половину их безумств удавалось скрыть от отца и деда с бабушкой, живших в постоянном страхе, то и дело сталкиваясь с последствиями тех проделок, замолчать которые было невозможно. Похоже, брат и сестра так и не сумели сделаться взрослыми и перестать безобразничать — скажем, в последний раз, когда Лоуренс был дома, два года назад, Эмма вместе с ним и его друзьями-сумасбродами отправилась на бал в имение самого сумасбродного из них, юного аристократа, которого не без оснований подозревали в том, что он некромант. А ведь ей уже двадцать восемь лет, никак не меньше! Перед смертью ее отцу довелось пережить тяжелые дни: она влюбилась в одного молодого негодяя и всеми силами старалась добиться своего. После смерти отца она стала сдержаннее, но, ходят слухи, что не один достойный поклонник, узнав о ее репутации, отказался от своих притязаний.

В этом месте монолога мистер Эллин ожидал упоминания о дуэли с леди Сибил Клаверинг. Однако Тина н ошибалась, говоря, что эту историю «очень ловко сумел скрыть». Даже неплохо осведомленная миссис Тидмарш ничего не знала об этом происшествии.

— А что сталось с мачехой? — полюбопытствовал один из слушателей.

— О, она уехала и поселилась довольно далеко отсюда, в деревне Клинтон-Сент-Джеймс. Примерно год назад я случайно узнала об этом от одной знакомой дамы, которая провела несколько дней в гостях у своей подруги, уехавшей затем в другую часть Англии. Не думаю, кто когда-либо снова услышу о миссис Чалфонт.

Так вот, значит, каким образом рассказы о моих пасынках добрались до Клинтон-Сент-Джеймс, а я-то надеялась, что они никому не известны. Подругой, вне всякого сомнения, была миссис Белфорд, покинувшая Клинтон-Сент-Джеймс вскоре после чаепития в «Фуксии», где мистеру Эллину удалось пресечь сплетни о моем прошлом. Описывая мне впоследствии час, проведенный в зале ожидания, мистер Эллин лишь после моих настойчивых просьб повторил, что сказала обо мне знакомая миссис Тидмарш по возвращении в Грейт-Парборо. Я не без удовольствия услышала ее суждение о том, что «для своих тридцати семи лет миссис Чалфонт удивительно хорошо сохранилась». Почему-то мистер Эллин полагал, что такой отзыв для меня оскорбителен.

Покончив с мачехой, миссис Тидмарш вернулась к Лоуренсу и Эмме. После смерти старого мистера Грэндисона Парборо-Холл достанется Лоуренсу, но тот не расположен сидеть сложа руки, дожидаясь момента, когда унаследует имущество деда. Он нашел выход своей кипучей энергии, занимаясь исследованиями в отдаленных уголках земного шара вместе со столь же неутомимыми, как и он сам, спутниками. Он вполне может позволить себе эти путешествия, ведь и он, и другие дети достаточно богаты, к тому же у них множество старших родственников, не говоря уже о том, сколько оставил им отец. Два-три дня назад Лоуренс и Гай вместе вернулись откуда-то из Южной Америки, где провели два года в поисках остатков древних поселений. Гай участвовал в последней экспедиции Лоуренса не потому, что он исследователь по натуре, а потому что, закончив Кембридж, не решил, чем ему заняться. И что же вы думаете, они застали, вернувшись домой? Представьте себе, их сестрица укатила в Бельгию, одна, без слуг, чтобы забрать ящики с привезенными диковинами, отосланные Лоуренсом в Европу с одним из членов экспедиции, бельгийцем, который возвратился раньше остальных. Не было ни малейшей нужды в том, чтобы Эмма так поспешно неслась туда, — ящики вполне могли подождать, пока Лоуренс сам не заберет их. Грэндисоны противились тому, чтобы Эмма ехала одна, без горничной, но безрезультатно, с таким же успехом они могли бы пытаться остановить Ниагарский водопад. Ведь Эмма — сущий дьявол, и беднягам пришлось замолчать. Разумеется, ей сейчас под тридцать, и она отнюдь не беззащитное существо, тем не менее, это неподобающее поведение для той, кого в недалеком будущем прочат в графини. Интересно, что скажет граф Орлингтон об этой безрассудной выходке — он пока ничего не знает, так как находится с дипломатической миссией в Австрии.

— Граф Орлингтон? — переспросил все тот же любопытный слушатель. — Вы хотите сказать, что ...

— Это аристократ с севера Шотландии, за которым с недавних пор охотится Эмма. Еще ничего не решено, но считается, что помолвка состоится, как только миссия графа закончится. Какое-то время Эмма была удивительно покладиста, и мне очень хотелось бы узнать, почему вдруг она позволила себе очередной фортель. Кроме того, я уверена, она ничего не привезла. У нее был только чемодан, с которым мне пришлось познакомиться: меня задели его острым углом. Не сомневаюсь, этот бельгиец отказался отдать ценности Лоуренса незнакомке, ворвавшейся в его дом и объявившей себя сестрой Лоуренса...

Здесь — к досаде мистера Эллина — повествование об Эмме внезапно было прервано стуком колес, возвестившем о появлении раскаивающегося негодяя Джо Бейтсона. Через полчаса он доставил четверых своих пассажиров к главной гостинице Грейт-Парборо, а дальше повез одну миссис Тидмарш, и ни один из тех, кто только что покинул экипаж, ему не позавидовал.

Появившись в Грейт-Парборо с большим опозданием, мистер Эллин не стал отсылать Эмме написанное мною письмо, решив, что лучше будет отправить его как можно раньше утром следующего дня. Как описать чувства, нахлынувшие на меня, пока я писала это письмо, первое после тех попыток, от которых мистер Чалфонт вынудил меня отказаться в свое время? Начав с краткого изложения обстоятельств, при которых в мою жизнь вошла Тина, я особо остановилась на подробностях, не известных журналисту, написавшему, в сущности, довольно точную газетную статью, экземпляр которой я приложила к письму. Главным тут было следующее: Тина утверждала, что знакома с мисс Чалфонт (я воздержалась от малейшего намека на дуэль) и, кроме того, рассказала о мисс Мэрфи, гувернантке-ирландке, которая давала ей уроки. Обращаясь с просьбой помочь установить личность Тины, я сообщала, что другой опекун Мартины, мистер Уильям Эллин, будет ожидать ответа в гостинице Парборо и охотно посетит Холл, если таково будет желание Эммы. Я старалась вложить в письмо всю душу, не были забыты и добрые слова, и сердечные пожелания. Но я осталась недовольна тем, что вышло из-под моего пера. Да и как могло быть иначе?

Посыльный из гостиницы был отправлен с письмом сразу же после того, как завтрак в Парборо-Холл должен был предположительно кончиться. Возвратился он с пустыми руками, передав коротко: «Мисс Чалфонт прочитает письмо позже». Сначала мистер Эллин ждал довольно терпеливо, но через два часа нараставшая тревога заставила его выйти в просторный зал, где можно было шагать взад и вперед, не беспокоя служанок, которые сновали по хозяйственным делам. Вдруг одна из них, взглянув в окно, бросила метелку из перьев, которой смахивала пыль, и побежала в задние комнаты звать хозяйку. Та поспешила навстречу явно важному гостю.

— Доброе утро, миссис Сайкс,— произнес молодой человек приятного вида.

— С возвращением, с возвращением вас, мистер Гай. Мы очень скучали без вас и мистера Лоуренса — вот уже два года, долгий срок, как вы уехали из Холла. Чем могу служить?

— У меня письмо для мистера Эллина, который, как я понял, остановился у вас. Письмо нес Томас, но я перехватил его и предложил взять на себя роль посыльного, поскольку все равно направлялся в эту сторону. Бедняга Томас так постарел за эти два года, больно смотреть.

— Очень похоже на вас — пожалеть Томаса. Да, вы правы, ходит он с трудом, боюсь, жизнь его уже клонится к закату, как, впрочем, и большинства из нас. А вот и мистер Эллин, который дожидается письма.

Молодой человек шагнул вперед и вежливо поздоровался с мистером Эллином, который в первый момент подумал, что они встречались раньше, но затем понял, что юноша ему незнаком.

— Если будет ответ, могу отнести его, — любезно сказал молодой человек. — Я брат мисс Чалфонт.

Возможно, Гаю Чалфонту и показалось странным, что его сестра пишет какому-то неведомому постояльцу деревенской гостиницы, но удивление никак не отразилось на его манерах. Братьям Чалфонт, подумал мистер Эллин, несомненно, известен причудливый нрав сестры.

Они вместе вышли в гостиную, и мистер Эллин распечатал письмо. На листке быстрым, размашистым почерком было написано несколько строк:

«Мне ничего неизвестно относительно Матильды Фицгиббон. Я не знала ее имени, пока не прочла газетную вырезку, которую возвращаю».

Статья мистера Уилкокса выскользнула из конверта и упала на пол. Гай поднял ее и протянул мистеру Эллину.

— Это не ответ, — сказал мистер Эллин, — возможно, мне следует объяснить, почему я обеспокоил мисс Чалфонт. Дело в том, что я здесь по поручению миссис Чалфонт из «Серебряного лога», что в Клинтон-Сент-Джеймс.

— Моей мачехи? — спросил Гай, покраснев, и с тревогой взглянул на собеседника. — Я надеюсь, у нее... у нее все в порядке?

— Нет, напротив.

— А в чем дело? Я могу быть чем-нибудь полезен?

— Миссис Чалфонт направила меня сюда с письмом, содержащим вопрос, на который, как она надеялась, ваша сестра сможет ответить. Вот ее ответ.

Он протянул Гаю ответ Эммы, и тот с недоумением вгляделся в небрежные строки.

— Не понимаю, кто такая Матильда Фицгиббон, о которой, как пишет моя сестра, она никогда не слышала?

— Это и есть безотлагательный вопрос, касающийся миссис Чалфонт. По доброте своего сердца она с год назад взяла на себя попечение о девочке-сироте, по всей видимости, не имеющей родственников, по имени Матильда Фицгиббон. Девочку похитили неизвестные. Миссис Чалфонт и я пытаемся разыскать ее, но безуспешно. Она всегда отказывалась говорить что-либо о себе, но мы знаем три вещи, благодаря которым можно узнать, кто она такая. Во-первых, девочка утверждает, что знакома с мисс Чалфонт и...

— Знакома с моей сестрой? Но сестра пишет, что никогда не слышала о Матильде Фицгиббон.

— ...и леди Сибил Клаверинг, — это мистер Эллин упомянул умышленно.

Ответом ему был сдавленный вздох.

— Эта девочка... пропавшая девочка... слышала об *ЭТОМ?*

— Да.

— Об этом знали очень немногие.

— Тем не менее, она была в их числе.

— Значит, она, очевидно, дочь кого-то из наших ближайших знакомых. Но...

— Но вы еще не знаете о двух других вещах, которые могут помочь разгадать ее тайну. У нее есть браслет-змейка, довольно ценный, на котором выгравировано имя «Эмма». Фамилии ее нам установить не удалось, но ее имя не Эмма и не Матильда. У нее довольно редкое имя — Мартина.

— *МАРТИНА!* Вы сказали «Мартина», сэр?

— Именно. В этой газетной статье, опубликованной, правда, без нашего с миссис Чалфонт согласия, изложено довольно точно то, что известно о девочке.

Гай прочел статью мистера Уилкокса. Затем отложил статью и встревоженно обернулся к мистеру Эллину.

— Девочка с таким именем живет неподалеку, в «Роще», в Литтл-Парборо. Это дочь мистера Тимона Дирсли. У нее может быть браслет с выгравированным именем «Эмма». Ее мать и моя сестра — ближайшие подруги с детских лет, однажды они и в самом деле обменялись браслетами. Я с детства помню на руке сестры браслет с именем «Гарриет».

— Вот такой? — мистер Эллин показал золотую змейку, сверкнули рубиновые глазки.

— Совершенно такой же.

Можно себе вообразить, какое удовлетворение ощутил мистер Эллин, когда Гай узнал браслет, а только что перед этим произнес фамилию, соответствующую инициалам на сундучке с игрушками. Но он лишь ограничился вопросом:

— Вы видели Мартину Дирсли после своего возвращения домой?

— Нет.

— Она могла измениться внешне. Как вы думаете, вы узнали бы ее спустя два года?

— Я довольно часто видел ее раньше и уверен, что узнал бы.

— У меня с собой ее портрет, — сказал мистер Эллин и положил на стол бархатный лиловый футляр. Футляр был открыт, и взору предстали две миниатюры. Гай узнал Тину с первого взгляда.

— Да, это Мартина Дирсли, вне всякого сомнения, — произнес он.

Его взгляд задержался на втором портрете. Мистер Эллин ожидал вопроса, но вопроса не последовало. Гай поспешно захлопнул футляр, будто желая отогнать неприятные воспоминания. Неожиданно он быстрым движением отодвинул змейку-браслет подальше.

— Я всегда терпеть не мог эту змею, — признался он. — То есть, ее пару.

Когда-то прежде мистеру Эллину уже приходилось видеть точно такое же резкое движение. Любопытное совпадение, подумал он, но задержаться на этой мысли ему не удалось. Гай заговорил снова.

— Таинственный случай. Я готов поклясться относительно сходства портрета, да и рассказанные вами подробности указывают на Мартину Дирсли, но каким образом она могла оказаться вашей пропавшей воспитанницей?

Если, конечно, семейство Дирсли не постигло какое-нибудь страшное несчастье...

Мистера Эллина поразило, что Гаю не казалась удивительной мысль о возможных бедствиях семьи Дирсли.

— Нужно обратиться к миссис Сайкс. Уж она-то должна знать, — продолжал Гай.

Мистер Эллин позвонил в колокольчик и попросил передать миссис Сайкс просьбу прийти. Расспрашивать ее он предоставил Гаю.

— Миссис Сайкс, мистер Эллин хотел бы знать последние сведения о мистере и миссис Дирсли и их дочери. Я только что вернулся и не могу ничего рассказать о них. Как они поживают?

— Ох, мистер Гай, значит, вы ничего не слышали?

— Ничего.

— Это случилось в прошлом году, мистер Гай. Неужели дедушка с бабушкой ничего не написали вам?

— Они пожилые люди, им трудно писать, миссис Сайкс, они предоставили это Эмме.

— А она ни разу не написала вам об этом и не сказала по приезде о таком несчастье? Ах, бедняжка, ручаюсь, ей трудно писать и говорить, ведь она дружила с миссис Дирсли с тех пор, как обе были совсем крошками. Вот по этой-то причине, мистер Гай, ни вы, ни мистер Лоуренс ничего не знаете.

— Что же все-таки произошло?

Есть люди, которые ощущают собственную значимость, когда им приходится быть вестниками беды. Миссис Сайкс устроилась поудобнее на своем стуле и приступила к повествованию.

— Ну, мистер Гай, вам известно, какие невзгоды обрушились на «Рощу» еще до пожара, который нанес усадьбе страшный урон, а страховая компания высказывала гнусные подозрения и не торопилась с выплатой денег. Хотя, может быть, вы об этом ничего и не знали. Ведь вы тогда были еще подростком, учились далеко отсюда, в пансионе, и дела взрослых вас не интересовали. Однако, можно сказать, они выдержали и эту бурю, и множество других, но в прошлом году их корабль пошел ко дну. Мистер Дирсли растратил до последнего пенни все свое огромное состояние на скачках и в карточных играх. А деньги его жены были потрачены еще задолго до...

— Это я знаю.

— И вот они собрались ехать в Нью-Йорк, «со стыда», — как выражалась миссис Тидмарш. Мистеру Дирсли пришлось некоторое время скрываться, кредиторы его совсем обнаглели и наседали на него изо всех сил, к тому же ходили мерзкие сплетни о том, что он приложил руку к завещанию старой мисс Крейшоу, но мне нет нужды входить в подробности. Миссис Дирсли не знала, насколько их дела плохи, но ей было известно, что полученные по завещанию деньги спокойно лежат где-то в Америке. И он, значит, исчез с глаз, а ей оставил всю наличность на необходимые расходы и на дорогу. А она, что бы вы думали, растратила их чуть ли не до последнего шиллинга на роскошные наряды для себя и маленькой мисс Мартины, чтобы понравиться краснокожим индейцам, которые живут там, в Америке. И вот однажды он вернулся — и обнаружил, что деньги кончились. О Боже, более сильного удара для него нельзя было придумать, что же ему было делать дальше? Они страшно поссорились, а у миссис Дирсли сердце было слабое, не выдержало, она и упала замертво в гостиной. Тут кредиторы показали себя с лучшей стороны. Они не появлялись в доме, пока там была покойница, а на следующий день после похорон мистер Дирсли и мисс Мартина потихоньку улизнули. Они сели на корабль, который собирался отплыть, на французский корабль «Пандора».

Ваш Томас, мистер Гай, был последним, кто видел в живых мистера Дирсли. Мисс Эмма послала его в Танпул с таким хорошеньким подарком для мисс Мартины, это был бювар, синий, кожаный, с серебряными застежками. Томас все горевал, как вспомнит, что маленькая барышня играла там со своими друзьями, в каюте, невинное дитя, не подозревая, что нога ее больше не ступит на землю. Ох, печальный, печальный конец для них обоих, но что поделать, такова жизнь, — заключила миссис Сайкс. — А, может быть, мистеру Эллину будет интересно узнать о распродаже их имущества? Ее все откладывали, потому что кредиторы несколько месяцев не были уверены в смерти мистера Дирсли, ведь французы утверждали, что на борту их судна не было никого с таким именем. Старого Томаса вызывали к судье, когда стало известно, что он может засвидетельствовать, как собственными глазами видел мистера Дирсли на борту корабля — тот стоял, опираясь на поручни. И даже когда его гибель была доказана, кредиторам не давали покоя племянники и племянницы мисс Крейшоу, которым дела не было до старой леди, пока та была жива, а теперь, когда она умерла, хотелось заполучить ее деньги, поэтому они все протестовали и спорили. Клялись, что передадут дело в Канцлерский суд, если ущемят их права. Но лондонские законники объяснили им, надежды выиграть процесс у них нет. Тем дело и кончилось, и продажа дома, земли и имущества началась вчера, а сегодня завершается.

Теперь личность Мартины была точно установлена. Поблагодарив миссис Сайкс за помощь, мистер Эллин рассказал ей всю короткую грустную историю, которую она выслушала, время от времени восклицая: «Ну и ну, кто бы мог подумать?» Судьба синего кожаного бювара произвела на нее неизгладимое впечатление: его печальный конец в морских волнах давал больше пищи ее воображению, чем последовавшее за тем исчезновение его юной владелицы.

— Вот так ужас! — повторяла она.— В жизни не слышала ничего подобного! Вот так ужас!

Когда волнение миссис Сайкс улеглось настолько, что она была в состоянии взглянуть на миниатюру и просмотреть статью мистера Уилкокса, мистер Эллин смог задать вопрос, известны ли ей какие-либо родственники Мартины, которые могли бы предъявить на нее права.

Нет, миссис Сайкс никогда не слыхивала ни о каких родственниках мистера или миссис Дирсли, кроме как об их почтенных родителях, которые упокоились с миром много лет назад. И если мисс Чалфонт и мистер Гай не знают никаких родственников, можно быть уверенным, что их и вовсе нет. Миссис Сайкс поспешила уйти, чтобы как можно скорее поведать всем и каждому эту историю.

Оставшись наедине с мистером Эллином, Гай принялся неловко извиняться за грубый отказ Эммы выполнить просьбу мачехи. С видом ребенка, совершившего проступок, он убеждал собеседника, что сестру нельзя винить за то, что она поверила свидетельству Томаса, ручавшегося, что он видел Мартину на борту «Пандоры».

— Она ничего не знала о письме мистера Рейнольдса. Оно не упомянуто в статье.

— Нет, не упомянуто, и по весьма веской причине, — сказал в ответ мистер Эллин. — Когда миссис Чалфонт и я узнали о смерти отца Мартины, мы не сочли нужным сообщать мисс Уилкокс и всем окружающим что-либо помимо фактов. Я могу ручаться, что мистер Уилкокс не отказался бы присовокупить к красочным описаниям несчастной судьбы Мартины портрет жестокосердного отца, только ему не представилось такой возможности. Но когда миссис Чалфонт писала вашей сестре, она целиком привела соответствующий отрывок из письма мистера Рейнольдса. Мисс Чалфонт *БЫЛО* известно, что он писал. Она не могла не знать этого.

Гай не сразу нашелся, что ответить. Он все еще раздумывал, как бы лучше оправдать поведение Эммы, когда мистер Эллин заговорил вновь:

— Вы хотите сказать мне, что ваша сестра написала миссис Чалфонт столь грубый ответ, поскольку все еще питает к ней недостойное мстительное чувство? Что, потакая собственной злобе, она утаила сведения о Мартине и готова оставить невинное дитя на милость похитителей?

Мистер Эллин приготовился к гневной отповеди Гая, но не услышал ее.

— Нет, — ответил Гай, не поднимая глаз, — я не верю, чтобы ею руководило подобное чувство. Я... как бы это сказать... дело в том, что она сейчас совершенно выведена из равновесия и, возможно, не хочет, чтобы ее беспокоили расспросами о Мартине, которая для нее, в сущности, ничего не значит. Я знаю, конечно, что она была очень дружна с матерью Мартины, но Эмма и девочка никогда не нравились друг другу, трудно сказать, почему... сердцу не прикажешь...

— Весьма неудачное оправдание! — воскликнул мистер Эллин, впервые в жизни по-настоящему разгневанный.— Мисс Чалфонт посылает вашего слугу Томаса в далекий Танпул с прощальным подарком для девочки, которая «для нее, в сущности, ничего не значит», — и в то же время отказывается отвечать на жизненно важные вопросы о той же девочке, из-за того что «выведена из равновесия» в момент, когда получает письмо. Если это все, что вы можете сказать, чтобы оправдать поведение вашей сестры, лучше вовсе оставьте это занятие.

— Но выслушайте меня, сэр. — умолял Гай, казалось, пораженный выпадом мистера Эллина. — С вашего позволения, я еще не кончил. Сестра только что вернулась после долгого и утомительного путешествия, которое оказалось безрезультатным. Мой брат Лоуренс поручил несколько ящиков с археологическими экспонатами одному из друзей, который раньше остальных вернулся из нашей экспедиции. Сестра думала, что удивит и обрадует Лоуренса, привезя ящики, чтобы ему не нужно было ехать за ними самому. Но ее поездка не увенчалась успехом, поскольку друга Лоуренса не было дома, а слуги его решительно отказались отдать ей ящики без его распоряжения. Она вернулась, устав до смерти, с пустыми руками, и... и притом брат даже не поблагодарил ее за предпринятые усилия, а дедушка и бабушка сердиты на нее, потому что она уехала вопреки их желанию.

Мистеру Эллину несложно было догадаться, что все это означало семейный скандал, ознаменовавший возвращение мисс Чалфонт домой, скандал, о причинах которого ему уже было известно из намеков миссис Тидмарш: речь явно шла об обручении Эммы с графом Орлингтоном, который, как ожидалось, мог неодобрительно отнестись к выходке своей будущей невесты. Мистер Эллин заметил, что Гай, по всей вероятности, заботясь о репутации сестры, избегал упоминаний о том, что целью ее «долгого путешествия» была Бельгия. Неудовольствие деда и бабушки и неблагодарность Лоуренса показались мистеру Эллину чрезмерно преувеличенными: возможно ли, чтобы в наш просвещенный девятнадцатый век дипломату, делающему успешную карьеру, храброму исследователю и даже пожилым людям не было известно, что теперь молодым женщинам, желающим обучаться языкам или музыке, вполне позволительно путешествовать на континент без сопровождения? Почему же тогда поездку мисс Чалфонт, последовавшей их примеру с целью оказать услугу брату, расценили как в высшей степени недостойное поведение?

Мистер Эллин не стал утруждать себя поисками ответа на этот вопрос. Он не был склонен принимать последствия семейной ссоры как оправдание бессердечия мисс Чалфонт и заявил об этом без обиняков.

— Простите, мистер Чалфонт, но я продолжаю считать поведение вашей сестры постыдным и совершенно непростительным. Однако сейчас это не столь важно, поскольку, благодаря вам и миссис Сайкс, я получил сведения, которые были мне нужны. Я премного обязан вам обоим за содействие.

И вновь Гай не выказал возмущения. Он лишь удрученно произнес:

— Я сожалею больше, чем могу это выразить словами... о том, что произошло. И попробую добиться чего-то более существенного от сестры — я имею в виду, относительно родственников Мартины, существуют они или нет.

— Прошу вас не делать ничего подобного. Я предпочитаю не быть обязанным мисс Чалфонт за какие бы то ни было сведения, которые, возможно, вам удастся у нее получить. Если, судя по вашим словам, — добавил мистер Эллин, полагая, что Эмма не по зубам брату, — она «совершенно выведена из равновесия», я серьезно советую вам не упоминать о нашей встрече, поскольку, в противоположность ей, вы не пренебрегли настоятельной просьбой мачехи.

Мистер Эллин был уверен, что Гай последует его благоразумному совету, хотя тот сказал лишь:

— Но вы не станете возражать, сэр, если я расспрошу своего брата Лоуренса, не слышал ли он об имеющихся у Дирсли родственниках?

Скрепя сердце, мистер Эллин признал про себя, что лучше отложить отъезд из Грейт-Парборо, чем лишиться возможного ключа к разгадке. Более того, ему вспомнилось, что миссис Тидмарш, мимолетно обрисовав личность Лоуренса, намекнула, что в ранней юности ему довелось, как она выразилась, «обжечься на карточной игре»: партнером был один из соседей, лишенный совести игрок. Отец Лоуренса согласился заплатить долги при условии, что сын даст клятву никогда больше не играть с этим господином. Если этот самый «лишенный совести» игрок оказался бы тем же, кто мошеннически обыграл Джорджа Рейнольдса и других на борту «Пандоры», вполне могло случиться, что Лоуренсу известны и какие-нибудь родственники Дирсли.

— Я буду благодарен, если вы это сделаете, — ответил мистер Эллин. — Как скоро вы сумеете сообщить мне, удалось ли вам что-нибудь узнать?

— Боюсь, не раньше половины четвертого. Брата сейчас нет дома, но к трем он вернется.

— Прекрасно. В таком случае, до половины четвертого.

Гай пошел было к двери, но остановился. Не без колебаний он решился задать вопрос:

— Вы сказали, что моя мачеха очень горюет. Она была сильно привязана к Мартине?

— У миссис Чалфонт самое доброе сердце в мире, — произнес мистер Эллин. (Я просто привожу мнение мистера Эллина, не подтверждая его и не оспаривая.) Она полюбила Мартину, и Мартина отвечала ей тем же. Смотреть на них было одно удовольствие. Если мне не удастся найти девочку, не представляю себе, как миссис Чалфонт перенесет этот удар. Она прожила печальную, одинокую жизнь.

Услышав скрытый упрек в его словах, Гай вздрогнул.

— Я был бы рад помочь вам отыскать Мартину. Могу я быть вам полезен каким-либо образом?

— Думаю, что нет. Ответ мистера Лоуренса Чалфонта и будет той помощью, в которой я нуждаюсь.

После ухода Гая мистер Эллин не стал сидеть сложа руки. Он уже и прежде решил посетить «Рощу». Вряд ли можно было ожидать от этого посещения практических результатов, но, во всяком случае, таким образом можно было скоротать время. Выспросив дорогу у миссис Сайкс, он с трудом пробрался по топким тропинкам к «Роще», в листве окружавших ее деревьев шумел ветер. Поросшая сорняками подъездная дорога привела его к прекрасному старинному дому, одинокому и заброшенному, стоявшему в обширном, но запущенном имении. Двери были открыты настежь, внутри, в просторном холле припозднившиеся покупатели беседовали друг с другом и сговаривались с возчиками о доставке мебели. Распродажа, по всей видимости, закончилась; дом казался разоренным, в нем не осталось ничего, кроме довольно большого, красивого книжного шкафа, в котором было отделение для фарфора, изящного комода, круглого стола, резных полок, двух стульев и лежавшей рядом с ними на полу кучки книг и игрушек. Мистер Эллин постоял рядом, охваченный печальными мыслями, без подсказки догадавшись, что перед ним имущество Тины. Он поднял одну из книжек и со вздохом и улыбкой прочитал ее название.

Подоспевший клерк поспешил с объяснениями. По недосмотру тех, кто должен был этим заниматься, классная комната, расположенная в дальнем крыле особняка, осталась неучтенной при составлении описи имущества. Недосмотр был обнаружен лишь при распродаже, во второй половине дня, слишком поздно для того, чтобы эти вещи были включены в аукционные списки. Оставшиеся покупатели не расположены давать за них назначенную цену. Не желает ли джентльмен купить их?

Мистер Эллин и сам не знал, что именно побудило его сделать то, что он сделал: подействовало ли на него название книги, которую он держал в руках, или зрелище рухнувшего мира Тины. Он согласился на предложенную цену и, не переставая спрашивать себя, вправе ли он — без моего разрешения — поступить таким образом, отправил эту мебель по моему адресу. Задавал ли он себе вопрос, как я сумею разместить ее? И что мне делать со всем этим, если вдруг мы потерпим неудачу и никогда больше не увидим Тину? Нет! Такие детали не занимали его — пока дело не было сделано!

Свободная телега нашлась, и мистер Эллин заплатил за свое приобретение, которое должно было отправиться в Клинтон-Сент-Джеймс, как только все мелочи будут упакованы. Этим занималась бывшая служанка, которую вместе с мужем оставил присматривать за домом поверенный кредиторов. Она с каким-то странным удовольствием поведала мистеру Эллину, что тот приобрел имущество, принадлежавшее утонувшей девочке. Когда он сообщил ей, как обстоят дела в действительности, то, по ее радостным воскликаниям, перемежавшимся с возгласами сочувствия, смог убедиться в том, что она не лишена сердца.

— Бедненькая мисс Тина, бедная мисс Тина, — повторяла служанка, — каким же негодяям пришло в голову похитить девочку у доброй дамы, которая присматривала за ней? Только подумать, сколько ей пришлось пережить, бедняжке!

Мистер Эллин заинтересовался, что значит последняя фраза. В ответ он вновь услышал историю, которую рассказывала миссис Сайкс, закончившуюся теми же таинственными намеками на «завещание старой мисс Крейшоу».

— Да, — сказала служанка, заканчивая печальное повествование, — если какой ребенок и заслуживает жалости, то это мисс Тина. Она жила здесь в тоске и печали, сидела взаперти в классной комнате, без друзей, с одной только гувернанткой. Правда, она не видела ужасной смерти матери, но слышала разговоры об этом и бродила по дому, словно маленькое привидение, покуда мистер Дирсли не увез ее сразу же после похорон.

Мистер Эллин старался отогнать от себя образ Тины, одиноко бродившей по площадке для игр в «Фуксии», не смея играть с теми, чья жизнь не была омрачена.

— Неужели ей всегда жилось так плохо? — спросил он. — Ведь наверняка было время...

— Да, она была вполне счастлива на свой лад, молчаливо, когда с ней была няня. Этель Терьер была хорошей, доброй молодой женщиной...

Мистер Эллин постарался сдержать улыбку. Служанка рассмеялась.

— Этель Терьер! — да, сэр, вы правы, это, конечно, звучит странно. Бедняжка, она всегда так стеснялась своей фамилии, что скрывала ее, как могла. Боюсь, люди дразнили ее.

— Весьма дурно с их стороны, — сказал мистер Эллин. Он достал карандаш и блокнот. — Вы не могли бы дать мне ее адрес? Когда мы найдем Мартину, ей, я уверен, захочется получить весточку от своей милой няни.

— Не знаю, где она сейчас, сэр, хоть и слыхала, что она скоро уйдет со своего теперешнего места, потому что дети там уже подросли. А ее собственный дом на ферме «Лютик», в Берридейле, под Наксвортом. Так ее можно разыскать.

— Благодарю вас. А адрес мисс Мэрфи, если вы вдруг знаете его?

— Вот уж не думаю, что мисс Тина горюет по *НЕЙ*, — заметила служанка, хмыкнув, — но у меня есть адрес, который она прислала из Ирландии, когда сделалась миссис Мориарти, на случай, если ей придут письма. Не представляю себе, кто бы стал утруждаться писать ей.

Мистер Эллин переписал адрес и, отблагодарив добрую женщину за услугу, пустился в обратный путь, в гостиницу. Сожалел ли он о совершенном сумасбродном поступке? Веорятно, так бы и было, не прими его мысли неожиданного направления. Он так и оставался погружен в раздумья, пока в холле гостиницы не появился Гай.

— Виделись вы с братом? — спросил мистер Эллин.

— Да, и Лоуренс не знает никого, кто мог бы иметь законные права на Мартину. Тимон и Гарриет Дирсли были единственными детьми, и у их родителей тоже не было ни сестер, ни братьев. Они любили говорить, что «не обременены родственниками». Жаль, что новости мои оказались неутешительными. Вы твердо уверены, что я никак не могу помочь вам? Я был бы рад оказать услугу миссис Чалфонт.

При этих словах неприязнь мистера Эллина ко всему семейству Чалфонт, не слишком успешно подавляемая во время предыдущей беседы с Гаем, одержала верх над его хорошими манерами. Подняв брови, он саркастически произнес:

— В самом деле?

Гай залился румянцем.

— Я заслужил это, — сказал он без обиды. — Конечно, сейчас слишком поздно; но мне хотелось бы загладить свою вину, насколько возможно — и я был бы рад возможности сделать хоть что-то.

— Ваша мачеха никогда не винила вас ни в чем, — заметил мистер Эллин чуть мягче.

— Вы пользуетесь ее доверием? Вам известна ее история?

— Мне оказана эта честь.

— Я так и думал. Да, поначалу я не был виноват ни в чем. Я совсем не помню нашего бегства из Груби-Тауэрс.

— Разве вы не знали о том, что ваша мачеха не только не винила вас, но делала все, что в ее силах, чтобы уговорить мужа вернуть вас домой, вверив ее заботам?

Ошеломленный вид Гая свидетельствовал о том, что услышанное — для него новость. Мистер Эллин между тем продолжал:

— Она хотела, чтобы остальные вернулись тоже; но согласие не было дано, либо они сами не хотели возвращаться. Было ли это вам известно?

— В течение многих лет — нет. В детстве я так и не получил ответа на вопрос, почему мы не всегда живем дома. Некоторое время я считал — надеюсь, вы простите мне ошибку — что миссис Чалфонт особа порочная, и нам нельзя видеться с ней. У вас с собой ее миниатюра, вместе с Мартининой, я видел ее сегодня утром. Миссис Чалфонт выглядит там ни на день старше, чем на портрете, написанном с нее перед свадьбой, том самом, что был возвращен ей после смерти моего отца. Мальчиком я часто тайком пробирался в галерею, где висели портреты, чтобы посмотреть на свою красавицу-мачеху, пытаясь понять, какое же преступление она могла совершить.

Мистер Эллин, который все еще не мог прийти в себя от выражения «удивительно хорошо сохранилась», заметно смягчился, услышав более справедливую, по его мнению, оценку моей персоны. Он сказал несколько дружелюбнее:

— Это совершенно естественное следствие того, что вы позволите мне, надеюсь, назвать прискорбным, ошибочным решением вашего отца. Как же вы поняли, что ваше предположение безосновательно?

— Не знаю. Понемногу оно сменилось другим — что миссис Чалфонт невзлюбила нас и не хочет оставаться дома во время наших каникул. Этой темы всегда избегали как здесь, так и в Груби-Тауэрс, и расспросы не поощрялись. Я узнал правду лишь в прошлом году, когда мы с Лоуренсом как-то остались наедине у бивачного костра. Он сам

152

смутно понимал — боюсь, он не очень старался выяснять, — что только отцовское решение мешало нам вернуться домой: мы сделали выбор, сказал он, и должны следовать ему. У Лоуренса было неясное ощущение, что миссис Чалфонт тоже несла за это ответственность. Он обнаружил свою ошибку незадолго до нашего отъезда в Южную Америку. Двое наших знакомых всегда относились к нам недружелюбно. С уважением, но замкнуто и отчужденно. Однажды они с Лоуренсом встретились у Августина, который пригласил их на охоту. Лоуренс напрямик спросил их, что значит их поведение. Так это все и выяснилось. Миссис Чалфонт была воплощенная доброта по отношению к ним и к их семьям, а так как они были возмущены историей с катафалком, старалась смягчить их гнев. Эти люди оказались ее преданными друзьями, они знали многое, и Лоуренсу пришлось выслушать неприятные вещи. Тогда, у костра, он рассказал мне все, что ему было известно. По его просьбе я написал нашей мачехе. Писать сам он не мог, так как, по его словам, ему, как старшему, не может быть прощения. Ответ не пришел.

— Миссис Чалфонт не получила вашего письма!

— Откуда вам это известно?

— Миссис Чалфонт говорила мне, что за все время не получила от вас ни одного письма, не считая официальных извещений, написанных мистером Августином Чалфонтом в связи со смертью вашего отца.

— Не понимаю, почему письмо не дошло. Другие, отправленные в то же время, были получены.

— Вы писали по адресу «Серебряный лог», Клинтон-Сент-Джеймс?

— Нет, я не знал точного адреса. Я отправил письмо домой, чтобы его переслали.

— Говоря «дом», вы имете в виду?..

— Парборо-Холл. — В тоне Гая вдруг послышалось легкое беспокойство.

— Понятно, — произнес мистер Эллин, прилагая все старания, чтобы его голос звучал бесстрастно. — Очень жаль. Понятно.

Наступила пауза.

— Я напишу снова, — пообещал Гай.

— Не надо, не пишите. — сказал мистер Эллин.— Миссис Чалфонт сейчас одинока и несчастлива. Мне, возможно, придется долго отсутствовать, продолжая поиски Мартины. Поезжайте к ней.

— Примет ли она меня?

— Это вы увидите, — ответил мистер Эллин с улыбкой.

По причинам, известным ему одному, мистер Эллин не счел нужным сообщать кому бы то ни было, каким образом он собирается продолжить поиски Мартины; и когда Гай задержался в дверях, чтобы задать этот вопрос, то услышал в ответ, что у мистера Эллина есть «кое-какие соображения». Оставшись один, он час или два обдумывал эти «соображения», а затем, придя к определенным выводам, сел писать мне письмо. В распоряжении мистера Эллина была масса времени, поскольку ему было ясно, что пока из Грейт-Парборо не отойдет вечерний поезд, он вынужден оставаться на месте.

Писать письмо было занятием нелегким. Мистер Эллин взял с собой в дорогу «В помощь размышлению» Кольриджа[1], чтобы заполнить свободные часы; но ни одной страницы прекрасных афоризмов не прочитал за целый вечер. Ему не хотелось, чтобы Гай узнал его «соображения» по поводу поисков Тины и, следовательно, чтобы мне, если мои отношения с гостем будут достаточно непринужденными, стали известны его намерения. Несколько часов он провел, «создавая» письмо, которое должно было стать шедевром, сочетающим в себе доброжелательность и осмотрительность.

Вообразите, читатель, чувства, с которыми я получила плод этих усилий, почти полностью лишенный того, о чем мне больше всего хотелось узнать. Это было самое пустое, самое сухое послание, какое мне когда-либо доводилось от него получать. Прилагая (без объяснений) несколько небрежных строк Эммы, он писал, что благодаря случайной встрече с мистером Гаем Чалфонтом, ему стало известно, что Тина была дочерью покойных мистера и миссис Тимон Дирсли из «Рощи», Литтл-Парборо, которые ко времени их кончины испытывали серьезные финансовые трудности. Мистер Лоуренс Чалфонт подтвердил слова Тины о том, что у нее нет родственников. Сам мистер Эллин побывал в «Роще», где заканчивалась распродажа имущества, и взял у служанки адреса Тининой няни и миссис Мориарти, урожденной Мэрфи.

Далее следовали строки, написанные по-человечески: чрезвычайно кроткие и робкие извинения за то, что он вознамерился поместить в «Серебряном логе» порядочное количество мебели, не посоветовавшись с его хозяйкой. Он очень раскаивается в этом.

Заканчивалось письмо сообщением, что вряд ли он сумеет вернуться в Клинтон-Сент-Джеймс раньше, чем через десять дней, а то и две недели. В постскриптуме содержалась просьба: написать миссис Мориарти и попросить ее сообщить нам о Дирсли все, что она сочтет возможным. Писать няне, Этель Терьер, по мнению мистера Эллина, было бесполезно.

Вот и все. Он не упомянул о повествовании миссис Тидмарш, скрасившем пассажирам время ожидания на станции в Наксворте; не написал ни о признаниях Гая, ни о том, что посоветовал ему поехать в «Серебряный лог», ни о том, куда сам он, мистер Эллин, направляется и зачем.

Он, как выяснилось впоследствии, собирался в путешествие, которое могло оказаться погоней за несбыточным. Он полагался на собственную интуицию, в которой никогда нельзя быть совершенно уверенным. Отсюда и таинственность, которой он окутал себя, как плащом.

Мистер Эллин направлялся в Бельгию.

ГЛАВА ДВЕНАДЦАТАЯ

Даже в самом невразумительном письме могут содержаться жизненно важные новости. Так было и с этим. Матильды Фицгиббон больше не существовало. Ее место заняла Мартина Дирсли. Как часто в эти дни я читала и перечитывала строчки, дававшие Тине имя и называвшие ее родной дом, как часто я вновь и вновь брала в руки записку Эммы, в которой она отвергала мою попытку примирения. Причина казалась вполне очевидной: в ней все еще жила ненависть ко мне, иначе она согласилась бы оказать мне помощь, о которой я просила — ей это было так легко сделать. Если это не ненависть, то что еще, задавала я себе вопрос, и не находила ответа.

Тревогу мою, насколько возможно, смягчало обретенное знание о Тинином прошлом. Пока я не потеряла ее, я, кажется, не вполне представляла себе, как она мне стала дорога — милая, привлекательная девочка, нисколько не похожая на то запуганное, съежившееся создание, которое я забрала из «Фуксии». День и ночь я пребывала во власти обуревавших меня страхов. Если бы у меня была возможность активно участвовать в поисках, эти страхи не так бы меня мучили... но что я могла добавить к тому, что делали полицейские и мистер Эллин? Единственное мое задание — написать письмо миссис Мориарти — казалось сущим пустяком. Тем не менее, я выполнила его самым тщательным образом, хотя решила для себя, что совершенно бесполезно спрашивать о чем-либо женщину, у которой никогда не было времени оторваться от своего вечного вязания кружев.

Прошло уже семь или восемь дней после отъезда мистера Эллина, за это время на мои плечи легла тяжкая обязанность. Моя старая подруга умерла вскоре после исчезновения Тины. Ее дочь, погруженная в печальные занятия — приведение в порядок дел умершей — нуждалась в моем утешении и сочувствии, и я ежедневно посещала омраченный трауром дом, чтобы составить ей компанию. Как меня страшили эти визиты! Ведь стоило мне выйти из «Серебряного лога», и я каждый раз читала в пристально устремленных на меня глазах соседей все те же вопросы. Известно ли что-нибудь о Мартине? Есть ли какие новости? Куда делся мистер Эллин? Почему он не пишет? Что же все-таки случилось с Мартиной?

И правда, что же с ней случилось? Я и не думала, что о ней беспокоится столько народу: семейство Рэндолф, доктор Перси, мистер Сесил, обе мисс Уилкокс и еще многие другие, в том числе пансионерки «Фуксии» во главе с Дианой Грин, которая вдруг сказала, встретившись со мной во время послеполуденной прогулки девочек:

— Мне так жалко, что она потерялась, бедняжка. Она ведь сильно изменилась, миссис Чалфонт. Она сделалась похожа на вас.

Похожа на меня? У меня не хватило духу спросить, каким образом прелестная девочка может походить на степенную женщину средних лет. А Диана продолжала стоять на своем:

— Да, да, похожа. И знаете, что странно, я видела еще одного человека, который напомнил мне Мартину. Этот человек проскакал через Роуз-Лейн минут пять назад, с ним был еще кто-то.

Мисс Мейбл Уилкокс, сопровождавшая своих воспитанниц, ужаснулась:

— Как тебе не стыдно, Диана, заглядываться на чужих людей!

— Да я вовсе не разглядывала этих господ, — воскликнула Диана, пытаясь оправдаться. — Я любовалась прекрасными гнедыми, на которых они скакали. В нашей семье знают толк в лошадях, мисс Мейбл. Но я все же заметила, что тот, кто ехал ближе ко мне, был похож на Матильду-Мартину. Разве не удивительно?

Мисс Мейбл увела Диану, а я продолжила свой одинокий путь домой, не очень задумываясь над словами Дианы о сходстве проехавшего всадника и Мартины; я решила, что это глупая фантазия, о которой более тактичная девочка промолчала бы. С тех пор, как почтальон вручил мне странное письмо мистера Эллина, минуло несколько дней, ноябрь подходил к концу, уже чувствовалось, что недалек декабрь, окутанный серыми, серебристыми и жемчужными туманами. Вскоре я заметила сквозь туман суматоху у «Серебряного лога». У ворот стояла телега, Джейн и Элиза носили в дом свертки, а Ларри с возчиком прикидывали, куда лучше поставить довольно много громоздкой мебели, которая решительно не хотела умещаться под моим скромным кровом.

Ах, мистер Эллин, мистер Эллин! Этот легкомысленный человек ни разу не подумал, достаточно ли широки мои коридоры, высоки ли потолки, просторны ли комнаты. И хотя я готова была плакать при виде прибывших в мой дом сокровищ, маленькая владелица которых была далеко, мне пришлось собраться с духом и начать расставлять мебель, размеры которой оказались намного больше, чем можно было судить по письму мистера Эллина. В конце концов, так называемую «комнату для шитья», которой пользовались нечасто, в спешном порядке освободили для Тининых вещей, и поставили их там как попало до завтра, когда найдется время отнестись к ним с должным вниманием. Возчик получил вознаграждение, перекусил и отправился в обратный путь, а я приготовилась провести вечер в унынии, которое только усиливалось от присутствия в доме вещей, на которые я не могла глядеть без содрогания.

Но каким непохожим оказался этот вечер на все, что я могла себе представить! Сумерки быстро сгущались, я сидела, печалясь и тревожась, как вдруг Джейн объявила о приходе гостя, которого я ждала меньше всего. Кажется, я и сейчас слышу, как она взволнованно произносит: «Мистер Гай Чалфонт».

Мой пасынок сделал два-три шага и остановился в нерешительности, не зная, как его встретят. Джейн явно нехотя закрыла за собой дверь. Запинаясь, он тихо произнес:

— Я пришел просить у вас прощения, миссис Чалфонт. Захотите ли вы... сможете ли вы простить меня?

Я поднялась и протянула ему руку. Я не могла потом вспомнить, что именно сказала, но этого оказалось достаточно. Когда я пришла в себя, мы сидели рядом у камина, и Гай задал вопрос, преследовавший меня постоянно: известно ли что-нибудь о Мартине? Но слышать его из уст Гая не было мучительным.

Я рассказала ему о письме мистера Эллина, в котором он сообщал о своем открытии — о происхождении Тины, но не говорил ни слова о том, каким образом это открытие было сделано. Где он находится, мне неизвестно. Его скрытность может быть вызвана какими-то причинами, мне тоже неизвестными. Полицейское расследование продолжается, но пока не приносит результатов.

Мы принялись говорить о Мартине, которую Гай помнил робкой маленькой девочкой, шагавшей с серьезным видом по дорожкам в сопровождении гувернантки, либо вместе со своей мамой приходившей в гости в Холл, причем ему иногда вменялось в обязанность занимать ее, пока взрослые беседовали. Он помнил, как когда-то давно взял ее на руки и поднял повыше посмотреть на гнездо малиновки, а она возмутилась, что он не знает, какой из широко разинутых клювиков принадлежит Дикси, а какой Флапси или Пекси. А как-то в конце лета перед его отъездом в Южную Америку миссис Дирсли, у которой кончились запасы джема, попросила разрешения набрать в Холле ежевики. Гай помнил, как шел по лужайкам Холла, чтобы помочь гувернантке и ее воспитаннице наполнить объемистые корзинки. Тогда он в последний раз видел Тину.

В свою очередь, я рассказала ему, как Тина появилась у меня, несчастная и отчаявшаяся, и как с невероятной быстротой превратилась в милую, добрую девочку, которая любит книги, цветы и все красивое, но твердо, непоколебимо хранит молчание о своем прошлом.

— Мистер Эллин сообщил вам о денежных неприятностях мистера Дирсли?

— Очень мало. Он лишь неопределенно намекнул на «некоторые финансовые затруднения».

— Это мягко сказано. Перед нашим отъездом и Лоуренс, и я слышали от дедушки, что мистер Дирсли весь в долгах и что вряд ли денег, вырученных от распродажи его имущества, хватит, чтобы расплатиться с кредиторами. К тому же он уезжал из Англии, опасаясь ареста за подлог завещания. Он должен был как следует внушить Мартине мысль о том, что ей необходимо держать в тайне свое настоящее имя.

— Но не мог же он рассказать девочке, почему покидает Англию!

— Думаю, речь могла идти о «врагах», задумавших причинить ему зло.

Я рассказала Гаю, как долго Тина ждала письма, которое не могло прийти. Он задумчиво заметил:

— Я полагаю, Тина служила помехой отцу, когда ему пришлось спасаться от кредиторов и от выдвинутых против него обвинений. Вероятно, он собирался послать за ней, как только окажется в безопасности за океаном.

— Этого мы никогда не узнаем.

— Разве что от самой Мартины, когда мистер Эллин привезет ее обратно.

— Вы думаете, ему это удастся?

— Непременно. Я не сомневаюсь в этом. Если бы я мог хоть чем-то помочь... Но мистер Эллин не хотел ничьей помощи.

Мне было интересно, упомянет ли Гай каким-либо образом отказ, которым Эмма ответила на мою просьбу, ведь я тогда еще не знала, что бедный мальчик, получив в ответ на свои извинения жесткую отповедь мистера Эллина, оставил дальнейшие попытки оправдать поведение сестры. Гай молчал, и я решила переменить тему разговора, начав расспрашивать о его дедушке и бабушке, об Августине, Эмме и Лоуренсе. Стоило мне упомянуть последнее имя, как Гай вскочил на ноги.

— *ЛОУРЕНС!* Я совсем забыл о нем. Он ждет в гостинице «Голова короля Карла», где мы оставили своих лошадей.

Я припомнила, что всадников было двое.

— Лоуренс не захотел пойти с вами?

— Очень даже хотел! Но не решился. Я должен был прийти к вам и сразу же вернуться за ним в том случае, если вы простите нас и захотите взглянуть на прошлое другими глазами. Но у меня все начисто вылетело из головы. Я ведь тоже боялся.

— Гай, вы заставили Лоуренса так долго ждать. Пойдите за ним, а мы с Джейн и Элизой решим, что подать на ужин. Я настаиваю, чтобы вы поужинали со мной.

Помню, как Гай застыл на месте, глядя на меня, словно не мог до конца поверить, что прошлое забыто. Потом улыбнулся, внезапно поняв, что это правда. Таким же образом в начале нашей совместной жизни успокаивалась Тина.

Гай отправился за Лоуренсом, а я вместе с Джейн и Элизой принялась спешно готовить еду — не обед и не ужин, а нечто среднее. Когда все было готово, я с бьющимся сердцем стала ждать второго гостя. Зазвонил колокольчик у дверей; их впустили.

— Это Лоуренс, — сказал Гай. Он поколебался, прежде чем робко спросить. — Можно, мы будем называть вас *МАДРЕ?*

— Конечно, — ответила я, вытягивая шею, чтобы получше рассмотреть великана с рыжевато-каштановыми кудрями, который шагнул вперед, протягивая мне руку. На его веселом, красивом лице беспокойство мешалось с отвагой.

— Удивляюсь, что вы не выгоняете нас из дома, — произнес он. — Мы это заслужили. Я... мне очень жаль...

— Мадре, — мягко подсказала я, едва удерживаясь от смеха. Так мог бы сказать ребенок, прося прощения за какую-то шалость. И в самом деле, несмотря на девять лет разницы и на все свои путешествия Лоуренс во многих отношениях казался младше своего сдержанного брата.

Его мальчишество сказалось в том, как легко, убедившись, что получил прощение, он оставил все заботы и уселся за дружеский ужин, в котором так нуждались они оба после длительного путешествия верхом. Неторопливая езда заняла три дня. Привычные к седлу, они пренебрегли относительными удобствами и скоростью поезда.

Когда-то я читала про женщину, которой пришлось дожидаться тридцать лет, прежде чем она вышла замуж за человека, которому в юные годы дала клятву верности, но с которым была разлучена обстоятельствами, не зависящими ни от него, ни от нее. Когда же наконец она счастливо вышла замуж, эти тридцать лет, которые прежде представлялись ей огромной бесконечной пустыней, показались ей маленькой кучкой песка.Так случилось с моими пасынками и мною. Лоуренс сразу же начал рассказывать, чем он занимался в последние два года за пределами Англии. Не было нужды говорить о том, что предшествовало этим годам: разумеется, я знала обо всем!

— А ваша следующая экспедиция? — спросила я, когда описание их приключений подошло к концу. — Не хотите ли вы теперь побыть дома и отдохнуть после напряженной работы в Южной Америке?

— Нет, — ответил Лоуренс, — я уеду, как только смогу. Если я останусь дома, то снова примусь за какие-нибудь проделки. Дед сам управляет всем, и мне здесь нечего делать. Мы бы приехали к вам на несколько дней раньше, если бы я не договорился встретиться с человеком, который, как я надеялся, сможет поехать со мной в экспедицию. Выяснилось, что он не подходит; но мне нужно увидеться еще с двумя-тремя людьми, прежде чем я уеду отсюда.

Я отважилась спросить, знают ли дедушка и бабушка, что перед отъездом в экспедицию Лоуренс решил посетить меня. Из его ответа выяснилось, что враждебность Грэндисонов с годами ослабла: пришедшая с возрастом умиротворенность простерлась настолько, что они не только не протестовали против визита, а даже заявили, что осведомиться о моем благополучии — дело нужное и правильное.

— Если бы мы сообщили Августину, он бы тоже одобрил наш приезд, — добавил Гай. — После смерти отца он не раз выражал сожаление о прошлом, но продолжает считать, что не дело сына сомневаться в разумности отцовских решений.

Да, безусловно, Августин был настоящим сыном своего отца. Именно так сказал бы и мистер Чалфонт, окажись он на его месте. Я услышала интонации Эшли в этой фразе.

Я сочла благоразумным не спрашивать, известно ли Эмме об их визите в «Серебряный лог». Поведение моих пасынков — легкая неловкость, переглядывание — заставляли предположить, что их сестра ничего не знала о визите. Более того, я была почти уверена, что дед и бабушка не сказали ей об этом ни слова. Не подозревая о том, что поездка Эммы в Бельгию вызвала скандал, не зная, что родные стараются не «выводить ее из равновесия», я решила, что Эмму оставили в неведении из-за ее жгучей ненависти ко мне.

Поэтому, не задавая щекотливых вопросов, я вновь поинтересовалась у Лоуренса, в какую часть земного шара занесет его следующая экспедиция.

— Еще не решил, — ответил Лоуренс. — Как вы уже знаете, последняя экспедиция началась сразу после возвращения Гая из Кембриджа, он тогда еще не определил свой жизненный путь. Поэтому он поехал с нами. Я надеялся, что он отправится с нами и в этот раз, а зная о его благочестивых склонностях, хотел предложить ему выбирать между поисками Ноева ковчега на горе Арарат или попыткой обнаружить место, где находились сады Эдема. Можно ли было придумать что-нибудь лучше? Я считал, что этот праведник всенепременно поедет либо туда, либо сюда. Знаю, он был в колледже настоящим праведным сыном Ноя. Но его не удалось соблазнить. Он сказал, что больше не может ставить превыше всего удовлетворение собственной любознательности — или какую-то похожую чепуху. А ведь какая жалость! — в нем погибает исследователь.

Я взглянула на Гая, который чуть слышно возразил:

— Я не хотел нарушить планы Лоуренса и сожалею, что так получилось. Дело в том, что я почувствовал призвание к духовной деятельности.

— Досадно, правда? — спросил Лоуренс.

— Нет, ведь это величайшее благо, которое может выпасть на долю человека, — сердечно ответила я. — Вы сами знаете, Лоуренс.

— Думаю, да. Все равно, для меня это обернулось очень неудачно.

Разговор зашел, не знаю, каким образом, о мистере Эллине, Лоуренсу хотелось узнать о нем как можно больше. Кто этот джентльмен, который так рьяно разыскивает Мартину Дирсли, и каким образом я оказалась его соратницей в этом деле? Последовавшие объяснения, как легко можно предположить, были довольно затруднительны, я дважды заметила лукавый взгляд Лоуренса, брошенный им на более сдержанного младшего брата. В смущении оборвав фразу, я совершенно зря призналась, что обеспокоена продолжительным молчанием мистера Эллина.

— Впрочем, мои страхи преждевременны, — продолжала я. — Мистер Эллин предупредил меня, что его отсутствие может продлиться две недели. Сегодня пятница, а две недели истекут только в следующую среду. Но я ничего не могу с собой поделать; мне все время мерещатся всевозможные несчастья.

Лоуренс и Гай были само сочувствие. Их дела могут подождать, сказали они, у них есть свободное время. Если я нуждаюсь в поддержке, они с удовольствием останутся в гостинице, пока не будет каких-либо новостей от мистера Эллина, или Тины, или от них обоих.

Я и в самом деле нуждалась в поддержке, мне не хватало веры.

— Но вам вовсе не нужно оставаться в «Голове короля Карла», — сказала я им. — Для вас найдется место и здесь. Мои непочтительные племянники и племянницы называют «Серебряный лог» настоящим муравейником из-за обилия маленьких комнаток.

Они запротестовали, не желая доставлять мне беспокойство, но их оказалось нетрудно разубедить, и они приняли приглашение, которое, как признался Лоуренс, даст ему возможность познакомиться с окрестностями и посетить нескольких старых друзей, среди которых, может быть, найдется подходящий для экспедиции человек. В этот вечер мы расстались как любящие мать и сыновья; на следующее утро прекрасные гнедые кони оказались в ведении Ларри, который не помнил себя от счастья, — ему всегда было жаль, что в нашей конюшне нет лошадей. Джейн и Элиза развернулись вовсю в ожидании тех, кого они упорно называли «молодыми хозяевами». Только Энни держалась отчужденно: она была не из тех, кто легко прощает. Но и ее молчаливое неодобрение вскоре сошло на нет: она не могла устоять перед добродушием и веселостью Лоуренса и тихим дружелюбием его брата. Вскоре она принялась пристально рассматривать Гая, как часто рассматривала Тину, — по каким-то ей одной известным причинам.

Поддержка Лоуренса в первый день, как, впрочем, и потом, оказалась невелика. Спустя час после прибытия в «Серебряный лог» он начал исследовать окрестности и вернулся лишь в сумерки, причем обнаружилось, что он зачем-то заехал в Валинкур и оказался, как он выразился, во владениях «старой тигрицы». В дальнейшем выяснилось, что, привлеченный видом прекрасного строевого леса, «явно требующего хозяйской руки», он поехал — по привычке ездить в других странах, куда хочется, — произвести осмотр «логова тигрицы». Саму ее он встретил, когда она, опираясь на палку, ковыляла по лесным угодьям своего покойного мужа. Дрожащей рукой подняв эту самую палку, она злобно осведомилась, что ему здесь надо. Ответ Лоуренса не удовлетворил ее — да и могло ли быть иначе? — и дерзкому нарушителю границ приказали покинуть чужие владения. Совершенно по-другому провел день Гай. Узнав о визите мистера Эллина в «Рощу» и его последствиях, Гай вызвался помогать мне приводить в порядок жилище Тины. Это оказалась довольно трудной задачей. Кроме ценных книг и игрушек, родители Тины завалили девочку огромным количеством бесполезных пустяков, блестящих побрякушек, аляповато раскрашенных клоунов. Большая часть их лежала в коробках нетронутой. Очевидно, Тине была не по душе безвкусица, судя по подаркам, приводившая в восторг старших Дирсли: гримасничающие куклы, отвратительные маски, книжки со страшными картинками, купленные, как мы решили, во время заграничных путешествий. Когда все было приведено в порядок, и я принесла из оранжереи зимние цветы и горшки с разноцветными растениями, мы с удовлетворением взглянули на плоды своих трудов: ни одна девочка не пожелала бы лучшей комнаты для игр.

Все утро мы разговаривали о столах, стульях и других столь же прозаических предметах, но когда настало вечернее затишье и был зажжен свет, пришло время доверительных разговоров. Робко и просто Гай рассказал мне, как однажды ночью, когда они стояли лагерем неподалеку от разрушенного города, затерянные в лесной глуши, его, еще не избравшего свое поприще, призвала Святая Церковь. Он услышал Голос, но не слова... услышал и повиновался. Гай пробовал, когда представлялась возможность, подготовиться к новому поприщу, предаваясь размышлениям, молясь и изучая Писание; но оказавшись вновь дома, он надеялся получить дальнейшие наставления какого-нибудь духовного лица, имеющего опыт приготовления молодых людей к святому служению. Перед тем, как покинуть Южную Америку, Гай написал кембриджскому другу, настроенному таким же образом, с просьбой прислать ему список людей, к которым он мог бы обратиться. Ответ друга дожидался его дома среди других писем.

— Но я не могу вступить на этот путь, прежде чем не попытаюсь еще раз заслужить ваше прощение, — сказал Гай. — Мистер Эллин приехал в Парборо до того, как у меня появилась возможность написать вам снова. Он сообщил вам, что два года назад я написал письмо, которое до вас не дошло?

— Нет, он ничего не писал. Жаль, что я этого не знала.

— Я писал от своего имени и от имени Лоуренса.

— Гай, дорогой! И вы напрасно дожидались ответа? Не думайте больше об этом.

Мы обменялись рукопожатием. Не успели мы заговорить вновь, как доложили о приходе мистера Рэндолфа. Он пришел задать все тот же вопрос: «Что слышно о Мартине?» Но сообщил и кое-какие новости, это было уже после того, как я представила Гая — о приезде моих пасынков мистеру Рэндолфу было известно, — думаю, что все в Клинтон-Сент-Джеймс только и делали, что обсуждали, как и почему это случилось.

— Мистеру Сесилу предложили приход, — поделился он с нами поразительной новостью. — Не знаю, что я буду делать без своего дорогого коллеги; но я рад, что его будущее обеспечено.

Намек, сдержанный, как того требовали обстоятельства, был мною понят: это предложение будет способствовать браку мистера Сесила и мисс Мейбл Уилкокс. Обратившись к Гаю, я объяснила, что мистер Рэндолф и помогавший ему мистер Сесил в течение нескольких лет готовили молодых людей к рукоположению, знакомя их с теоретическими и практическими сторонами предстоящего им поприща.

— У вас сейчас трое или четверо учеников? — спросила я мистера Рэндолфа.

— Трое у меня в доме — больше я не мог там разместить, — ответил он, — и еще двое квартируют в деревне. Все они надеются стать священниками в ближайший рождественский пост; а в новом году, если Бог даст, я начну занятия с пятью новыми.

— Я знаю, что эти труды радуют вас, — заметила я.

— Эта работа мне по сердцу, — ответил мистер Рэндолф, тепло прощаясь с Гаем. Ему явно было приятно сознавать, что мои пасынки в трудную минуту оказались рядом со мной. После его ухода Гай показал мне письмо своего кембриджского друга. Список возглавлял мистер Рэндолф, чья характеристика была выдержана в самых теплых тонах. Гай признался, что собирался обратиться к священнику, чье имя стояло в списке следующим.

— Почему же вы пропустили мистера Рэндолфа, Гай? Я уверена, никто не мог бы стать вам лучшим наставником. Он не понравился вам?

Гай улыбнулся с некоторой грустью.

— Понравился он мне или нет, не имеет значения. Вам не захочется, чтобы я жил совсем рядом с вашим домом.

— Я нисколько не возражала бы против этого. Нисколько. Я буду рада, если вы измените свой выбор.

Гай благодарно взглянул на меня.

— Но я не думаю, что мистер Рэндолф возьмет шестого ученика, особенно сейчас, когда его покидает этот... Седрик, Сирил, не помню его имени.

— Мистер Сесил? Но он же не уйдет немедленно, к тому же я предполагаю, что его место будет пустовать недолго. Шестеро или пятеро — это не так важно для мистера Рэндолфа. И ему не придется искать, где бы поселить вас, Гай, разве что вы предпочтете самостоятельность. Здесь, в «Серебряном логе», как вы знаете, много места, и я буду рада предоставить вам комнату.

— Мадре, неужели это возможно?

— Конечно, дорогой.

Он принялся так горячо благодарить, что я была вынуждена ему напомнить, полушутя, полусерьезно, что он лишь бегло познакомился с мистером Рэндолфом. В воскресенье ему представится возможность убедиться, что его выбор в таком серьезном деле правилен. На что Гай ответил, что может довериться моему суждению и мнению своего друга. Я, однако, подумала, что, в конце концов, он составит и собственное мнение.

Воскресенье оказалось прекрасным. Прекрасным еще и оттого, что стало легче на душе от предчувствия, что мистер Эллин либо уже нашел, либо вот-вот найдет Тину. Два молодых человека, идущие рядом, дали мне силы встретиться с прихожанами, хотя я не могла отделаться от ощущения, что у каждого из молящихся в церкви глаз не меньше, чем у Аргуса. Гаю пришлась по душе служба, я чувствовала, что он стал смотреть на мистера Рэндолфа как на своего будущего учителя и наставника. В понедельник он отправился к ректору и, вернувшись через несколько часов, сообщил, что с нового года начнет посещать занятия.

Лоуренс, выразив, хотя и сдержанно, одобрение по поводу решения Гая, провел день, нанося визиты друзьям, которых хотел привлечь к участию в экспедиции. Его уговоры ничего не дали, и он вернулся в «Серебряный лог» разочарованным и угнетенным, но не настолько, чтобы во вторник не поехать вместе с Гаем в город Валчестер, где был кафедральный собор. Мистер Рэндолф посоветовал Гаю поискать необходимые для занятий книги в старых и новых книжных магазинах, которыми изобиловал город. Они вернулись, привезя столько увесистых томов, сколько могли нагрузить на своих коней. Среди книг были «Законы Церкви» Хукера[1], «Храм» Герберта[2], «Изложение веры» Пирсона, «Horae Paulinae» Пейли[3] и еще многие другие. В среду почтальон вручил мне письмо от миссис Мориарти.

Послание было официальным и педантичным, в нем она выражала — в безупречно построенных фразах — огорчение по поводу постигших Тину несчастий и надежду, что девочка вскоре возвратится под опеку своей доброй покровительницы. Она высказывала сожаление, что не в состоянии дать каких-либо сведений, могущих пролить свет на происхождение Мартины. В Грейт-Парборо, однако, живет одна пожилая дама, миссис Тидмарш, которой истории большинства семейств по соседству известны во всех подробностях. Миссис Чалфонт и мистер Эллин, возможно, сочтут, что к ней стоит обратиться.

Я дала прочесть письмо своим пасынкам. Гай рассмеялся, дойдя до упоминания о миссис Тидмарш, которая знает, как он сказал, о каждом даже больше, чем есть на самом деле. Лоуренс не смеялся. Он нахмурил брови и пробормотал себе под нос нечто весьма нелестное, а потом вслух довольно грубо сказал, что миссис Тидмарш — самая отъявленная старая сплетница и что чем скорее она освободит землю от своего присутствия, тем лучше. Размашистым шагом он вышел из комнаты и направился в конюшню, собираясь скакать в Барлтон, где предстояло купить письменный стол и книжные полки, чтобы поставить в комнату, выбранную Гаем для занятий. Гай был несколько обескуражен вспышкой брата, но объяснил его поведение тем, что тот не может простить миссис Тидмарш написанного много лет назад письма их отцу, в котором она сообщала, что Лоуренс чуть не искалечил ее внука, с которым подрался в школе. В тот момент мне показалось, что давняя затаенная злость убедительно объясняет его негодование. Позднее я усомнилась в этом. Уезжая, Лоуренс все еще был мрачен, мрачность не оставила его и по возвращении. Беспрерывно занимаясь домашними делами, я сумела отогнать страхи, связанные с мистером Эллином, двухнедельное отсутствие которого истекало в этот вечер; теперь я не могла дождаться минуты, чтобы продемонстрировать, как я усовершенствовала комнату для занятий Гая, куда я принесла несколько предметов, рассчитанных на то, чтобы сделать ее хоть сколько-то похожей на монастырскую келью: чернильный прибор, мой собственный любимый старинный стул с высокой спинкой и песочные часы, которые могли оказаться полезны Гаю, когда он станет рассчитывать время проповеди. Гай восхитился всеми этими вещами, но в совершенный восторг его привело то, что из окна, прелестно увитого пестрыми побегами плюща, видно уединенную тропинку на землях ректора, а по ней прохаживается один из учеников мистера Рэндолфа, погруженный в раздумья. Но Лоуренс, подойдя к тому же окну, произнес целую речь о том, какое безрассудство давать зловредному ползучему растению, которое он берется, если на то будет разрешение, изничтожить немедленно, разрушать стену дома.

Я разрешила. В течение часа он рубил и уничтожал мой прекрасный плющ с такой страстью, будто в каждом листе таилась миссис Тидмарш. Это занятие вернуло ему хорошее настроение, но не его всегдашнюю веселость. Даже к вечеру он все еще не пришел в себя. Я заметила, что Гай тоже не мог понять, в чем дело.

ГЛАВА ТРИНАДЦАТАЯ

Мистер Эллин, любивший во всем порядок, сначала отправился в Лондон и получил в министерстве иностранных дел бумаги, дающие ему право на розыски и возвращение домой мисс Мартины Дирсли, десяти лет, которая была незаконно разлучена со своей опекуншей, миссис Арминель Чалфонт из Клинтон-Сент-Джеймс, графство ...шир, Англия. Мистер Эллин много лет проработал в министерстве, и оформление бумаг прошло гладко, теперь оставалось терпеливо дожидаться парохода, который дважды в неделю отправлялся из Дувра в Остенде. Прибыв в Бельгию, он первым делом посетил Отдел регистрации иностранцев в Брюсселе, чтобы заявить о цели своего визита. К его огромному неудовольствию — ибо он был убежден, что гораздо лучше справится со своей задачей без посторонней помощи, — к нему приставили двух полицейских чиновников, получивших приказ сопровождать его и, что хуже всего, руководить поисками.

Подобное развитие событий любого другого человека привело бы в ярость, но мистер Эллин всегда старался следовать правилу, гласящему, что криком и угрозами делу не поможешь. Он покорился судьбе и лишь констатировал впоследствии, что они отправились к цели кружным путем.

Он с самого начала полагал, что Тину поместили в сиротский приют, но оба полицейских настаивали на том, что девочка находится в руках кого-нибудь из тех, кто уже прежде был замешан в похищении детей. Лишь после того, как эти подозрительные личности были допрошены, а их заявления о полной непричастности к делу тщательно проверены, чиновники позволили мистеру Эллину обратиться в приюты. Но мало этого, поначалу они направили мистера Эллина не в самые близкие, а в наиболее удаленные от столицы приюты, и возвращаться пришлось ни с чем. На обратном пути они заехали в маленький городок, расположенный в нескольких милях от Брюсселя. Это случилось в субботу днем — за день до того, как одолевавшие меня дурные предчувствия внезапно рассеялись. Настроение мистера Эллина, шагавшего меж уродливых домов под низким хмурым небом, было не столь радужным. Его внимание привлекла высокая длинная стена монастыря. Напротив нее возвышалась приходская церковь, в которой, судя по освещенным окнам, шла служба.

Когда мистер Эллин и его провожатые подошли ближе, служба закончилась и из дверей, в сопровождении нескольких монахинь, вышла процессия сирот в черных накидках и передниках. Позади всех шла маленькая девочка, державшаяся очень прямо. Не успел мистер Эллин подумать, что в ее позе есть что-то знакомое, как Тина, издав пронзительный вопль, бросилась к нему в объятия.

170

Монахини мгновенно окружили их, как стая встревоженных голубок. Тина подняла лицо. С непередаваемой болью мистер Эллин увидел перед собой не ту веселую проказницу, которая выбегала к нему навстречу в «Серебряном логе», а горестно сжатые губы и отсутствующий взгляд воспитанницы «Фуксии», наполнившие его сердце жалостью.

— Все хорошо, детка, — сказал он. — Теперь ты в безопасности.

Она не плакала. Крепко прижавшись к нему, она стянула капюшон с коротко остриженной, как у других сирот, головы. Пока двое полицейских давали пространное объяснение матери-настоятельнице, Тина лихорадочно пыталась расстегнуть пуговицы накидки и передника.

Не прошло и получаса, как процессия направилась к зданию монастыря, а спасители и спасенная — в кабинет настоятельницы. Показывая ей свои бумаги и просматривая полученное от нее странное сопроводительное письмо, которое передала ей женщина, приведшая Тину в монастырь, мистер Эллин ни на секунду не снимал руки с плеча Тины.

На отвратительном французском языке там было написано, что Матильда Фицгиббон является сиротой. Добрых сестер просят взять ее на воспитание, пока она не достигнет четырнадцати лет и не сможет зарабатывать себе на жизнь достойным образом. Ей следует запретить сношения с ее английскими знакомыми, на что имеются веские причины. К письму прилагались сто фунтов в бельгийских франках. В постскриптуме указывалось, что следующие сто фунтов поступят в монастырь через два года, когда Матильде исполнится двенадцать.

Мать-настоятельница была убеждена, что женщина, сопровождавшая Матильду, не могла написать это письмо. Хотя та и была хорошо одета, в ее необразованности не приходилось сомневаться: она не понимала ни слова по-французски и даже не сумела подписаться тем именем, которое выдавала за свое собственное. Несомненно, она действовала по поручению другого лица.

Мистер Эллин и полицейские согласились с матерью-настоятельницей, и мистер Эллин прибавил, что догадывается, кто это мог быть. Вернувшись домой, он тщательно расследует это постыдное дело. А пока хочет выразить свою признательность матери-настоятельнице и сестрам за заботу о его подопечной, чье настоящее имя не Матильда Фицгиббон, а Мартина Дирсли.

Он почувствовал, что при звуках этого имени Тина вздрогнула. Не выказав ни малейшего удивления, мать-настоятельница невозмутимо записала в толстой регистрационной книге, что Мартина Дирсли, она же Матильда Фицгиббон, с этого дня выбывает из приюта. Она согласилась принять от мистера Эллина плату за врача и сиделку, так как почти все время Тина провела в изоляторе, страдая, по-видимому, от затянувшейся морской болезни, осложненной слишком большой дозой лекарств. Затем она с сожалением в голосе спросила, что делать с полученными ми монастырем ста фунтами.

— Оставьте их себе, достопочтенная матушка, оставьте их себе. Употребите на ваши добрые дела, — радостно воскликнули бельгийские чиновники.

У монахинь имелось для продажи кое-что из детской одежды и целый ворох ярких полосатых шалей. Мистер Эллин попросил упаковать для его подопечной все, что может понадобиться в путешествии, которое продлится до следующей среды. Услышав это, Тина потянула его за рукав.

— Моя голубая накидка украдена. Та женщина взяла ее и сунула к себе в мешок. Она сказала, что мне такая роскошная вещь больше не понадобится, а за нее можно выручить хорошие деньги.

Мистер Эллин купил Тине теплый шерстяной капор, но так как накидок у монахинь не оказалось, ему пришлось приобрести одну из ярких шалей. Заметив напряженный взгляд той, кому предназначался этот экстравагантный наряд, он поспешил ее успокоить:

— Ничего не поделаешь, Тина. Тебе нельзя без теплой одежды. А когда мы вернемся домой, ты сможешь отдать шаль старой Энни.

Магическое слово «дом» немного успокоило Тину: горькие складки вокруг рта разгладились, отчужденность во взгляде исчезла. Мистер Эллин тихонько тронул Тину за плечо, и она поблагодарила за заботу мать-настоятельницу, а затем, повернувшись к сопровождавшим мистера Эллина бельгийцам, произнесла не совсем уверенно, но внятно: «Je vous remercie, messieurs».

Доблестные мужи были крайне растроганы этой сценой. Они приложили к глазам носовые платки, благосклонно улыбнулись Тине и вместе со своими подопечными отправились в Брюссель. Как верные сторожевые псы, следовали они за мистером Эллином и Тиной и вместе с ними явились в Отдел регистрации иностранцев, чтобы отрапортовать начальству об успешном завершении своей миссии.

Последовали комплименты, энергичный обмен рукопожатиями и поздравления, во время которых один из начальников шепнул что-то клерку, который, выбежав из здания, возвратился с огромной коробкой конфет, обтянутой белоснежным атласом и перевязанной белыми лентами. Мистеру Эллину пришлось самому поблагодарить любезных бельгийцев от Тининого имени: после всего пережитого она могла лишь улыбнуться и сделать реверанс.

— Почему они подарили мне конфеты? — спросила она по пути в гостиницу, где мистер Эллин собирался провести две оставшиеся ночи.

— Потому что, Мартина, теперь ты важная персона. Не всякая юная леди удостаивается чести быть похищенной.

— Похищенной? Так, по-вашему, меня похитили?

— Вот именно.

— А она не станет снова меня похищать?

— Кто? Женщина, которая привела тебя в монастырь?

— Нет, не она. Ее я не боюсь. Она сделала это, потому что ей заплатили. Она получила сто фунтов, билет до Австралии и одежду. Вдобавок она стащила у меня голубую накидку. Я имела в виду Эмму.

— Эмму?

— Мама называла ее Эммой, поэтому я всегда думаю о ней как об Эмме. Когда я говорила с ней, я называла ее мисс Чалфонт. Это падчерица тети Арминель.

Мистер Эллин не мог точно сказать, когда впервые стал подозревать Эмму, но твердо знал, что поверил в ее виновность ровно через две минуты после того, как впервые увидел Гая. Теперь его подозрения подтвердились.

173

— Клянусь тебе, Тина, мисс Чалфонт больше не посмеет этого сделать. Я сам позабочусь об этом!

Послышался облегченный вздох.

— До ужина все разговоры прекращаются. Гляди, вот и гостиница.

Яркий свет, огонь в камине и нарядная мебель выгодно отличались от голых стен и каменного пола монастыря. Тина ела с аппетитом, и на ее щеки вернулся румянец. Теперь она могла продолжить свой рассказ о похищении, но сначала ей хотелось задать один вопрос:

— Вы дважды назвали меня по имени и фамилии: первый раз в приюте, а второй в том месте, где мне дали подарок за то, что меня похитили. Откуда вы знаете, что меня зовут Мартина Дирсли?

— Мартина, кто здесь задает вопросы: ты или я? Твое имя я узнал, прочитав одну из маленьких книжек, которые ты писала для кукол. Из нее стало ясно, что ты знакома с мисс Чалфонт и леди Сибил Клаверинг. Поэтому я отправился в Грейт-Парборо с письмом от тети Арминель, в котором она просила мисс Чалфонт помочь в наших поисках. Мы надеялись, что ей, может быть, известно, кто мог тебя увезти — например, кто-то из родственников. Мистер Гай Чалфонт принес ее ответ в гостиницу, где я остановился. Она писала, что ей ничего не известно о мисс Матильде Фицгиббон. Но пока я разговаривал с мистером Чалфонтом, он увидел твой портрет, узнал тебя и сказал, как тебя зовут. А потом я отправился в Бельгию.

— Это Бельгия?

— Да.

— Я думала, Франция. А почему вы решили, что я в Бельгии?

Мистер Эллин в нескольких словах пересказал, что говорила миссис Тидмарш, пока они ждали карету на вокзале в Наксворте.

— Я знаю миссис Тидмарш. Эмма как-то раз назвала ее старой болтливой сорокой. Я слышала, как она говорила это маме. Но почему вы подумали, что Эмма отвезла меня в Бельгию?

— Это была не более, чем догадка. Вот почему я никому не сказал, куда я еду.

— Даже тете Арминель?

— Даже ей. О моем путешествии знают лишь несколько человек в Лондоне, которые умеют хранить тайну. Они помогли мне получить необходимые полномочия, чтобы я смог привезти тебя назад, когда найду. Но мы должны быть очень осторожны, чтобы не обвинить невинного человека в таком ужасном преступлении. Ты уверена, совершенно уверена, что это сделала мисс Чалфонт?

— Да, это она, она! Я совершенно уверена! — взволнованно воскликнула Тина. — Она правила лошадьми. Сейчас я расскажу, как это случилось. Мне принесли записку, в которой говорилось, что тетя Арминель хочет поехать со мной за покупками. Я тут же помчалась к ней, потому что я обожаю ездить с ней за покупками.

— Нисколько в этом не сомневаюсь, — сказал мистер Эллин.

— Когда я увидела коляску, не ту, которую тетя Арминель обычно нанимает у старого мистера Тодхантера, а другую, закрытую, на козлах которой сидел высокий человек в черном плаще и низко надвинутой шляпе, я не заподозрила ничего дурного — ведь у меня не было на то никаких причин. Хотя при виде этого человека по спине у меня побежали мурашки, сама не знаю почему. Я вскочила в коляску. Внутри было темно, и в ту же минуту мне замотали рот толстым шарфом, кучер хлестнул лошадей, и мы помчались. Я изо всех сил старалась вырваться, но женщина, которая меня держала, была очень сильной, к тому же из-за этого ужасного шарфа я чуть не задохнулась: от него отвратительно пахло. Так мы ехали много миль — не могу сказать, сколько именно, — и наконец очутились на покрытой вереском равнине, где не было ни одного дома. Тут женщина размотала шарф, я кричала не переставая, но никто не пришел на помощь, потому что вокруг никого не было. Но я все кричала и кричала, пока совсем не охрипла. Я не могла издать ни звука, так у меня болело горло. Тогда женщина сказала:

— Ну что, наоралась? Веди себя смирно, и я тебя не трону. Я не собираюсь тебя убивать. Леди, которая тебя приютила, больше не желает тебя видеть, она дала мне денег, чтобы я определила тебя в школу, где ты останешься до тех пор, пока не сможешь кормиться своим трудом. Там тебе будет хорошо, будешь играть с другими девочками. Будь умницей и перестань визжать, как резаная, а то у меня чуть барабанные перепонки не лопнули.

— Я не поверила ни одному ее слову. И тут у меня в голове мелькнула мысль, что человек на козлах — это Эмма, переодетая кучером. Я не знала, почему она меня увозит, но я великолепно помнила, как папа однажды сказал, что Эмма — его смертельный враг и мой тоже и что она может отправить его на виселицу. Мне стало так плохо, словно я умираю и... и... — она запнулась, умолкла и задрожала. — Ах, я забыла, забыла! Я не должна была этого говорить.

Мистер Эллин утешил ее, напомнив, что мистер Дирсли теперь находится вне досягаемости Эммы, как, впрочем, и сама Мартина. Она сбивчиво досказала свою историю.

— Ноги и руки у меня стали ватными, голова кружилась. Наверное, так чувствует себя медуза, когда ее вытащат на берег. Миссис Смит — она велела называть ее так, но я уверена, что это не настоящее ее имя, — вынула флягу из большого мешка у себя за спиной и дала мне что-то выпить. Что было потом, я не помню. Когда я наконец очнулась, мы с миссис Смит садились в поезд, и она говорила всем, чтобы они не заходили к нам в купе, потому что я чем-то больна, а чем, она не знает. Я не могла ничего сказать, потому что шарф, закрывавший мне рот, душил меня. Только когда мы остались одни, она призналась, что «некая особа» — она поняла, что я все равно не поверю, будто это тетя Арминель, — не поскупилась и, как она сказала, заплатила ей по-царски. Ее муж и сын много лет назад отправились в Австралию, и она давно пыталась наскрести себе денег на дорогу, чтобы приехать к ним, когда у них кончится срок. Я спросила, почему мистер Смит с сыном отправились в Австралию без нее, с их стороны было очень жестоко оставлять ее одну. Мои слова ей почему-то не понравились. «Беднякам, — сказала она, — не приходится выбирать. — Им пришлось поехать, вот и все». Я не поняла, что она имела в виду, но догадалась, что она не хочет дальнейших расспросов. Тогда я стала умолять ее написать вам и тете Арминель, как только она доберется до Австралии, и сообщить, где я нахожусь. Но она не обещала. Она сказала, что если с ней поступают честно, то и она поступает честно, — так написано в Библии и мне следовало бы это знать.

— В твоей или моей Библии ничего подобного нет, — заметил мистер Эллин. — Прошу тебя, продолжай.

— Не помню, что произошло потом, — сказала Тина. — У меня в голове все перепуталось. Кажется, миссис Смит снова дала мне что-то выпить. Когда я проснулась, мы плыли по морю. Нас сильно качало, и все женщины в каюте страдали от морской болезни, кроме Эммы.

— Эммы? Ты видела мисс Чалфонт? Ты уверена, что это была она?

— Да, да, да! Совершенно уверена. Это единственный раз, когда я видела ее лицо. Я быстро закрыла глаза, чтобы она не заметила. Она уже не была в костюме кучера. Она успела переодеться в женское платье. Миссис Смит тоже укачало, но все же не так, как других женщин, и она все время пыталась сделать так, чтобы я перестала кричать. Мне кажется, Эмма подошла, поглядела на меня и дала какие-то пилюли, которые миссис Смит заставила меня проглотить. После этого я словно целую вечность плавала в тумане.

— Ты все время звала меня, — сказал мистер Эллин. — Вот почему тебе дали пилюли.

— Но... но вас не было. Откуда вы знаете, что я вас звала?

— Это очень просто, Тина. Когда я плыл из Англии, я спросил горничную, не видела ли она похожую на тебя девочку. Поначалу она ничего не смогла мне ответить, но потом припомнила, что как-то ночью в сильный шторм все дамы на корабле изнемогали от морской болезни, кроме одной надменной молодой леди, которая сидела особняком и даже пальцем не шевельнула, чтобы помочь плакавшим и стонавшим бедняжкам, причем одни причитали, что корабль вот-вот пойдет ко дну, а другие, всхлипывая, отвечали, что чем скорее это случится, тем лучше! Горничная была очень удивлена, когда бессердечная леди вдруг решила помочь маленькой девочке, которая совсем обезумела от качки. Она дала сопровождавшей ее женщине несколько пилюль, чтобы успокоить малышку; жалобным голосом она все время звала кого-то по имени Эллин — сестру, как подумала горничная.

— И вовсе не сестру, а вас! — воскликнула Тина. — Я звала и звала. Вы догадались, что бессердечная женщина была Эмма?

— Неважно, догадался я или нет, — осторожно заметил мистер Эллин. — У меня не было доказательств.

— А теперь есть?

— По-моему, да.

— Когда я проснулась, мы ехали на поезде. Перед глазами у меня все плыло, я не могла держаться на ногах. Хуже всего было то, что Эмма находилась рядом, снова переодетая кучером. Я больше уже не видела ее так ясно, как на корабле, но она время от времени появлялась и снова исчезала из виду. Я пыталась сказать пассажирам и станционным служителям, что меня украли, но никто меня не понимал, потому что я не знала, как по-французски «похитить». У мисс Спиндлер есть книга, французская грамматика, и мы с Элизабет каждый день заучивали из нее по четыре вопроса и ответа. Но ни от одного из этих вопросов не было никакого толка. Они такие глупые: «Есть ли у вас удобный диван с желтыми подушками? Есть ли у вас сочный кочан капусты? Есть ли у вас свежее яйцо?» И множество других, таких же глупых. Неужели французы на самом деле говорят так, как в книге мисс Спиндлер?

— К счастью, нет, — ответил мистер Эллин.

— В конце концов миссис Смит ужасно разозлилась. Она сказала, что знает одного человека, который упрячет меня туда, откуда я никогда уже не выберусь. Мне показалось, что этим она хочет сказать, что, если я не перестану, Эмма убьет меня. Я очень испугалась и решила терпеливо ждать, пока тетя Арминель не пошлет вас за мной. Наконец мы приехали в город с яркими огнями. Наверное, это был Брюссель. Там мы пересели на другой поезд. В темноте мы позвонили в колокольчик у дверей монастыря. Эмма в одежде кучера пряталась у стены, она не знала, что я ее вижу. Не помню, что было потом. Я оказалась в комнате, где стояло много кроватей. Других больных там не было, одна я. Монахини были добрые. Они не говорили по-английски, но когда они коротко остригли мне волосы, я каким-то образом поняла, что таково правило для всех сирот. Они принесли мне то, что Элиза называет «питательным супом» и дали Библию с картинками. Когда голова у меня перестала кружиться, я стала ночевать в большой спальне с другими девочками и ходить вместе с ними в школу. Я не могла делать уроков, но монахини-учительницы говорили только «Pauvre enfant!» Я молилась и ждала, ждала, ждала. И вы пришли.

Мистер Эллин объяснил причины своей задержки. Тина милостиво приняла его объяснения.

— Я понимаю, вы делали все, что могли. Но каждый день тянулся без конца!

Вскоре и мистер Эллин с полным правом мог повторить эти слова. Заботиться о ребенке, который вздрагивал при каждом звуке, со страхом глядел на двери, ожидая появления врага, и ни за что не соглашался заходить в тенистые аллеи даже при свете дня, было нелегко. К счастью, в каждой из гостиниц, где они останавливались, ему удавалось найти добросердечную горничную, которая за некоторое вознаграждение соглашалась присматривать за Тиной днем и спать в ее комнате ночью.

В воскресенье Брюссель проснулся под звуки проливного дождя. Вялая и скучная Мартина согласилась провести утро на диване у окна, то погружаясь в дремоту, то слушая колокола и с некоторым интересом наблюдая толпы горожан, спешащих под зонтами к мессе. Однако в полдень, воспользовавшись перерывом между ливнями, мистер Эллин взял Мартину на прогулку, во время которой обнаружилось, что они находятся недалеко от дома на Рю-де-Сандр, в котором герцогиня Ричмонд давала бал накануне битвы при Ватерлоо.

— О, пожалуйста, отведите меня туда! — сказала Тина, в первый раз оживившись. — На уроках декламации мы с Элизабет читали стихи про этот бал. Они написаны человеком, который называет себя Чайльд Гарольдом, хотя это не настоящее его имя, как у миссис Смит. Стихи начинаются словами:

«В ночи огнями весь Брюссель сиял,
Красивейшие женщины столицы
И рыцари стеклись на шумный бал...»*

Мисс Спэндлер сказала нам, что он великий поэт, но дурной человек. Но если он такой дурной, пожалуй, лучше не читать его стихов в воскресенье.

— Пожалуй, — согласился мистер Эллин, не готовый обсуждать эту нравственную проблему.

Над историческим домом на Рю-де-Сандр нависли тучи, но путешественники благополучно добрались до гостиницы прежде, чем первые капли дождя сменились бурей. Днем мистер Эллин попытался найти духовную пищу для себя и Тины среди книг, оставленных бывшими постояльцами. Для чтения вслух были выбраны «Притчи» Круммахера[1] в английском переводе, и Тина, вооружившись карандашом и листами писчей бумаги, с упоением принялась рисовать картинки к некоторым темам, чтобы затем порадовать ими тетю Арминель.

В понедельник они отправились в Остенде. Хотя в поезде Тина говорила мало, мистер Эллин заметил, что она с тревогой ожидает второго морского переезда, и стал думать, как отвлечь ее от мрачных мыслей. Когда они прибыли в город, ему посчастливилось обнаружить в лавке поблизости от гостиницы несколько корзиночек с крышкой, откинув которую можно было увидеть три или четыре великолепные экзотические раковины, лежавшие поверх целой россыпи более мелких ракушек, обернутых в зеленые и фиолетовые бумажки. Мистер Эллин решил купить одну из них, предоставив выбор Тине.

Она долго и придирчиво изучала корзинки, вновь и вновь сравнивая их достоинства и недостатки. Зато потом, когда решение было принято, с какой радостью и восхищением она развертывала, пересчитывала и вновь заворачивала свои сокровища! Мистеру Эллину больше не пришлось выслушивать рассказы об ужасах морской пучины. Во вторник корабль на несколько часов задержался в Остенде из-за неполадок с мотором. В то время как другие пассажиры ворчали и жаловались, Тина с упоением играла со своими ракушками.

* Б а й р о н Дж. Гордон. Паломничество Чайльд-Гарольда. Песнь третья, 21 / Пер. В. Левика. М., 1985.

Море было спокойным, а погода ясной, так что большую часть дня Тина провела с мистером Эллином, сбежав из дамской каюты от «злющей», как она объяснила, горничной.

— Быть может, ты чем-то ее рассердила? — полюбопытствовал мистер Эллин.

— Не я, а один моряк, — ответила Тина. — Он вошел и стал смеяться над ней из-за того, что она разиня — это он так сказал, а не я, — не распознала похищенного ребенка. Ведь если бы она сказала капитану, то получила бы щедрое вознаграждение. Вот что вывело ее из себя.

Любопытство мистера Эллина было удовлетворено. Он прогуливался по палубе, и тут появилась Тина, по самые глаза закутанная в новую шаль, ей не терпелось задать ему один вопрос.

— Мистер Эллин, вы не будете возражать, если вместо Энни мы отдадим эту шаль бабушке Джейн? Тогда мне не придется каждый Божий день смотреть на нее. Вдобавок, Энни эта шаль не нужна. Если вы пообещаете никому не говорить, то я открою вам один секрет. Я знаю, какой подарок готовит ей тетя Арминель на Рождество.

Мистер Эллин пообещал, что скорее с него живьем сдерут кожу, чем он проговорится Энни.

— Это необыкновенная шаль, тетя Арминель вяжет ее по образцу, который давным-давно дала ей покойная тетушка, жившая на севере Шотландии. Эта шаль совсем не похожа на те, что вяжет мисс Мэрфи. Узор изображает берег моря. Скалы и утесы вяжутся черными нитками, песок — коричневыми, зимнее море — серой шерстью, а пена у берега — белой. Поэтому Энни не понадобится шаль, которую мы купили у монашек, а бабушка Джейн ей обрадуется. И, может быть, Элиза захочет взять мой капор для одной из своих племянниц.

— Можешь распорядиться капором и шалью по своему усмотрению, — сказал мистер Эллин. — Тогда ничто не будет напоминать тебе о том, что ты предпочла бы забыть.

— Волосы все равно останутся короткими, — вздохнула Тина. — В приюте мы все выглядели как пугала! Я вполне могла бы сойти за мальчика. Ансельм станет называть меня Мартином, я уверена. Он так любит дразниться! А тетя Арминель страшно огорчится. Сколько времени отрастают волосы?

— Не знаю, — признался мистер Эллин. — Но могу поклясться, что тетя Арминель все равно была бы страшно рада снова тебя увидеть, даже если бы ты вернулась совершенно лысая!

— Вы в самом деле так думаете? — радостно спросила Тина.

Затем она снова закуталась в шаль, но вскоре выглянула из нее, чтобы посетовать на предстоящие уроки французской грамматики.

— Чуть не забыл, — сказал мистер Эллин. — Я знаю, как горячо ты любила в свое время «Вопросы» Маньяла, и вот, наткнувшись на эту книгу, приобрел ее, чтобы ты передала ее мисс Спиндлер. Ты как-то говорила мне, будто она жаловалась на то, что не может достать экземпляр для тебя и Элизабет.

— Я не отдам ее мисс Спиндлер, ни за что не отдам! — принялась кричать Тина, приплясывая на месте.

— Тогда оставь ее себе, — сказал мистер Эллин, — и прилежно изучай в свободное время.

Тина убежала, но вскоре появилась снова. Размышления мистера Эллина были прерваны звуком тонкого голоска, который спрашивал:

— О чем вы думаете с таким мрачным видом?

— Я думаю о том, что скоро останусь совсем один в своем огромном доме в Валинкуре. За несколько дней до того, как я отправился тебя разыскивать, моя старая тетушка, вдова моего покойного дяди, сказала мне, что больше не хочет там жить. У нее есть собственный дом, поблизости от ее любимого племянника, и она собирается переехать туда, а Валинкур оставить мне.

Тина не на шутку встревожилась.

— Нет, нет, не уезжайте в Валинкур, мистер Эллин, это будет ужасно. Пожалуйста, не оставляйте нас. И пусть ваша старая тетушка никуда не переезжает.

— Я не собираюсь немедленно покидать Клинтон-Сент-Джеймс, дорогая, — поспешил утешить Тину мистер Эллин. — Пожилые леди не любят переезжать в холодное зимнее время. Так что до весны я никуда не денусь.

Детскому сознанию Тины весна представлялась чем-то бесконечно далеким. Она успокоилась.

— Ах, тогда вам еще рано думать о большом доме, — сказала она.

— И правда, рано, — согласился мистер Эллин. — Но я люблю все делать заранее. Знаешь ли, Тина, моя тетушка заберет с собой всех слуг, когда уедет. Всех до единого, от кучера до кухарки. И я останусь совсем один в огромном доме. Разве этого мало, чтобы быть мрачным?

— У вас останутся мистер и миссис Браун, — предположила Тина.

— Нет, не останутся. Мистер и миссис Браун много лет верно служили моей семье, а теперь им пора на покой, чтобы долго и счастливо жить в уютном домике в Валинвике.

У лукавого мистера Эллина были свои причины — я предпочла бы их не называть, — по которым он хотел разжалобить доброе сердце Мартины. Тогда он не мог предвидеть, в каком затруднительном положении я окажусь из-за него. Тина сгорала от желания ему помочь.

— Но вы можете взять Ларри кучером! Тетя Арминель наверняка позволит вам взять Ларри. Вы знаете его историю, мистер Эллин? Я чуть не заплакала, когда Джейн мне ее рассказала. Он служил кучером в большой семье и однажды повез свою хозяйку на бал за много миль от дома. Он ехал под проливным дождем, а потом ему еще пришлось долго ждать ее в мокрой одежде и ехать назад тоже под дождем. Не удивительно, что он заболел, а хозяйка выгнала его и наняла другого. Вы слышали когда-нибудь о такой жестокости? Все его скромные сбережения растаяли, и он не мог найти работу, потому что больной кучер никому не нужен. И ему ничего не оставалось, как наняться садовником. Такой печальный конец, как говорит Джейн. Теперь он совсем здоров, и тетя Арминель пыталась найти ему место кучера у своих друзей, но пока безуспешно. Конечно, вы сможете взять Ларри! Он так будет рад!

— Я с огромным удовольствием найму Ларри, если миссис Чалфонт его отпустит. Я очень высокого мнения о нем, — сказал мистер Эллин. — Но ты не подумала о том, что Ларри не сможет составить мне компанию. Он будет жить со своей женой и маленькой Шарлоттой в увитом розами домике кучера, а я все равно останусь один как перст в своем огромном доме.

— Тетя Арминель очень добрая, возможно, она позволит вам взять еще и Джейн с Элизой, — сказала Тина. — Элиза великолепно готовит, а Джейн бесподобно чистит серебро. Так говорила тетя Арминель, я сама слышала.

Мистер Эллин заметил, что он весьма признателен за любезное предложение, но вынужден его отклонить.

— Элиза будет орудовать скалкой на кухне, Джейн — полировать серебро в буфетной, а я все равно останусь совсем один в своем огромном доме.

— Но если... — начала Тина.

В этот момент мистер Эллин понял — слишком поздно, как я впоследствии убедилась, — что пора прекратить слезливые намеки на грядущее одиночество. Сказав, что он наверняка отлично устроится на новом месте, он поспешил привлечь внимание Тины к горизонту, где, как предполагалось, должны были вскоре появиться белые скалы Дувра.

— Кто их увидит первым, Тина, ты или я?

В гостиницах Брюсселя и Остенде мистер Эллин считал излишним объяснять, кем он доводится Тине. Он полагал, что его принимают за эксцентричного английского отца, который не обращает внимания на странный вид своей юной дочери. Все это изменилось, как только они взошли на корабль, где прекрасно знали не только мистера Эллина, но и зачем он отправился на континент. К своему удовольствию и изумлению Тина обнаружила, что сделалась объектом живейшего интереса не только со стороны пассажиров, но и команды: все жадно расспрашивали ее о спасении, оказывая почести, достойные принцессы. Весь день ей дарили булочки, пряники, кексы, и мистер Эллин не пытался этому противодействовать, но вечером предусмотрительно попросил старшего официанта, чтобы его подопечной подали самый легкий ужин.

Однако старший официант истолковал это требование по-своему, он, несомненно, имел собственное мнение о том, как полагается кормить спасенную барышню. Мистер Эллин, который неожиданно встретил старого знакомого и разговорился с ним, не удосужился проверить, исполнено ли его поручение. Поэтому его душевный покой не был нарушен лицезрением того, как в атмосфере всеобщего восторга Тина поглощает роскошный ужин, состоящий из омаров, пудинга с мороженым и прочих яств.

В Дувре их торжественно встретили, а вечером Тина и мистер Эллин оказались вдвоем в кофейной комнате. Никто не описал комфорт кофейной комнаты в дуврском отеле «Шип» лучше американского писателя Н. П. Уиллиса [2] в его занимательной книге «Путевые очерки». Пылающий камин, толстый турецкий ковер, полированные столы из красного дерева с кипами английских газет, темно-красные шторы из дамаста — все было безупречно. Мистер Эллин бросил взгляд на Тину, расположившуюся в кожаном кресле у камина, и ему пришло в голову, что сейчас самое время попытаться пролить свет на некоторые тайны, не дожидаясь грядущей весны.

— Мартина, дорогая, — начал он, — помнишь, когда ты впервые появилась в «Серебряном логе», миссис Чалфонт и я обещали не мучить тебя вопросами, на которые ты не хотела бы отвечать?

— Помню, — ответила Мартина.

— Тебе запретили открывать свое имя и адрес, впрочем, как и все остальное, касающееся твоей прежней жизни. Я полагаю, теперь ты можешь говорить свободно, поскольку твой отец не выполнил и уже никогда не сможет выполнить обещания написать очень важное письмо, о котором он говорил.

— Если бы я сказала вам раньше, то, может быть, Эмма не похитила бы меня?

— Может быть.

— Но что вы хотите от меня услышать? Вы сами все узнали, приехав в Грейт-Парборо.

— Не все, Тина.

— Кто вам мог рассказать? Мистер Гай Чалфонт знал, как меня зовут и где я жила, но не знал остального. Он был в Южной Америке, когда это случилось.

— Среди тех, с кем я говорил, была миссис Сайкс из гостиницы в Парборо.

— Это она сказала вам, что папа, мама и я собирались поехать в Нью-Йорк, потому что из-за огромных долгов папа не мог жить в Англии? Я чуть не проговорилась про Нью-Йорк, когда мы играли в «Вышли в море корабли».

— Да, мне сказала миссис Сайкс. Не будем в это углубляться.

— А она говорила вам, что у папы был смертельный враг?

Мистер Эллин на секунду задумался над тем, можно ли так назвать многочисленных кредиторов или ближайших родственников покойной мисс Крейшоу.

— Нет, миссис Сайкс говорила о людях, у которых были основания не любить твоего отца, но она не упоминала ни о каких врагах.

— Я знаю лучше миссис Сайкс. У папы был смертельный враг: Эмма.

Тина огляделась вокруг, словно испугавшись звуков собственного голоса.

— Это Эмма, — повторила она шепотом. И еще раз, громче: — Это Эмма.

Мистер Эллин молчал.

— Папа терпеть не мог Эмму. Я догадалась об этом давно, но до того дня, как мама умерла, я не знала, что Эмма его смертельный враг. Я была в комнате, когда он это сказал. И когда мама услышала это, она умерла.

— Моя дорогая девочка, ты, вероятно, ошибаешься, — с усилием произнес мистер Эллин. — Миссис Сайкс говорила мне, что тебя там не было... в то время.

— Миссис Сайкс самой там не было, откуда ей знать? Это случилось так. Папа не жил дома, мне кажется, он не хотел попадаться на глаза людям, которым был должен. Но он вернулся за день или два до нашего отъезда в Америку. Я сидела в гостиной с мамой, которая переделывала одно из купленных мне накануне платьев. Оно оказалось слишком длинным, а посылать его к портному не было времени. Мы услыхали шум в прихожей. И мама решила, что к нам пришел кто-то из визитеров. Так как я была раздета, мама сказала: «Пойди, спрячься за ширму и оставайся там, пока я не позову». Я сделала, как она велела. Но в комнату вошел папа. Он узнал, что мама потратила очень много денег, хотя он просил их беречь. И они... они стали ссориться. Я никогда не видела такой ужасной ссоры. Наконец папа успокоился и перестал кричать. Затем он спросил, на какие средства она собирается расплатиться со слугами и купить билеты в Америку.

— Ах, не беспокойся. Мы можем попросить денег у Эммы, — сказала мама. — У нее их много, и она одолжит нам столько, сколько нужно.

Папа опять вспылил, даже сильнее, чем раньше.

— Попросить у Эммы? У моего злейшего врага!

Мама сказала, что он преувеличивает и, как всегда, говорит вздор.

— Очень хорошо, мадам, — ответил он тоном, от которого я задрожала и чуть не опрокинула ширму. — Я долго щадил ваши чувства, но теперь знайте, что в ее власти отправить меня на виселицу!

Я понимаю, что папа имел в виду, когда сказал «на виселицу». Я читала «Семейство Фэрчайлд» [3] и «Народные рассказы» мисс Эджуорт [4]. Но я не знала, что папа сделал плохого, разве только это как-то связано со старой леди по имени мисс Крейшоу, с которой мы довольно часто виделись. Папа говорил быстро и очень тихо, я только смогла разобрать слова «Крейшоу» и «Эмма». Мама вскрикнула: «Нет! Нет! Не может быть! Какой ужас!» — и упала на пол. Папа позвонил в колокольчик и позвал экономку. Прибежала миссис Блейдс и с ней все слуги. Служанки плакали, кому-то стало дурно. Никто не заметил, как я прокралась к себе в комнату. В окно я увидела конюха, который куда-то помчался верхом. Он поехал за доктором, но тогда я этого не знала. Я боялась оставаться одна, надела другое платье и спустилась на кухню. Через некоторое время появился доктор Винсент, который позвал меня: «Тина, Тина, где ты?» Он был вежливый и добрый, как доктор Перси. Он сказал мне, что мама очень тяжело больна, и тут я поняла, что она умерла... Всю неделю я сидела в комнате у миссис Блейдс — она была нашей экономкой — или в помещении для слуг, или на кухне, когда мне позволяли туда приходить, я по-прежнему боялась оставаться одна. Слуги говорили между собой, не обращая на меня никакого внимания. Они были озабочены тем, как получить жалование и деньги, причитавшиеся им на траур. Из-за маминого мотовства, говорили они, у папы не осталось в Англии ни шиллинга, и сколько бы денег мисс Крейшоу он ни припрятал в Америке, их оттуда не получить. Я точно не знаю, что они имели в виду, говоря о деньгах мисс Крейшоу, и откуда им стало об этом известно. Но я знала то, чего не знали они. Эмма была смертельным врагом папы и, если бы захотела, могла отправить его на виселицу. Но я ничего им не сказала. Решила, что лучше этого не делать.

— Правильно решила, — согласился мистер Эллин.

— Потом случилось что-то очень странное. Папа сумел раздобыть где-то денег и заплатил слугам все, что, как они говорили, им причиталось. И они стали ходить с довольным видом и всеми силами пытались разузнать, откуда он взял деньги. Они даже подумали, что, может, их дала ему Эмма, потому что они с мамой были близкими подругами, и Эмма присутствовала на похоронах, мрачная, словно статуя скорби, а леди обычно так себя не ведут, говорили они. Но я не могла поверить в то, что Эмма одолжила или дала папе деньги, ведь она была его смертельным врагом, я решила, что, наверное, их дал ему кто-то другой. Миссис Блейдс пришла в ужас от того, что папа не купил мне траурного платья, но он сказал, что у меня и так достаточно новых нарядов. Всю эту неделю он почти со мной не говорил, но вечером, после похорон, пришел в классную комнату и спросил: «Мама вышила метки на твоей одежде?» Я удивилась, почему он об этом спрашивает, ведь это не мужское дело — заботиться о метках. Я ответила: «Нет, мама сказала, что займется этим во время путешествия».

Мой сундучок с игрушками стоял на полу открытый, потому что я хотела заменить кое-какие вещи, которые собиралась взять с собой в Америку. Папа попросил дать ему ножницы и вырезал мое имя из всех моих книжек. Я не видела, как он это делал, потому что он отослал меня с каким-то поручением к миссис Блейдс. Когда я вернулась, сундучок оказался заперт и папа сказал, чтобы я не открывала его до отъезда. Он не говорил, зачем ему понадобились ножницы, но я поняла, когда сундучок снова оказался у меня в день рождения.

На следующий день мы покинули «Рощу». Когда мы остались одни, папа сказал, что не возьмет меня с собой в Америку. Вместо этого я некоторое время побуду в школе, которую ему рекомендовали. Но так как у него есть злейший враг, который является и моим врагом, мне необходимо назваться другим именем и никому никогда не говорить о себе ни единого слова. Он заставил меня вновь и вновь повторять «Матильда Фицгиббон, Мэй-Парк, Мидлендс», пока не уверился, что я ничего не забуду. Я почувствовала, что все это добром не кончится, не знаю, почему. Папа сказал:

— Не робей, не будь глупышкой. Если будешь держать язык за зубами, наш враг не сможет причинить зла ни тебе, ни мне. Мне не хотелось бы налагать на тебя столь тяжкие обязательства, но ничего не поделаешь. У тебя всего один враг, а у меня их множество, и пока я благополучно не достигну Америки, нужно будет хранить тайну. Теперь слушай. Как только я там окажусь, я вышлю тебе письмо, получив которое ты станешь счастливой, как никогда в жизни. Там будут очень важные и очень хорошие вести. Покажи письмо своей учительнице, и она скажет тебе, что делать дальше. Но до этого — ни слова!

Он не сказал мне, кем был этот враг, но я и так знала: это Эмма. Мы путешествовали тайно, опасаясь преследования. Когда мы остановились в последней гостинице, папа велел мне оставить там сундучок с игрушками. Теперь я понимаю, он боялся, что кто-нибудь прочтет его имя, красиво напечатанное на крышке. Бедная мамочка хотела купить мне новый сундучок, но не успела. Потому что умерла.

Через некоторое время мы остановились в другом городе, у лавки зеленщика. Папа заказал и оплатил большой ящик с фруктами, которые следовало доставить в «Фуксию» через шесть недель. Он сказал зеленщику, что определил меня в школу, а фрукты понадобятся для того, «чтобы учительница была поласковее». Зеленщик рассмеялся и дал мне спелую грушу, но папа не позволил мне ее съесть, чтобы сок не закапал платье.

Потом мы приехали в «Фуксию»... потом бедный папа утонул... а письмо с хорошими вестями так и не пришло...

— Это все, что ты хотела мне сказать?

— Я сказала вам все, что папа запретил говорить. Мне было так тяжело хранить тайну! Я старалась не играть и не говорить с девочками, чтобы они не задавали мне вопросов, на которые я не смогу ответить. Я стала совсем другой. Превратилась в другую девочку, которая мне не нравилась. Раньше я не знала, что во мне могут жить два разных человека, один из которых равнодушный и чужой. Когда вы взяли меня в «Серебряный лог», Матильда Фицгиббон начала исчезать. Она уходила медленно, постепенно. Но теперь, когда я открыла вам папину тайну, она исчезла совсем.

Мистер Эллин давно хотел задать Мартине несколько деликатных вопросов, однако не знал, как это сделать. Но девочка вывела его из затруднительного положения, начав рассказывать сама.

— Я не Матильда Фицгиббон, — сказала она. — Я знаю, что меня зовут Мартина, я видела бумагу, где это написано.

— Свидетельство о крещении?

— А, вот как это называется. Когда мы собирались ехать в Америку, мама дала мне пачку старых писем, чтобы я их порвала, и среди них была эта бумага. Когда я спросила, почему меня крестили в чужой церкви, в городе, о котором я никогда не слышала, мама рассердилась. Сначала она сказала, что я надоедливая девчонка, а потом объяснила, что я родилась, когда она ехала к папе во Францию. Церковь была в двух шагах от гостиницы, где она остановилась, а так как я родилась слабенькой, хозяйка гостиницы подняла ужасный шум, настаивая, чтобы меня крестили как можно скорее. Меня назвали Мартиной в честь моего дедушки, Мартина Лестранжа, который умер.

— Это все? — спросил мистер Эллин, когда Тина, задумавшись, умолкла.

— Я точно знаю, что меня зовут Мартина, но, может быть, моя фамилия не Дирсли. Потому что я не уверена, что папа и мама мои настоящие родители.

— Интересно, почему ты так решила? — спросил мистер Эллин, доставая из несессера ручку, бумагу и непроливающуюся чернильницу.

— Мне приходилось слышать обрывки разговоров, которые всегда велись шепотом. Я была маленькой и не понимала их смысла, да и теперь не понимаю. Потихоньку говорились разные вещи.

Мистер Эллин не перебивал.

— Этот шепот раздавался не всегда, лишь время от времени. Когда я подросла, я часто замечала, что люди смотрят на меня и шепчутся. Особенно старая миссис Тидмарш...

— Могу себе представить, — заметил мистер Эллин.

— Откуда вы знаете?

— Я с ней встречался, — сказал мистер Эллин. — Пожалуйста, продолжай.

— Однажды я слышала, как она сказала своей приятельнице мисс Паттисон: «Я не склонна к опрометчивым суждениям, однако фамильное сходство с каждым днем делается все заметнее. Даю голову на отсечение, что девочка...» — и тут мисс Паттисон сказала: «Тс-с-с!» Я попыталась представить себе, кого я могу напоминать, и пришла к выводу, что они шептались, будто я похожа на мамину подругу Эмму. Не знаю, почему я так решила, потому что у меня в голове не укладывалось, что я могу быть дочерью Эммы, а не папы с мамой. Но однажды произошло событие, заставившее меня со страхом поверить в то, что я не мамина, а Эммина дочка. Мама поссорилась с Эммой. Они были подругами, но часто ссорились, так же часто, как мама с папой. После того, как Эмма велела подать ей лошадь и ускакала прочь, мама вошла ко мне в комнату, держа в руках браслет в виде змейки. Она еще не остыла от гнева. Швырнув браслет на стол, она сказала: «Вот, возьми его себе и положи в шкатулку для украшений. Я больше его не надену!» «Мне он не нужен»,— ответила я. По правде говоря, мне никогда не нравились эти браслеты-змейки, мамин и Эммин...

— Не тебе одной, — вырвалось у мистера Эллина.

Тина вопросительно на него посмотрела.

— Они не нравились еще кому-то?

— Брату мисс Чалфонт. Гай видел браслет, когда я показывал ему твой портрет. У его сестры на браслете вырезана надпись «Гарриет».

191

— Так звали мою маму. Они обменялись браслетами. Но я не любила Эмму, и Эмма не любила меня. Мама стала кричать: «Как? Ты отказываешься от подарка, которому позавидовала бы любая девочка! Негодница! Возьми его и скажи спасибо. У тебя на него больше прав, чем у меня!» — И выбежала из комнаты.

И я опять начала бояться, что все-таки я Эммина. Через некоторое время произошла еще одна ссора. На этот раз между папой и мамой. Не знаю, из-за чего они поругались. Когда они стали ссориться, я лежала на диване, завернувшись в плед, потому что у меня болело ухо, и мама забыла, что я там лежу. Папа сказал, что Эмма — его проклятие и что по ее милости у них с мамой на руках оказался чужой ребенок. И он бросился вон из комнаты, а мама побежала за ним.

— Мартина, ты уверена, что он произнес именно эти слова?

— Совершенно уверена, потому что они страшно меня испугали. Ведь выходило так, что у меня никого не осталось, кроме Эммы. Вскоре я заболела. Доктор не мог понять, что со мной, и посоветовал отдых на свежем воздухе. Мисс Мэрфи отвезла меня на ферму, где были разные животные, и цыплята, и полевые цветы. Там мне было хорошо, пока я не нашла книжку о шведских ведьмах. Я втайне от всех стала думать, что, может быть, Эмма — это шведская ведьма, которая сбежала в Англию. Глупо, правда? Однажды мама заметила, что я плачу. Она принялась допытываться у меня, почему, и в конце концов мне пришлось признаться. Но все же о шведских ведьмах я ничего ей не сказала. Я объяснила, что плачу из-за того, что боюсь быть Эмминой, боюсь оказаться Эмминой дочкой.

Мама ужасно рассердилась. Она сказала, что я противная девчонка, раз мне приходят в голову такие мысли, и что она не ручается за последствия, если Эмма об этом узнает. И она принялась трясти меня так, словно хотела, чтобы я разлетелась на куски, а потом сказала, чтобы я отправлялась спать без чая и ужина, что она велит мисс Мэрфи назначить мне самое суровое наказание. Она все трясла меня и кричала, и тут вошел папа. «В чем дело?» —

спросил он. Я безумно испугалась. Папа всегда был ко мне добр, но я видела, каким он бывает сердитым с другими людьми. Но он ничуть не рассердился. Он откинул голову назад и расхохотался. «Так вот что ты насочиняла? Какая же ты глупышка!» «Мистер Дирсли, мистер Дирсли, это не смешно!» — сказала мама, но папа только смеялся еще громче. Я думала, он никогда не перестанет. «Это неправда, моя дорогая, — сказал он наконец. — Честное слово, неправда. Клянусь жизнью. А теперь иди играй и больше не думай об этом. И не забудь сказать поварихе, чтобы она прислала тебе к чаю джем и лучшее пирожное».

И когда я выходила из комнаты, он опять рассмеялся и сказал маме: «Эмма заслужила это. Тысячу раз заслужила!»

Я больше не боялась, что я Эммина дочка. Но я до сих пор не понимаю, почему она стала моим и папиным врагом. Что мы ей сделали? И я не могу понять, почему папа сказал, что я чужой ребенок. Может быть, со мной случилось то же, что с одной девочкой в книжке, которую я читала, как вы думаете? Ее оставили на ступеньках крыльца, когда она была совсем маленькая, и добрые люди взяли ее на воспитание. Но как же тогда я могла родиться, когда мама ехала к папе в Париж? Ведь я своими глазами видела — как это называется? — свидетельство о крещении. Когда я начинаю об этом думать, у меня голова идет кругом, как тогда в монастыре.

— На твоем месте я пожалел бы свою голову, — сказал мистер Эллин, который все время, пока Тина говорила, деловито писал. — То, что ты мне рассказала, очень интересно, я постарался как можно точнее записать твою историю. Если ты будешь согласна с тем, что я сейчас тебе прочту, я попрошу тебя поставить в конце свою подпись.

— А для чего вы это записали? Для тети Арминель?

— Конечно. Но не только для нее. В настоящее время я предпочел бы не объяснять своих намерений, — сказал мистер Эллин.

Перегнувшись через подлокотник кресла, Тина прочла записанное. Медленно, с чувством собственной значимости она вывела внизу свое имя.

ГЛАВА ЧЕТЫРНАДЦАТАЯ

На исходе этих двух недель меня оставила всякая надежда на возвращение домой тех, кого я жаждала увидеть. Каковы же были мои чувства, когда вечером я услышала стук колес экипажа у ворот, приглушенные голоса, шаги на дорожке! Я выбежала из гостиной, за мною Гай и Лоуренс. Джейн распахнула входную дверь прежде, чем зазвонил колокольчик. Гости стояли на пороге, щурясь от света. Мистер Эллин, державший руку на плече Тины, на которой не было ни шали, ни капора, подтолкнул ее вперед, а она подняла каштановую головку, глаза ее сияли, щеки раскраснелись от волнения! Но кого напоминает мне ее лицо? За моей спиной Лоуренс издал сдавленное восклицание. Послышался голос мистер Эллина.

— Вот и мы, в целости и сохранности! — торжествующе объявил он. — Она нашлась в монастырском сиротском приюте в Бельгии. Все в порядке.

Войдя в дом из темноты сада, мистер Эллин не видел моих пасынков, которые вдруг непроизвольно вздрогнули, как будто испугались какого-то слова в его приветственной фразе. Тина увидела их первая. Она было уже шагнула и протянула руки, чтобы обнять меня, но остановилась на полпути. Подозрительно глядя на незнакомцев, она мгновенно отступила под защиту мистера Эллина, затем кинулась ко мне с криком:

— Прогони, прогони их.

Гай первым пришел в себя.

— Не бойся, Тина. Ты забыла нас, ведь мы с тобой знакомы. Мы часто играли в волан с тобой и с мисс Мэрфи. Мой брат Лоуренс и я приехали навестить миссис Чалфонт.

Она спокойно взглянула на них.

— Я не забыла вас, — сказала она громко.— Вы — те самые жестокие пасынки.

Гай вздрогнул. Лоуренс невесело засмеялся.

— Да, — подтвердил Гай. — Мы были очень недобрыми, но мадре простила нас.

Тина пристально посмотрела на него.

— Почему вы ее так зовете?

Он не сразу нашелся, что ответить.

— «Мадре» по-испански значит «мать». Взрослые иногда употребляют это слово вместо «мама».

— Ох, — только и сказала Тина, вложив в коротенькое словечко все свое негодование. Она отвернулась, чтобы спрятать лицо у меня на груди. Обняв ее, я вместе с остальными — включая Энни, Джейн и Элизу — благодарила и поздравляла мистера Эллина. Как только волнение первых минут улеглось, он сказал, что Тина страшно устала за целый день — путешествие затянулось из-за долгого ожидания на пересадках и из-за отмены поездов. По его мнению, девочку нужно было как можно скорее уложить спать.

Я была с ним согласна. Тина прижималась ко мне, и я чувствовала, как она дрожит. Попросив мистера Эллина разделить с нами ужин, я оставила его с молодыми людьми и, взяв Тину за руку, тихонько повела ее за собой. Не обращая внимания на Лоуренса и Гая, она взглянула на мистера Эллина и пожелала ему доброй ночи. У подножия лестницы она обернулась.

— Вам известно, что меня похитила ваша сестра? — спросила она. — Да, да, причем переодетая мужчиной!

Потрясенные Лоуренс и Гай застыли на месте. Их взгляды обратились к мистеру Эллину. В ответ на немой вопрос мистер Эллин склонил голову. Я успела заметить, что для Гая эта новость была все равно что гром среди ясного неба, в то время как Лоуренс был к ней каким-то образом подготовлен. Осторожный намек на миссис Тидмарш в письме мисс Мэрфи был для него полон какого-то тайного значения. Что бы за ним ни крылось, именно этим объяснялось странное поведение Лоуренса.

У меня не было времени задаваться вопросом, что было известно Лоуренсу или о чем он догадывался: все мое внимание было по необходимости посвящено Тине, находившейся в плачевном состоянии; девочку терзали гнев и страх. Когда же она наконец поверила, что Лоуренс и Гай не причинят ей вреда, она со всхлипываниями рассказала свою печальную повесть, которую слушали, насколько им позволяли обязанности, Джейн и Элиза; все, чего они не слышали, могла восполнить Энни, сидевшая, опираясь на палку и подавшись вперед, чтобы не пропустить ни слова. История была поведана — без промедления, — и мы надеялись, что теперь Тина забудется сном. Ничуть не бывало! — как только мы дослушали все, что девочка рассказала, она принялась кричать, что в доме прячется Эмма, переодетая шведской ведьмой, дожидаясь момента, чтобы наброситься и утащить ее. Нам удалось справиться с ее безрассудным страхом перед ведьмами; но то, что последовало, оказалось еще хуже. Вдруг она горько заплакала, но не о собственных горестях, а из-за совершенно вымышленных страданий мистера Эллина, которому предстоит провести следующую весну в одиночестве в своем большом доме.

— Я пообещала, что вы согласитесь, чтобы Ларри служил у мистера Эллина кучером, а он ответил, что будет рад этому, что всегда был о Ларри высокого мнения, но Ларри будет жить в своем собственном домике, увитом розами, а он, мистер Эллин, будет все так же одинок. Тогда я предложила, чтобы он взял с собой Джейн и Элизу, но он ответил, что они будут слишком заняты собственной работой, а он все равно останется в одиночестве. Знаете, тетя Арминель, он хочет, чтобы именно вы жили с ним в его большом доме. Да, да, я уверена, хотя он этого и не сказал.

Услышав слова Тины, Джейн поспешила уйти из комнаты, и мне было слышно, как она смеялась, спускаясь по лестнице в кухню. Я чувствовала, что никогда не посмею взглянуть в глаза ни ей, ни Элизе; каким образом мне удалось утешить Тину, я потом не могла вспомнить. Но постепенно я успокоила ее, и она мирно заснула под свой любимый вечерний псалом, который я все повторяла, пока она не закрыла глаза. Оставив Энни стеречь ее сон, я привела себя в порядок, чтобы спуститься к собравшейся внизу компании, не переставая с тревогой думать о том, что меня там ждет.

В холле мне попались навстречу Джейн и Элиза. Ни следа легкомысленной веселости, обе выглядели озабоченными.

— Мэм, — сказала Джейн. — Джентльмены совсем ничего не ели. Они едва притронулись к ужину.

— А ведь какой прекрасный ужин! — горестно добавила Элиза.

Я напомнила им, что дурные новости обычно портят аппетит, а моим пасынкам, как они обе знают, сообщили неприятные вести. Где сейчас они и мистер Эллин, все еще в столовой?

Нет, — отвечали мне Джейн и Элиза, — они уже давно в гостиной.

Я бы предпочла принять их в менее официальной обстановке своей маленькой гостиной, а не в редко используемой большой. Войдя, я застала мужчин за столом, на котором лежали густо исписанные листы бумаги, браслет-змейка, миниатюры — моя и Тины — и книжечка в переплете винного цвета с рассказом «Жестокие пасынки».

При виде меня они встали, и по лицам Гая и Лоуренса я догадалась, что им стала известна ужасная история. Мистер Эллин был почти так же бледен и расстроен, как и его собеседники. После того, как мы сели, воцарилось молчание, которое, как я понимала, предстояло прервать мне. Я попыталась найти какой-нибудь тактичный подход к больной теме, но так ничего и не придумала. Тогда я спросила напрямую:

— Почему Эмма увезла Мартину? Я не могла заставить себя произнести ненавистное слово «похитила».

Не получив ответа, я изменила вопрос:

— Ведь это Эмма увезла Мартину? Вы убеждены в этом? Может быть, это ошибка?

Было очевидно, что мистер Эллин хочет, чтобы говорил Лоуренс. Но Лоуренс продолжал упрямо молчать. Тогда мистеру Эллину пришлось отвечать самому.

— Здесь не может быть никакой ошибки. Дополнительное доказательство тому обнаружилось сегодня вечером. Братья мисс Чалфонт признали, что она носила мужское платье во время поездки в Бельгию. По возвращении она приказала своей горничной не распаковывать ее чемодан. Та по ошибке ослушалась, а потом, не удержавшись, рассказала, что в нем обнаружила. Мистер Лоуренс Чалфонт, вернувшись из Южной Америки раньше, чем предполагала его сестра, узнал, что она позволила себе поехать за его вещами, не получив на то его разрешения. Дедушка и бабушка, раздосадованные решением Эммы поехать в Бельгию без слуг, были просто вне себя. Она отказалась назвать причину своей безумной выходки.

— Как вам пришло в голову, что Мартину увезли в Бельгию?

Мистер Эллин ответил мне почти так же, как Мартине, когда она задала тот же вопрос. Он добавил, что не станет утомлять меня описанием поисков Мартины, которая, вне всякого сомнения, сама расскажет мне о пережитых ею приключениях. Более важными представляется сообщение, сделанное ею, когда они сидели вдвоем в кофейной. Он записал ее слова. Мистер Лоуренс Чалфонт и мистер Гай Чалфонт прочитали и ее рассказ, и «Жестоких пасынков».

С этими словами мистер Эллин протянул мне бумагу, которую Мартина подписала в кофейне отеля «Шип».

Какая стояла тишина, пока я читала эти роковые строки! Даже дрова в камине перестали трещать, и ветер не барабанил по оконным стеклам холодными пальцами. Когда я отложила бумагу, все три моих собеседника хранили молчание. Снова пришлось говорить мне. Я вновь задала вопрос:

— Почему Эмма сделала это?

Они не ответили.

— Неужели она все еще хочет отомстить мне за мое замужество? Или за то, что я помогла отцу положить конец ее нежелательным знакомствам? Почему же, почему? Уехав из Груби-Тауэрс, я навсегда ушла из ее жизни — почему она пыталась причинить мне зло?

Послышался напряженный голос мистера Эллина:

— Причиной была не месть. Выбросьте это из головы раз и навсегда.

Оба брата глухо и мрачно эхом повторили его слова:

— Причиной была не месть.

— Тогда что же? — спросила я, не обращаясь ни к кому в отдельности.

Я ждала. Мысли мои путались. Дважды мистер Эллин пытался что-то сказать, но безуспешно. Наконец он заговорил, медленно и словно нехотя:

— Мы считаем, что побудительной причиной был страх.

— Страх? *СТРАХ?* При чем тут страх?

— Страх, без сомнения. Немного терпения, я попытаюсь объяснить свою мысль. Все мы — мистер Лоуренс

Чалфонт, мистер Гай Чалфонт и я — сами того не желая — пришли к выводу, что происхождение Мартины окутано тайной. Сами по себе ее слова можно расценить как плод детского воображения. Мистер Гай Чалфонт сказал мне, что никогда не слышал никаких разговоров о том, что Мартина — приемный ребенок. Но мистер Лоуренс Чалфонт признал — не без нажима с моей стороны, — что такой слух существовал, как он полагает, с легкой руки известной сплетницы миссис Тидмарш, которая упомянута в рассказе Мартины и, как я понял, в письме, полученном сегодня утром от миссис Мориарти.

Надеюсь, что мне послышалось, как Лоуренс высказал желание свернуть шею как одной, так и другой. Но без сомнения я заметила брошенный на него укоризненный взгляд мистера Эллина.

Сердце мое начало бешено колотиться. Мне казалось, я знаю, к чему все это клонится, и меня охватил невыразимый страх. Он не отпускал меня, пока мистер Эллин излагал результаты своей попытки отделить истину от лжи. Я слышала его слова, но их значение не доходило до меня.

— Мартина похожа на некоторых членов семьи Чалфонт, но, с другой стороны, миссис Чалфонт, ваша старая няня Энни, и — как я теперь понял — мистер Гай Чалфонт, глядя на двойную миниатюру в гостинице Грейт-Парборо, заметили иное сходство. У него, как и у Энни, не было причин считать это сходство чем-то большим, нежели случайностью. Я не стану высказываться по поводу замеченного Энни и мистером Гаем Чалфонтом сходства, пока мы несколько не продвинемся в вопросе об удочерении Мартины. Если предположить, что Мартина правильно поняла слова мистера Дирсли, то его заявление, что она ребенок не его и не его жены, равносильно признанию того, что ее удочерили. Если так, самое естественное предположить, что миссис Дирсли пожалела свою близкую и давнюю подругу, которая хотела найти дом для своего ребенка. После смерти миссис Дирсли молодая леди узнает о том, что мистер Дирсли и его приемная дочь утонули на пути в Америку. В критический момент, когда ее планы могут рухнуть, если эта история станет известна, молодая леди обнаруживает, что девочка живет у ее мачехи, с которой она и ее братья обошлись так несправедливо. Она не знает, что именно известно девочке и что она может рассказать, когда прервет свое загадочное молчание. Охваченная ужасом, молодая леди решает, что девочку нужно отвезти в другую страну, откуда, как можно надеяться, она никогда не вернется. Такая возможность представилась — и была использована.

Это прозвучало настолько логично, что только подтвердило мои неясные страхи. Так что же, было ли это похищение или Эмма лишь утвердила свое право поступать, как хочет, с тем, что принадлежит ей? Станет ли она, если решится, вновь предъявлять свои права на Мартину? Я была в отчаянии.

Мистер Эллин спокойно продолжал:

— Но этим рассуждениям прямо противоречит клятвенное заверение мистера Дирсли, что Мартина не дочь мисс Чалфонт, чего девочка так боялась.

— Конечно, нет! — прокричал Лоуренс. — Дурочка, как это могло ей придти в голову? Это немыслимо. Я знаю лучшие и худшие стороны Эммы. Пусть бы Дирсли и еще десяток человек вместе с ними клялись, что это так, я бы не поверил. И Гай бы не поверил.

— И я тоже, — сказал мистер Эллин.

Страх, всепоглощающий страх, оставил меня. Все остальное было темно для меня, ясно лишь одно: у Эммы нет прав на Мартину. Мистер Эллин тем временем заговорил снова.

Он продолжал:

— Мистер Лоуренс Чалфонт не может вспомнить, где или как он впервые услышал, что Мартина, очевидно, приемный ребенок, поскольку всем известно, что у миссис Дирсли не могло быть детей. Он не придавал никакого значения пустым разговорам, пока сегодня одна фраза в письме миссис Мориарти не навела его на мысль, не было ли это известно и его бабушке. Он присутствовал при визите миссис Тидмарш в Парборо-Холл, когда гостья вдруг безо всякой связи с темой разговора, заметила, что малышка Дирсли удивительным образом напоминает Гая, каким он был, когда она увидела его впервые, — маленького мальчика в платьице. Миссис Грэндисон, не обнаружив и признаков замешательства, ответила, что она никакого сходства не замечает. После ухода гостьи она с необычной для себя резкостью заметила, что некоторые горазды находить сходство там, где его не существует. Между тем, сходство существовало независимо от того, замечала его миссис Грэндисон или нет. Мистер Лоуренс Чалфонт ясно увидел его, когда я сегодня вечером привел Тину. И, если не ошибаюсь, вы тоже заметили сходство.

Я с трудом ответила:

— Тина похожа на портреты Гая в картинной галерее в Груби-Тауэрс, написанные, когда ему было семь и десять лет. Меня всегда завораживало это сходство, которого я не могла объяснить. Сходство заметное, оно бросилось в глаза одной из учениц мисс Уилкокс, когда Гай впервые появился в Клинтон-Сент-Джеймс.

— Как же, в таком случае, расценить слова миссис Дирсли «У тебя больше на него прав, чем у меня», которые она произнесла, отдавая Мартине браслет-змейку? Они указывают на какое-то родство, причем не обязательно матери и дочери.

До сих пор я думала, что мне понятен ход мыслей мистера Эллина, теперь совсем запуталась. Я посмотрела на Лоуренса и Гая, удивляясь, что они не радуются тому, что доброе имя их сестры очистилось от подозрений. Они избегали моего взгляда, потому что знали, чего ждать, и предстоящее было еще хуже, чем уже сказанное. Измученные и несчастные, они не поднимали глаз от пола. Голос мистера Эллина доносился до меня словно издалека.

— Миссис Чалфонт, ваши пасынки только что прочли любопытный рассказ об одной молодой леди, которая нанимала дом вместе со своей замужней подругой неподалеку от дома своего отца. Она приехала поддержать отца во время родовой горячки мачехи. Девочка родилась мертвой, и отец молодой леди хотел, чтобы дочь занялась устройством похорон. Спустя несколько часов дом, в котором жила молодая леди со своей подругой, опустел. Молодая леди вернулась домой, а подруга поехала к мужу в Париж. Потом подруга возвратилась в Англию с младенцем и пошли слухи, что ребенок не ее. Когда девочка стала старше, местная сплетница заметила ее сходство с членами семьи молодой леди. С другой стороны, старая няня считает, что она похожа на ваших племянниц, миссис Чалфонт, и, возможно, на вас тоже.

В этот момент память нарисовала мне картину: на Рождество Тина сидит на коврике перед камином в маленькой гостиной Энни, а та с замешательством разглядывает ее. То же самое замешательство можно было прочесть на лице Энни, когда она час назад собирала морские сокровища Тины, которая, гордо продемонстрировав их нам, уснула, убаюканная вечерним псалмом. Эти картины сменились другой: Диана Грин обращается ко мне: «Она сильно изменилась, миссис Чалфонт, она сделалась похожа на вас...»

Я вскочила на ноги, но тут же снова опустилась на стул с криком:

— Я не понимаю! Это невозможно!

— На мой взгляд, возможно, — возразил мистер Эллин.

Я была ошеломлена, растеряна, не верила своим ушам.

— Следует предположить, что бездетная миссис Дирсли была одержима желанием иметь ребенка. Она была рядом, когда выяснилось, что младенец, считавшийся мертворожденным, жив. Мы не знаем точно, как ей удалось обнаружить это и как она ухитрилась завладеть ребенком. Она вскоре оставила дом, который нанимала, и уехала в Париж. Где-то на пути младенец был окрещен в церкви в двух шагах от гостиницы, в которой останавливалась эта мнимая мать. При необходимости церковь будет легко найти, хотя маловероятно, что подобная необходимость возникнет.

Комната потемнела вокруг меня. Лоуренс и Гай не шевелились и не поднимали глаз. Далекий голос продолжал:

— У миссис Дирсли должна была быть сообщница.

Как сквозь туман я увидела бледные лица Лоуренса и Гая. Я хотела что-то сказать, но не могла.

— Но миссис Дирсли уже не может помочь нашему расследованию. Никто не может сделать этого, кроме ее сообщницы. Как вы отнесетесь к сообщнице, которая признается в причастности к преступлению?

— С милосердием, — ответила я, — ей ничего не грозит с моей стороны.

— Вы уверены в этом? Можете поклясться?

— Клянусь вечным блаженством.

— Спасибо, — запинаясь, сказали Лоуренс и Гай.

— Сообщница может не захотеть признаваться. Но есть способ получить доказательство без ее помощи. Нам потребуется разрешение мистера Августина Чалфонта, если мы собираемся получить нужное доказательство. Его братья уверили меня, что он не откажет. После этого мы сможем встретиться с сообщницей и обвинить ее в соучастии в преступлении.

Осторожно, удивительно осторожно мистер Эллин рассказал мне, что они собираются сделать. Меня била сильная дрожь, бросало то в жар, то в холод. Наконец я разобрала несколько слов, сказанных Лоуренсом:

— Нам нужно завтра как можно раньше отправиться в Груби-Тауэрс.

Затем что-то говорил Гай, следом за ним мистер Эллин, затем снова Лоуренс, но мне уже не под силу было понять, о чем идет речь. Слова потеряли смысл. Ничего не осталось, кроме водоворота бессвязных мыслей, сменявших одна другую...

Я услышала, как позади меня закрылась дверь гостиной, и с удивлением осознала, что мистер Эллин и я остались одни. Мистер Эллин надевал пальто, собираясь идти домой. Я принялась неловко благодарить его за все, что он сделал. К моим слабым изъявлениям благодарности примешивались сентиментальные излияния, которые вдруг сменились сожалениями, что Тина повела себя так неожиданно по отношению к моим бедным пасынкам.

— Женщины всегда ухитрятся все испортить! — последовала весьма нелюбезная реплика мистера Эллина. В обычных обстоятельствах я сочла бы своим долгом оспорить такое сомнительное утверждение, но обстоятельства были настолько далеки от обычных, что я сочла за лучшее не говорить ничего.

— Вот обезьянка! — сказал он. — Если бы она не выпустила джина из бутылки, дело было бы в шляпе.

Тут он слегка улыбнулся и замолчал, чтобы не запутаться окончательно в нагромождении образных выражений. Я видела, как он устал и голоден и как ему все же не хочется возвращаться в свое одинокое жилище, и забеспокоилась, в состоянии ли пожилая чета Браунов как следует вести его хозяйство. Усилием воли подавив беспокойство, я снова принялась благодарить его, на этот раз, надеюсь, более соответственно тому, что ему хотелось бы услышать. Он помедлил в открытых дверях.

— Еслы сможете, скажите несколько слов в утешение бедным мальчикам. Боюсь, им пришлось нелегко со мной. Лоуренс пытался оправдать свою сестру и миссис Дирсли их юным возрастом. *ЮНЫМ ВОЗРАСТОМ!* — Ха! Трехлетнему ребенку известна разница между *meum* и *tuum*.

Я пообещала мистеру Эллину сделать все, что в моих силах. Тут его охватило беспокойство и тревога по поводу того, что ему и моим пасынкам предстояло сделать.

— Арминель!

Он в самом деле назвал меня так, я не ослышалась, и даже настолько пришла в себя, что слегка удивилась такой вольности.

— Арминель, вы не будете слишком винить меня, если наша завтрашняя миссия будет безрезультатной, если она окажется ошибкой? Будете ли вы помнить, что я действовал, пусть даже ошибочно, но из лучших побуждений?

— Как вы можете сомневаться во мне, Уильям? — ответила я. — Бог даст, ваши усилия увенчаются успехом. Я же всегда буду испытывать глубокую благодарность к вам, вне зависимости от вашего успеха или неудачи.

Он ушел. А я отправилась утешать своих пасынков. О подробностях нашей беседы предпочту умолчать.

ГЛАВА ПЯТНАДЦАТАЯ

Бывают сны мирные и сны пугающие. Какие именно посещали меня в эту ночь? Я не могу найти ответа на этот вопрос. Знаю только, что до рассвета я бродила то у пурпурных стен, окружавших Груби-Тауэрс, то среди поросших травою холмиков и осыпающихся каменных плит погоста Груби, ища нечто бесконечно ценное, но утерянное мною. Под утро я в изнеможении уснула и проснулась от странных звуков, раздававшихся в соседней комнате.

Вскочив с постели, я поспешила туда и застала Тину, исполнявшую танец дервиша.

— Я праздную возвращение домой, — объяснила она и, сделав заключительный пируэт, бросилась на кровать. — А эти Эммины братья уже уехали?

— После завтрака они с мистером Эллином отправятся туда, где я когда-то жила, в Груби-Тауэрс.

— Зачем?

— Они хотят выяснить, почему Эмма увезла тебя. Ты должна быть добра к ним, Тина, потому что им сейчас плохо. Им горько оттого, что Эмма так нехорошо поступила.

— Хм! — только и ответила Тина, воздержавшись от каких бы то ни было обещаний. — Может быть, и я когда-нибудь стану называть их Лоуренсом и Гаем, как вы.

— Хорошо.

— Но я спущусь к завтраку в последнюю минуту, потому что не хочу их видеть.

Она снова принялась танцевать, а я ушла к себе в комнату, радуясь, что она так скоро пришла в себя после всех злоключений. Пасынки мои, не в пример ей, имели плачевный вид. Было совершенно ясно, что их сны, как и мои, были не из приятных. Я была рада отсутствию Тины, поскольку без нее братья могли рассказать подробно о самой важной причине, побудившей Эмму совершить этот отчаянный поступок, — о страхе всеобщего осуждения. На эту причину мистер Эллин лишь слегка намекнул, говоря об угрозе будущему браку молодой леди; но сейчас, когда мы оказались одни, братья Эммы, до тех пор стыдившиеся рассказать то, что, по их мнению, мне нужно было знать, сообщили следующее: в зрелом возрасте, в тридцать лет, Эмма заключила помолвку. Она не раз бывала помолвлена и прежде, говорили они, и претендентами на ее руку были весьма достойные люди, которые затем, увидев ее дикие выходки или услышав о них, отказывались от своих притязаний. Дедушка и бабушка жаждали видеть любимую внучку замужем за таким человеком, который, как они надеялись, сумел бы обуздать ее капризный нрав, чего еще никому не удавалось. Расстроившиеся одна за другой помолвки привели их в состояние, близкое к отчаянию, как вдруг словно с небес явился новый претендент на руку Эммы в лице графа Орлингтона, владевшего землями на севере Шотландии и подвизавшегося на дипломатическом поприще, что почти постоянно удерживало его за границей.

— Будет очень жаль, если эта история с Мартиной выплывет, прежде чем Эмма получит свою добычу, — произнес Лоуренс: иногда все же сказывалось его долгое пребывание вдали от цивилизации.

— Она помолвлена с Орлингтоном? — удивленно спросила я.

— А, значит, вы с ним знакомы? — ответили они вопросом, удивленные не меньше меня.

— Это мой кузен, — сказала я. — Но мы не виделись с тех пор, как были детьми. Его мать, моя тетушка Генриетта, давно уже умерла, а Хэмиш и его покойный отец после ее смерти редко бывали в Англии.

Их замешательство возросло еще больше — если это вообще было возможно. Как уже было известно мистеру Эллину из рассказа миссис Тидмарш, помолвка была пока неофициальной, но в недалеком будущем должна была быть объявлена, если...

— Мы должны сделать все, что в наших силах, чтобы не допустить никакого «если», — сказала я им, и в ответ в их глазах блеснула благодарность. Вошла Тина, и наш разговор прекратился.

Помня мои наставления, она достаточно вежливо приветствовала нежеланных гостей, прежде чем занять место за столом, но, усевшись, разглядывала их ревниво и подозрительно. К концу завтрака, однако, ее чувства взяли верх над правилами приличия. Я услышала, к своему огорчению, как она холодно и сурово обратилась к Лоуренсу:

— Надеюсь, вы не собираетесь похитить мистера Эллина, — сказала мисс Тина.

Лучше бы я не говорила столько о Тинином добром нраве! Но Лоуренс ответил достойно:

— Даже не думали. Мистер Эллин, наверное, стал бы сопротивляться посильнее, чем ты.

— Я сопротивлялась изо всех сил, — обиженно возразила Тина, сразу упав духом. На глазах у нее выступили слезы; но она только сморгнула их и откусила кусок хлеба с медом. Я подумала, что она стала относиться к Лоуренсу, как к врагу, заслуживающему уважения: она больше не нападала на него и даже снизошла до того, чтобы вместе со мной проводить братьев до двери, когда за тремя путешественниками прибыл экипаж, который должен был отвезти их на железнодорожную станцию в Барлтон. Не успели мы помахать им вслед, как появился Ларри с просьбой дать ему выходной. Питер, как он объяснил, вполне в состоянии в его отсутствие присмотреть за лошадьми молодых хозяев. Питер был старшим племянником Джейн, которого только что наняли помогать Ларри ухаживать за садом.

Можно было не смотреть, как Ларри направляется к фермеру Джайлсу одолжить коня, и без того было ясно, что он собрался в Валинкур осматривать будущее поле деятельности. Мне искренне хотелось, чтобы ему повезло, и, сделав вид, что ни о чем не догадываюсь, я отпустила его.

Как только Ларри ушел, я услышала подобную же просьбу от Тины — вдохновленная примером Ларри, она попросила освободить ее от уроков, чтобы она могла, по ее собственному выражению, «привести мысли в порядок».

— Ведь они все сделались кверх ногами, тетя Арминель, и мне бы хотелось сесть и привести их в порядок. А вечером я, может быть, вместе с вами схожу в гости к бабушке Джейн и подарю ей шаль. Джейн говорит, она просто до луны подскочит от радости, когда получит такой подарок, да еще с такой романтичной историей. Я-то не вижу ничего романтичного в том, что тебя душат шарфом и суют в сиротский приют, где все девочки ходят стрижеными. Но Джейн, наверное, думает иначе.

В этот день некогда было сидеть и раздумывать. Через две минуты Тина спросила, где ее «Вопросы» Маньяла.

— Мистер Эллин сказал, что он купил для меня эту книгу, — объяснила Тина. — Не могу понять, то ли он шутил, то ли говорил всерьез. Если всерьез, я сразу же начну учить Элинор и Розамунду. В последнее время я их совсем забросила, и сейчас нужно заниматься с ними как можно больше, пока я не выросла и не перестала играть в куклы. Где книга, тетя Арминель, вы не знаете?

— В комнате для шитья, — ответила я, не подумав. Я хотела, чтобы Тина еще некоторое время не знала, как преобразилась комната. Я думала, будет лучше уберечь ее от лишних волнений после того, что она только что пережила — но опомнилась слишком поздно. Тина проворно побежала в комнату для шитья. Оттуда донесся ее удивленный голос:

— Тетя Арминель, что это? Может быть, я сплю? Ведь это классная комната из «Рощи». Кто прислал все эти вещи? Как это случилось?

Я объяснила ей, что мистер Эллин во время пребывания в Грейт-Парборо сумел добраться до «Рощи» и купил там обстановку ее классной комнаты. Возчик привез вещи на телеге, а мы с Гаем расставили их, как сумели.

— Вам помогал Гай? Тогда я все переставлю. Не хочу, чтобы Гай трогал мои вещи и ставил их не так, как нужно.

— Как же нам с Гаем не повезло! — сказала я. — Мы так старались, чтобы тебе понравилось.

— Если вы покажете мне, какие вещи ставили вы, я не буду их трогать. Я хочу только поменять местами все, что ставил Гай, каждую вещь. Мне не нравится Гай. Он один из ваших жестоких пасынков, и нечего ему называть вас «мадре». Джейн говорит, он поживет здесь какое-то время. Не знаю, зачем он приехал, я не хочу, чтобы он тут был.

Да, ревность все еще не унялась в добром сердце Тины. К счастью, ее мысли вдруг изменили направление при виде книги, хотя ею оказались не «Вопросы» Маньяла, а «Фантазмион» Сары Кольридж [1]. Тина схватила ее с радостным воплем:

— Посмотрите, тетя Арминель! Посмотрите! Мой «Фантазмион»! Я думала, что она пропала. Мисс Мэрфи отобрала ее у меня. Она сказала, что это самая невероятная чепуха, какую ей только доводилось видеть, что она потрясена тем, как дочь великого поэта могла написать такую ерунду. Она забросила книжку на верх шкафа, откуда я не могла ее достать, и сказала, что мне нельзя ее читать и всегда будет нельзя. Но ведь сейчас уже можно, тетя Арминель? Разве я все еще должна слушаться мисс Мэрфи?

— Конечно, читай. Я подарила не одну такую книгу своим племянникам и племянницам. Это замечательная сказка, а такие песни и стихотворения могла написать только дочь Кольриджа. Но, боюсь, эта история может встревожить тебя.

— Ничего, мне нравится то, что может встревожить. Ой, как хорошо! — запрыгала Тина.

— Кто ее тебе подарил? — спросила я.

Восторги Тины вдруг утихли.

— Гай, — тихонько ответила она.

— Как это случилось?

— Однажды в жаркий день мама взяла меня с собой в Парборо-Холл. Эмма отправила меня в оранжерею, пока они с мамой будут разговаривать. Я была в оранжерее страшно долго и чуть там не изжарилась. Я не плакала, — заметила Тина с достоинством, — но собиралась заплакать. Гай увидел меня сквозь стеклянную дверь, когда отправлялся в деревню. Он принес мне стакан ледяного лимонада и сказал, что идет в книжную лавку и там поищет для меня книжку. И принес «Фантазмион». Гай прочитал мне вслух кусок, в котором прекрасная дева при лунном свете плывет в легком челне по темному озеру. У нее волшебная сеть, которой она ловит радужных рыб, сверкающих, как драгоценные камни. Она пускает рыб в серебряный кувшин и уносит. Когда Гай отдал мне книгу, чтобы я читала сама, я начала с самого начала. Мисс Мэрфи всегда велела мне читать с начала — она говорила, что плохо начинать с середины. Но мама пришла за мной, прежде чем я дошла до того места, где было написано про деву с серебряным кувшином. А как только я появилась с книгой в классной комнате, мисс Мэрфи отобрала ее. Так я и не узнала, что эта дева сделала с рыбами — и не знаю до сих пор.

Ревность растаяла, как утренний туман. Я больше не слышала от Тины, что ей не нравится Гай. Лоуренс тоже оказался в милости, потому что, разыскивая любимые вещи, она обнаружила замечательный нож, который Лоуренс весьма неосмотрительно подарил ей и который мисс Мэрфи тут же запретила когда-либо открывать. Я с ужасом увидела бесчисленное множество лезвий и как можно мягче заметила, что в отношении ножа запреты мисс Мэрфи продолжают действовать. Как счастлива была Тина, как занята целый день! Она то погружалась в «Фантазмион», то перебирала вновь найденные сокровища, то дарила вместе со мною свои шаль и капор слугам, а после радостно встречала своих товарищей по играм, Рэндолфов, которые

209

примчались в «Серебряный лог», как только кончились уроки. Когда настал вечер и Рэндолфы отправились домой, воцарилась благостная тишина. Расставшись с друзьями, Тина пошла следом за мной в комнату Гая, куда я решила отнести еще несколько вещиц, которые, как мне думалось, могут ему пригодиться. Она была озадачена, увидев томик Скелетта «Проповеди», который Лоуренс разыскал в Валчестере и подарил брату из озорства. Тина торопливо положила книгу на место и направилась к двери:

— Никогда бы не подумала, что скелеты могут писать проповеди. Какой ужас!

Оказавшись вместе со мной в маленькой гостиной, она снова захотела узнать побольше о том, зачем мистер Эллин и мои пасынки отправились в Груби-Тауэрс.

— Мне казалось, вы говорили, они поехали выяснить, зачем Эмма похитила меня. Но ведь Эмма не живет в Груби-Тауэрс. Она живет в Парборо-Холл.

— Они хотят повидаться со своим старшим братом, прежде чем встретятся с Эммой.

— Зачем?

— Не могу сказать тебе этого сейчас. Это тайна. Возможно, ты узнаешь ее, когда мистер Эллин вернется.

— А возможно, и нет?

— Возможно, и нет.

— Они вернутся завтра?

— Кажется, да.

— Тайна хорошая?

— Еще не знаю.

Тина вздохнула и перестала задавать вопросы.

— Завтра я буду очень занята, и мне бы нужен еще один свободный день.

— Нет, дорогая, так не получится.

— А я думаю, получится. Завтра мне надо будет решить, какие вещи я отдам. Мне кажется, у меня всего слишком много, и я хотела бы поделиться с друзьями. Я не могу решать это сегодня, наспех.

Мне никогда не казалось правильным, что некоторые родители пытаются научить своих детей не быть эгоистичными, убеждая их и даже заставляя отдавать дорогие для них вещицы другим детям или на благотворительные цели.

Такая щедрость по принуждению, на мой взгляд, совершенно бесполезна. Но когда ребенок отдает что-то от души, добровольно, безо всякого нажима, это поистине бесценный дар. Несмотря на все свои тревоги, я порадовалась этому проявлению Тининой доброты; а на следующий день меня еще больше порадовало то, что она в своей щедрости раздавала не только безделушки, которые не были ей дороги, а, напротив, дарила друзьям вещи, несомненно, для нее ценные. Например, изящные красно-белые шахматы Тина отдала Ансельму, который играл в шахматы со своим отцом, но собственных шахмат у него не было. Сама Тина в шахматы не играла, но каждая фигура для нее обладала индивидуальностью и имела свою биографию, даже у каждой пешки было собственное имя, которое Тина с любовью помнила с дней, проведенных в «Роще». Тем не менее, шахматы должны были достаться Ансельму, потому что это был прекрасный, к тому же самый подходящий для мальчика подарок, кроме, конечно, ножа, который следовало сохранить, на случай, если Лоуренс о нем спросит. Цитра, на которую Элизабет, как показалось, поглядела мечтательно, тут же была ей вручена, а маленькая Анна пришла в восторг, получив кукольный чайный сервиз из тончайшего розового фарфора. Племянники и племянницы Джейн и Элизы тоже не были забыты, а Ларри была вручена полная разных сокровищ коробочка, чтобы он отнес ее домой своей маленькой Шарлотте.

Но день, когда Тина вбежала в бывшую комнату для шитья, и день, когда она раздавала подарки, были разделены второй ужасной ночью, полной снов; в них я снова бродила у пурпурных стен и видела призрачный катафалк, который летел на меня, становясь все ближе и ближе, пока я не проснулась в ужасе.

Проснулась — ради чего? Ради невыносимого ожидания, которое должно было продлиться, по крайней мере, как я полагала, еще три-четыре дня, пока мистер Эллин и мои пасынки не продолжат свое путешествие из Груби-Тауэрс в Парборо-Холл и не вернутся в «Серебряный лог» сообщить об успехе или о провале своей миссии. Что ж, ничего не поделаешь, предстояло, сколько хватит сил, выдержать и это ожидание.

Мои тревоги еще усилил визит мистера Уилкокса, который гостил у своих сестер в «Фуксии» и не мог упустить возможности заполучить то, что газетчики именуют «сенсацией». Перед отъездом мистер Эллин предупредил меня, чтобы я не делала никаких заявлений для прессы. Повинуясь его приказу, я отказалась сообщить мистеру Уилкоксу какие бы то ни было сведения, в то же время проявляя всяческую любезность в надежде заручиться его молчанием. Тщетная надежда! Джейн и Элиза были воплощенная осмотрительность; но человек, который привез мистера Эллина и Тину домой, слышал, как Тина назвала имя миссис Смит и уловил сказанные мистером Эллином на пороге дома слова «сиротский приют в Бельгии». На этом скудном фундаменте мистер Уилкокс воздвиг сложнейшее, от начала до конца вымышленное построение о том, как некая фанатичная католическая дама, подруга покойного мистера Конуэя Фицгиббона и его жены, не могла со спокойной совестью оставить их ребенка в руках протестантов. Впоследствии нам с мистером Эллином довольно сложно было опровергнуть эту нелепую выдумку. Более того, среди наших знакомых есть и такие, кто верит в нее и по сей день. По счастью, я оставалась в неведении относительно того, что зародилось в пылком воображении мистера Уилкокса по окончании совершенно пустой, как мне казалось, беседы!

Никто не разделял моей тревоги. Ларри — который казался на два дюйма выше и шире после своего выходного дня — трудился в саду, с хозяйским видом, подобающим будущему кучеру в Валинкуре, причем до такой степени запугал бедняжку Питера, что я была рада, когда увидела, как ужасный ножик, подарок Лоуренса, исчез в Питеровых карманах — это Тина услышала обвинения, которые сочла несправедливыми, пришла в возмущение и подарила ножик. Энни, чуть подремывая, наслаждалась жизнью. Джейн и Элиза весело болтали в кухне — нетрудно было догадаться, что служило предметом их оживленной болтовни! Тина, среди своих разнообразных занятий снова и снова принималась читать наизусть описание радуги Джеймса Томсона[2], которое ей велела выучить мисс Спиндлер в это утро. Мне думается, стихотворение захватило ее, поскольку впоследствии я слышала эти строки десятки раз:

...И первый — Красный, как огонь,
Что рвется ввысь; Оранжевый за ним;
А после — Бледно-желтый, за которым
Сияет нежной свежестью Зеленый.
Небес осенних тихую печаль
Льет Голубой, сгущаясь постепенно
До состоянья плотной Синевы,
Чтоб, вспыхнув Фиолетовым лучом,
Последним в этой семицветной гамме, —
Угаснуть вовсе...

Возможно ли, задавалась я вопросом, что меня ждет переливающееся радугой счастье?

ГЛАВА ШЕСТНАДЦАТАЯ

Что же тем временем поделывали мистер Эллин и его спутники? Впоследствии он называл это путешествие самым тягостным из всех, какие ему приходилось совершать. Лоуренс и Гай не говорили почти ни слова; они выглядели настолько подавленными и мрачными, что прочие пассажиры с любопытством их разглядывали. Мистер Эллин искренне полагал, что братьев принимали за не опасных для окружающих душевнобольных, а его самого — за их сопровождающего. По прибытии в Груби мистер Эллин расположился в гостинице, ожидая, что решит Августин, выслушав рассказ братьев.

Спокойный и собранный, на взгляд стороннего наблюдателя, мистер Эллин сидел у окна, выходившего на стены Груби-Тауэрс. Его внимание привлекла одинокая всадница, скакавшая в том же направлении. Когда она подъехала поближе, мистер Эллин отметил ее великолепное умение держаться в седле; что-то в ней напомнило ему рассказ Маргарет о высокой даме в черном, расспрашивавшей ее на морском берегу. Мистер Эллин разглядел лицо наездницы — неподвижное, застывшее, — оно, казалось, было вырезано из алебастра. Прямая, с высоко поднятой головой, она исчезла в зимнем тумане.

Через час явился Лоуренс, бледный и угрюмый.

— Августин согласен, чтобы мы предприняли расследование, которое вы предложили — мы должны совершить его сегодня ночью, чем раньше, тем лучше. Убеждать его пришлось довольно долго, но в конце концов он согласился. Он не видел ни статьи Уилкокса, ни ваших просьб дать сведения о так называемой Матильде Фицгиббон, поэтому все это оказалось для него тяжелым ударом. Не стоит винить Августина, что он сопротивлялся так долго.

Мистер Эллин выразил свое согласие. Он тоже считал, что из-за сильного потрясения Августин не мог сразу принять решение.

— Но Августин поставил два условия. Если сегодняшнее расследование выявит ошибочность ваших предположений, он не допустит никаких дальнейших розысков относительно происхождения Мартины. Больше не должно быть никаких упоминаний о том, что Мартина, может быть, и не дочь Тимона и Гарриет Дирсли. Нельзя будет впрямую расспросить Эмму о причине или причинах насильственного увоза Мартины. Придется согласиться с мыслью, что она сделала это единственно от того, что хотела забрать дочь своей умершей подруги из-под опеки собственной мачехи, которую всегда ненавидела. В ответ на наше обещание скрыть от всех преступный и безумный поступок Эммы, ее заставят поклясться, что она никогда и никоим образом больше не станет вмешиваться в дела своей мачехи. Одобряете ли вы эти условия и принимаете ли их, будучи доверенным лицом миссис Чалфонт?

Мистера Эллина поразило, до какой степени точно Лоуренс воспроизводит заявления Августина: сухой язык законника был совершенно иным, чем речь самого Лоуренса. Сухо и сдержанно представитель миссис Чалфонт дал ответ:

— Я полностью одобряю и принимаю эти условия.

Исполнив свою обязанность, Лоуренс тут же стал самим собой:

— Не знаю, вдруг это спутает нам все карты — но моя сестра не в Парборо-Холл. Она здесь, в Груби-Тауэрс.

— Мисс Чалфонт находится здесь? — спросил мистер Эллин, не слишком удивленный этим сообщением.

— Да. Приехала несколько дней назад. Представить не могу, что ее сюда принесло. Она никогда не была в хороших отношениях с миссис Августин. Эмма бывает здесь нечасто — и, как правило, визиты ее завершаются настоящими сражениями.

Мистер Эллин не счел нужным отпускать какие-либо замечания по поводу отношений между невесткой и золовкой.

— Безусловно, это удача, что мисс Чалфонт приурочила своей визит к нашему. Нам не придется ехать в Грейт-Парборо.

— Не знаю, можно ли назвать это удачей, — последовал мрачный ответ Лоуренса. — На мой взгляд, Эмма выглядит подозрительно, словно что-то задумала. Она, по меньшей мере, три раза ездила верхом в Шардли, причем всегда без спутников. Как вам кажется, может ли быть, чтобы она там встречалась с кем-то, кто знает о том, что вы предпринимаете?

Мистер Эллин объявил, что это в высшей степени невероятно. Он никого не знает в Шардли.

— Как бы то ни было, — сказал Лоуренс, она что-то затевает, не одно, так другое — уж мне-то знаком этот ее вид.

Мистер Эллин, имевший некоторое представление о характере Эммы, подумал, что такое предположение весьма похоже на правду. Он спросил, посвятил ли мистер Августин Чалфонт свою жену в то, что должно произойти этой ночью.

— Надеюсь, что нет, если он не хочет, чтобы вся затея сорвалась — тысячу раз нет! Иначе она непременно хлопнется в обморок в самый неподходящий момент. Ей можно рассказать обо всем после, но заранее — ни за что! Неизвестно, к чему это приведет. С женщинами всегда сложности.

В следующие несколько секунд мистер Эллин представлял себе в красках сцены, которые могут разыграться в Груби-Тауэрс, узнай миссис Августин о том, что должно произойти под покровом тьмы. Лоуренс прервал эти кошмарные видения.

— Августин сказал Софии, что наша мачеха поручила своему другу обсудить с нами неотложные дела. Он просил жену распорядиться, чтобы гостевая комната была приготовлена для этого друга, который должен появиться так поздно, что слуг можно отпустить спать. Все было сказано между прочим, чтобы про визит случайно не упомянули при Эмме, которая вряд ли обрадуется, услышав о том, что ее мачеха общается с владельцами Груби-Тауэрс. Не хочу и думать, что она устроит, когда узнает — а она непременно узнает — про наше примирение с миссис Чалфонт. Однако будь что будет: надо думать о том, что нам предстоит сделать сейчас. Как я уже сказал, вид у Эммы подозрительный. Ее вряд ли удивит, что после двух лет за границей мы неожиданно заехали в свой прежний дом, но, услышав о вашем присутствии, она непременно доставит нам какую-нибудь неприятность.

— Каким образом?

— Откуда мне знать?

— Это невозможно.

— Возможно, иначе Эмма не была бы Эммой. Давайте оставим это, лучше я расскажу вам, что решил сделать Августин. Мы не можем совершить задуманное, пока дамы не отойдут ко сну. В это время вам будет поздно покидать «Герб Груби» — там рано ложатся и рано встают. Августин предлагает, чтобы вы поужинали в гостинице и явились в Тауэрс часов в девять. Один из нас зайдет за вами и проводит вас в библиотеку, где можно будет подождать, пока Августин не сочтет, что идти на церковный двор вполне безопасно. Он предупредил жену, что наши дела могут затянуться допоздна.

После ухода Лоуренса мистер Эллин был предоставлен самому себе. Он поужинал, попробовал занять себя старой газетой, затем принялся ждать со всем терпением, на которое был способен. Ожидание не было приятным. Мистер Эллин чувствовал, что и его в какой-то мере захватил всеобщий ужас перед Эммой. Он был почти готов к тому, что вдруг может очутиться лицом к лицу с ней самой, преисполненной ярости из-за того, что нашелся человек, осмелившийся противостоять ее воле. Пока внизу слышался веселый смех и гомон, мистер Эллин не ощущал одиночества, но мало-помалу все стихло, дом погрузился в молчание, нарушаемое лишь тиканьем больших стоячих часов в гостиной и криками совы в гостиничном дворе. Мистер Эллин в десятый раз взглянул на часы, но на этом его испытания закончились — появился средний из братьев Чалфонт.

Одно бдение сменилось другим. Они вошли в Груби-Тауэрс через боковую дверь, затем мистер Эллин был препровожден в библиотеку. Там он продолжил ожидание в обществе фамильных портретов — не тех, что висели в галерее, а тех, что располагались в пространстве между солидными дубовыми книжными шкафами, выстроившимися вдоль стен. В ту ночь с мистером Эллином произошло то же, что бывало прежде и со мной: один портрет привлек его особое внимание. Но на этот раз то был не портрет девочки, а портрет молодой, удивительно красивой женщины, неприязненный взгляд которой был устремлен прямо на него. Напрасно он пытался перевести взгляд на другие портреты: вновь и вновь на него смотрели злые глаза. «Я одолею тебя! — говорил этот взгляд. — Я тебя одолею!»

Библиотека — мистеру Эллину это не было известно — находилась в дальнем крыле дома, чтобы ничто не могло помешать чтению. Теперь он был бы рад услышать и тиканье старых часов, и крик совы, но тишина стояла полная, а глаза на портрете продолжали с угрозой глядеть на него. Мистер Эллин вздрогнул, когда открылась дверь, но вошла не Эмма, а три закутанные в плащи мужские фигуры, самый высокий из вошедших нес в руке потайной фонарь.

Мистер Эллин встал и последовал за ними. Выйдя из дома через тот же боковой вход, они оказались в густой аллее. Аллея привела их к воротам парка, через который они прошли насквозь. От выхода серой лентой тянулась дорога. За нею мистер Эллин различил покойницкую и невдалеке за нею смутные очертания церкви. На церковном дворе высилось строение, какого мистеру Эллину никогда не доводилось видеть — и, как он надеялся, больше не доведется. При свете фонаря он разглядел сооружение, всегда внушавшее мне ужас, — фамильную усыпальницу в ложно-классическом стиле с колоннами по обеим сторонам от входа. Рядом росли огромные тисовые деревья, покрытые густой темной листвой.

Августин вставил в замок огромный ключ. Ключ со скрипом повернулся, дверь открылась. Внутри было еще темнее. Они вошли, сразу ощутив запах разложения и смерти. Августин поднял фонарь повыше и осмотрелся.

— Вот он, насколько я помню, рядом с гробом отца. — сказал он. — Подержите кто-нибудь фонарь.

Августин порылся в карманах, ища отвертку, вытащил ее — и остановился.

— Не могу. — сказал он. — Может быть, ты, Лоуренс?

Но Лоуренс, этот отважный путешественник, только вздрогнул и отрицательно покачал головой. Взглянув на бледные лица братьев, мистер Эллин подумал, что, пожалуй, ему придется взять на себя то, что должны бы сделать сами Чалфонты. Но тут Гай шагнул вперед, вставил отвертку в щель и поднял крышку. Все, кроме Августина, заставили себя заглянуть внутрь. Их взорам предстала лишь истлевшая детская одежда, которую Гай, мертвенно-бледный, но настроенный решительно, медленно развернул. Из остатков детской рубашечки и фланелевой пеленки выпала книга. Лоуренс издал резкий звук — не то свистнул, не то вздохнул. Остальные молчали. Гай осмотрел остатки одежды. Младенца здесь явно никогда не было.

Лоуренс заговорил первым, хотя это вряд ли можно было назвать речью — слова перемежались взрывами дикого хохота.

— Должно быть, это пропавшая у отца книга, та самая, о которой Тина писала в «Жестоких пасынках». — Он разнял сырые, выцветшие страницы. — Но что это? Что это? Вот это да! «Шведские поэты XVIII века» мистера У. Р. Э. Эллина, да ведь это же вы написали! Подумать только, книга была совсем рядом — а он так и не узнал об этом!

Августин раздраженно перебил его:

— Ты выбрал неподходящее время и место для шуток. Опусти крышку, Гай. Мы должны оставить все в точности, как было.

Лоуренс, изумленно глядя на него, положил книгу.

— Но зачем? Если здесь никогда не был похоронен младенец, что за нужда?..

Августин, как уже убедился мистер Эллин, был аккуратен и педантичен во всех отношениях. Даже понимая, что нет смысла длить обман, он был не в силах оставить гробик открытым, а его содержимое разбросанным. Он сделал нетерпеливое движение. Сначала Гай укладывал обратно в гроб книгу и остатки одежды, потом Лоуренс закрывал крышку, Августин и мистер Эллин стояли в ожидании. Все вышли из усыпальницы. Августин запер дверь и вытащил из замка огромный ключ. Не успели они сделать и нескольких шагов, как увидели вдалеке красноватый огонек приближающегося фонаря.

— В такое время!.. Кто же это бродит здесь? — пробормотал Августин. — Под деревья, быстрее! Нас не должны видеть.

Все повиновались и застыли молча, наподобие изваяний, глядя на приближающийся свет фонаря. После минутного замешательства они поняли, кто это идет.

Свет становился все ближе и ближе, стало возможно разглядеть высокую женскую фигуру, закутанную в темный плащ. Когда она поровнялась с ними, мистер Эллин подумал, что никогда не забудет ее лица, словно вырезанного из мрамора. Как и его спутники, он догадывался — да нет, знал — что заставило ее посетить этот приют смерти в неурочный час, и не мог не дивиться храбрости, которой она превосходила мужчин, храбрости, давшей ей силы сделать то, что она собиралась.

Она достала из кармана ключ и отперла дверь. Без видимых колебаний вошла внутрь. Минуту или две свет перемещался по усыпальнице. Затем она вышла, неся что-то в руках. Но не стала возвращаться тем путем, каким пришла: ей предстояла еще одна задача. Свернув на боковую дорожку, она пошла между могилами и скрылась из вида. Лоуренс первым понял, куда она направляется.

— Колодец! — прошептал он. — Она идет к колодцу! — И, обращаясь к мистеру Эллину, добавил: — Никто даже не знает, какая там глубина. Слушайте!

В тихом ночном воздухе каждый звук усиливался многократно. Крышка колодца скрипнула, как будто ее откинули. Раздались два всплеска: потише и погромче. Затем снова заскрипела крышка. Красным глазком замерцал фонарь в руке той, что пустилась в обратный путь между могилами. Высокая темная фигура появилась на главной дорожке. Когда она дошла до купы тисовых деревьев, путь ей преградили четыре такие же темные фигуры.

— Эмма! — сказал Августин, и этот оклик исторг у нее вопль смертельного ужаса.

Мистер Эллин считает, что она приняла Августина за дух своего отца, а может быть, и за что-нибудь похуже. Но страх ее длился недолго. Возглас Лоуренса «Не бойся, Эмма, это всего-навсего мы!» мгновенно привел ее в себя. Она смотрела на своих обвинителей без страха, в молчании.

— Ты опоздала, Эмма, — сказал Августин холодно. — Мы уже были в усыпальнице, и каждый из нас может засвидетельствовать, что было — и чего не было — в детском гробике, который ты только что утопила в колодце.

Она откинула голову — вызывающе, непокорно.

— Чего вы от меня хотите?

— Откровенного признания тотчас же по возвращении в Тауэрс. Только оно спасет тебя от позора. Пойдем.

— Не сомневайся, я пойду. Не думаешь же ты, что я проведу на церковном дворе всю ночь?

За весь обратный путь не было сказано ни единого слова. У бокового входа Эмма совершенно спокойно произнесла:

— Закрой засовы на парадных дверях. Выходя, я оставила их незапертыми.

Августин забормотал что-то в ответ, из чего следовало, что он намеревается разбудить жену и привести в библиотеку.

— Могу ли узнать, с какой целью? Пока нет никакой надобности вовлекать Софию.

— Присутствие женщины послужит тебе поддержкой,— объяснил ей Августин.

В легком смехе Эммы прозвучала металлическая нотка.

— Поддержка Софии? Сухая соломинка была бы лучшей опорой.

Не удостоив ее ответом, Августин отправился за женой. Лоуренс и Гай между тем молча зажигали лампы и подкладывали дрова в почти угасший камин; мистер Эллин делал пометки в записной книжке. Момент для знакомства был неподходящий, и мистера Эллина не удивило, что в течение двадцати минут никто и не подумал его представить.

Наконец появились мистер и миссис Августин; вид у последней был испуганный и растерянный, легкий беспорядок в одежде свидетельствовал о поспешном одевании. Эмма бросилась в кресло. Оказавшись лицом к судьям, обступившим ее полукругом, она высокомерно бросила:

— Ну?

Августин объявил:

— Ты должна рассказать нам все, от начала до конца. И, как я уже сказал, если ты будешь откровенна, мы сделаем все, что в наших силах, чтобы оградить тебя.

Она презрительно мотнула головой в сторону мистера Эллина, сопроводив движение кратким «Кто это?»

— Мистер Эллин — доверенный представитель миссис Чалфонт. Они вместе опекают девочку, до сих пор известную под именем Мартины Дирсли. И миссис Чалфонт, и мистер Эллин озабочены тем, чтобы доброе имя нашей семьи не пострадало, и чтобы, если это в пределах человеческих возможностей, ты избежала последствий своего...

Здесь Августин остановился в замешательстве. Было очевидно, что он не хочет употребить ни слово «преступление», ни слово «грех», но никак не может найти им подходящую замену. Пока он размышлял, мистер Эллин понял, что до сих пор мисс Чалфонт очевидно не знала об освобождении Мартины из сиротского приюта в Бельгии. Теперь ей стало ясно, что, благополучно возвратившись к своим опекунам, девочка сообщила сведения, которые помогли открытию, совершившемуся сегодня ночью. В этой ситуации мисс Чалфонт, без сомнения, осознавала, что единственный для нее способ избежать позора — это откровенное признание.

Эмма потерпела поражение и ясно видела это. Августин оправился от замешательства, хотя подходящего слова так и не подобрал. Он продолжил:

— Именно это мы и предлагаем. После откровенного и подробного рассказа о своем участии в этом мерзком деле, ты напишешь и скрепишь своей подписью два экземпляра краткого признания. Один я в присутствии своего адвоката помещу в запечатанном виде в фамильный архив, другой будет передан миссис Чалфонт с той же целью.

Пока ты будешь писать свое признание, мы посоветуемся относительно формулировки заявления в газеты.

Эмма молча кивнула в знак согласия. Без дальнейших уговоров она тут же начала свою исповедь, голос ее звучал ровно, без всяких эмоций.

— Лучше, если я сразу расскажу мистеру Эллину о том, что вы, Августин и Лоуренс, возможно, помните, хотя Гай, наверное, никогда не слышал об этом: а именно, что Гарриет Дирсли, с которой я дружила с детских лет, очень рано вышла замуж, а после того как узнала от медицинских светил, что не может иметь детей, она словно рассудка лишилась. Ее даже пришлось поместить в частную лечебницу. Вскоре после ее выздоровления «Роща» так сильно пострадала от пожара, что временно там нельзя было жить. Мистер Дирсли, который — по обыкновению — находился в стесненных денежных обстоятельствах, отбыл во Францию поправлять свои дела в игорных домах Парижа, куда к нему должна была приехать жена, как только она будет в силах перенести это путешествие. По моему предложению мы наняли на несколько недель небольшой меблированный дом в Груби. Я была рада возможности побыть рядом с отцом, чему миссис Чалфонт, по счастью, не могла чинить препятствий, — она ждала ребенка.

Она едва не умерла родами, поэтому младенцем, который, как было объявлено, родился мертвым, было некому заняться. Отец поручил мне устройство похорон. Он беспричинно, как я считаю, разгневался, когда я заметила, что, не будучи крещен, младенец должен быть похоронен на неосвященной земле, в углу церковного двора. Мы горячо заспорили, как вдруг его позвали по делам. Я осталась одна, раздосадованная и оскорбленная. Сиделка, а не старая няня Энни, принесла младенца и отобранную для похорон одежду. Я заметила у младенца признаки жизни, но не стала звать слуг. Взяв с полки первую попавшуюся под руку книгу, я надежно обернула ее какими-то рубашечками, положила в гроб и захлопнула крышку. Скрыв младенца и часть оставшейся одежды под плащом, я, никем не замеченная, приехала к Гарриет Дирсли и сунула ей ребенка, воскликнув: «Это тебе!» Она приняла этот дар без колебаний, с необычайной радостью.

222

На этом месте Эмма прервала рассказ, словно ожидая, что ей придется оправдываться. Считать себя полностью невиновной она не могла, но у нее была возможность сослаться на внезапное безумие, помешавшее ей понять чудовищность своего поступка, либо на то, что она и миссис Дирсли были слишком молоды, чтобы полностью сознавать собственную жестокость, либо на то, что она была доведена до отчаяния резкими словами отца и воспоминаниями об участии мачехи в разрыве двух ее помолвок. Но поскольку никто не расспрашивал ее о мотивах, каковы бы они ни были, она продолжила свое повествование, которое мистеру Эллину показалось предельно сухим и официальным. Он мог только прийти к выводу, что это было заявление, подготовленное как раз на такой случай. Сколько раз, думал мистер Эллин, она мысленно повторяла его в бессонные ночные часы. У нее была возможность подготовиться: прошло почти одиннадцать лет с того часа, как она вихрем ворвалась в нанятый домик, держа на руках похищенное сокровище. У него не было и тени сомнения, что тогда она была так же безумна, как и однажды уже лишившаяся рассудка Гарриет. Ему понравилось, что Эмма не пыталась переложить вину на подругу, которая из них двоих была не менее, а, возможно, более виновна. Эмма приводила только факты, факты, факты.

— Горничная Гарриет, пожилая и опытная женщина, умела ухаживать за детьми. Через час и мы сами, и наш багаж уже находились в просторном фаэтоне, который привез нас из Парборо; мы уехали как можно быстрее в отдаленный город, где никто не знал ни меня, ни Гарриет. Перед отъездом я расплатилась с владельцем дома и объяснила, что миссис Дирсли необходимо срочно отбыть к мужу в Париж.

Августин, который до до сих пор слушал исповедь Эммы молча, прервал ее:

— У вас должны были быть еще служанки. Как вы поступили с ними?

— Нам прислуживали две девушки, нанятые владельцем дома. Они приходили каждый день, но когда я принесла домой младенца, никого из них не было. Я пошла к ним домой, расплатилась и попросила одну из них передать моему отцу наспех написанную записку, в которой говорилось, что я, придя в отчаяние от его жестокости, решила вернуться в Парборо-Холл, и сделаю это, как только удостоверюсь, что Гарриет благополучно отправилась в путешествие к мужу.

Приехав вместе с Гарриет в город, где нас никто не знал, и устроившись в гостинице, я пробыла с ней весь следующий день, затем вернулась в Парборо-Холл. Хозяйка, простодушная и нелюбопытная, не задавала щекотливых вопросов. Она легко поверила в рассказанную горничной историю, согласно которой миссис Дирсли, ехавшая навестить больную подругу, вынуждена была остановиться в убогом пристанище из-за неожиданных родов. Лачуга оказалась настолько грязной и отвратительной, что, несмотря на риск, они предпочли покинуть ее как можно скорее.

Миссис Августин издала сдавленный крик ужаса. Эмма не обратила на это ни малейшего внимания.

— Хозяйка гостиницы оказалась полезна в одном отношении: она порекомендовала нам подходящую няню — достойную молодую вдову, только что потерявшую ребенка.

— В другом отношении ее помощь оказалась не слишком по душе миссис Дирсли, — заметил мистер Эллин. — Мартину пришлось окрестить в церкви рядом с гостиницей.

Если Эмма и была удивлена тем, что мистеру Эллину известна эта подробность биографии Мартины, то она не показала этого.

— Да, Гарриет боялась, что могут возникнуть подозрения, если она не согласится на настоятельное предложение хозяйки. Она пробыла в гостинице две недели, а затем медленно двинулась в Париж в сопровождении няни, которая была рада покинуть город, связанный для нее с одними только печальными воспоминаниями.

Наша с отцом размолвка вскоре забылась, и ни он, ни кто другой не счел странным то, что Гарриет отправилась к мужу, а не осталась в Груби. Это выглядело совершенно естественно.

Появление миссис Дирсли в Париже вызвало у ее мужа гнев и страх. Представив себе, каковы будут последствия, если о краже ребенка станет известно, он пришел в смятение. У него уже была возможность убедиться в том, что отец мой отличается жестким, неумолимым нравом.

При этих словах Лоуренс беспокойно заерзал на стуле. Мистеру Эллину вспомнилась история миссис Тидмарш о юноше, которого негодующий отец спас из тенет мошенника-игрока. Эмма между тем продолжала.

— Ни только что миновавший приступ безумия, ни невозможность иметь детей не могли служить оправданием этого поступка. Снисхождения ждать не приходилось. Поэтому мистер Дирсли молчаливо согласился с тем, что сделала Гарриет, став тем самым в глазах закона ее соучастником. Я думаю, он так и не простил ей этого. Меня же он возненавидел с того самого дня, но благоразумно удержался от того, чтобы отказать мне от дома. Ведь если бы все раскрылось, не одной Гарриет пришлось бы отвечать.

Няня не вернулась в Англию вместе с семейством Дирсли. Когда они перестали нуждаться в ее услугах, она получила место в английской семье, живущей во Франции. Спустя какое-то время она вышла замуж за человека, состоявшего на службе в британском посольстве и вряд ли когда-нибудь покинет эту страну.

Спустя год семья Дирсли вернулась в «Рощу». Ходили сплетни, что ребенок, должно быть, приемный; но подобных разговоров при таких обстоятельствах можно было ожидать, к тому же их легко было не замечать.

Тут мистер Эллин задал вопрос, на который нужно было либо ответить сразу, либо оставить его без ответа.

— Миссис Чалфонт захочет знать, была ли девочка счастлива. У нас есть основания сомневаться в этом.

Эмма откинулась на спинку кресла.

— Это не имеет никакого отношения к моим признаниям.

— Имеет, и самое непосредственное, — настаивал мистер Эллин.

— Отвечай, Эмма, — приказал Августин.

Эмма уступила.

— Разве дети бывают счастливы, за исключением редких моментов? Впрочем, мне кажется, она была вполне счастлива, пока была с няней Этель Терьер, которую взяли для нее после возвращения семьи в Англию.

225

— А когда няню рассчитали?

— Я думаю, вы могли бы задать эти вопросы Мартине. В свои одиннадцать лет она в состоянии ответить на них.

Мистер Эллин перестал спрашивать. Нежелание Эммы отвечать само по себе служило достаточным ответом.

— К несчастью, по мере того, как Мартина росла, стало проявляться фамильное сходство. Более всего она напоминала Гая, хотя он был здесь совершенно ни при чем. Ходили разные слухи, мне это известно. Затем, когда Мартине исполнилось пять лет, умер мой отец. Мистер Дирсли, избавившись от гнетущего ужаса перед расследованием, скандалом, наказанием, немедленно стал настаивать на том, чтобы мы во всем признались миссис Чалфонт. Он был уверен в ее мягкосердечии. Дело легко можно будет уладить, считал он, все скоро забудется.

Ни я, ни Гарриет и не думали слушать его. Хотя, если бы можно было возвратить девочку в полной тайне, Гарриет, наверное, согласилась бы. Она уже устала от своей игрушки и готова была расстаться с ней. Но Гарриет знала, что слухи и сплетни будут преследовать ее до конца дней. Она не смогла бы этого вынести. Я тоже. Мы утихомирили мистера Дирсли. Он оставил это... но до поры до времени.

Фамильное сходство становилось все более заметным. Я знала, что обо мне говорят. Годами я не обращала на сплетни внимания, презирала их. За несколько месяцев до смерти Гарриет произошел случай, которого я не в силах объяснить. Однажды во время визита в «Рощу» я оказалась одна в библиотеке, куда зашла для того, чтобы найти лист бумаги и записать один адрес, о котором меня просила Гарриет. Когда я попыталась выдвинуть ящик стола, где, как я знала, лежит бумага, то обнаружила, что он застрял, и его с трудом удалось открыть. Его заклинило, — думаю, совершенно случайно, — несколькими листками исписанной бумаги, завалившимися сзади. Заглянув в них из пустого любопытства, я увидела письмо мисс Крейшоу, которая в старости очень привязалась к мистеру и миссис Дирсли. Вместе с письмом лежали листы, сплошь покрытые росчерками, имитирующими подпись мисс Крейшоу.

Это было подтверждением того, что почти открыто утверждали родственники мисс Крейшоу: мистер Дирсли только что получил в наследство состояние мисс Крейшоу, подделав завещание. Как уже было сказано, я не в силах объяснить, почему я свернула эти листки и спрятала к себе в сумочку. Вероятно, я не столько собиралась причинить вред мистеру Дирсли, сколько хотела запастись оружием, на случай, если он когда-нибудь окажется моим противником.

Дела Дирсли шли все хуже. С одной стороны, кредиторы, во весь голос требующие возвращения денег; с другой — целая армия племянников и племянниц мисс Крейшоу, пытающихся — он прекрасно знал об этом — подкрепить обвинение в подлоге доказательствами. Верхом всего стала необходимость скрываться, чтобы избежать ареста за долги.

Адвокат мистера Дирсли считал, что лучший выход для него — уехать вместе с женой и ребенком в Америку, где в полной сохранности их дожидались деньги мисс Крейшоу, оставив при этом «Рощу» кредиторам. Мистеру Дирсли очень не хотелось идти на то, что он именовал «изгнанием» и «высылкой». Он не верил, что Крейшоу выиграют дело, и был убежден, что сможет уговорить кредиторов подождать, пока не вернет пропавшее состояние за игорными столами, где — если не говорить о невезении последнего времени — он бывал неизменно удачлив. Как только кредиторы будут удовлетворены, он переведет деньги мисс Крейшоу в Англию и заживет, как раньше, на широкую ногу.

Он всегда был полон надежд. Я не верила — и твердо знаю, что адвокаты не верили тоже! — ни в то, что он в состоянии выиграть дело у Крейшоу, ни в то, что он сумеет уговорить своих кредиторов. Больше того, я была в отчаянии. Я хорошо сознавала, какой вред уже принесли мне сплетни, и ужасалась, предчувствуя, как они могут повредить мне в дальнейшем. Хотя в них не содержалось ни одного правдивого слова, они были не менее опасны, чем правда. Или так мне тогда казалось.

Я решила, что злобные слухи затихнут, если только мне удастся выпроводить Дирсли из Англии. Оказавшись в Америке, они смогут зажить роскошной жизнью и, скорее всего, там останутся. Мартина, надеялась я, выйдет замуж за американца и потеряется из виду. Короче говоря, может возникнуть множество обстоятельств, которые помешают им вернуться. И тогда я решила пустить в ход свое оружие. Уговорившись встретиться, без ведома Гарриет, с мистером Дирсли, я сообщила ему об убийственном для него доказательстве, попавшем в мои руки, которое пригрозила передать в руки Крейшоу, если он вместе с женой и Мартиной не уедет в Аме.ку.

Мистер Дирсли был ошеломлен, потрясен. Разумеется, он горячо отстаивал свою невиновность. Эти листки! — это не больше чем невинная шутка, развлечение для его старой, едва ли не выжившей из ума, приятельницы, которую он думал позабавить, демонстрируя ей, как ловко научился воспроизводить ее почерк. Неужели, спрашивал он, я так глуп, чтобы оставить лежать просто так доказательство преступления? Конечно же, это была только забава. Рассказывал ли он об этом развлечении Гарриет? Зачем? Она сама попросила его занять чем-нибудь мисс Крейшоу на полчаса, пока примеряла манто.

Возможно, он говорил правду — как знать? Тимон Дирсли в самом деле был так беспечен и легкомыслен, что дело могло обстоять именно так. Я поставила одно условие — Гарриет не должна ничего знать о моей угрозе. Нужно было только сказать ей, что он все же принял совет адвоката и собирается эмигрировать в Америку.

Не осмеливаясь противиться мне, он неохотно согласился. Мы договорились, что он будет продолжать скрываться и появится лишь накануне их тайного отъезда. Два особо назойливых кредитора подозревали о намерениях мистера Дирсли и могли бы выдать его остальным кредиторам, если он не расплатится. В результате у него осталось наличных денег в обрез: на проезд в Америку и на необходимые расходы по хозяйству. Взяв с собой часть, чтобы было на что жить, скрываясь эти две недели, он доверил остальные Гарриет до того момента, как тайком вернется в дом накануне отъезда.

Когда он вернулся, чтобы вместе с Гарриет и Мартиной отправиться на корабль, то обнаружил — как, кажется, уже известно всему миру! — что Гарриет потратила все до последнего фартинга на наряды для себя и Мартины, чтобы во всем великолепии появиться в Нью-Йорке. Ей приходилось платить наличными, потому что никто не давал ей в кредит.

Произошла, сколько я понимаю, бурная сцена, окончившаяся роковым образом. Поскольку я при этом не присутствовала, то не знаю тягостных подробностей; но боюсь, что мистер Дирсли нарушил свое обещание и рассказал Гарриет о том, как я угрожала ему в связи с завещанием мисс Крейшоу. Упреки, даже громкие ссоры из-за ее безрассудных трат случались часто и до этого, но она всегда только смеялась и продолжала поступать по-своему. Однако если она узнала, что я...

Молчание, красноречивое молчание было единственным ответом на прерванную Эммой исповедь. Эмма вопросительно переводила взгляд с одного своего слушателя на другого, словно пыталась удостовериться, знают ли они что-нибудь или не знают о последних минутах жизни ее подруги. В какое-то ужасное мгновение она поняла, что причиной смерти Гарриет и в самом деле послужило нечто более страшное, чем негодование мужа. Никаких внешних проявлений чувств не последовало, побледнеть еще больше Эмма не могла. Голос ее звучал ровно.

— Как можно было ожидать, мистер Дирсли сделал все, чтобы скрыть от всех обстоятельства смерти жены. Только после его отъезда в Америку и мне, и остальным стало известно, что она скончалась от сердечного приступа. Злые языки тут же сочинили историю о бурной ссоре, случившейся между мужем и женой. Но до этой минуты я не знала, что он нарушил данное мне слово.

Я не раз пыталась удержать Гарриет от опрометчивых трат в такой решающий момент, но даже я не сознавала в полной мере, насколько она безрассудна. Услышав от друзей, что мистер Дирсли не знает, к кому обратиться за деньгами, я ссудила его суммой, достаточной для покрытия неотложных расходов. До похорон кредиторы не досаждали ему. Сразу же после похорон мистер Дирсли и Мартина тайком направились в Танпул. Разумеется, он опоздал на корабль, на котором собирался плыть; но ему было известно, что через несколько дней в Танпул зайдет французский корабль.

Я боялась, что он снова начнет уговаривать меня вернуть Мартину матери, и была готова воспротивиться, прибегнув к той же угрозе, что и раньше. Но, казалось, мистер Дирсли был нисколько не против общества Мартины, он даже советовался со мной, какой из сундучков Мартины погрузить в трюм, а какой взять с собой в каюту. Я не была убеждена в том, что он ведет честную игру, хотя и заверила его, что Мартина не будет ему в тягость. Ему только нужно отдать ее в пансион в Нью-Йорке или каком-нибудь другом городе и написать об этом мне. Я возьму на себя ответственность за ее содержание и образование до тех пор, пока она не сможет зарабатывать себе на жизнь. На это предложение он согласился с явной готовностью. У меня не было причин не верить ему, он казался искренне благодарным за оказанную мною денежную помощь, — но в то же время я сочла нужным в последний момент послать на «Пандору» Томаса с подарком для Мартины. Отчет Томаса удовлетворил меня.

Я примерно представляла, сколько пройдет времени, пока мистер Дирсли сообщит мне нужные сведения о пансионе, в который определит Мартину. Письма все не было, и я написала французской фирме, которой принадлежала «Пандора». Мне ответили, что корабль еще не прибыл в порт. Я написала еще и еще раз. Корабль не появился... все еще не появился... к сожалению, он очевидно пропал... он затонул в шторм... спаслись только двое, англичане по фамилии Рейнольдс. Я наконец успокоилась; мою тайну, как я полагала, удалось сохранить. Ничто не мешало мне думать так...

— Даже когда вы встретили — насколько мне известно — девочку, игравшую на морском берегу в Мурланде?

— Я помню этот случай. Да, я была совершенно удовлетворена, когда другая девочка сказала мне, что это ее сестра, Берта Малтреверс. Позже я вспомнила, что одна из сестер миссис Чалфонт замужем за мистером Малтреверсом. Это, как я думала, объясняет сходство.

Ничто меня не беспокоило, пока я случайно не взяла в руки газету, содержавшую статью мистера Уилкокса, —

как я узнала из письма миссис Чалфонт, — брата директрисы той школы, куда определили Мартину. Теперь я поняла, что Тимон Дирсли обманул меня. Его благодарность была чистейшей воды притворством. Девять лет он таил злобу против Гарриет и меня — и вот последовала его месть!

Я сразу же начала думать, что можно предпринять. До сих пор Мартина хранила молчание — но сколько оно еще будет длиться? И есть ли способ обеспечить его хотя бы на год или на два? Нет нужды приводить другие причины, по которым я хотела и до сих пор хочу избежать всеобщего порицания. Они известны всем, кто сидит здесь и кто устроил это разбирательство.

Я строила разные планы, но все они были неудачны, пока наконец то, над чем я ломала голову, не разрешилось благодаря прибытию в Бельгию ящиков с древностями из экспедиции Лоуренса. Узнав об этом, я подумала, что теперь можно будет поместить Мартину в сиротский приют в Бельгии. Для этого мне требовалась помощь. Бывшая горничная Гарриет была подходящим человеком, поскольку ей не хотелось, чтобы об ее участии в похищении Мартины стало известно. По слабости здоровья она давно оставила службу и жила с сестрой в Лондоне. Я не предлагала ей принять участие в новом похищении — какая польза нанимать того, кого Мартина легко могла опознать? Но я сочла, что, вероятно, она найдет кого-нибудь, чье содействие можно купить. И оказалась права. Она с готовностью назвала мне женщину, муж и сын которой были отправлены на поселение в Австралию. Эта так называемая миссис Смит рвалась к ним уехать.

— Ты всегда любила дурное общество, — проворчал себе под нос Лоуренс.

— Я сказала дедушке и бабушке, что я собираюсь в Бельгию за «древностями» Лоуренса. Они сильно противились моей поездке, тем более что я только что вернулась из Лондона, где якобы покупала новые платья, а такие траты они не одобряли. Не обращая внимания на упреки стариков, я поехала, но не прямо в Бельгию, а сначала в дом к старинной приятельнице моей бабушки, миссис Лукас, дом которой находится милях в пятнадцати от

Клинтон-Сент-Джеймс. Раньше я бывала у нее вместе с бабушкой и теперь время от времени скрашивала себе эти печальные визиты к больной, прося разрешения у кучера дать мне возможность развлечься, правя маленькой закрытой коляской миссис Лукас на проселочных дорогах. Оставив миссис Смит дожидаться, я пришла на конюшню и объяснила кучеру, что, находясь по соседству, я бы очень хотела одолжить у него коляску на целый день. Миссис Лукас был предписан постельный режим, и кучер знал, что коляска не потребуется. Он не видел ничего дурного в том, чтобы дать на время коляску внучке хозяйской приятельницы, которая не раз брала ее раньше, чтобы покатать своих друзей и к тому же готова хорошо заплатить за эту услугу. Я подъехала к месту, где ждала миссис Смит и, переодевшись в платье Лоуренса, отправилась в Клинтон-Сент-Джеймс. Остальное было нетрудно. Я отвезла миссис Смит и Мартину на железнодорожную станцию неподалеку от дома миссис Лукас, оставила их дожидаться поезда и вернулась в конюшню, по дороге вновь переодевшись в свое платье. В Лондон я ехала тем же поездом, но отдельно от Мартины и миссис Смит. После этого случая я стала носить то женское, то мужское платье, какое мне казалось более подходящим. Если бы Мартина не разболелась во время морского переезда, у нее не было бы возможности — а теперь я знаю, что была, — опознать меня.

Оставив ее в монастыре, я попробовала забрать «древности», но мсье Ромэна не было дома, а его слуги отказались отдать собственность Лоуренса без позволения хозяина. Выяснив, что миссис Смит благополучно отбыла в Австралию, я вернулась домой. Вот все, что я должна была рассказать. Но мне хотелось бы узнать, как мистер Эллин обнаружил, что Мартину увезли в Бельгию. Он пробыл в Грейт-Парборо всего одну ночь и, насколько мне известно, не встречался ни с кем из тех, кто знал о моих перемещениях.

У мистера Эллина промелькнуло злое желание сказать ей, что первый ключ к разгадке он получил в зале ожидания в Наксворте, после того, как она сама, высокомерно не считаясь ни с кем, заставила его и его попутчиков провести там около часа. Но его сведения не имели бы никакой ценности без того, что рассказал Гай, — а он не собирался подводить Гая и не хотел рассказывать Эмме, как долго пробыл в Грейт-Парборо. Он промолчал. Августин, оставив вопрос Эммы без внимания, сказал ей:

— Это не имеет отношения к делу. Но прежде чем ты запишешь свое признание, я хочу продолжить расследование. Откуда ты взяла ключ от усыпальницы? Тот самый, что ты бросила в колодец вместе с гробом?

— Если бы я могла воспользоваться твоим ключом, я бы сделала это в первую же ночь своего пребывания здесь. Но он висел у тебя в кабинете, и я не могла унести его оттуда. Поэтому я сделала восковой слепок и поскакала к кузнецу в Шардли. Если бы этот болван не был так страшно медлителен, я бы провела вас всех. Но я получила ключ только сегодня к вечеру.

Мистеру Эллину вспомнилась всадница, исчезнувшая в тумане, и слова, час спустя сказанные Лоуренсом. Как он ни торопился, глаза портрета в библиотеке едва не выполнили своего обещания одолеть его!

Августин принял это объяснение без всяких замечаний. Поднявшись, он положил перед сестрой лист бумаги, ручку и поставил тяжелую чернильницу в виде грифона с высоко поднятой головой и изогнутыми когтями. Потом отрывисто произнес:

— Ты должна написать сейчас два экземпляра своего признания. Пиши как можно более кратко. Достаточно изложить только факты.

Эмма начала писать четким, размашистым почерком. Она писала не задумываясь, не исправляя, слова будто лились из-под ее пера. В стороне Августин с братьями составляли заявление в газету. Краткое и четкое, оно гласило, что Мартина Чалфонт, дочь мистера и миссис Эшли Чалфонт из Груби-Тауэрс, считавшаяся мертворожденной, в действительности была похищена одной знакомой этой семьи, бездетной дамой, страстно желавшей иметь детей. После смерти этой дамы истина была установлена на основании свидетельских показаний, в подлинности которых нельзя усомниться. Окончательным доказательством послужило то, что в детском гробике, открытом в присутствии четырех свидетелей, не было найдено ничего, кроме сохра-

233

нившихся остатков одежды, в которые была завернута книга, таинственным образом пропавшая из Груби-Тауэрс тогда же, когда родился младенец.

Перо Эммы, скользившее по бумаге с невероятной скоростью, справилось со своей задачей быстрее. Она резко засмеялась, когда Августин показал ей, что написали братья.

— Зачем вы пытаетесь спасти меня? — спросила она. — Это бесполезно — ты же знаешь, что это бесполезно. Все прекрасно поймут, что Гарриет никогда не смогла бы сделать этого без чужой подсказки и помощи, — а кто мог толкнуть ее на это, кроме меня?

— Несомненно, это будет предметом пересудов, — ответил Августин, — но потом пересуды затихнут и забудутся. Они не дойдут до тех знакомых, кто сейчас находится в Европе. Если никто из них не услышит сплетен и не прочитает этого заявления, то посвящать ли их в эту историю, и насколько, останется делом твоей совести.

Мистеру Эллину было вполне понятно, что Августин осторожно намекнул на Эммину помолвку. Он считал, что помолвка непременно расстроится, если Орлингтон узнает об участии своей нареченной в похищении младенца.

— Предоставь мне самой договариваться с собственной совестью! — сказала Эмма. — В твоих советах на этот счет я не нуждаюсь.

— Тогда больше говорить не о чем, — заключил Августин. — Если, разумеется, ты не хочешь высказать сожаления о случившемся.

— Какой в этом толк? — презрительно спросила Эмма.

Мистер Эллин совершенно не представлял, что бы могли ответить ей хранившие молчание братья. Самому же ему казалось, что слова, одни слова не значат ничего, если вспомнить о Тинином детстве, населенном призраками, о тяжелых испытаниях, которые ей пришлось пережить в «Фуксии», ее совсем недавних страданиях в сиротском приюте. А разве можно забыть мое долголетнее одиночество? А две могилы — на кладбище в Литтл-Парборо, а другая — далеко, на дне бушующего моря? Мистер Эллин взглянул на Эмму, она ответила ему твердым взглядом. Что крылось за этой глухой стеной — раскаяние, сожаление, чувство стыда, кипящий гнев, холодное безразличие или просто облегчение? Как знать? Ему вспомнилась старинная русская поговорка: «Чужая душа — потемки» — да, потемки, непроницаемая тьма, бездонный мрак.

После того как все присутствующие подписали признание, один экземпляр его был вручен мистеру Эллину. Затем братья Чалфонт и мистер Эллин подписали заявление, предназначенное для газеты. Ледяным тоном Августин подвел итог.

— Это все, — сказал он, обращаясь к Эмме. — Ты можешь идти.

Эмма встала и, почтив своих судей великолепным реверансом, неторопливо и величественно вышла из комнаты. На всю жизнь мистер Эллин сохранил восхищение ее мужеством и умением держать себя в руках. Однако его внимание вскоре было привлечено визгами, странным образом мешавшимися со смехом. Миссис Августин Чалфонт впала в истерику.

Эмма не могла не слышать этих криков, но она не вернулась помочь невестке. Четверо мужчин, как могли, пробовали привести ее в чувство. Но они мало что могли, поскольку ни один из них не имел никакого представления о том, как действовать в таких случаях. Гай побежал за водой, собираясь смочить виски больной; Лоуренс так широко распахнул окно, что оказавшаяся слишком близко от лампы занавеска занялась огнем; Августин заклинал, взывал, умолял; а мистер Эллин закрыл дверь, чтобы шум не долетал до комнат прислуги.

Наконец бедную даму удалось успокоить. Они, стараясь не шуметь, двинулись вверх по лестнице, Лоуренс и Гай шли впереди и свечами освещали дорогу, Августин заботливо поддерживал жену, мистер Эллин замыкал процессию.

Когда мистера Эллина препроводили в отведенную ему комнату, ночь уже подходила к концу. Около часа он провел, перелагая на бумагу Эммино признание так, как оно ему запомнилось. Он делал это, считая, что я захочу узнать, о чем она рассказывала.

Незадолго перед этим он записывал рассказ одной сестры, а сейчас писал историю другой, и как разнились при этом его чувства! В тот раз его пером водила любовь, теперь, казалось, оно налито свинцом. К тому же его не оставляло ощущение, что за каждым движением его руки неотрывно следят глаза, угрожавшие ему с портрета на стене библиотеки. Однажды он даже поймал себя на том, что повернулся в кресле, словно ожидая увидеть врага. Но за кругом света царила темнота.

ГЛАВА СЕМНАДЦАТАЯ

Мистер Эллин не мог предположить, что Эмма появится за завтраком, на котором ее невестки почти наверняка не будет. Если миссис Августин останется завтракать в комнате, неужели у мисс Чалфонт хватит дерзости взять на себя обязанности хозяйки?

Но когда мистер Эллин вошел в столовую, она была там и беззаботно болтала с Лоуренсом, который, по всей видимости, уже побывал на конюшне. Эмма оживленно обсуждала с ним достоинства своей новой кобылы.

— Где ты взяла денег, чтобы купить такую красавицу? — спросил Лоуренс. Он не добавил «после всех твоих последних расходов ты наверняка сидишь на мели!», но ход его мыслей был ясен.

Эмма нисколько не смутилась.

— Царица — это подарок моей милой бабушки, — ответила она и, улыбаясь, шагнула навстречу гостю.

Вероятно, в надежде разрядить мрачную атмосферу, Августин распорядился, чтобы двое старших детей завтракали не в детской, а внизу, со взрослыми. Умело и старательно Эмма — образцовая молодая тетушка — выполняла их просьбы, срезала верхушки сваренных всмятку яиц, клала сахар в чашки с молоком. Она не сторонилась и общего разговора, ее реплики отличались умом и живостью, и мистеру Эллину с трудом верилось, что события прошлой ночи не были плодом его необузданного воображения.

Эта иллюзия рассеялась, как только он поймал ее взгляд, наблюдавший за ним с тем же самым выражением, что портрет на стене библиотеки. Враждебный взгляд через мгновенье исчез, и Эмма снова превратилась в очаровательную хозяйку и заботливую тетушку двух бледных детишек, смотревших на нее со сдержанным уважением, к которому, как заметил мистер Эллин, примешивался благоговейный страх. Нечто похожее на благоговейный страх можно было увидеть и на лицах Августина и Гая, чье мнение о сестре не было известно мистеру Эллину. Лоуренс же ясно высказался, как только Эмма отошла настолько, что не могла его слышать: «Она восьмое чудо света!»

Что же касается мистера Эллина, он вздохнул свободно, лишь когда покинул Груби-Тауэрс. Так же, в молчании, Лоуренс и Гай отправились в обратный путь вместе с ним, чтобы сообщить мне о результатах расследования. Августин с ними не поехал, но послал письмо, в котором осуждал поведение сестры и глубоко сожалел по поводу того, что он назвал «нашим долгим отчуждением». Он приехал бы самолично приветствовать новообретенную сестру и ее маму, если бы его дорогая жена не страдала от crise de nerfs в результате последних прискорбных разоблачений.

Путешественники возвратились в «Серебряный лог» намного раньше, чем предполагалось. Пребывая в постоянной тревоге, я пыталась успокоиться, навещая больную миссис Перси, жившую через дорогу от нас. Мое отсутствие было на руку мистеру Эллину и моим пасынкам. Они хотели сначала рассказать всю историю Тине, но не представляли себе, как это сделать, пока не услышали от Джейн, что я вернусь домой не раньше, чем через час. Мисс Тина, доложила им Джейн, у себя в детской.

Тина удивленно посмотрела на вошедших. Она с восторгом приветствовала мистера Эллина и с подозрением — двух остальных. Фамильярное обращение «мадре» все еще продолжало терзать ее душу.

— Можно к тебе, Тина? — спросил мистер Эллин. Мы должны рассказать тебе нечто важное, и я хочу, чтобы ты выслушала нас внимательно.

Когда они все уселись, мистер Эллин сообщил Тине то, что собирался, стараясь говорить как можно понятнее, а Лоуренс и Гай время от времени вставляли несколько слов. Тина, широко раскрыв глаза, сидела очень тихо.

Лоуренс начал читать вслух краткое признание, написанное Эммой. На середине какой-то фразы его голос прервался, и он отдал листки Гаю, который твердым голосом дочитал до конца. Пододвинувшись ближе к Лоуренсу, Тина положила свою маленькую ручку ему на плечо, словно пытаясь утешить его.

Когда я вернулась, чтение подходило к концу. Джейн, глубоко взволнованная таинственностью происходящего, сказала мне, что все три джентльмена в детской, разговаривают с мисс Тиной. Что я услышу, промелькнула у меня мысль — хорошие новости или дурные? Что означает этот разговор за закрытыми дверями? Дрожащими руками я сняла с себя плащ и капор и опустилась на стул в маленькой гостиной.

Они услышали, как я пришла. Тину спросили, все ли она поняла?

Она ответила — да, вполне. Больше никаких объяснений не нужно.

Ей стали предлагать, как сообщить новости мне. Тина с достоинством отвергла все предложения.

— Не надо, ничего мне не говорите. Я лучше знаю, что сказать.

Перед Тиной распахнули дверь. Мужчины вошли следом за ней и, пока она говорила, держались позади.

Подойдя к стулу, на котором я сидела, она нежно дотронулась до меня.

— Мадре — произнесла она, — я твоя Теодора.

Наверное, на какое-то время я лишилась чувств. Я не помню ничего, кроме взволнованного крика Тины, обращенного к мистеру Эллину:

— Разве я плохо сказала? Разве плохо?

Сделав усилие, я с трудом прошептала:

— Нет, дорогая, ты все сказала прекрасно.

— Поцелуй маму, Тина, — произнес мистер Эллин.

Я заключила ее в объятия. Лоуренс и Гай поцеловали меня, бормоча поздравления, а мистер Эллин стоял поодаль, испытывая, как мне показалось, легкую ревность. Не выпуская Тину из объятий, я выслушала рассказ о последних событиях. Настало время тихой радости, которую омрачала изрядная доля грусти.

И мы с Тиной то радовались друг другу, то грустили и о тех, чья жизнь так горестно закончилась, и о той, что отяготила себя виною. Наконец Гай, видя, что я вполне

238

пришла в себя, увел сестру из гостиной. Лоуренс последовал за ними. Я испугалась, что мистер Эллин тоже уйдет.

— Не покидайте меня, Уильям, — прошептала я.

— Никогда, Арминель, до конца моих дней, — ответил он.

Впоследствии мистер Эллин имел дерзость утверждать, что это я предложила ему жениться на мне, а не он мне — выйти за него замуж. Я всегда боюсь, что он повторит это клеветническое измышление нашим детям, когда придет время и они, как это часто бывает, зададут вопрос — какими именно словами папа объяснился с мамой. Как бы то ни было, известие о нашей помолвке чрезвычайно обрадовало всех наших близких, а больше всех старушку Энни, которая во всеуслышание заявляла: в том, что в пустом гробике была найдена потерянная книга, есть нечто таинственное, мистическое. С этих пор соседи стали почитать ее предсказательницей и относиться к ней весьма уважительно, хотя мне довелось услышать, как Джейн и Элиза, обсуждая ее пророчества, говорили, что и без всякой книги мистера Эллина знали, чем дело кончится, с того самого дня, как мистер Эллин угостил вишнями меня, «а не кого-нибудь другого!» И что толку, рассуждали они, от ее хвастовства, что она знала с самого начала правду о мисс Тине, если она ни словечка не сказала, чтобы навести мистера Эллина на верный след? Но ничто не могло смутить Энни, и она гордо сознавала свое превосходство в делах предвидения и предсказания будущего.

Теперь, когда мои воспоминания подходят к концу — ведь в книге для записей осталось всего несколько страниц — я снова должна прервать их, чтобы выразить свое удивление, что уже семь лет пронеслось с того дня, когда моя Теодора была возвращена мне. Сначала я почти не обратила внимания на письмо Августина, которое вручил мне мистер Эллин. Но когда у меня нашлось время внимательно перечитать его, я полностью согласилась с тем, что с этих пор между всеми членами семьи нужно поддерживать добрые отношения. Только таким образом будет спасено от пересудов — насколько это вообще возможно — доброе имя Эммы.

Я была согласна с Августином, это так, но благие намерения трудно осуществить быстро. Вскоре после Рождества — самого счастливого в моей жизни — мистер Грэндисон заболел, и болезнь его, хотя и не представляла опасности для жизни, подорвала его здоровье и вынудила поручить Лоуренсу надзор за имением. Сам же мистер Грэндисон с женою и Эммой надолго уехал за границу, так что в течение многих месяцев установить с ними дружеские отношения было просто невозможно. Новые обязанности способствовали возмужанию Лоуренса. Он оставил свои исследовательские экспедиции и вскоре стал таким же образцовым землевладельцем, как его отец и старший брат.

Весной, перед возвращением с континента Эммы и ее дедушки с бабушкой, прежняя владелица покинула Валинкур, и дом был готов принять нас; в то же самое время мистер Рэндолф получил вполне заслуженное продвижение по службе — его назначили настоятелем Валчестерского собора. Таким образом, в последние месяцы перед принятием сана Гай жил частью у нас, в Валинкуре, частью в Валчестере, в нанятых комнатах, куда Тине было позволено по воскресным дням приходить на чаепитие, в комнатах, окна которых выходили за собор, на реку Вал, широкой серебряной лентой извивавшуюся по зеленым лугам. Тина очень ценила эту возможность — она быстро забыла свое прежнее недоверие к Лоуренсу и Гаю и тепло относилась к ним. Они, правда, староваты для братьев, простодушно говорила Тина, но она их очень любит.

Все три брата были щедры к сестре, благодаря им она была обеспечена как и подобало члену семьи Чалфонтов. В последнее время она сделалась любимицей Августина, его жены и своих племянников и племянниц, которые были почти одного с нею возраста. Тина стала такой же нимфой вересковых пустошей, как в свое время старшая мисс Чалфонт. Думаю, что ей никогда не понять моей нелюбви к этим сумрачным просторам.

Братья присутствовали на мой свадьбе, накануне которой Тина набралась храбрости спросить:

— Мадре, когда вы поженитесь, как ты станешь обращаться к мистеру Эллину? Лоуренс и Гай, как обычно, будут говорить ему «сэр», а мне Гай предлагает называть его «патер», если мне не захочется второму человеку в жизни говорить «папа». Но как ты его будешь называть?

Я ответила, что мистер Эллин сам решит этот вопрос, как захочет.

— Только бы не «У-иль-и-ум», — серьезно проговорила Тина.

Я стала слегка побаиваться этой девочки, которая ничего не забывает.

По приглашению мистера и миссис Грэндисон мой муж, Тина и я присутствовали на великолепной свадьбе Орлингтона и Эммы, свадьбе, которая была отложена до середины лета в связи с дипломатической деятельностью жениха и болезнью деда невесты. Как, спросите вы, мы с Эммой впервые встретились? Я не могу этого сказать. Не потому, что мои воспоминания о тех днях поблекли. Я ясно помню мельчайшие подробности нашего пребывания в Парборо-Холл, начиная от радушия старшего поколения (любопытно, насколько они были осведомлены о случившемся) до рисунка на обеденном сервизе. Как в волшебном зеркале я вижу Эмму в утро свадьбы, прекрасную и величественную, лица гостей, праздничные наряды тех, кто пришел пожелать молодым счастья и проводить их. Я снова слышу смех, шутки, болтовню собравшихся друзей и родственников. Снова вижу, как Уильям беседует с мистером Грэндисоном или прогуливается по парку с Лоуренсом, как Гай зовет Тину и детей Августина кормить лебедей и павлинов. Все это я вижу живо, словно наяву, но из памяти ускользает момент, когда я впервые посмотрела в темные глаза Эммы.

Как в эти дни держалась Тина? Примерно так же, как дети Августина за завтраком в то утро, когда мистер Эллин посетил Груби-Тауэрс. Во время венчания сын и дочь Августина играли роль пажа и подружки невесты. Сводные сестры ни минуты не оставались наедине — думаю, Тина постаралась, чтобы этого не случилось. Когда все мы выходили из церкви после свадебной церемонии, Тину ждала нечаянная радость. Среди тех, кто толпился возле церкви, стояла молодая женщина, улыбавшаяся Тине. Девочка обернулась, посмотрела на нее и, не обращая внимания на окружающих, бросилась обнимать и целовать ту, о которой так долго грустила после того, как их разлучили.

Я посмотрела на Этель Терьер, и она мне понравилась.

Здесь, дома, в Валинкуре, годы осеннего счастья принадлежали нам. Я всегда любила осень, китсовское «...время, что богато туманами и сладостью плодов» [1], больше других времен года. На мой взгляд, нет ни роз красивее, ни клубники слаще, чем в октябре, никакие краски не могут сравниться с палитрой умирающего года. Уильям и Тина не согласны со мной: оба они предпочитают белизну и золото весны и великолепие середины лета. Но, что бы они ни говорили, я остаюсь при своем.

В течение этих лет у нас было не так много возможностей выполнить просьбу Августина и проявить дружеские чувства по отношению к Эмме. Мы встречались всего несколько раз: на рукоположении Гая, на свадьбе Лоуренса, на праздновании избрания Августина в парламент и на банкете, который шведское правительство устроило в честь Уильяма за его заслуги в изучении шведской литературы. Избранное Орлингтоном поприще заставляло его постоянно пребывать за границей, и Эмма, став блестящей женой преуспевающего дипломата, пользовалась всеобщим признанием. Кто же теперь упрекнет, говорит мистер Эллин, мисс Уилкокс в том, что она — как ходят слухи, неоднократно — сообщает родителям своих будущих учениц о том, что среди пансионерок «Фуксии» была сестра графини Орлингтон?

Но случай для проявления дружеских чувств все-таки представился. Когда нашим близнецам, Гаю Уильяму и Роджеру Лоуренсу исполнилось три года, Этель Терьер, помогавшая мне при родах, положила на подушку рядом со мной новорожденную дочь. За день до ее крестин пришло письмо от Орлингтона, извещающее о рождении сына и наследника. В него была вложена узкая полоска бумаги, на которой слабой рукой было неразборчиво написано одно слово: «Простите».

Мы не знали — и не знаем — насколько откровенна была Эмма с мужем. Если ему ничего не было известно об этом эпизоде ее жизни, мы могли только повредить их отношениям, написав письмо с уверениями в прощении. Существовал только один надежный способ, каким я и моя старшая дочь могли дать Эмме понять, что мы простили ее истинно по-христиански, целиком и полностью. С согласия мистера Эллина мы избрали этот способ. Когда несколько часов спустя Гай, в белом облачении, обратился к юной крестной матери: «Дай имя этому ребенку», гордая и счастливая Теодора-Мартина произнесла имя младенца чистым твердым голосом.

Она назвала девочку Эммой.

ПРИМЕЧАНИЯ

Глава 3

[1] Лион, или *Лионесс* — сказочная земля, находившаяся, по преданию, в южной части Корнуолла.

[2] *Гаултерия* — растение из семейства вересковых.

Глава 5

[1] *Флаксмен* Джон (1755—1826) — английский скульптор и рисовальщик эпохи классицизма.

[2] *Олдэм* Джон (1653—1683) — английский поэт, в основном писавший стихи-подражания римским поэтам (особенно Ювеналу), в которые он вносил философское видение, созвучное своей эпохе.

Глава 7

[1] Арминий Яков (1560—1609) — голландский деятель церковной Реформации, основатель учения, в основе которого лежало отрицание кальвинистской идеи предопределения. Арминианство было воспринято основателями методизма братьями Уэсли, выпускавшими *«Арминианский журнал»*.

[2] *Блокула* — гора, соответствующая в шведском фольклоре немецкому Брокену и русской Лысой горе, место шабашей ведьм.

[3] *Гейер* Эрик Густав (1783—1847) — шведский поэт, историк, композитор, философ; глава шведских романтиков. В числе написанного — стихотворение «Odalbonden» («Вольный крестьянин»).

[4] *Стагнелиус* Эрик Юхан (1793—1823) — шведский поэт-романтик. Его наиболее значительные стихи составили сборник «Лилии Сарона».

[5] *Бремер* Фредрика (1801—1865) — шведская писательница. Автор романов и рассказов, описывающих повседневную жизнь средних классов шведского общества.

[6] *Чэпмен* Джордж (1559—1634) — английский поэт и драматург, переводчик Гомера. Его пьесы — попреимуществу бытовые комедии нравов, не чуждые, однако, и интонаций политической сатиры.

[7] *Поп* (Поуп) Александр (1688—1744) — английский поэт, крупнейший представитель английского просветительского классицизма, последовательный рационалист; автор нравоописательных и философских поэм и сатир, проповедующих подражание «упорядоченной природе».

[8] *Каупер* Уильям (1731—1800) — английский поэт, принадлежал к школе «сентиментализма». Наряду с духовными стихами, в которых сильны лирические, задушевные интонации, прославляющими любовь к природе, Каупер писал и социально-критические сатиры.

Глава 8

[1] *«Каррик-Тура»* — одна из поэм Джеймса Макферсона (1736—1796), шотландского писателя, выдавшего свои обработки кельтских преданий и легенд («Поэмы Оссиана») за подлинные песни легендарного барда Оссиана.

Глава 9

[1] *Стрикленд* Агнес (1806—1874) — английская писательница, популяризатор исторических знаний.

[2] *Парнелл* Томас (1679—1718) — английский поэт, стихи которого отмечены героикой и лиризмом.

[3] *Коллинз Уильям* (1721—1759) — английский поэт-лирик, склонный к неоклассицистским стихотворным формам; предшественник романтиков по ярко выраженному интересу к чувствам, жизни души.

[4] *Грей* Томас (1716—1771) — английский поэт, стихи которого считаются образцом лирической поэзии своего времени, особенно «Элегия, написанная во дворе церкви».

Глава 10

[1] *Кнуд* (Кнут) Великий (ок. 995—1035) — король Дании, Англии и Норвегии.

[2] *«Гибельное сиденье»* — пустующее место за Круглым Столом, предназначенное для рыцаря, «славнейшего из славных», и грозящее ему гибелью.

Глава 11

[1] *«В помощь размышлению»* (1825) — философское произведение С. Т. Кольриджа, проникнутое духом консерватизма.

Глава 12

[1] *Хукер* Ричард (1554—1600) — англиканский богослов.

[2] *Герберт* Джордж (1593—1633) — английский поэт-проповедник, представитель «метафизической школы». Посмертно изданный сборник «Храм» содержит стихотворения, посвященные церковным службам, праздникам, храму как архитектурному произведению.

[3] *Пейли* Уильям (1743—1805) — английский богослов и философ.

Глава 13

[1] *Круммахер* Фридрих Вильгельм (1796—1868) — один из руководителей так называемого движения за возрождение церкви в Германии.

[2] *Уиллис* Натаниел Паркер (1806—1867) — американский писатель и журналист, автор нескольких книг путевых очерков.

[3] *«Семейство Фэрчайлд»* Мэри Шервуд (1818—1847) — семейная хроника.

[4] *Эджуорт* Мария (1767—1849) — английская писательница, известна своими книгами для детей и романами о жизни в Ирландии.

Глава 15

[1] *Кольридж* Сара (1802—1852) — английская писательница, дочь С. Т. Кольриджа.

[2] *Томсон* Джеймс (1700—1748) — шотландский поэт.

Глава 17

[1] В переводе Б. Пастернака звучит как «Пора плодоношенья и дождей» («Ода к осени»).

РОБЕРТ БАРНАРД

Читатель,
я его задушила

Когда-то в учебниках по географии можно было увидеть старинную гравюру: человек дошел до «края» земли и «выглянул» за «хрустальную сферу» горизонта.

Современный читатель напоминает этого любопытного: ему бы хотелось узнать, что происходит с любимыми героями за «краем» книги, за «горизонтом» мира, созданного воображением автора. По неведомой причине такой интерес — «а что могло быть дальше?» — особенно занимает читателя конца XX века. И вот появляются «продолжения»: «Саги о Форсайтах», «Унесенных ветром», «Войны и мира»...

Мы помним финал романа Шарлотты Бронте «Джейн Эйр». Джейн радостно сообщает нам: «Читатель, я вышла за него замуж», и по всем канонам романтических повествований о Золушке и Принце читатель должен полагать, что Джейн и Рочестер будут жить вместе долго и счастливо, «пока смерть не разлучит» их.

Роберт Барнард полагает иначе...

М. ТУГУШЕВА

Перевод выполнен по изданию: Barnard Robert. The Habit of Widowhood. London: Harper Collins Publishers, 1990.

© М. Тугушева, перевод на русский язык, 2000.

Как я уже говорила пастору Ферндин-виллидж, когда к мистеру Рочестеру частично возвратилось зрение, я сочла это Божьим благословением. Однако, учитывая, что пастор — человек ограниченный и почти лишенный воображения, я не добавила, что этот дар свыше, как большинство подобных даров, таит в себе некоторые отрицательные черты.

За несколько лет до этих событий в Торнфилде, у горящего камина, мистер Рочестер поведал мне историю своей жизни во всех ярких и откровенных подробностях, и, следовательно, я не могу делать вид, что его натура была для меня книгой за семью печатями. Пока глазные орбиты мужа окутывала тьма, я была его зрением: водила под руку, описывала предметы и природные явления, извлекала для него из газет поразительные новости — возвращение Наполеона с Эльбы, его Сто дней и поражение при Ватерлоо в битве с нашим несравненным героем, герцогом Веллингтоном. К тому времени, как король из династии Бурбонов вновь почувствовал себя неуверенно в парижском «седле», глаза мужа стали различать свет, формы и даже цвета. Когда наш сын делал первые шаги, его отец уже гулял с ним в саду без моей помощи. А когда принц-регент стал монархом «де-юре», а не только «де-факто», Эдвард Фэрфакс Рочестер мог читать, писать и вообще обходиться без посторонней помощи. И тогда мое участие в его повседневной жизни стало совсем незначительным.

А по мере того, как зрение прояснялось, глаза его все чаще стали поглядывать в сторону, наблюдать и сравнивать.

Позвольте мне высказать мою мысль без обиняков: мне никогда не нравились мужчины, у которых в жилах течет холодная кровь. Я чувствовала себя счастливой оттого, что вышла замуж за человека, опытного в сердечных делах и в их ощутимо-плотском выражении. Его общество всегда волновало меня, он многое мне открыл, и я бы, наверное, смогла терпеть его случайные отношения с горничными и подобными им особами, как следствие природной пылкости и неумения подчиняться запретам, налагаемым условностями.

Но всему есть предел. Случайный эпизод — это одно, а непрестанная тяга к расширению любовного опыта — совсем другое. И когда это постоянное стремление привело к тому, что у мистера Рочестера сильно поблек интерес к собственной жене, я разразилась горькими упреками. Бывая в Ферндин-виллидж, я не раз встречалась с деревенскими девицами, которые кланялись мне, не отрывая взгляда от земли. Более того, встречались и такие, которые, пройдя мимо, фыркали у меня за спиной. Мое положение в графстве, довольно шаткое из-за того, что в прошлом я была гувернанткой, обучая молодых леди, стало еще более уязвимым.

Поведав Эдварду о сих обстоятельствах, я сказала:

— Возьму маленького Фэрфакса и увезу его в одно из твоих имений, где мы и останемся жить. Это избавит меня от постоянных унижений.

— Ничего подобного ты не сделаешь, — отрезал муж, — этот мальчик — светоч моей жизни.

— Это я когда-то была твоим светочем, да и твоими глазами тоже, — с горечью заметила я.

— Ты и сейчас ими являешься, моя былинка, — ответил Эдвард, ласково поглаживая меня по руке, — но в моей жизни появились и другие светлячки.

Я вырвала руку.

— Но тогда я все равно уеду с Фэрфаксом куда-нибудь. У меня есть собственное состояние, полученное в наследство.

— У тебя нет никакого отдельного состояния. Перед свадьбой мы не заключали брачного контракта, где были бы оговорены твои имущественные права. А, кроме того, по закону женщина не имеет никаких прав на детей, рожденных ею в браке.

Я впала в бессильную ярость. Он был прав, безнравственной, но подкрепленной законами, правотой.

Я ощутила еще большее унижение, когда несколько позднее он решил обсудить проблему образования юного Фэрфакса.

— Пора подумать о гувернантке для мальчишки, — сказал он однажды за обедом.

— О гувернантке! Но я способна и сама учить Фэрфакса.

— Ты полагаешь, дорогая? Нет, моему сыну необходимо более солидное образование, чем может дать женщина, учившаяся в благотворительной школе на медные гроши. А, кроме того, ты моя жена, у тебя есть соответствующие обязанности и вряд ли твое положение в графстве выиграет от напоминания, кем ты была однажды.

— Мое положение в графстве уже сильно подорвано тем, что ты осуществляешь droit du seigneur* со всеми девицами на много миль вокруг.

— Ты говоришь ерунду, Джейн. В нашей стране никогда не существовало droit du seigneur.

Он произнес эти слова с парижским шиком, чтобы подчеркнуть мое недостаточно изысканное произношение и, возможно, с целью напомнить о своем обширном знакомстве с французскими дамами самого низкого разбора.

— Говоря о том, как ты осуществляешь droit du seigneur, я хочу сказать, что ты используешь богатство и положение, дабы заставить добродетельных дотоле девушек пасть в твои объятья.

Он пожал плечами.

— Ты говорила, что встречала их в деревне. Разве они выглядят недовольными или сожалеющими о случившемся?

И снова мне пришлось замолчать.

Вскоре я увидела объявления в «Лидс Интеллидженсер» и «Брэдфорд Аргус». В них обстоятельно извещалось о том, что состоятельная и родовитая семья из Йоркшира нужда-

---

* Право первой ночи *(фр.)*.

ется в наставнице для «своего милого и умного, единственного сына», и уточнялось, когда и где состоится беседа с претендующими на это место. Со мной относительно объявления не посоветовались, но я твердо заявила своему высокородному господину:

— Я настаиваю на том, чтобы присутствовать на собеседованиях.

— Конечно, дорогая моя, — ответил муж кротко, — твой опыт гувернантки в данном случае неоценим.

На собеседование явились пять леди. Естественно, я предпочла бы самую немногословную и робкую. Однако мой выбор, по разным причинам, пал на миссис Нельсон, пожилую даму сурового вида и с прочными религиозными принципами. А особенно я опасалась мисс Грей, чья спокойная, ненавязчивая манера держаться нисколько не скрывала того обстоятельства, что у нее хорошенькое личико и зовущий взгляд.

— Миссис Нельсон, — заметила я, когда претендентки удалились, — несомненно подходит больше всех. У нее гораздо больше опыта, чем у других, и она пресечет любое стремление мальчика к непослушанию.

— Совершенно с тобой согласен, — ответил к моему удивлению Эдвард. — Это должна быть добрая миссис Нельсон. А мисс Грей будет в запасе на всякий случай.

Я написала от его имени письмо миссис Нельсон. Как он все устроил, я не знаю, но через неделю мы получили ответ. Миссис Нельсон с сожалением отклоняла наше предложение, так как получила другое, от знатного йоркширского семейства и, увы, не в состоянии от него отказаться.

Письмо мисс Грей Эдвард написал собственноручно. Мисс Грей ответила согласием, но умоляла об отсрочке до сентября, когда ее теперешний подопечный отправится в частный пансион. Эдвард ответил, что отсрочка не имеет значения, и мы будем рады приветствовать ее в поместье Ферндин, как только это станет для нее удобным.

Шли недели, а я все не могла предпринять ничего такого, что помешало бы ее приезду, и он стал неизбежен. После того, как она приехала, мои нервы начали сдавать. Я стала придирчива к мужу, что он, разумеется, вполне заслужил, но я превратилась в раздражительную и невнимательную мать, а маленький Фэрфакс этого никак не заслуживал. Так обстояли дела вплоть до одного теплого вечера в начале августа, когда позвякиванье дверного колокольчика возвестило о прибытии гостя. Я была в библиотеке и учила Фэрфакса началам арифметики, когда услышала, что в гостиную, где сидел муж, вошел Джон Мэзон.

— Господи помилуй! — раздался голос Эдварда. Он встал и подошел к двери в холл.

— Мэйсон! Старина! Как приятно тебя видеть!

Сердце мое упало. Последние слова были сказаны, конечно, с иронией! Присутствие мистера Мэзона приятным никогда не было и меньше всего для меня. Именно этот слабонервный, нерешительный, немужественный человек был тем, кто прервал нашу злополучную брачную церемонию в Хэй-черч. Я должна была бы чувствовать благодарность к нему, ведь он помешал мне сделаться супругой двоеженца, но, говоря откровенно, я ощущала к мистеру Мэзону только отвращение.

— Но что тебя сюда занесло? — спросил муж после первых шумных приветствий.

— Путешествуя на досуге, я оказался в ваших краях, и близость Ферндина вселила в меня непреодолимое желание увидеть, — тут он помедлил, а я ждала, — моего старого друга и свояка Эдварда Фэрфакса Рочестера.

Я, однако, не сомневалась в том, кого он хотел увидеть. И пришло время, и он увидел — меня. Я вошла в гостиную вместе с юным Фэрфаксом.

— Мистер Мэзон, я рада возобновить наше знакомство. А это сын и наследник мистера Рочестера. Фэрфакс, пора ложиться спать. Я вернусь через минуту-другую. Вы останетесь поужинать с нами, мистер Мэзон?

— Он останется на ночь, и еще на столько ночей, на сколько пожелает, — ответил мой господин и повелитель.

Но Мэзон собирался только переночевать, и я понадеялась, что мне придется терпеть это неудобство лишь однажды. Мистер Мэзон был все тот же, болезненный, неприятный внешне человек, что и раньше. Его желание увидеть меня в положении хозяйки дома, а не скромной, незаметной гувернантки нисколько не располагало в его пользу. За обедом он пустился в любезности, начав с юного Фэрфакса.

— Насколько я могу судить, мальчик у вас замечательный. Из него выйдет настоящий мужчина.

— Я стараюсь воспитать его мужчиной с самыми высокими моральными принципами, — ответила я спокойно.

— А вы, миссис Рочестер, вы явно сумели занять место бедняжки Берты.

— Но ваша сестра не занимала здесь никакого места, — колко ответила я.

— Все же она была прелестным созданием, когда я увидел ее впервые, — сказал мистер Рочестер, откидываясь на спинку стула. Раньше я бы решила, что он говорит подобные вещи из желания узнать, какое впечатление это произведет на меня. Теперь же я не понимала, искренне он восхищается или нет. Так брак только усугубляет сомнения в том, что супруги знают друг друга.

Затем они стали обсуждать падение цен на кофе и сахар, а когда я сказала, что цены на эти товары у торговцев так же высоки, как раньше, оба посмотрели на меня с сожалением, и Эдвард стал объяснять, что непосредственной связи между коммерческой и покупной ценами нет. Затем он снова повернулся к мистеру Мэзону и продолжил обсуждать разные интересные для мужчин темы, давая понять, что женское вмешательство в разговор нежелательно. Было очевидно, что сейчас Мэзон для него гораздо более желанный гость, чем когда-либо в прошлом. Прежде отношения с этим человеком были для него тягостны, в лучшем случае, скучны, он едва терпел его присутствие. Но сейчас, возможно из-за недостатка в Ферндине общества людей, равных ему по положению, он явно радовался его присутствию. И в самом деле, если не считать Джона (а он и Мэри были нашими единственными слугами, несмотря на все мои попытки нанять еще и других), Рочестер вообще не имел никакой мужской компании. А деревенских мужчин он старательно избегал.

Для меня это была мучительная трапеза. Когда она подошла к концу, я сослалась на головную боль и удалилась, оставив их наедине с портвейном, а позже — с бренди и сигарами. Поднявшись в свою спальню и даже не раздевшись на ночь, я легла и, немного поплакав, задремала.

Примерно в полночь я очнулась, чувствуя себя совершенно бодрой, свежей и сильной, как раньше. Меня разбудили громкий разговор и смех, доносившиеся снизу, и я поняла, что в гостиной, очевидно, открыто окно в сад. Мною овладело нестерпимое желание узнать, о чем они говорят и над чем смеются. Я схватила теплый халат, крадучись спустилась с лестницы и выскользнула из дома в боковую дверь, окунувшись в холодный воздух, пропитанный ароматом цветов.

Окно гостиной было действительно открыто, но тяжелые гардины опущены, поэтому видеть я ничего не могла, только слышать, но и этого было более чем достаточно. До меня донесся звучный, мужественный, коварно-обольстительный голос Эдварда.

— Я правду сказал, Берта могла возбудить страсть и в более хладнокровном человеке, чем я. Я пылал как в огне, я должен был ею овладеть. Твоя семья несомненно желала меня поймать, но я и сам отчаянно желал попасться в сети.

— Однако о состоянии ее здоровья — то, что она, наверное, уже тогда была душевнобольной — об этом мы совершенно ничего не знали.

— Гм-м-м! Возможно. Но, в любом случае, если бы какой-нибудь врач подробно описал дальнейшее развитие событий, это ни на секунду не поколебало бы моей решимости.

— А ты простил мое вмешательство тогда, в Хэй-черч?

— Мой дорогой, но ведь с твоим пониманием ситуации ты только так и мог поступить. Тем более, что ты лишь отсрочил день нашей свадьбы.

— Благодарю, дорогой Эдвард. Ведь я лишь исполнил свой долг, как я его понимал.

— Или думал, что понимаешь.

Наступило минутное молчание.

— Э... думал, что понимаю?..

— Совершенно верно, — донесся до меня неспешный, иронうнный ответ мужа. — Но тогда я не мог сказать тебе, как обстоят дела в действительности.

— Чего же ты не мог сказать?

— Тебе и твоим родственникам на Ямайке никогда не приходило в голову, что безрассудный молодой человек, только что вырвавшийся из-под власти отца-тирана, уже мог попасться в ловушку, подобную той, которую расставили ему вы?

— Не понимаю, Эдвард.

Но я поняла! Или же начала понимать!

— Тогда, во время прерванной брачной церемонии, я не мог тебе объяснить, это ничего бы не изменило, но дело в том, что во Франции существовала миленькая крошка Амели Лабетт, с которой я, восемнадцатилетний юнец, уже сочетался законным браком в католическом храме.

— Ты хочешь сказать?..

— И я располагал сведениями из очень надежного источника, что она жива и продолжает восхищать Париж своими прелестями в то время, когда я женился на Берте.

— А когда ты вступал в брак со своей нынешней очаровательной супругой?..

— Когда ты вмешался, у меня также не было никаких свидетельств в пользу того, что Амели скончалась.

— Но с тех пор ты успел получить сведения о ее кончине?

В ответ раздался веселый, — да, веселый, — смех.

— Мэзон, ты неподражаем. Да это был просто порыв души, от которого мир хуже не стал. Однако пора спать, старина, давай я провожу тебя в твою спальню.

Я бросилась в глубину сада. Сердце стучало так сильно, что, казалось, грудь моя вот-вот разорвется. В висках ломило от одной неотступной мысли: «Это несправедливо!» Значит, в конце концов, Эдвард Рочестер поймал меня в ловушку брака, как он мог предполагать, незаконного, и я стала, хотя решительно не желала этого никогда и ни за что, его любовницей, его... нет, я не могла даже мысленно произнести это слово, но, значит, я нисколько не лучше, чем его женщины из деревни и окрестных ферм.

— Нет! — яростно возражала моя совесть: я в любом смысле лучше их. Я была предательски введена в заблуждение, обманута. И это Эдвард был предателем и обманщиком. Это Эдвард стал преступником-двоеженцем. Он отнял у меня мою невинность и совершил это легкомысленно, беззаботно, цинично, посмеиваясь про себя над моими строгими правилами, принципами, религиозными верованиями!

Я медленно пошла к дому. Это Эдвард разрушил мою жизнь, Эдвард сыграл роль Ловласа, Эдвард распял меня на колесе адских мук.

Я посмотрела в окно. Занавеси колыхались от ветра и я увидела в темной комнате, на стуле с высокой спинкой, мужскую фигуру. Я опять скользнула в боковую дверь, вошла в гостиную и отпрянула от табачного смрада. На краю подноса все еще тлела сигара. Я почувствовала, как во мне нарастает гнев. Он с весельем рассказал своему приятелю, что я не более как его вторая жена, а теперь удовлетворенно посмеивается про себя, в обществе бренди и сигары, над шуткой, сыгранной со мной. Я нащупала пояс-шнур от халата, сняла его и обмотала вокруг запястья.

Читатель, я его задушила. Я тихонько прокралась через комнату, встала за стулом, пользуясь темнотой, а затем, с внезапным приливом сил, обмотала пояс вокруг его горла и все туже и туже закручивала шнур, наслаждаясь собственной силой и властью, презирая слабые попытки мужа сопротивляться и мысленно поздравляя себя, что отомстила за ужасающее зло. Когда сопротивление окончилось, я взбежала к себе в комнату, заперла дверь и бросилась, рыдая, на постель, пока, наконец, в изнеможении, не погрузилась в сон. Что будет, то будет.

Спала я крепко, словно опоенная, но и во сне меня мучили сомнения и невыразимый ужас. Под утро сквозь сон я слышала тяжелые шаги, крики, какие-то незнакомые звуки, но не проснулась. Солнце уже стояло высоко, когда я очнулась от громкого, почти непрерывного стука в дверь. Я сжалась под одеялом, скорее безразличная, чем напуганная. Стук усилился, и затем я услышала:

— Джейн, открой дверь, если не хочешь, чтобы я ее выломал.

То был голос мужа. Ужасные, безмолвные сомнения ночи подтвердились. А сомнения возникли оттого, что человек в гостиной очень слабо сопротивлялся. Мой Эдвард сопротивлялся бы, как лев.

Я встала и вынула ключ из двери, но у Эдварда, конечно, был свой. Он отпер дверь, вошел и остановился, сложив руки на широкой груди и почти заслоняя собой дверной проем.

— Итак, моя жена — убийца! Но почему ты затаила зло против бедняги Мэзона? Не из-за той же старой истории в Хэй-черч?

— Мне Мэзон не нравился, — прошептала я, — но я не хотела причинить ему вред. Я думала...

— Вот-вот. Ты думала, что это я. Очаровательное намерение!

И тут я выплеснула на него то, что еще оставалось во мне от страстного негодования, пережитого той ночью.

— Ты на мне женился, не зная и даже не пожелав удостовериться, законен ли наш брак.

— А, значит, ты подслушиваешь под окнами, да?

— И ты смеешь обвинять меня в таком мелком проступке? Ты, позор рода человеческого! Ты заслуживаешь смерти... А я с радостью пойду на виселицу.

— Да, ты ее заслужила. Бедняга Мэзон, растревоженный моим рассказом, сошел вниз, чтобы выкурить сигару, а, может быть, и принять наркотик, к которому он привык на своем острове. От этого он ослаб, и ты смогла его задушить, не побеспокоившись проверить, что жертва не твой законный супруг, которого ты решила умертвить. Да, петля была бы достойным тебе воздаянием.

— Но по дороге на виселицу я во всеуслышание заявлю о совершенном против меня преступлении.

— Ты заявишь только о своей собственной незадачливости. Мне почти безразлично, если имя Рочестеров будут трепать в суде и оно попадет в Ньюгейтский Календарь. Это вряд ли безгрешное, незапятнанное имя, но такого бесчестия оно все же не заслуживает. Мистера Мэзона уже похоронили.

— Похоронили?

— На диксоновой делянке. Это оказалось нетрудно. Джон и Мэри преданны, как собаки, и я благодарю Бога, что не нанял новых слуг, как ты желала.

— Но... начнется расследование?

— Думаю, никаких вопросов не возникнет. Он приехал в графство инкогнито и никому не говорил, что направляется к нам.

— Но тогда что будет со мной? Можем мы с Фэрфаксом уехать, как я уже просила, в одно из твоих поместий и — ?

— Черт тебя побери, женщина! Разве я неясно тебе объяснил? Где твое чувство справедливости? Ты должна понести наказание, если только есть наказание, соответствующее твоему преступлению. Комната на чердаке уже приготовлена.

— Комната на чердаке?

— Ну, настоящего чердака у нас нет, но есть старая комната в самом конце крыла, пристроенного при королеве Елизавете, и она прекрасно для этой цели подойдет. Меня мальчишкой часто запирали там за шалости и упрямство. Тогда она казалась мне очень просторной. Отныне твоя жизнь будет протекать в этих четырех стенах. Я уже послал за сторожихой, а сейчас сам запру тебя. Нельзя, чтобы мой сын узнал о преступлении своей матери.

И он посторонился. На лестничной площадке стояли Джон и Мэри, и я не увидела в выражении их лиц ни проблеска былой любви, а только осуждение и ужас. Я встала и пошла впереди них к своей тюрьме.

Я веду себя очень тихо и спокойно. Иногда читаю. Мистер Рочестер не засыпал меня религиозными трудами и проповедями, трактующими о пользе самосозерцания (лицемерие не принадлежит к числу его многочисленных пороков), но прислал сочинения сэра Вальтера Скотта, романы автора «Гордости и предубеждения» (которые мне не нравятся) и другое, более легкое чтение. Однако, как правило, я не читаю, а сижу молча, думаю и прислушиваюсь.

Иногда я слышу голос моего дорогого мальчика, который гуляет со своей собакой. Иногда, в перерывах между уроками, я слышу голоса его и ненавистной мисс Грей. Однажды вечером, когда Грейс Пул спала,— да-да, та самая Грейс Пул — я услышала голоса и смех моего Эдварда и ее, доносящиеся из гостиной. Кровь бросилась мне в голову, и я долго сидела, ощущая мучительное биение в висках, и размышляла над тем, не схожу ли я с ума.

Грейс Пул заверила Эдварда, что она совершенно исправилась и больше не пьет, ни капли. Он ей верит, потому что не желает посвящать еще кого-нибудь в свои печальные семейные дела.

Где она достает напитки, я могу только подозревать. Наверное, кто-нибудь из родственников приносит их на службу в методистскую церковь, которую она посещает каждое воскресенье, и по вечерам Грейс в полной мере воздает горячительному должное.

В следующем месяце мой дорогой Фэрфакс отправится погостить к своим тетушкам Дайане и Мэри. Они очень настаивают на этом визите, они просто должны видеть мальчика, и Эдвард согласен.

Значит, это произойдет в следующем месяце. Я совершу вылазку стремительно. Мои умственные способности при мне, чего о Берте никогда нельзя было сказать. Однажды ночью, когда Грейс, как всегда, впадет в пьяное забвение, я выйду на свободу.

И я не пожалею ни Грейс, ни Ее, ни себя. Но меньше всего я стану жалеть Эдварда Фэрфакса Рочестера. Недавно я поняла, в чем заключается разница между мужчиной и женщиной. Женщины упорно идут вперед, они развиваются, расстаются с прошлым и устремляются в будущее. Мужчины ходят вокруг да около, и жизнь их представляет скучную вереницу одних и тех же ошибок.

Грубо говоря, они никогда ничему на них не учатся.

СЕСТРЫ БРОНТЕ
В АНГЛИИ

ЭЛИЗАБЕТ ГАСКЕЛЛ

Из книги
«Жизнь Шарлотты Бронте»
Том II

ГЛАВА ВТОРАЯ

Следующий год начался с исключительно холодной и пасмурной погоды, что тотчас сказалось самым серьезным образом на здоровье мисс Бронте, подорванном тревогой и заботами. Она совершенно потеряла аппетит и выглядела, по ее словам, «серой, старой, измученной и теряющей силы» — так она настрадалась от холодов. Разболелись зубы, отсюда мучительные бессонные ночи, а бессонница тут же отразилась на состоянии нервов. Она очень остро реагировала на все заботы и тяготы жизни. Тем не менее — не позволяла себе оправдывать свои душевные тревоги плохим самочувствием. «В конце концов, — заявляла она, — я за столь многое должна быть благодарна». Но об истинном положении дел можно догадаться по ее письмам.

1 марта 1847 г.

«Даже рискуя показаться чрезмерно требовательной, не могу не признать, что мне хотелось бы всегда получать от Вас такие длинные письма, как последнее. Коротенькие записки, словно очень маленькие кусочки чего-то вкусного, — они дразнят аппетит, но ими не насыщаешься, а от письма чувствуешь себя более удовлетворенной; но, все равно, я очень рада и запискам, так что не подумайте, что бесполезно черкнуть пару строк, когда ты ограничен во времени и нет под рукой большого листа бумаги. Уверяю Вас, что и несколько строк очень желательны — только бы дошли. И, хотя я люблю длинные письма, я никоим образом не хочу заставлять Вас их писать. Очень хочу, чтобы Вы приехали в Хоуорт, прежде чем я выберусь в Б... . Это мое желание кажется мне совершенно естественным и правильным. Надо сохранять дружбу должным образом, оказывая друг другу услуги, иначе появляются беспокойство и тревога, а это наносит урон взаим-

Перевод выполнен по изданию: Gaskell E. The Life of Charlotte Bronte. Vol. II, ch. II. London: Penguin, 1977. P. 312—358.

ности. Будет удобнее, если Вы приедете летом, когда стоит хорошая погода, а не зимой. Мы могли бы больше гулять, чувствуя себя менее привязанными к дому и нашим комнатам. Последнее время Брэнуелл ведет себя удручающе. Полагаю, что его экстравагантное поведение, а также таинственные намеки, которые он делает (выражать свои мысли просто он не может), скоро приведут к тому, что мы услышим о его новых долгах. Я чувствую себя получше и приписываю слабость холодной погоде, а не тревожным мыслям».

24 марта 1847 г.

«Если все будет хорошо, то мы должны снова увидеться в Хоуорте. А я недовольна Вами за то, что Вы в весьма преувеличенных тонах расписали мисс М. мое самочувствие, и она настоятельно советует мне уехать из дома. Теперь уж я постараюсь не проговориться Вам, когда совсем раскисну. Как будто люди не могут позволить себе роскоши поплакаться, хотя они и не при последнем издыхании! В следующий день рождения мне исполнится тридцать один год. Юность пролетела, как сон, и я плохо использовала это время. Что я сделала за тридцать лет? Не так-то много».

Прошел печальный, небогатый событиями год. Сестры размышляли о том, какими разрушительными для таланта оказываются длительная невостребованность и неправильно выбранный путь. Это все касалось их дорогого и любимого брата, которым они когда-то гордились. Приходилось подбадривать старика отца, чье сердце тяжелее переносило все испытания, так как страдал он молча. Они следили за его здоровьем, но он редко жаловался. Они оберегали его, как могли, поскольку зрение отказывало ему. Им приходилось экономить скудные домашние запасы, чтобы как-то сводить концы с концами. Круг друзей их не притягивал, но если они встречали кого-нибудь, то всегда находили добрые слова, а уж если от них требовались дела, они себя не щадили и предлагали помощь. Приходские школы они посещали регулярно. Редкие отлучки Шарлотты из дома сводились обычно к посещению воскресной школы.

Среди подобной жизни писалась «Джейн Эйр», а «Учитель» пробивал себе путь от издателя к издателю. «Грозовой перевал» и «Агнес Грей» были приняты другим издателем «на условиях несколько невыгодных для этих двух авторов». Более детально на эту сделку мы будем ссылаться в будущем. Рукопись находилась у него — публикация ожидалась в течение первых летних месяцев.

В эти же летние месяцы сестры с оптимизмом и надеждой ожидали возможного визита в Хоуорт подруги Шарлотты, с которой она состояла в переписке и, когда обстоятельства позволяли, всегда встречалась. Эмили и Энн также благоволили к ней. Шарлотта сообщает, что в мае ожидается хорошая погода, и они надеются, что визит будет удачным. Их брат вполне терпим, так как с весны успел истратить значительную сумму денег и потому находится под благотворным гнетом бедности. Но Шарлотта предупреждает подругу, что он очень изменился внешне и сломлен внутренне. Приглашение заканчивается словами: «Я молюсь о хорошей погоде, чтобы во время Вашего визита можно было совершать прогулки».

Наконец день приезда был установлен.

«Пятница нам всем очень подходит. Я верю, что теперь ничто не помешает Вашему приезду. Но если погода подведет и пойдет дождь, то я заплачу. Не ждите, что я Вас встречу. К чему это? Я никогда не любила никого встречать и сама не люблю, когда встречают меня. Если, конечно, у Вас с собой будет коробка или корзинка, которую я могла бы донести, — тогда в этом есть смысл. Приезжайте в черном, голубом, розовом, белом или яркокрасном, как того пожелаете. Приезжайте скромная или нарядная — ни цвет, ни состояние одежды не имеют значения. Главное, чтобы это были Вы, тогда все будет в порядке».

Но пришло первое из череды разочарований, которые предстояло пережить. Чувствуется, как больно, должно быть, исторгнуть из себя следующие слова.

20 мая 1847 г.

«Ваше вчерашнее письмо на самом деле меня ужасно разочаровало. Я не виню Вас, так как знаю, что Вы не виноваты. Но от упрека не удержусь, мне мучительно и горько. Что касается поездки в Б..., то я не приближусь к этому месту до тех пор, пока Вы не приедете в Хоуорт. Привет всем вместе и каждому в отдельности, а в придачу большое количество горечи и желчи, от излияния коих только Вы и ваша мама исключаются. — Ш.Б.»

«Вы вправе высказать обо мне свое суждение. Признаю, что, возможно, я не совсем права, но я глубоко обижена. Я полагала, что на этот раз организовала Ваш приезд как можно лучше. В другой раз это будет труднее сделать».

Приведу еще одну выдержку из письма, написанного в это время, так как оно отчетливо показывает решительный настрой писательницы:

«Меня удивили ее взгляды относительно замужества. Даже если ее муж будет тираном, он волен поступать по-своему. Объясните ей (если она снова выскажется в том же духе), что ей следует иметь в виду: если у ее мужа сильная воля, он должен обладать здравым смыслом, добрым сердцем и быть справедлив; потому что неумный, но волевой человек просто невыносим: невозможно с ним совладать и его направлять. При любых обстоятельствах тиран — это проклятье».

* * *

Тем временем «Учитель» был отвергнут множеством различных издателей. Некоторые из них не слишком учтиво обосновывали свой отказ неизвестному автору, не утруждая себя вескими доводами. Вежливость необходима всегда, но, вероятно, едва ли можно ожидать в напряженной рабочей обстановке большого издательства, чтобы кто-то выкроил время объяснить, почему именно это произведение отклоняется. Все же, хотя такой подход к делу и неудивителен, прямо противоположный может милосердно утешить огорченного и разочарованного автора. И я разделяю чувства Каррера Белла, испытанные им по прочтении письма господ Смита и Элдера, содержащего отказ напечатать «Учителя».

«Не слишком рассчитывая на успех, мы решили попытать счастья еще в одном издательстве. Вскоре, быстрее, чем мы могли предположить, пришло письмо, вскрытое в мрачном предвкушении найти в нем несколько безнадежных строк, ставящих в известность, что «господа Смит и Элдер не расположены публиковать рукопись». Вместо этого из конверта выпало письмо на двух страницах. Оно было прочитано с трепетом. Да, публикация была невозможна по финансовым причинам, но в письме обсуждались достоинства и недостатки повести, и сделано это было так учтиво и деликатно, в благожелательных выражениях, а разбор повести настолько аргументирован, что отказ ободрил автора едва не больше, чем если бы работу приняли, но сообщили об этом в грубо составленном письме. В добавление было сказано, что труд этот заслуживает всяческого внимания.

Мистер Смит рассказал мне об одной небольшой детали, связанной с получением рукописи, и показавшейся мне необычной. Рукопись вместе с вложенной запиской (текст ее приводится ниже) была прислана в коричневом бумажном пакете на Корнхилл, 65. Помимо адреса господ Смита и К°, на нем были адреса других издателей, которым рукопись высылалась раньше, причем адреса эти не были стерты, а просто зачеркнуты, поэтому господа Смит и Элдер сразу узнали, где уже побывал злополучный пакет.

Господам Смиту и Элдеру.

15 июля 1847 г.

«Милостивые государи,
представляю на Ваше рассмотрение следующую рукопись.
Я был бы рад как можно скорее узнать, одобряете ли Вы ее и берётесь ли напечатать. Адрес: Мисс Бронте, для Мистера Каррера Белла,

Хоуорт, Бредфорд, Йоркшир».

Прошло некоторое время, прежде чем был получен ответ.
Здесь следует упомянуть небольшое обстоятельство и, хотя оно относится к более раннему периоду, но показывает неопытность мисс Бронте в отношении общественных нравов и почтительное отношение к чужому мнению. Написав издателю об одной из своих рукописей, которую она ему послала, и не получив никакого ответа, она посоветовалась с братом относительно причины такого длительного молчания. Он тут же ее отругал за то, что она не вложила в конверт марку. Она сразу написала опять, чтобы исправить свое упущение и извиниться за него.

Господам Смиту и Элдеру.

2 августа 1847 г.

«Милостивые государи,
примерно три недели назад я послал на Ваше рассмотрение рукопись под названием «Учитель» — повесть Каррера Белла.
Мне хотелось бы знать, получили ли вы ее. Прошу Вас сообщить мне при первом же удобном случае, сможете ли Вы ее напечатать.
Остаюсь, милостивые государи,

с уважением Каррер Белл.

Я вкладываю конверт для ответа».

На этот раз она получила быстрый ответ, который впоследствии охарактеризует в предисловии к «Грозовому перевалу» как отказ настолько деликатный, обоснованный и учтивый, что его можно считать едва ли не более ободряющим, чем принятие рукописи:
«Ваше возражение, состоящее в том, что роман недостаточно интересен, я принимаю как небезосновательное, но все же, мне кажется, ее можно было бы напечатать без большого риска, если вслед за ней незамедлительно появится другая работа того же автора, более захватывающая и волнующая. Первую работу можно представить как введение — нужно дать публике возможность привыкнуть к новому имени; успех второй может оказаться более вероятным. У меня есть еще один роман — он пока в ра-

боте, хотя почти закончен. Я постараюсь сделать его более интересным, чем «Учитель». Надеюсь через месяц его дописать. Если найдется издатель для «Учителя», следующая книга могла бы последовать настолько скоро, насколько это представляется целесообразным. Таким образом, интерес публики (если таковой появится) не успеет охладеть. Не будете ли Вы столь добры, чтобы оказать мне услугу и высказать Ваше мнение об этом плане?»

В то время, когда умы всех трех сестер находились в состоянии неопределенности, их долгожданная подруга нанесла обещанный визит. Она прожила у них начало жаркого августа. Большую часть дня они проводили в вересковых пустошах, буквально купаясь в золотых лучах солнца. Шарлоттой было высказано искреннее желание отслужить во всех церквях благодарственные молебны. В окрестностях Хоуорта август блистал своим великолепием. Даже туман в долинах между деревней и Кили окрашивался в сияющие цвета, струящиеся из вересковых пустошей; густой пурпур от цветущего вереска гармонично контрастировал с темно-желтым золотистым светом, который жаркими летними вечерами заливал всю округу, прорываясь даже в сумрак лощин. А еще выше вересковых пустошей, в стороне от убогих жилищ, великолепная местность, на которой они стояли, переходила в возвышенности, холмы, слегка окрашенные аметистовым цветом, медленно истаивающем в воздухе.

Свежий пахучий запах вереска, жужжание бесчисленных пчел придавали особую радость встрече с подругой, которую они приветствовали в их истинном доме — на диких, открытых всем ветрам холмах, куда можно было улизнуть из мрачного дома внизу.

Все это время они без устали поверяли друг другу всевозможные тайны, но ни слова не услышала их подруга относительно трех отправленных в Лондон рукописей; две из которых были приняты к изданию, а относительно третьей — они с трепетом ожидали решения. Не услышала она и о другой повести, «почти законченной», лежащей в рукописном виде в сером здании пастората внизу за холмами. Возможно, у нее имелись подозрения, что они все пишут в надежде на публикацию, но она знала, какие пределы существуют в их общении: ни она, ни кто другой не осмеливался задавать никаких вопросов из-за скрытности сестер, вызванной провалом одной попытки за другой, когда, казалось, все было готово к завершению.

Мистер Бронте тоже подозревал, что что-то происходит, но поскольку с ним никогда об этом не говорили, он тоже не спрашивал. Однако хотя догадки его были смутны и неопределенны, позже, когда он узнал об успехе «Джейн Эйр», это не явилось для него полной неожиданностью. К рассказу о том, как развивались события вокруг этого романа, мы и переходим.

Господам Смиту и Элдеру.

24 августа 1847 г.

«Посылаю Вам рукопись под названием «Джейн Эйр». Это роман Каррера Белла в трех частях. Так получилось, что я не смог заранее оплатить пересылку пакета, так как на маленькой почтовой станции, где я его отправлял, деньги за это не берут. Если бы по получении рукописи Вы были так добры и указали сумму, требуемую за доставку, я бы незамедлительно отправил ее в виде марок. В будущем лучше писать на адрес мисс Бронте для мистера Каррера Белла, Хоуорт, Бредфорд, Йоркшир, так как письма, адресованные иначе, рискуют не дойти до меня. Во избежание недоразумения я вкладываю конверт».

«Джейн Эйр» была принята издательством и вышла в свет 16 октября.

Когда будущие издатели этого замечательного романа получили рукопись «Джейн Эйр», ее дали прочесть господину, в обязанности которого входило читать все первым. Он был настолько поражен его оригинальностью, что выразил свое мнение мистеру Смиту в весьма восторженных выражениях. Мистеру Смиту такое восхищение показалось занятным. «Вы настолько очарованы, что я просто не знаю, как вам поверить», — смеясь сказал он. Но, когда другой господин, здравомыслящий шотландец, не склонный к преувеличениям, взял рукопись домой и настолько увлекся ею, что читал всю ночь, любопытство мистера Смита взыграло настолько, что побудило его самого прочитать роман. И он счел, что, как ни велики были похвалы, они оказались вполне обоснованными.

После выхода романа в свет несколько экземпляров было подарено личным друзьям издателей из литературного мира. На их умение отличить хорошее от плохого можно было положиться — в этом плане они имели определенную репутацию. Они оценили книгу в весьма лестных выражениях. Среди них был выдающийся писатель*, которым мисс Бронте особенно восхищалась. Он также оценил необычные достоинства книги и тут же в письме издателям подтвердил свое мнение.

Рецензии же были запоздалые и более осторожные. «Атенеум» и «Спектейтор» дали лишь краткие отзывы, признающие, что книга написана талантливым автором. «Литерари Газет» колебалась, не зная, уместно ли хвалить неизвестного автора. «Дейли ньюс» отослала обратно присланный ей экземпляр по причине,

---

* Речь идет об У. М. Теккерее.

что «никогда не дает рецензии на романы». Но, когда немного позже там появилась заметка о «Холостяке из Олбани»*, господа Смит и Элдер снова переслали редактору экземпляр «Джейн Эйр» с просьбой об отзыве. На этот раз книга была принята, но я не знаю, какого характера оказалась статья.

На помощь пришел «Экзэминер», где печатались профессиональные критики. Рецензии в этой газете всегда отличались доброжелательной и щедрой оценкой достоинств произведения — заметка о «Джейн Эйр» не явилась исключением. Это был дружеский, деликатный и, хотя и хвалебный, но глубокий разбор. Но в общем пресса мало сделала для того, чтобы способствовать продаже романа. Библиотеки затребовали его раньше, чем появилась рецензия в «Экзэминер». Сила очарования книги сама привела ее к читателю, без напутствий профессиональных критиков. А с начала декабря началась настоящая погоня за экземплярами.

Я помещу несколько писем мисс Бронте к своим издателям, чтобы показать, как робко мысль об успехе воспринималась человеком, непривычным к оптимистическому взгляду на то, что касалось лично его. Поводы, по которым были написаны эти записки, говорят сами за себя.

Господам Смиту, Элдеру и К°.

19 октября 1847 г.

«Милостивые государи,
сегодня утром мне прислали шесть экземпляров «Джейн Эйр». Книга имеет все достоинства, которые ей может придать хорошая бумага, четкая печать и приличествующая обложка. Если книга не расходится, то вина в том автора — Вы же вне критики.
В ожидании суждений прессы и читателей,

остаюсь с уважением к Вам, К. Белл».

Господам Смиту, Элдеру и К°.

26 октября 1847 г.

«Милостивые государи,
я получил газеты — они вполне благосклонно оценивают «Джейн Эйр», как я и надеялся. Заметка в «Литерари Газет» написана довольно однообразно, а «Атенеум» имеет свой стиль, который я уважаю, но не нахожу привлекательным. И все-таки, когда журналы такого ранга считают своим долгом оказать поддержку и признание неизвестному автору, то от этого может закружиться голова. У меня есть все основания быть довольным.

Между тем быстрая распродажа стала бы действенной поддержкой ввиду недоброжелательности некоторых критиков.
С уважением к Вам, господа,

К. Белл».

_____
* Роман М. У. Сэведжа (1803—1872).

Господам Смиту, Элдеру и К°.

13 ноября 1847 г.

«Милостивые государи,

я подтверждаю получение Вашего письма от 11 числа текущего месяца и благодарю Вас за изложенную в нем информацию. Заметка из «Пиплз джорнэл» также своевременно дошла до меня, а сегодня утром я получил «Спектейтор». Рецензия, помещенная в нем, будет воспринята только людьми определенного образа мысли. Ожидаю, что последуют и другие аналогичные отклики. Боюсь, такая оценка книги не будет способствовать спросу на нее. Но если «Джейн Эйр» — стоящее произведение, оно сумеет выдержать натиск неблагоприятных мнений.

С уважением к Вам,

К. Белл».

Господам Смиту, Элдеру и К°.

30 ноября 1847 г.

«Милостивые государи,

я получил «Экономист», а не «Экзэминер». По каким-то причинам газета пропала, как и «Спектейтор» в прошлый раз. Однако я рад узнать из Вашего письма, что заметка в нем о «Джейн Эйр» была благоприятной, а также о том, что планы на будущую работу, кажется, появляются.

Я весьма обязан Вам за информацию относительно «Грозового перевала».

Остаюсь с уважением к Вам,

К. Белл».

Господам Смиту, Элдеру и К°.

1 декабря 1847 г.

«Милостивые государи,

сегодня я получил «Экзэминер» — его неправильно адресовали Карреру Беллу для мисс Бронте. Позвольте поставить Вас в известность, что в будущем лучше не указывать имя Каррера Белла на конверте. Если корреспонденция будет направляться просто мисс Бронте, то более вероятно, что она попадет по назначению. Каррер Белл неизвестен в округе, и я не хотел бы, чтобы она пропала. Заметка в «Экзэминер» меня очень порадовала. Такое впечатление, что она вышла из-под пера знающего человека, который разбирается в вопросах критики. Конечно, одобрение такого журнала обнадеживает автора и, полагаю, принесет пользу моей работе.

Остаюсь с уважением,

К. Белл.

Я также получил еще семь других заметок из провинциальных газет, вложенных в конверт. Искренне благодарю Вас за такую пунктуальность в пересылке мне всевозможной критики о «Джейн Эйр».

Господам Смиту, Элдеру и К°.

10 декабря 1847 г.

«Милостивые государи,

с признательностью подтверждаю получение Вашего письма с вложенным банковским почтовым счетом, за что благодарю Вас. Я уже высказал Вам мои чувства относительно Вашей доброты и откровенности. Могу только заверить Вас, что надеюсь всегда поступать так, чтобы Вы были довольны мною. Если результат моих последующих усилий окажется для Вас приемлем и выгоден, я буду очень рад. И буду весьма болезненно переживать, если когда-либо дам Вам повод пожалеть о том, что Вы стали моими издателями.

Вы не должны извиняться за то, что редко пишете мне. Конечно, я всегда рад Вашим письмам. Мне также очень хотелось бы получить весточку от мистера Уильямса* — моего первого благожелательного критика. Он первым подбодрил меня и призвал продолжить писательский труд, и я, естественно, отношусь к нему с уважением и благодарностью.

Простите неформальный стиль моего письма.

Остаюсь с уважением,

Каррер Белл».

Это всего лишь небольшой рассказ о том, как первый замечательный успех отразился на душевном состоянии одной из трех сестер. Однажды я спросила Шарлотту — мы разговаривали про ее описание Ловудской школы, — и она сказала, что если бы ей могло прийти в голову, что школу тут же сравнят с Коуэн-Бридж, то навряд ли она стала об этом писать. Итак, я спросила, не удивила ли ее популярность романа. Она задумалась, а потом сказала: «Я верила, что то, что произвело столь сильное впечатление на меня, должно произвести такое же впечатление и на читателя. Меня не удивило, что книга глубоко заинтересует тех, кто ее прочитает, но я едва ли ожидала, что читателей у никому не известного автора окажется так много».

Сестры держали свои литературные начинания в секрете от отца, так как боялись, что его волнения и возможные разочарования отразятся на их творчестве. Он проявлял острый интерес ко всему, чем занимались его дети, а в молодости сам имел склон-

---

* У. С. Уильямс — сотрудник издательства «Смит, Элдер и К°», помогавший Ш. Бронте связаться с владельцами издательства.

270

ность к литературе. Свои чувства он не выражал многословно. Ему казалось, что он готов переносить разочарования стоически. Слова часто не могут выразить чувств тех, кто любит друг друга, и его дочери знали, как тяжело он будет переживать их неуспех. Поэтому они не рассказывали ему о том, что они предпринимали. Теперь же он заявил, что с самого начала что-то подозревал, хотя не знал точно, что именно. Он лишь был уверен в том, что его дети постоянно пишут, и что это не письма. Письма от издателей приходили с пометкой «для мисс Бронте». Однажды, рассказывала Шарлотта, они услышали разговор между почтальоном и мистером Бронте, выходящим из дома. Почтальон спрашивал у пастора, где живет некий Каррер Белл, на что мистер Бронте ответил, что в приходе такого человека нет.

Однако теперь, когда успех «Джейн Эйр» был вне сомнения, сестры побудили Шарлотту рассказать отцу о выходе книги. И однажды днем, а обедал он рано, она вошла в его кабинет с экземпляром книги и несколькими рецензиями, подобрав их так, чтобы одна из заметок содержала неблагоприятный отзыв.

Она рассказала мне о следующей беседе между ними. (Я записала сказанное ею на следующий день, поэтому уверена, что все записано точно).

— Папа, я написала книгу.

— Неужели, моя дорогая?

— Да, и я хочу, чтобы ты ее прочитал.

— Боюсь, мне трудно будет из-за глаз.

— Но это не рукопись — она напечатана.

— Моя дорогая! Но ты не подумала о расходах! Несомненно ты понесешь урон, иначе как же продать книгу? Твое имя никому неизвестно.

— Нет, урона не будет. Ты с этим согласишься, если только позволишь прочитать одну-две рецензии и рассказать тебе о книге.

Она села и прочитала отцу рецензию, а затем, отдав ему экземпляр «Джейн Эйр», оставила его наедине с книгой. Когда он вышел к чаю, то сказал:

— Девочки, а вы знаете, что Шарлотта написала книгу, и она совсем недурна?

Но в то время, как Каррер Белл был словно сон для тихих обитателей пастората в Хоуорте, жившего однообразной жизнью, единственным содержанием которой была забота о брате, — вся читающая Англия взбудораженно пыталась разыскать неизвестного автора. Даже издатели «Джейн Эйр» не знали, настоящее или вымышленное имя Каррер Белл, и принадлежит ли оно мужчине или женщине. В каждом городе люди искали среди своих знакомых и друзей неизвестного гения и разочаровывались, не обнаружив оного. Обсуждался любой незначительный эпизод, упомянутый в книге, чтобы разрешить столь волнующий вопрос. Но все было напрасно. Людям пришлось умерить свое любопытство, успокоиться и просто получать удовольствие от чтения.

Я не собираюсь анализировать книгу, с которой всякий, читающий эту биографию, несомненно знаком. Менее того в мои намерения входит критиковать книгу, которую мнение огромного числа читателей подняло из неизвестности на такую высоту славы.

Передо мной лежит пакет вырезок из газет и журналов, которые мисс Бронте прислала мне. Трогательно просматривать их. Каждая заметка, какой бы краткой и неуклюже составленной она ни была, даже из малоизвестной провинциальной газеты, — вырезана и аккуратно помечена числом. Это сделано рукой бедного, несчастного отца, который был так горд, когда впервые читал их, и который так одинок сейчас. Все заметки полны похвал неизвестному гению, неожиданно появившемуся среди нас. Догадки о том, кто же автор, распространялись со сверхъестественной быстротой. Лондонцы, избалованные и изощренные, были приятно удивлены и восхищены неожиданным появлением писателя, способного с таким талантом и такой мощью создавать яркие образы людей сильных, уверенных в себе, колоритных, которых и в наши дни можно встретить на севере страны. Они полагали, что есть все же некоторое преувеличение в описании происходящего. Те же, кто жил ближе к месту, описываемому в романе, были совершенно убеждены, что автор — не с юга: так правдиво и точно он изображает события, и хотя «на севере холодный и тяжелый климат», старая скандинавская закалка все переносит и видна в каждом персонаже, воспроизведенном в «Джейн Эйр». Далее любопытство, благородного ли свойства или нет, заходило в тупик. Когда в январе следующего года вышло второе издание, посвященное мистеру Теккерею, интерес снова возродился. Но Каррер Белл знал не больше об Уильяме Мейкписе Теккерее как о личности — о его возрасте, состоянии, жизненных обстоятельствах, — чем о мистере Майкле Анджело Титмарше*. Шарлотта просто была благодарна возможности выразить свое огромное восхищение писателем, которого, по ее словам, считала «общественным обновителем своего времени, который честно говорит об испорченности общества... Его ум ярок, чувство юмора привлекательно, то и другое — разные стороны гениального таланта, выполняющие роль искрометной зарницы, что сверкает под покровом летнего облака и вызывает смертельный электрический разряд, спрятанный в его глубине».

---

* Псевдоним У. М. Теккерея.

Энн Бронте все это лето чувствовала себя слабее обычного, и на ее тонкую душу оказало большое влияние беспокойство, царившее в доме. Но теперь, когда «Джейн Эйр» имела такой успех, Шарлотта стала строить планы будущих развлечений, вернее отдыха — это более подходящее выражение — для любимой младшей сестры, «младшенькой» в доме. Но, хотя Энн повеселела от успеха Шарлотты, факт оставался фактом — ни ее душевный настрой, ни физические силы не побуждали к активным действиям, она вела сидячий образ жизни, постоянно согнувшись над книгой, либо над какой-то работой, либо над письменным столом. «Мы с трудом, — пишет ее сестра, — можем уговорить ее пойти погулять или поговорить о чем-нибудь. Я с нетерпением жду следующего лета, надеясь, что, если будет возможно, она проведет хотя бы некоторое время на побережье». В этом же письме говорится и о том, как дорог ее сердцу родной дом даже в настоящем плачевном виде...

Любой автор удачного романа должен быть готов к лавине писем от неизвестных читателей, содержащих рекомендации — иногда настолько неискренние и неумелые, что приходится вспомнить известный ответ доктора Джонсона* человеку, чьи похвалы были неуместны и неоправданны. Порой же достаточно нескольких слов, которые затронут сердце своей искренностью: они волнуют и призывают приложить в будущем все возможные усилия, чтобы быть достойным подобной похвалы; бывает, что похвала содержит важную оценку достоинств и недостатков, показывает истоки того и другого и представляет собой подлинную критику, которая столь необходима начинающему писателю. Каррер Белл сполна получил разнообразных откликов. Доброе сердце, ясный ум и высокие моральные устои помогли ей по достоинству оценить истинную ценность каждой рекомендации.

Среди многих писем, посланных ею в ответ, мне было милостиво предложено письмо мистеру Дж. Г. Льюису**. Зная, сколь высоко мисс Бронте ценила его письма, содержащие поддержку и советы, я позволю себе процитировать — в хронологическом порядке — некоторые из ее ответных посланий (так как по ним хорошо видно, какого рода критику она ценила, а также потому, что они отражают ее характер во всех его проявлениях: гневе, согласии и гармонии; характер, не ослепленный самовлюбленностью, скромный, но в то же время ясно сознающий, что она де-

---

* Сэмюэл Джонсон (1709—1784) — английский писатель, критик, лексикограф.

** Джордж Генри Льюис ы(1817—1878) — английский писатель, философ, критик, наиболее известные его произведения — «Рэнторп» (1847) и «Роза, Бланш и Вайолет» (1848).

лает хорошо, а что нет, благодарный за дружеский интерес и только тогда раздраженный, когда грубо и назойливо задается вопрос, какого же пола автор; что касается остального, то письма говорят сами за себя для тех, кто умеет вникать в суть, а не только следовать за моей интерпретацией их значения. Мистер Льюис любезно разъяснил мне свое письмо мисс Бронте, на которое получил ее ответ.

«Когда «Джейн Эйр» появилась впервые, издатели прислали мне экземпляр. Я прочитал с воодушевлением, и это побудило меня отправиться к мистеру Паркеру и предложить написать рецензию на книгу во «Фрейзер мэгэзин». Он не был готов придавать такое значение неизвестному роману, но решил, что можно напечатать отклик в рубрике «Новые романы: английские и французские». Эта заметка появилась во «Фрейзер» в декабре 1847 г. Тем временем я написал мисс Бронте, что ее книга привела меня в восторг. И, кажется, я прочитал ей мораль, если судить по ее ответу».

Дж. Г. Льюису, эсквайру.

6 ноября 1847 г.

«Дорогой сэр,
вчера я получил Ваше письмо. Уверяю Вас, что я ценю намерения, с которыми оно было написано, и искренне благодарю за ободряющую похвалу и ценный совет.

Вы остерегаете меня воздерживаться от мелодрамы и призываете следовать жизни. Когда я впервые начал писать, то будучи верен принципам, сторонником которых Вы являетесь, я решил, что моими единственными советчиками станут природа и правда. Я сдерживал свое воображение, остерегался романтики, подавлял эмоции. Я также избегал слишком яркого колорита и пытался создать нечто смягченное, строгое и правдивое. Моя работа (роман в одном томе) была закончена, и я предложил ее издателю. Он сказал, что книга написана оригинально, правдиво, но принять ее он тем не менее не может: у него нет гарантий, что подобную книгу купят. Я обращался к шести издателям по очереди, и все они сказали, что этому произведению не хватает «захватывающего или волнующего сюжета», что это никоим образом не подойдет для библиотек, выдающих книги на дом, а от таких библиотек в основном зависит успех художественных произведений. Поэтому они не могут публиковать то, что не будет пользоваться спросом.

«Джейн Эйр» вначале была по этой причине отвергнута, но, наконец, получила одобрение.

Я упоминаю об этом не потому, что боюсь осуждения, но чтобы обратить Ваше внимание на истоки определенных литературных пороков. Если бы в Вашей ближайшей статье во «Фрейзер» Вы посвятили несколько слов просвещению читающей публики, которая пользуется библиотеками, то сделали бы доброе дело.

Вы также советуете мне не отклоняться от жизненного опыта, поскольку я слаб в том, что касается художественного вымысла. Вы говорите: «настоящий жизненный опыт всегда и всем интересен».

Я согласен с Вами, но, дорогой сэр, разве опыт каждого отдельного человека не ограничен? И если писатель подробно останавливается исключительно и преимущественно только на нем, разве он не начинает повторяться и не становится эгоцентристом? Воображение — это мощный, беспокойный дар, который требует быть услышанным и использованным. Неужели мы совсем глухи к его призывам и бесчувственны к его усилиям? Когда оно представляет нам яркие картины, разве не стоит попытаться их воспроизвести? А когда оно красноречиво и проникновенно говорит с нами, разве мы не должны писать под его диктовку?

Я постараюсь поскорее разыскать следующий номер «Фрейзер», чтобы ознакомиться с Вашими взглядами на эти вопросы.

Остаюсь с уважением к Вам, дорогой сэр,

К. Белл».

Удовлетворенная тем, что ее признали как писателя, она была осторожна в отношении человека, от которого получила это признание, так как цена похвалы зависела от его искренности и одаренности. Поэтому она обратилась к мистеру Уильямсу (господину, связанному с издательством) за сведениями о мистере Льюисе. Ее ответ, после того, как она узнала кое-что о личности своего будущего критика, от которого ждала высказываний и в дальнейшем, не стоит опускать. Кроме того, в ее ответе есть забавные упоминания о недоумениях, которые вызвала «подлинность имени братьев Белл», и некоторые замечания о поведении другого издателя в отношении ее сестры, от характеристики чего я воздерживаюсь, потому что понимаю, что правду сочтут клеветой, когда речь идет о таких людях.

Господину У. С. Уильямсу, эсквайру.

10 ноября 1847 г.

«Дорогой сэр,

я получил «Британию» и «Сан», но не «Спектейтор», о чем весьма сожалею, так как этот журнал, хоть и неприятный критик, но часто полезный. Благодарю Вас за сведения о мистере Льюисе. Я рад был услышать, что это умный и искренний человек. Раз так, я смогу стойко вынести его критические сентенции, даже если они мне не нравятся, и не стану роптать — одаренность и честность имеют право выносить приговор, когда полагают его заслуженным. Однако, из сказанного Вами, я рассчитываю получить благоприятный отзыв.

Ваше сообщение о различных домыслах относительно подлинности братьев Белл очень меня позабавило: если бы загадка разрешилась, то, вероятно, она не стоила бы стольких беспокойств. Но не буду об этом — нас устраивает, чтобы все оставалось по-прежнему, тем более, что это никому не вредит.

Рецензент, заметивший небольшой томик стихов в «Даблин мэгэзин», предположил, что так называемые три персонажа на самом деле — один человек, который наделен чрезмерным самоуважением и потому, обремененный собственными достоинствами, посчитав, что они слишком обширны, чтобы уместиться в одном человеке, соответственно разделил себя на три части, чтобы пощекотать нервы изумленной публики. Эта замечательная мысль рецензента очень оригинальна, но не точна. Нас трое.

С уважением к Вам,

К. Белл».

Дж. Г. Льюису, эсквайру

22 ноября 1847 г.

«Дорогой сэр,

наконец-то я прочел «Рэнторпа». Я смог получить его всего два дня назад. Это совершенно новая для меня книга, не вариации чего-то давно известного, а именно совсем новая.

Я понятия не имел, что теперь пишутся подобные книги. Она совершенно не похожа на популярное художественное произведение: ум пополняется свежими идеями, а Ваш опыт и убеждения передаются читателю. Видно, что для автора они представляют совершенно необычную значимость и интерес. Теперь я ожидаю критики «Джейн Эйр» с другими чувствами, чем до прочтения «Рэнторпа».

...Вы будете строги — Ваше последнее письмо подтверждает это. Что ж! Я постараюсь извлечь пользу из Вашей суровости. Кроме того, теперь, когда я уверовал в Вашу справедливость и умение разбираться в сути, я считаю и Вас подверженным ошибкам, как всякого смертного. И если что-то в Вашем суждении слишком меня уязвит или заденет за живое, или даже причинит сильную боль, я не поддамся сразу чувству обиды, а постараюсь через некоторое время разобраться во всем без предубеждения.

Остаюсь к Вам с глубоким уважением,

К. Белл».

В декабре 1847 года вышли в свет «Грозовой перевал» и «Агнес Грей». Первое из названных произведений оттолкнуло многих читателей мощью изображения порочных и неординарных персонажей. Другие же, наоборот, ощутили притягательность искусства замечательного художника, даже если оно проявилось в описании зловещих и ужасных преступников. В отношении этого романа мисс Бронте говорит следующее:

«Что касается изображения человеческих характеров — это случай особый. Я готова признать, что Эмили едва знает с практической стороны сельских жителей, среди которых живет, — не более, чем монашка знает людей, проходящих мимо ворот ее монастыря. Моя сестра необщительна по натуре: обстоятельства благоприятствовали ее стремлению к уединению — кроме как в церковь или на прогулки по холмам она редко выходила из дома. Хотя она благожелательно относилась к окружающим, общения с ними она никогда не искала, и за редким исключением ей это удавалось. Тем не менее она знала их образ жизни, манеру разговора, их семейные дела, она с интересом слушала и говорила о них, делая детальные наброски характеров, красочно и точно. Но с ними она едва обменялась и словом. В результате ее разум впитал ту действительность, которая ограничивалась исключительно трагическими и ужасными событиями, а память запечатлела тайные рассказы о жестоких случаях, произошедших по соседству. Ее душевное состояние, будучи скорее мрачным, чем веселым, создало Хитклифа, Эрншо, Кэтрин. Она и не представляла, что сотворила. Узнай она, что читатель содрогнулся от тяжелого впечатления, произведенного на него такими безжалостными и неумолимыми характерами, душевно заблудшими, опустившимися, что некоторые ярко описанные, страшные сцены лишают его ночью сна, а днем душевного покоя, она удивилась бы и заподозрила притворство. Если бы она жила незатейливо, ее ум развился бы сам по себе, как сильное дерево, высокое, прямое, с широко раскинувшимися ветвями, и его плоды приобрели бы вызревшую сочность. Но на развитие подобного ума могли оказать действие лишь время и опыт — влиянию людей она не поддавалась».

Справедливо или нет, но когда произведения двух младших мисс Бронте вышли в свет, они не были встречены благосклонно. Критики не оценили их по достоинству. Незрелая, но очень достоверная и мощная сила изображения в «Грозовом перевале» едва была замечена, его суть и характерные особенности были не так понятны, личность автора воспринята искаженно — все сочли, что это более ранняя и менее удачная проба пера автора

«Джейн Эйр». «Несправедливая и печальная ошибка! Вначале мы посмеялись, но теперь я горько оплакиваю это».

С этого времени существование Шарлотты Бронте разделилось на два параллельных течения — ее жизнь как Каррера Белла, писателя, и жизнь Шарлотты Бронте, женщины. Каждый имел свои собственные моральные обязательства. Они не противостояли друг другу, но ужиться им было трудно. Когда писателем становится мужчина, то для него это скорее всего просто перемена рода занятий. Он тратит на это часть времени, которое до того посвящал другим делам — жертвует какой-то стороной своей юридической или медицинской практики, или продает кому-то свое торговое или иное дело, которым зарабатывал на жизнь. Его место занимает другой купец, юрист или врач и, возможно, действует столь же успешно. Но никто другой не сможет возместить неторопливые, повседневные обязанности дочери, жены, матери или же той, кого Бог поставил на это место: основная работа женщины не принадлежит ее собственному выбору, и она не может оставить или отложить свои домашние дела, чтобы развить дарованные ей замечательные способности. И тем не менее ей не следует скрывать свое дарование: его предназначение — служить другим. Смиренно и добросовестно должна она делать то, чего невозможно не делать, иначе Господь не предназначал бы ее для этого.

Я словами изобразила то, что Шарлотта Бронте воплотила в жизни.

1848 год начался с печальных домашних событий. Необходимо, сколь бы ни было это неприятно, постоянно напоминать читателю о том, что всегда присутствовало в сердцах отца и сестер в это время. Бездумным критикам, которые упрекают сестер Бронте за то, что в их произведениях отразились печальные и мрачные взгляды на жизнь, следовало бы знать, что это следствие пережитых ими бесконечных мучений. Хорошо бы тем, кто возражает против изображения «вульгарности» и с отвращением отшатывается от нее (словно подобные понятия вытекают из самой личности писателя), хорошо бы им знать, что писатели пишут то, что видят, повинуясь строгому велению совести, а не выдумывают все это. Описанное не является их внутренним убеждением. Я хочу сказать: никогда еще женщины, настолько одаренные, не проявили свои способности с такой пользой. Что касается ошибок, допущенных ими и как писательницами, и как женщинами, то за это они держат ответ перед Богом.

11 января 1848 г.

«Последнее время дома было неуютно — Брэнуелл каким-то образом ухитрился достать денег из прежнего источника и причинил нам массу неприятностей. Папа изнурен и изводит себя днем и ночью, не дает нам ни минуты покоя из-за своих болезней. У него было несколько припадков, и одному Богу известно, каков будет конец. Но у кого, скажите, нет недостатков, собственной боли, семейной тайны? Остается только делать, что можешь, и терпеливо выносить то, что посылает Господь».

Я предполагаю, что она прочитала рецензию мистера Льюиса на недавно вышедшие романы, появившуюся в декабре прошлого года, но я не нашла об этом в ее письмах ни единого упоминания — пока Шарлотта не написала ему 12 января следующего, 1848 года.

«Дорогой сэр,
искренне благодарю Вас за великодушную рецензию. Выражаю Вам свою благодарность с особым чувством удовлетворения, так как теперь я уверен, что она вполне уместна. Вы не были суровы в отношении «Джейн Эйр» — Вы были весьма снисходительны. Я рад, что Вы прямо сказали мне о моих ошибках, так как в опубликованной заметке Вы лишь мимоходом остановились на них, и, возможно, я бы не обратил на них должного внимания. Я имею в виду Ваше предостережение в дальнейшем быть внимательнее, начиная новое произведение. Мой запас жизненного материала небогат, скорее скуден, и к тому же мой опыт, знания и способности не настолько разнообразны, чтобы я мог стать плодовитым писателем. Я говорю Вам это потому, что Ваша статья во «Фрейзер» оставила у меня чувство неловкости, будто Вы лучше думаете об авторе «Джейн Эйр», чем он того заслуживает. Хотя я Вас никогда не видел, я бы предпочел, чтобы у Вас сложилось правильное мнение обо мне, а не столь преувеличенно лестное. Если я когда-либо напишу еще книгу, то это будет именно о том, что Вы называете «мелодрамой». Я так думаю, но не уверен в этом. Полагаю также, что последую совету, светящемуся в «кротком взгляде» мисс Остен: «писать много и в более светлых тонах». Но и в этом я не уверен. Когда писатели пишут легко и гладко, они перестают воспринимать какие-либо советы и полагаются лишь на собственные суждения; они используют определенную лексику и настаивают на ее употреблении, независимо от того, насколько она уместна; вводят новые характеры, не задумываясь над развитием событий; отвергают тщательно разработанные старые идеи и неожиданно создают или перенимают новые.

Разве это не так? И следует ли противодействовать этому? И сможем ли мы это сделать?

Я рад, что скоро появится Ваше новое произведение. Особенно любопытно было бы узнать, пишете ли Вы, сообразуясь с собственными принципами и вырабатывая собственные теории. В «Рэнторпе» Вы не следовали им всецело — по крайней мере, в последней главе. Но первая часть, по-моему, безупречна: в ней чувствуется энергия, правда, значительность, что придает книге подлинную ценность. Но, чтобы так писать, надо много видеть и знать, а я видел и знаю очень мало.

Почему Вам так нравится мисс Остен? Я удивлен. Что заставило Вас сказать, что Вы бы предпочли написать «Гордость и предубеждение» или «Тома Джонса», чем «Уэверли»*?

Я не был знаком с романом «Гордость и предубеждение», пока не прочитал о нем в Вашей статье — только после этого я прочел эту книгу. И что же я обнаружил? Точный слепок с обычного лица! Тщательно огороженный и ухоженный сад с аккуратными бордюрами и нежными цветами, но ни единого яркого живого облика, ни открытой сельской местности, полной свежего воздуха, украшенной голубыми холмами, или живописным ручейком. Я с трудом ужился бы с ее леди и джентльменами в их изысканных, но душных домах. Подобные суждения, вероятно, Вас раздосадуют, но я рискну их высказать.

Теперь я понимаю, почему восхищаются Жорж Санд, хотя я ни одним из ее произведений не восхищаюсь полностью (даже «Консуэло», который я считаю лучшим, или, во всяком случае — лучшим из того, что я читал, кажется мне соединением странной экстравагантности и удивительной изысканности). Все-таки у нее такая способность восприятия, которую я, если и не понимаю вполне, но могу глубоко уважать. Она — проницательна и мудра, а мисс Остен лишь практична и наблюдательна. Я не прав? Или Вы были опрометчивы в своих высказываниях? Если у Вас есть время, то я буду рад продолжить эту тему дальше. Если нет, или если Вы считаете мои вопросы не заслуживающими внимания, не утруждайте себя ответом.

С уважением,

К. Белл».

Дж. Г. Льюису, эсквайру.

18 января 1848 г.

«Дорогой сэр,

я должен написать Вам снова, хотя и не имел намерения так скоро беспокоить Вас. Мне придется одновременно и не согла-

---

* «Гордость и предубеждение» (1813) — роман Джейн Остен; «История Тома Джонса, найденыша» (1749) — роман Генри Филдинга; «Уэверли» (1814) — роман Вальтера Скотта.

ситься с Вами. Вы поправили мои непродуманные замечания на тему «влияние». Я принимаю Ваше определение того, каковы должны быть результаты этого влияния и признаю мудрость Ваших принципов. Но что за странная нотация следует затем в Вашем письме! Вы говорите, мне следует понять, что мисс Остен не поэт, у нее отсутствует «сентиментальность» (Вы презрительно заключили это слово в кавычки), красноречие, ей чужда восторженность поэзии. А затем Вы добавляете, что я должен усвоить, что она — одна из больших художников, рисующих человеческую натуру, и одна из немногих писателей, обладающих наиболее развитым чувством меры. Я признаю лишь последнее замечание.

Может ли большой художник обходиться без поэзии? Он не может не обладать этим божественным даром, как я его понимаю. Но мне ясно, что Вы под «поэзией» понимаете нечто совсем другое, как и под «сентиментальностью». Насколько я понимаю это слово, именно поэзия облагораживает мужеподобную Жорж Санд и создает из грубого материала нечто божественное. Именно «сентиментальность», как я ее понимаю, — сентиментальность потаенная, но при том — подлинная — именно она нейтрализует злобу грозного Теккерея, и превращает то, что могло бы стать разъедающим ядом, в целебный эликсир.

Если бы в глубине сердца Теккерей не питал любовь к себе подобным, он бы страстно настаивал на изничтожении общества; он же желает лишь реформировать его. Мисс Остен, не обладая, как Вы говорите, «сентиментальностью» и «поэтичностью», возможно, смотрит на вещи разумно и реально. Она обладает даром «реальности» и наблюдательности, но она не может быть названа великой.

Я покорно снесу Ваш гнев — разве я не усомнился в совершенстве вашей любимицы? Возможно, впрочем, что буря меня минует. Тем не менее, когда смогу (не знаю когда, так как у меня нет доступа в библиотеку, выдающую книги на дом), то усердно и внимательно прочитаю все романы мисс Остен, как Вы рекомендуете. Вы должны простить меня за то, что я не всегда думаю так, как Вы, но все равно я Вам благодарен.

К. Белл».

Я немного колебалась, прежде чем поместить следующую выдержку из письма мистеру Уильямсу, но она настолько примечательна, и критика, содержащаяся в ней, настолько интересна (согласны мы с ней или нет), что я решила сделать это, нарушив тем самым хронологический порядок следования писем, чтобы завершить эту часть корреспонденции, которая представляется очень ценной, так как иллюстрирует интеллектуальную сторону характера Шарлотты Бронте.

У. С. Уильямсу, эсквайру.

26 апреля 1848 г.

«Дорогой сэр,

я прочитал роман «Роза, Бланш и Вайолет» и выскажу Вам, насколько мне это удастся, свое мнение. Лучше ли это «Рэнторпа», я не знаю, так как «Рэнторп» мне нравится очень. По крайней мере в нем та же сила, только выраженная еще более полно. Характер автора проступает буквально в каждой странице, что делает книгу очень интересной. Но больше всего привлекает то, что писатель говорит сам, а не то, что он вкладывает в уста своих героев. На мой взгляд, — наиболее оригинальный персонаж романа — это несомненно сам Дж. Г. Льюис. Дидактические пассажи удались в книге больше всего — некоторые высказанные в ней взгляды очень проницательны и глубоки и очень ясно представлены читателю. Льюис — беспристрастный мыслитель и прозорливый наблюдатель; в его теории есть мудрость, а в изложении — сила. Но почему тогда я так часто раздражаюсь, читая его книгу? Читателя поучают от души, а он не принимает этих доктрин и противостоит им. Я признаю, что нам предлагаются драгоценности в виде чистейшей правды. Почему же я все время тщательно выискиваю в них изъяны?

У мистера Льюиса, как мне кажется, несмотря на его талант и честность, имеются некоторые недостатки в стиле; возможно, чуть-чуть больше, чем требуется, догматичности, а иногда и самоуверенности. Такие мысли посещают, когда читаешь книгу. Но после того, как вы перевернули последнюю страницу и несколько минут посидели в раздумье над произведенным ею впечатлением, вы начинаете ощущать удовлетворение от того, что познакомились с замечательным умом и искренней душой, с превосходным дарованием и высокими принципами. Надеюсь, что вскоре он опубликует еще одну книгу. В изображаемых им эмоциональных сценах до некоторой степени проскальзывает однообразная неистовость; будь он сдержанней, впечатление было бы сильнее! Время от времени у мистера Льюиса чувствуется французский литературный стиль, и тем он отличается от мистера Теккерея, который всегда пишет английским пером. Однако французский стиль не слишком вредит мистеру Льюису — он владеет им с истинно британской силой. Честь ему и хвала за превосходную в общем книгу! Надеюсь, что пресса и публика оценят ее по достоинству и примут намного радушнее и теплее, чем произведения Булвера или Дизраэли».

Однако давайте вернемся от Каррера Белла к Шарлотте Бронте. Зима в Хоуорте прошла в болезнях. Среди жителей деревни свирепствовала инфлюэнца, и когда возникала действительная нужда в присутствии дочерей священника, они были безотказны, хотя наносить прихожанам обычные светские визиты все же стеснялись. Они и сами переболели. Энн очень тяжело, у нее был сильный кашель и жар, что вызвало большую тревогу старших сестер. Несомненно, близость переполненного прихожанами церковного двора создавала нездоровую атмосферу в доме священника, и его обитатели постоянно болели.

Мистер Бронте решительно заявил Совету по здравоохранению об антисанитарном положении в Хоуорте и после необходимых посещений чиновников получил рекомендацию запретить на будущее все погребения на территории церкви. Новое кладбище должно было открыться по другую сторону холма. Предполагался сбор средств по снабжению водой каждого дома, чтобы измученные домохозяйки не носили ведра с водой издалека по крутым улицам. Но этому проекту воспрепятствовало недовольство налогоплательщиков и, как обычно бывает в подобных случаях, их напор взял верх над разумом. Таким образом Хоуорт часто посещали эпидемии брюшного тифа, а различного рода лихорадки и вовсе не покидали его.

В феврале 1848 года был свергнут Луи Филипп*. События этого времени и быстрота, с которой они следовали одно за другим, вызвали следующие размышления мисс Бронте в письме к мисс Вулер**, датированном 31 марта.

«Я хорошо помню, как мне хотелось, чтобы мое поколение пережило тревожное время последней войны и почувствовало в волнениях тех лет своего рода возбуждающее обаяние, от которого сильнее бьется сердце. Я даже помню, что была немного недовольна тем, что Вы не разделяете полностью моих чувств на этот счет — Вы очень спокойно выслушали мои прекраснодушные рассуждения, но ни в коей мере не согласились, что скрещенные мечи могут хоть как-то способствовать счастью. Теперь я повзрослела и, хотя не скажу, что изжила все свои иллюзии и что романтика полностью ушла из моей жизни, но пелена спала, и я увидела обнаженную реальность. Конечно, многое видится

* Луи Филипп (1773—1850) — французский король; был свергнут с престола Февральской революцией 1848 года.
** Мисс Вулер — директор школы в Роу-Хед, в которой Ш. Бронте работала учительницей, а Эмили была пансионеркой; впоследствии — близкая подруга Шарлотты Бронте.

уже не так, как десять лет назад, и среди прочего «великолепие военных действий» также потеряло в моих глазах свой кажущийся блеск. Но я до сих пор не сомневаюсь в том, что моральные потрясения пробуждают жизнелюбие как у целых народов, так и у отдельных людей, что страх за нацию, пребывающую в опасности, мгновенно отвлекает людей от грустных мыслей о своих личных повседневных горестях, и на какое-то время их взгляды на жизнь становятся шире. Но, я также убеждена в том, что сотрясающие мир революции отбрасывают человечество назад, препятствуя цивилизованному развитию и выплескивая наружу отбросы общества. Короче говоря, мне кажется, что мятежи и сражения — тяжелые болезни наций, своим неистовством приводящие к истощению жизненной силы стран, в которых они происходят. Я искренне молюсь о том, чтобы Англию миновали безумные конвульсии, в которых сейчас содрогается континент и которые угрожают Ирландии. Я не сочувствую французам и ирландцам. Что касается немцев и итальянцев, то здесь другое дело — любовь к свободе нимало не похожа на страсть к злоупотреблению ею».

* * *

Наступил день ее рождения. Она пишет подруге, чей день рождения предстоял через неделю. Обычное письмо, но, читая его и зная, что ею сделано, мы чувствуем разницу между ее мыслями сейчас и год или два назад, когда она заявляла: «Я ничего не сделала». Должно быть, в ее уме присутствовало скромное осознание того, что «что-то сделано», так как теперь она пишет следующее:

«Мне — тридцать два. Молодость ушла и никогда не вернется, ничего здесь не поделаешь... Мне кажется, что горе должно когда-нибудь прийти к каждому, и тот, кто не испытал его в юности, часто вынужден испить его полную чашу в зрелые годы, тогда как тот, кто рано выпил ее до дна, кому горький осадок достался еще прежде вина, вполне может надеяться, что потом он получит более приятное лекарство».

* * *

Авторство «Джейн Эйр» до сих пор оставалось большим секретом семьи Бронте. Даже Эллен Насси*, почти сестра, ничего об этом не знала. Возможно, правда, она догадывалась, учитывая склонности Шарлотты, а также из-за подозрительных гранок

---

* Эллен Насси — близкая подруга Ш. Бронте.

в Б., что готовится какое-то литературное произведение. Но, по-вторяю, ничего точно она не знала и благоразумно не спраши-вала. И вдруг она узнает от других, что Шарлотта Бронте — пи-сательница и опубликовала роман! Она написала ей и получила в ответ два следующих письма. Как мне теперь кажется, ярост-ным и энергичным отрицанием своего авторства они еще боль-ше подтверждали, что слухи о нем возникли не на пустом месте.

28 апреля 1848 г.

«Напишите мне еще раз и объясните Ваше замечание. Если Вы, как мне кажется, намекаете на меня, то знайте: я никому не дава-ла права сплетничать обо мне и не желаю, чтобы обо мне состав-ляли мнение, основанное на легкомысленных догадках, откуда бы они ни исходили. Сообщите мне, что Вам известно и от кого».

3 мая 1848 г.

«Вот что я могу сказать по известному делу: если ходят слу-хи и если даме, которую, по всей видимости, ввели в заблужде-ние, не приснилось то, что ей якобы сообщили, то, должно быть, произошло нелепое недоразумение. Я никому не давала права ни подтверждать, ни косвенно намекать, что я «печатаюсь» (чепуха!). Тот, кто это говорит — если это действительно так, в чем я сом-неваюсь, — тот мне не друг. Мне было приписано двадцать книг, но у меня нет ни одной. Я полностью опровергаю этот вымысел. После того, как я совершенно определенно отвергла это обвине-ние, тот, кто настаивает на нем, делает недоброе дело и ведет себя невоспитанно. Полнейшая неизвестность несомненно предпоч-тительнее пошлой славы. Такой славы я не ищу и быть ее у меня не может. Если какая-либо особа осмелится докучать Вам по этому поводу, если Вам зададут вопрос, какой роман опублико-вала мисс Бронте, — Вы можете сказать просто и твердо, как Вы умеете это делать, если захотите, что Вы уполномочены мисс Бронте заявить, что она отвергает подобные обвинения. Я теря-юсь в догадках, откуда пошел этот слух, но боюсь, что не из дру-жеского источника. Однако не уверена, что была бы рада узнать о его происхождении нечто более определенное. Если Вы услы-шите что-нибудь еще, пожалуйста, дайте мне знать. Ваше пред-ложение прислать «Жизнь Симеона»* весьма любезно, и я Вас благодарю. Полагаю, что папа будет рад увидеть эту книгу, так как был знаком с мистером Симеоном лично.

Посмейтесь или поругайте А. за мысль о моей «публикации». И верьте мне — несмотря на все клеветнические слухи.

Преданная Вам,

Ш. Бронте».

---

* Чарльз Симеон (1759—1836) — протестантский священник.

Причина, по которой мисс Бронте так беспокоилась о сохранении своей тайны, заключалась, как мне сказали, в том, что она дала обещание сестрам не разглашать ее.

Затруднительное положение, возникшее после выхода в свет романов сестер под вымышленными именами, делалось все более сложным. Многие критики сходились в мнении, что все художественные произведения, опубликованные тремя Беллами, принадлежат одному автору, но были написаны в разные годы его жизни. Несомненно, это подозрение отразилось на принятии книг публикой. Закончив «Агнес Грей», Энн Бронте работала над вторым романом, «Незнакомка из Уайлдфелл-Холла». Роман малоизвестен. Основная его тема — распад личности; распутство и крах героя проистекают из-за невоздержанности по отношению к вину, поначалу проявлявшейся так незначительно, что это считали «веселым нравом». Изложенная история болезненно противоречила взглядам той, что охотно укрылась бы под защитой мирных и благочестивых мыслей. «Она (говорит сестра о «хрупкой малышке») долгое время была вынуждена видеть вокруг себя разрушительный результат невостребованного таланта и способностей; по натуре чувствительная и нежная, она глубоко воспринимала увиденное, и это ей вредило. Она размышляла над этим до тех пор, пока не уверовала, что ее долг воспроизвести историю (конечно, с помощью вымышленных характеров, событий и ситуаций), как предостережение для других. Она ненавидела свою работу, но продолжала ее. Когда ее призывали к благоразумию, она воспринимала это как искушение и потакание своим слабостям. Она считала, что должна быть честной, ничего не приукрашивать, или смягчать, или скрывать. Это ее благое намерение было неверно истолковано, и она получила свою долю хулы, которую вынесла, по своему обыкновению, спокойно, безропотно и терпеливо. Она была истинной христианкой, стремящейся приносить пользу людям, но оттенок религиозной меланхолии оставил печальный след на ее короткой безупречной жизни».

В июне этого же года «Незнакомка из Уайлдфелл-Холла» была завершена и представлена на прочтение человеку, который ранее публиковал Эллиса и Эктона Беллов. То, как он вел дела, вызвало недовольство мисс Бронте и ее сестер. Обстоятельства же были нижеследующие (мисс Бронте изложила их в письме к подруге, проживающей в Новой Зеландии). Однажды утром в начале июля в пасторат пришло сообщение от господ Смита и Элдера, сильно нарушившее спокойствие его обитателей: они посчитали, что оно не только могло сказаться на их литературной репутации, но и бросало тень на них самих. «Джейн Эйр» пользовалась большим спросом в Америке, и поэтому тамошний издатель предлагал высокую цену за право первым напечатать следующую книгу Каррера Белла. Господа Смит и Элдер пообещали это издателю, поэтому он был весьма изумлен и недоволен, когда узнал, что подобная договоренность уже достигнута с другим американским издательством, в котором в самое ближайшее время должна выйти новая книга. После наведения справок выяснилось, что недоразумение исходило от издателей Эктона и Эллиса Беллов. Ко всему прочему, они заверили американского издателя в своем совершеннейшем убеждении, что «Джейн Эйр», «Грозовой перевал» и «Незнакомка из Уайлдфелл-Холла» (эту книгу он назвал лучшей по сравнению с остальными) — написаны одним автором.

Хотя господа Смит и Элдер ясно заявили в своем письме, что они не имеют ко всему этому никакого отношения, сестры были встревожены и решили доказать абсолютную беспочвенность подобной ошибки, и все исправить. Они приняли скоропалительное решение, что Шарлотта и Энн тут же отправятся в Лондон, дабы доказать господам Смиту и Элдеру, что они — не одно лицо. Приняв такое решение, они занялись немедленными приготовлениями к отъезду. Все скопившиеся домашние дела были срочно переделаны. Сестры упаковали смену одежды в маленький сундучок, который отослали в Кили с попутным экипажем. Во второй половине дня они отправились в путь, взволнованные: ведь, независимо от причины поездки, для Энн это был первый визит в Лондон. Пока они шли до станции, их настигла гроза, а времени искать укрытия не было. Они едва успели на поезд в Кили, приехали в Лидс и в спешке ночным поездом отбыли в Лондон.

Около восьми часов утра в субботу они добрались до кофейни Капитула на Патерностер-роу. Это было весьма странное заведение, но где еще можно остановиться, они попросту не знали. Умывшись и позавтракав, сестры стали думать, что делать дальше. Когда днем раньше в тишине пастората в Хоуорте они обсуждали план действий, то решили взять в Лондоне кеб, чтобы доехать от трактира до Корнхилла. Но субботним утром, пребывая в волнении от того, что им делать, они напрочь забыли о такой возможности. Когда же они отправились в путь пешком, то толпы людей на улицах и бесконечные переходы привели их в ужас. Отчаявшись добраться до места, они все время останавливались и полмили шли почти целый час. Ни мистер Смит, ни мистер Уильямс не подозревали об их приходе. Они были совершенно неизвестны издателям «Джейн Эйр», которые на самом деле не знали, являются ли Беллы мужчинами или женщинами, но в своих письмах обращались к ним в мужском роде.

Добравшись до мистера Смита, Шарлотта отдала ему его собственное письмо — то самое, которое причинило столько беспокойства обитателям пастората в Хоуорте всего двадцать четыре часа назад.

— Откуда оно у вас? — спросил он, не в состоянии поверить, что две молодые леди, одетые в черное, маленькие, хрупкие, приятной наружности, взволнованные, олицетворяли собой Каррера и Эктона Беллов, так возбуждавших всеобщее любопытство. Последовало объяснение, и мистер Смит тут же начал строить планы, как их развлечь во время пребывания в Лондоне. Он настаивал, чтобы они встретились с некоторыми литераторами у него дома, и для Шарлотты это было большим искушением, так как среди них могли оказаться один или два писателя, с которыми ей особенно хотелось познакомиться. Но решение оставаться неизвестной заставило ее твердо от этого отказаться. Сестры также упорно не соглашались остановиться у мистера Смита, сославшись на то, что не собираются долго пробыть в Лондоне. Когда они вернулись обратно в трактир, бедняжка Шарлотта поплатилась за волнение, связанное с объяснениями, за беспокойство и спешку последних суток. У нее началась сильнейшая головная боль, сопровождавшаяся тошнотой. К вечеру она ожидала визита родственниц мистера Смита, поэтому то и дело вдыхала нюхательную соль, и это ее немного взбодрило, но все равно, по ее словам, она была в плохом физическом состоянии, когда появились гостьи в вечерних туалетах. Для сестер было полной неожиданностью, что их собираются везти в оперу. Они не были к этому готовы, к тому же у них не оказалось подходящих к случаю платьев (их вообще у них не было). Но мисс Бронте решила не противиться такому проявлению добрых чувств. Итак, несмотря на головную боль и усталость, они поспешно облачились в свои лучшие, но деревенского пошива, платья.

Вот что говорит Шарлотта о визите в Лондон, как описывает посещение оперного театра:

«Пока мы стояли у закрытой двери в ложу, красиво одетые леди и джентльмены окидывали нас несколько высокомерными взглядами, что было вполне оправданно. Тем не менее, я была приятно возбуждена, невзирая на головную боль, тошноту и сознание своей неотесанности. Энн была спокойна и кротка, как всегда. Давали «Севильского цирюльника» Россини — блистательно, хотя я уверена, многие другие спектакли понравились бы мне еще больше. Домой мы вернулись после часа ночи. Всю предыдущую ночь мы не спали и вот уже целые сутки находились в постоянном волнении, так что можете себе представить, как мы устали. На следующий день, в воскресенье, мистер Уильямс рано утром доставил нас в церковь, а днем вместе со своей матушкой заехал за нами в карете и отвез к себе на обед. В понедельник мы ходили на выставку в Королевскую академию и в Национальную галерею, снова обедали у мистера Смита, а затем пили чай у мистера Уильямса. Во вторник утром мы покинули Лондон, нагруженные книгами, которые дал нам мистер Смит, и благополучно возвратились домой. Более измученное и несчастное создание, чем я, трудно себе представить. Когда мы уезжали, я была худа, но по возвращении стала совершенно тощей, с серым, постаревшим лицом, изборожденным глубокими морщинами и неестественно выпученными глазами. Я чувствовала слабость и одновременно какое-то беспокойство. Со временем, однако, эти отрицательные последствия волнения исчезли, и я поправилась».

* * *

На тех, с кем она впервые встретилась в Лондоне, мисс Бронте произвела впечатление особы весьма умной и проницательной. Хотя она была сдержанна, но обладала, того не сознавая, способностью вовлечь других в беседу. Она не высказывала своего мнения, если на то не было причины, и ни разу не задала ни единого пустого вопроса. Тем не менее, с ней было легко разговаривать, ее искренность побуждала к беседе, а когда она высказывалась, хваля или порицая какие-либо книги, чьи-то поступки или произведения искусства, ее красноречие становилось просто зажигательным. Во всем, что она говорила или делала, чувствовалась основательность. Открытая и прямая, даже споря с оппонентом, она не вызывала обиды, ей удавалось убедить слушателей, что она лишь стремится к правде.

Не последнюю роль в их делах сыграло место, где сестры остановились.

В течение многих лет Патерностер-роу была священной для издателей. Эта узкая, мощеная плитами улица находилась под сенью собора Святого Павла. В начале и конце ее были установлены столбы, чтобы препятствовать проезду карет и таким образом сохранить торжественную тишину, необходимую для мыслительного процесса «отцов улицы». В описываемое время однообразные складские помещения по обеим сторонам ее были большей частью заняты книготорговцами-оптовиками, так как книжные магазины не выглядели бы привлекательно на этой мрачной и узкой улице. В середине, по левой стороне, находилась кофейня Капитула. Я побывала там прошлым летом в июне. Тогда в ней никого не было. Дом выглядел так, словно ему было лет двести. Подобные дома можно встретить в сельской местности: с низкими потолками, пересеченными тяжелыми балками, стены до середины обшиты деревянными панелями, лестницы — с невысокими ступенями, широкие и темные — занимали большое пространство в середине дома. Такой была кофейня Капитула, сто лет тому назад являвшаяся излюбленным местом книготорговцев и издателей, куда литературные писаки, критики и остряки заглядывали в поисках новых идей и работы. Об этом месте писал Чаттертон* в своих письмах-мистификациях к матери в Бристоль из Лондона, где он голодал: «Я очень хорошо знаю кофейню Капитула и всех ее гениев». Здесь он справлялся о возможности найти для себя работу; и здесь ему оставляли корреспонденцию.

Спустя годы этот трактир часто посещали студенты и сельские священники, приезжавшие в Лондон на несколько дней. Не имея друзей и доступа в общество, они были рады узнать из разговоров в кофейне, что творится в литературном мире. Мистер Бронте также останавливался здесь во время нескольких посещений Лондона, когда жил в Кембридже и когда служил в Эссексе. Сюда он привозил дочерей, когда сопровождал их в Брюссель, и сюда они приехали теперь, не зная, где еще можно остановиться. Это место посещали исключительно мужчины. Думаю, что прислуги женского пола в доме также не было. Ночевать оставалось всего несколько человек. Иногда, как и сто лет назад, там устраивались заранее назначенные торги и сделки. Странно, что мисс Бронте выбрала это уединенное место, предназначенное исключительно для деловых мужских встреч. Старый седой слуга, казалось, с первого взгляда был тронут спокойной простотой двух леди и постарался устроить их поудобнее в длинной, с низким потолком, темной комнате наверху, где обычно проводились деловые встречи. Высокие узкие окна глядели на унылую улицу. Сестры, прильнув друг к другу у дальнего подоконника (как сказал мне об этом мистер Смит, когда приехал в тот субботний вечер отвезти их в оперу), ничего не могли увидеть, кроме мрачных темных домов напротив, которые находились так близко, словно их не разделяла улица. Мощный шум Лондона долетал до них, подобно рокоту невидимого океана. И был отчетливо слышен каждый шаг, раздававшийся на этой не часто посещаемой улице. Так получилось, что они предпочли остаться в кофейне Капитула, чем принять приглашение мистера Смита и его матери. Спустя несколько лет Шарлотта скажет:

«С тех пор я повидала Уэст-Энд, парки, красивые площади, но я больше люблю Сити. Сити кажется честнее — со своим деловым миром, спешкой, шумом; Сити зарабатывает себе на жизнь, а Уэст-Энд наслаждается ею. В Уэст-Энде вы можете развлечься, но глубоко взволнует вас Сити.

---

* Томас Чаттертон (1752—1770) — английский поэт, автор изысканных литературных мистификаций.

В воскресенье утром они пожелали услышать доктора Кроули*, и мистер Уильямс сопроводил их в церковь святого Стефана в Уолбруке, но их постигло разочарование — доктор Кроули в этот день не служил. Мистер Уильямс также отвез их (мисс Бронте это упоминала) на чай к себе домой. По пути они проезжали мимо Кенсингтон-гарденз, и мисс Бронте была поражена его красотой, свежей зеленью газона и обилием нежной листвы. От замечаний относительно различия пейзажей на юге и севере разговор перешел к разнице в произношении: мягкость интонации у тех, с кем они разговаривали в Лондоне, произвела на сестер большое впечатление. Все это время те, кто общался с сестрами Браун (еще один их псевдоним, тоже начинающийся с буквы «Б»), казалось, смотрели на них, как на застенчивых и замкнутых деревенских девушек, которым и сказать-то нечего. Мистер Уильямс говорил мне, что в тот вечер, когда он сопровождал их в оперу, и Шарлотта поднялась по лестнице, ведущей из огромного входа в вестибюль первого яруса лож, она была настолько поражена прекрасной архитектурой вестибюля и зала, что непроизвольно сжала руки и прошептала: «Знаете, я ведь к такому не привыкла». И, действительно, это было резким контрастом с тем, что они видели и делали всего день тому назад, когда с трудом, с сильно бьющимися сердцами, возбужденные, шли по дороге из Хоуорта в Кили, не замечая грозы, обрушившейся им на головы. Они были поглощены одной мыслью: как добраться до Лондона и доказать, что они на самом деле два человека, а не один самозванец. Неудивительно, что в Хоуорт они вернулись совершенно разбитыми, измученными от усталости и волнений.

Следующие эпизоды из жизни Шарлотты Бронте в это время, которые я обнаружила в ее записях, — другого характера и не имеют отношения к развлечениям.

28 июля 1848 г.

«Брэнуелл ведет себя по-прежнему. Его организм сдает. Папа, а иногда кто-нибудь из нас, ночами сидит около него. Большую часть дня он спит, и поэтому ночью бодрствует. Но разве не под каждой крышей свои мыши?»

Ее самые близкие подруги до сих пор не знали, что она — автор «Джейн Эйр». Она получила письмо от одной из них, в котором та спрашивала о Кастертонской школе. Мне кажется, что следует привести ответ Шарлотты, написанный 28 августа 1848 года.

---

* Доктор Кроули — известный в середине XIX века ирландский проповедник, автор многих литературных работ.

«Вы хотите, чтобы я ответила на Ваше письмо, пока Вы в отъезде, и потому пишу безотлагательно. Ведь часто бывает так, что мы тянем с ответом на письмо, и из-за разных помех он задерживается на непростительно долгий срок. В своем последнем письме я забыла ответить на Ваш вопрос и потом очень переживала. Поэтому начну с него, хотя боюсь, что мои сведения немного устарели. Вы сообщили, что миссис... думает послать... в школу и хотела бы знать, подходящее ли место Кастертонская школа для дочерей священников. Мои сведения об этом заведении двадцатилетней давности. В то время оно только создавалось. Периодически в школе свирепствовал сыпной т... , а чахотка и золотуха, плохой воздух и несвежая вода, плохая и скудная еда изводили несчастных учениц. Тогда это место вряд ли могло подойти для детей миссис..., но с тех пор, насколько мне известно, оно изменилось к лучшему. Школу перевели из Коуэн-Бридж (нездоровое, хотя и живописное место — сырая низина, но красивые река и лес) в Кастертон. Условия жизни, еда, порядок, система обучения — все, я полагаю, изменилось в лучшую сторону. Мне говорили, что тем ученицам, которые отличились примерным поведением и закончили полный курс обучения, предлагались должности гувернанток, если они имели к этому склонность, и что отбор производился очень тщательно. Когда они покидали Кастертон, их обеспечивали прекрасным гардеробом.

...Недавно Хоуорт покинула самая старая семья. Как говорят, тринадцать поколений их предков жили здесь, а они уехали... Папа, о чем я с радостью сообщаю, пребывает в добром здравии соответственно его возрасту, а его зрение не ухудшается, а улучшается. Сестры тоже чувствуют себя хорошо».

Но темные тучи нависли над этой обреченной семьей и с каждым часом сгущались все больше.

9 октября она пишет:

«Последние три недели в нашем скромном доме оказались очень тягостными. Все лето состояние Брэнуелла ухудшалось, но ни врачи, ни он сам не думали, что конец так близок. Он был прикован к постели, но за два дня до смерти все же встал и дошел до деревни. Он умер после двадцатиминутной агонии в воскресенье утром 24 сентября, до последней минуты находясь в сознании. За два дня до конца его поведение удивительно изменилось, что часто бывает перед смертью. Он успокоился, и к нему вернулась раньше отличавшая его любовь к ближним. Теперь он в руках Господа, всемогущего и всемилостивого. Меня успокаивает глубокое убеждение, что он, наконец, обрел покой — после

292

короткой, грешной, мучительной и суетной жизни. Последнее прощание, его бледно-мертвенный вид причинили мне такую острую боль, какой я и представить не могла. До последнего часа мы не знаем, как много мы можем простить, как сильно можем сожалеть о близком родном человеке. Все его недостатки и пороки — теперь ничто. Мы ощущаем лишь скорбь. Папа вначале очень переживал, но в целом держался хорошо. Эмили и Энн тоже, хотя Энн так хрупка, а Эмили сейчас простужена и кашляет. Мой же удел — заболеть в самый критический момент, когда я должна держаться. Сначала в воскресенье началась головная боль и тошнота, я потеряла аппетит, так что не могла проглотить ни кусочка. Затем начались боли внутри, слабость, лихорадка, сопровождавшаяся разлитием желчи. Неделю я была прикована к постели — это была ужасная неделя. Но, благодарение Богу, здоровье, кажется, восстанавливается. Я могу сидеть и понемногу есть. Сначала доктор сказал, что я поправлюсь не скоро, но дело идет на поправку быстрее, чем ожидалось. Мне на самом деле намного лучше.

Я слышала от того, кто ухаживал за Брэнуеллом во время его последней болезни, что он решил умереть стоя. Он постоянно говорил, что пока жизнь еще теплится, должна быть сила воли поступать так, как считаешь нужным. И, когда началась агония, он настоял, чтобы встретить смерть стоя. Ранее я говорила, что когда настал конец, в его карманах нашли старые письма от женщины, к которой он был привязан. Он умер, но она жива. Эринии, я полагаю, прекратили свое существование в тот момент, когда были услышаны стенания: «Великий Пан умер». Я думаю, мы можем пощадить его, в отличие от тех ужасных созданий, которые пытались пробудить совесть даже у мертвого.

Больше я к этому не вернусь. Поговорим о том, что делается в пасторате в Хоуорте».

29 октября 1848 г.

«Мне кажется, я почти преодолела последствия своей последней болезни и возвращаюсь к обычному состоянию здоровья. Иногда мне хочется, чтобы оно было получше, но следует довольствоваться теми благами, что имеешь, а не тосковать по тому, что невозможно. Сейчас меня больше беспокоит сестра. Простуда и кашель у Эмили не проходят. Боюсь, что ее мучают боли в груди, так как иногда я замечаю, как она задыхается, когда двигается чуть быстрее. Она очень худа и бледна. Ее сдержанность тревожит меня. Расспрашивать ее бесполезно — ответа вы не получите. Еще бесполезнее предлагать лекарства — она никогда их не принимает. Я также не могу не видеть хрупкости Энн. Последнее печальное событие, кажется, сделало меня более склонной к страхам, чем обычно. Порой я очень подавлена и ничего не могу с этим поделать. Я пытаюсь во всем положиться на Бога, верить в его доброту, но вера и смирение возможны не при всех обстоятельствах. Последнее время погода была весьма нехороша для больных: внезапное изменение температуры, похолодание, пронизывающий ветер. Если бы погода была более устойчивой, возможно, она бы благоприятно повлияла на самочувствие всех членов семьи, и прошли бы эти изнуряющие простуда и кашель. Папа тоже этого не избежал, но он вынес все лучше, чем мы. Не стоит говорить о возможности моей поездки в... этой зимой. Я не смогу оставить дом на кого бы то ни было. Мисс... вот уже несколько лет болеет. Это заставляет чувствовать и сознавать, что мир этот — не постоянное место нашего пребывания. Нам не следует вступать в слишком близкие человеческие отношения или чересчур нежно привязываться к кому-то. Однажды либо они должны нас покинуть, либо мы их. Да дарует Господь здоровье и силу всем страждущим!»

Я продолжаю цитировать ее собственные полные любви слова, посвященные сестрам:

«Наша жизнь очень изменилась. Беда приняла форму, которую и предположить было страшно, можно только горестно оглянуться назад. Так бывает, когда в разгар дня, полного работы и забот, тружеников покидают силы. Первой это постигло мою сестру Эмили. Никогда за всю свою жизнь она не уклонялась от работы, не уклоняется и теперь. Она быстро слабеет, словно спешит покинуть нас. Каждый день, видя, как она мучается, я смотрю на нее с любовью и страданием. Никогда ничего она не делала, как другие. Ее характер особенный — порой она была сильнее мужчины, но наивнее ребенка. Ужас состоял в том, что, жалея других, себя она не жалела. Ее дух был неумолим к собственной плоти. Дрожащими руками, шатаясь, с угасающим взором она выполняла ту же работу, словно была здорова. Видеть это и не осмелиться отстранить ее от дел — это боль, которую не высказать никакими словами».

Эмили действительно не выходила из дома с того воскресенья, когда умер Брэнуелл. Они ни на что не жаловалась, не хотела слушать никаких вопросов, отвергала сочувствие и помощь. Много раз Шарлотта и Энн, отложив шитье или прекратив писать, со сжавшимся сердцем прислушивались к слабеющим шагам, затрудненному дыханию и частым остановкам, когда их сестра взбиралась по невысокой лестнице. Но они не смели и виду показать, что следят за ней, страдая больше, чем она сама. Они не осмеливались ни вымолвить слово, ни тем более ласково предложить руку помощи. Они просто молча и неподвижно сидели.

23 ноября 1848 г.

«В своем последнем письме я говорила о том, что Эмили больна. Силы ее не восстанавливаются. Если бы вы увидели ее, то решили, что надежды нет. Я не встречала никого, кто имел бы более истощенный, мертвенно-бледный вид. Сильный, глубокий кашель продолжается. После приступа она часто и тяжело дышит. Ее пульс, в тот единственный раз, когда она позволила его пощупать, был 115 ударов в минуту. Несмотря на такое состояние, она категорически отказывается показаться врачу. Она ничего не объясняет и не позволяет даже намекать на то, что она больна. Представьте себе безысходность нашего положения. Одному Богу известно, чем все это кончится. Не раз мне приходила мысль, что мы ее потеряем. Это весьма вероятно, но душа не принимает подобных мыслей. Я чувствую, что Эмили — самый близкий мне человек на этом свете».

Когда же послали за доктором, и он пришел, Эмили отказалась его видеть. Сестры смогли только описать ему симптомы, которые они наблюдали. Присланное им лекарство она не захотела принимать, уверяя, что вполне здорова.

10 декабря 1848 г.

«Как рассказать Вам о том, что в данный момент волнует меня более всего, я просто не знаю, потому что совсем растеряна. Надежда и страх сменяют друг друга. Боли в боку и груди у нее уменьшились, но кашель, затрудненность дыхания и крайнее истощение продолжаются. Я так измучилась от неизвестности относительно ее состояния, что настал момент, когда я не смогла больше этого выносить. А так как она по-прежнему не желала видеть врача, — она заявила, что ни один отравитель не приблизится к ней, — то я по секрету от нее написала в Лондон знаменитому врачу, сообщив основные симптомы ее болезни и спрашивая его мнение. Я ожидаю ответа через два дня. Я рада, что мое собственное здоровье в настоящий момент вполне сносно. Это очень хорошо, так как Энн, приходится признать, действительно слишком хрупка и многого делать не может. У нее тоже часто болит бок. Папа чувствует себя неплохо, хотя состояние Эмили его очень беспокоит.

На прошлой неделе у нас побывали бывшие ученицы Энн Бронте. Это приятные, нарядно одетые девочки. Казалось, что они рады повидать Энн. Когда я вошла в комнату, то увидела, как они прильнули к ней, словно дети. Она же выглядела совершенно спокойной, даже равнодушной. Мне кажется, что, вероятно, во время их визита возникла какая-то обида, из-за чего — не знаю. Боюсь, что все это как-то надуманно. Поскольку у меня голова занята другими делами, я не особенно об этом размышляла. Эмили больна, и меня не очень-то беспокоит, кто не обратил на меня внимания, не так понял или задел. Я предпочла бы только, чтобы Вы не были в их числе. Сыр с крабами мы благополучно получили. Эмили передает Вам свою благодарность. На вид он очень аппетитен, и я бы хотела, чтобы она чувствовала себя получше и могла его попробовать».

Но здоровье Эмили стремительно ухудшалось. Я помню, как переживала мисс Бронте, вспоминая разочарование, которое она ощутила, когда, обыскав все лощинки и расщелины в пустоши в поисках хотя бы одной уцелевшей веточки вереска — только одной, пусть и засохшей, — чтобы принести ее Эмили, она увидела, что та взглянула на цветок потухшими, равнодушными глазами, не узнавая его. Эмили до конца настойчиво цеплялась за свою независимость. Она никому не позволяла ей помогать. Любая попытка сделать это раздражала ее. В один декабрьский вторник она поднялась утром, оделась, как обычно, сама, хотя и с передышками, и даже попыталась заняться шитьем. Служанки, наблюдавшие за ней, хорошо понимали, что предвещает прерывистое хриплое дыхание и потухший взгляд. А Шарлотта и Энн, переполненные невысказанными опасениями, все еще хранили слабую надежду.

В это утро Шарлотта написала следующее — вероятно, в присутствии умирающей сестры:

«Мне следовало написать Вам раньше, если бы у меня нашлось хоть единое слово надежды, но его у меня не было. Она слабеет с каждым днем. Мнение врача было высказано в весьма туманных выражениях. Он прислал лекарство, которое она не стала принимать. Никогда в жизни я не знала таких мрачных моментов, как эти. Молюсь Богу, чтобы он поддержал нас всех. До сих пор он это делал».

Наступил день. Эмили стало хуже: она могла лишь, задыхаясь, шептать. Сейчас, когда было слишком поздно, она сказала Шарлотте: «Если ты пошлешь за доктором, то теперь я его приму». Около двух часов дня она умерла.

21 декабря 1848 г.

«Эмили больше не страдает от боли и слабости. И никогда больше не будет страдать. Она умерла после тяжелой и короткой агонии во вторник, — в тот самый день, когда я Вам писала. Я думала, что, может быть, она еще побудет с нами несколько недель, но спустя два часа она была в руках вечности. На земле нет больше Эмили — ее время кончилось. Вчера мы опустили ее бедное, худое тельце под церковную плиту. Сейчас мы спокойны. Да и могло ли быть по-другому? Мука видеть ее страдания закончилась, нет больше смертельных болей, день похорон прошел. Мы чувствуем, что она покоится в мире.

Не надо больше бояться, что начнется сильный мороз и пронизывающий ветер — ведь Эмили их уже не почувствует, она умерла, хотя могла еще жить. Но на то Божья воля, чтобы ее не стало во цвете лет. Там, где она сейчас, лучше, чем здесь.

Бог поддержал меня удивительным образом в той муке, какую я себе и не представляла. Теперь я смотрю на Энн, и мне так хочется, чтобы она была здоровой и сильной. Но этого нет. То же можно сказать и про папу. Не смогли бы Вы приехать к нам на несколько дней? Я не приглашаю Вас надолго. Напишите и сообщите, сможете ли Вы это сделать на следующей неделе, и каким поездом прибудете. Тогда я попытаюсь прислать за вами двуколку в Кили. Я надеюсь, что Вы найдете нас в спокойном состоянии духа. Постарайтесь приехать. Никогда прежде я так не нуждалась в утешении и присутствии друга. Конечно, удовольствия от этого визита Вы не получите, кроме того, что Ваше доброе сердце найдет удовлетворение в том, что делает добро другим».

Когда старый, лишившийся дочери отец и двое других его детей сопровождали гроб к могиле, к ним присоединился Кипер, свирепый, но преданный бульдог Эмили. Он шел рядом с присутствующими, а в церкви во время заупокойной службы тихо стоял. Вернувшись в дом, он улегся у двери в комнату Эмили и нескольких дней жалобно выл. С того дня Энн Бронте стала много болеть и быстро увядать. Так закончился 1848 год.

УИЛЬЯМ МЕЙКПИС ТЕККЕРЕЙ

ПОСЛЕДНИЙ ОЧЕРК

(«Cornhill Magazine», April 1860)

...С тем же чувством, с каким я созерцал незавершенную картину своего друга, чудесного художника, мне думается, многие читатели приступят к чтению последних строк, начертанных рукой Шарлотты Бронте. Кто из десятков тысяч, узнавших ее книги, не слышал о трагедии ее семьи и не оплакал ее участь, ее безвременную горькую кончину? И кто не стал ей другом, не восхитился благородным языком писательницы, пламенной любовью к правде, отвагой, простотой, непримиримостью ко злу, горячим состраданием, высоким религиозным чувством, благочестием, а также — как бы поточнее выразиться? — страстным сознанием своего женского достоинства?

...В один из последних дней 1854 года Шарлотта Николз грелась у камина, прислушиваясь к вою ветра за окном, и вдруг сказала мужу: «Если мы бы не сидели тут вдвоем, я бы, наверное, сейчас писала». И бросившись наверх, она вернулась с рукописью — началом новой книги и стала читать ее вслух. Когда она закончила, ее супруг заметил: «Критики скажут, что ты повторяешься». «Я это переделаю, — возразила она, — я по два, по три раза принимаюсь за роман, прежде чем остаюсь довольна». Но этому не суждено было свершиться. Дрожащей маленькой руке больше не суждено было писать. Остановилось сердце, воспрянувшее для любви и счастья и трепетавшее в предвестье материнства. Этой бесстрашной ревнительнице и заступнице правды, горячей и нетерпеливой обличительнице зла пришлось оставить жизненные схватки и боренья, сложить с себя сверкающую сталь и удалиться в те пределы, где даже праведному гневу cor ulterius nequit lecarare*, где правда совершенна и больше не нужна война.

Перевод впервые опубликован в книге: Уильям Мейкпис Теккерей: Творчество; Воспоминания; Библиографические разыскания. М.: Издво «Книжная палата», 1989. Печатается с сокращениями.

© Т. Казавчинская, перевод на русский язык, 1989.

* Страданьям сердца здесь предел положен *(лат.)*. Эпитафия на могиле Дж.Свифта.

О Бронте я могу сказать лишь vidi tantum. Впервые я увидал ее в ту пору, когда едва пришел в себя после болезни, от которой не надеялся оправиться. Помню трепетное, хрупкое созданье, маленькую ладонь, большие черные глаза. Пожалуй, главной чертой ее характера была пылкая честность. Помнится, она дважды призывала меня к ответу за то, в чем усмотрела отступление от принципов. Был случай, когда мы спорили о Филдинге, и она мне выговаривала. Ей была свойственна чрезмерная поспешность в выводах. Я был не в силах удержаться от улыбки, читая те отрывки в «Биографии», где обсуждается мой нрав и образ действий. Составив мнение о человеке, и мнение порой неверное, она выстраивала целые теории о его характере. Хоть лондонская жизнь была ей внове, она вошла в нее, ничуть не поступившись своим независимым, неукротимым духом, она творила суд над современниками, с особой чуткостью улавливая в них заносчивость и фальшь. Слова и поступки ее любимцев, не отвечавшие придуманному ею идеалу, будили в ней негодование. Я часто находил, что она опрометчива в своих суждениях о лондонцах, впрочем, и город, должно быть, не любит, чтобы его судили. Мне виделась в ней крохотная, суровая Жанна д'Арк, идущая на нас походом, чтобы укорить за легкость жизни, легкость нравов. Она мне показалась очень чистым, возвышенным и благородным человеком. В ее душе всегда жило великое, святое уважение к правде и справедливости. Такой она предстала передо мной в наших недолгих беседах. Задумавшись об этой благородной, одинокой жизни, о ее страсти к правде, о долгих-долгих вечерах, исполненных неистовой работы, озарений, вспышек воображения, рождающего сонмы образов, минут уныния, подъемов духа и молитв, вникая в эту отрывочную поневоле, невероятно трогательную, упоительную повесть сердца, бившегося в хрупком теле, повесть души, что обитала, как и мириады прочих, на этой огромной (огромной ли?) планете, на этой песчинке, затерявшейся в безбрежном мире Божьем, мы ощущаем изумление перед «сегодня» и трепет перед днем грядущим, когда все то, что мы сейчас лишь смутно различаем, предстает перед нами в ясном свете. Читая этот незаконченный отрывок, я думал обо всем, что в нем осталось ненаписанным. Есть ли оно где-нибудь и если есть, то где? Откроется ли вновь последняя страница, доскажет ли писательница свою историю? Сумеет ли она там где-то исправить эту повесть о бедах и тревогах юной Эммы? И выйдет ли Титания со всей своей веселой свитой в зеленый лес, усеянный цветами, под яркое сиянье летних звезд?

Мне вспоминается, с каким восторгом, удивлением и радостью читал я «Джейн Эйр», которую прислал мне незнакомый автор — ни имя его, ни пол не были известны; какие дивные чары источала эта книга: хотя мне нужно было торопиться с собственной работой, я был не в силах оторваться от этих толстых папок, пока не дочитал их до конца. Сотни людей, подобно мне, полюбивших эту книгу, признавших в ней гениальное творение большого мастера, со скорбным чувством, вниманием и интересом прочтут эти последние, неполные страницы, вышедшие из-под того же благородного пера, что и «Джейн Эйр».

ВИРДЖИНИЯ ВУЛФ

«ДЖЕЙН ЭЙР» И «ГРОЗОВОЙ ПЕРЕВАЛ»

Из ста лет, прошедших с рождения Шарлотты Бронте, сама она, окруженная теперь легендами, поклонением и литературными трудами, прожила лишь тридцать девять. Странно подумать, что эти легенды были бы совсем иными, проживи она нормальный человеческий срок. Она могла бы, как многие ее знаменитые современники, мелькать на авансцене столичной жизни, служить объектом бесчисленных карикатур и анекдотов, написать десятки романов и даже мемуары, и память людей старшего поколения сохранила бы ее для нас недоступной и залитой лучами ослепительной славы. Она могла разбогатеть и благоденствовать. Но случилось не так. Вспоминая ее сегодня, мы должны иметь в виду, что ей нет места в нашем мире, и, обратившись мысленно к пятидесятым годам прошлого века, рисовать себе тихий пасторский домик, затерянный среди вересковых пустошей Йоркшира. В этом домике и среди этих вересков, печальная и одинокая, нищая и вдохновенная, она останется навсегда.

Условия жизни, воздействуя на ее характер, неизбежно оставили свой след и в книгах, которые она написала. Ведь если подумать, из чего же еще романисту сооружать свои произведения, как не из хрупкого, непрочного материала окружающей действительности, который поначалу придает им достоверность, а потом рушится и загромождает постройку грудами обломков. Поэтому, в очередной раз открывая «Джейн Эйр», поневоле опасаешься, что мир ее фантазии окажется при новой встрече таким же устарелым, викторианским и отжившим, как и сам пасторский домик посреди вересковой пустоши, посещаемый сегодня любопытными и сохраняемый лишь ее верными поклонниками. Итак, открываем «Джейн Эйр», и уже через две страницы от наших опасений не остается и следа.

«Справа вид закрывали алые складки портьеры, слева же было незавешенное стекло, защищающее, но не отгораживающее от

Перевод впервые опубликован в книге: Бронте Э. Грозовой перевал. Стихотворения. М.: Худож. лит., 1990. Раздел: Английские писатели о сестрах Бронте. С. 358—363.

© И.Бернштейн, перевод на русский язык, 1990.

хмурого ноябрьского дня. И по временам, переворачивая листы книги, я вглядывалась в этот зимний пейзаж за окном. На заднем плане блекло-серой стеной стояли туманы и тучи, вблизи по мокрой траве и ободранным кустам затяжные, заунывные порывы ветра хлестали струями нескончаемого дождя».

Здесь нет ничего менее долговечного, чем сама вересковая пустошь, и ничего более подверженного веяниям воды, чем «затяжные, заунывные порывы». И наш восторг не иссякает на протяжении всей книги, он не позволяет ни на миг перевести дух, подумать, оторвать взгляд от страницы. Мы так поглощены, что всякое движение в комнате кажется нам происходящим там, в Йоркшире. Писательница берет нас за руку и ведет по своей дороге, заставляя видеть то, что видит она, и ни на миг не отпуская, не давая забыть о своем присутствии. К финалу талант Шарлотты Бронте, ее горячность и негодование уже полностью овладевают нами. В пути нам попадались разные удивительные лица и фигуры, четкие контуры и узловатые черты, но видели мы их ее глазами. Там, где нет ее, мы напрасно стали бы искать и их. Подумаешь о Рочестере, и в голову сразу приходит Джейн Эйр. Подумаешь о верещатниках — и снова Джейн Эйр. И даже гостиная [1], эти «белые ковры, на которые словно брошены пестрые гирлянды цветов», этот «камин из бледного паросского мрамора», уставленный рубиновым богемским стеклом, и вся эта «смесь огня и снега», что такое все это, как не Джейн Эйр? Быть во всех случаях самой Джейн Эйр не всегда удобно. Прежде всего это означает постоянно оставаться гувернанткой, и притом влюбленной, в мире, где большинство людей — не гувернантки и не влюблены. Характеры Джейн Остен, например, или Толстого в сравнении с нею имеют миллионы граней. Они живут, и их сложность заключается в том, что они, как во множестве зеркал, отражаются в окружающих людях. Они переходят с места на место независимо от того, смотрят за ними в данную минуту их создатели или нет, и мир, в котором они живут, представляется нам самостоятельно существующим, мы даже можем, если вздумаем, его посетить. Ближе к Шарлотте Бронте силой убежденности и узостью взгляда, пожалуй, Томас Гарди. Но

---

[1] У Шарлотты и Эмили Бронте одинаковое чувство цвета: «...мы увидели — и ах, как это было прекрасно! — роскошную залу, устланную алым ковром, кресла под алой обивкой, алые скатерти на столах, ослепительно белый потолок с золотым бордюром, а посредине его — каскад стеклянных капель на серебряных цепочках, переливающихся в свете множества маленьких свеч» («Грозовой перевал»); «Но это была всего лишь красиво убранная гостиная с альковом, оба помещения устланы белыми коврами, на них словно брошены пестрые гирлянды цветов; белоснежные лепные потолки все в виноградных лозах, а под ними контрастно алели диваны и оттоманки, и на камине из бледного паросского мрамора сверкали рубиновые сосуды из богемского стекла; высокие зеркала в простенках между окнами многократно повторяли эту смесь огня и снега» («Джейн Эйр»).

и тут различия просто огромны. «Джуда Незаметного» не читаешь на одном дыхании от начала и до конца; над ним задумываешься, отвлекаешься от текста и уплываешь с караваном красочных фантазий, вопросов и предположений, о которых сами персонажи, быть может, и не помышляют. Хотя они всего лишь простые крестьяне, мысли об их судьбах и вопросы, которыми задаешься, на них глядя, приобретают грандиозные масштабы, так что подчас самыми интересными характерами в романах Гарди кажутся как раз безымянные. Этого качества, этого импульса любознательности Шарлотта Бронте лишена начисто. Она не задумывается над человеческой судьбой; она даже не ведает, что тут есть над чем подумать; вся ее сила, тем более мощная, что область ее приложения ограничена, уходит на утверждения типа «я люблю», «я ненавижу», «я страдаю».

Писатели, сосредоточенные на себе и ограниченные собою, обладают одним преимуществом, которого лишены те, кто мыслит шире и больше думает о человечестве. Их впечатления, заключенные в узких границах, компактны и очень личны. Все, что выходит из-под их пера, несет на себе отчетливую печать их индивидуальности. От других писателей они почти ничего не перенимают, а что все же позаимствуют, навсегда остается инородным вкраплением. И Гарди, и Шарлотта Бронте, создавая свой собственный стиль, шли от высокопарного, цветистого журнализма. Проза обоих в целом неповторима и громоздка. Но благодаря настойчивому труду и несгибаемой воле, благодаря умению всякую мысль додумать до такого конца, когда она уже сама подчиняет себе слова, они оба научились писать такой прозой, которая является слепком их умственной жизни и при этом обладает какой-то отдельной, самостоятельной живостью, силой и красотой. Шарлотта Бронте, во всяком случае, ничем не обязана прочитанным книгам. Она так и не обучилась профессиональной гладкости письма, умению наполнять и поворачивать слова по своей воле. «Общение с обладателями сильного, четкого и образованного ума, и мужчинами и женщинами, всегда было для меня затруднительно, — признается она, как мог бы признаться и всякий автор передовых статей любого провинциального журнала; но затем, набирая пыл и скорость, продолжает уже в своем личном ключе, — покуда мне не удавалось через наружные постройки общепринятой сдержанности, через порог недоверия, прорваться к самому очагу их души». Здесь она и располагается; и неровный, горячий свет этого очага падает на ее страницы. Иными словами, в ее книгах нас привлекает не анализ характеров — характеры у Шарлотты Бронте примитивны и утрированы; не комизм — ее чувству юмора недостает тонкости и мягкости; и не философия жизни, философия пасторской дочки, а поэтичность. Так, наверно, бывает с каждым писателем, который обладает яркой индивидуальностью, о котором говорят в обыденной жизни, что, мол, стоит ему только дверь открыть, и уже все обратили на него внимание. Такие люди ведут постоянную, первобытно-яростную войну против общепринятого порядка вещей, и эта ярость побуждает их к немедленному творчеству, а не к терпеливому наблюдению, и, пренебрегая полутонами и прочими мелкими препятствиями, проносит их высоко над обыденностью человеческой жизни и сливается со страстями, для которых мало обыкновенных слов. Благодаря своему пылу такие авторы становятся поэтами, если же они пишут прозой, их тяготят ее узкие рамки. Вот почему и Шарлотта и Эмили вынуждены то и дело обращаться за помощью к природе. Им необходимы символы больших человеческих страстей, непередаваемых словами и поступками. Описанием бури заканчивает Шарлотта свой лучший роман «Городок». «Черное, набрякшее небо висело низко над волнами — западный ветер гнал обломки судна, и тучи принимали удивительные формы». Так она пользуется природой, чтобы выразить душевное состояние. Однако, обращаясь к природе, ни та, ни другая сестра не приглядываются к ее явлениям так внимательно, как Дороти Вордсворт, и не выписывает картины с таким тщанием, как лорд Теннисон. Они только ухватывают в природе то, что родственно чувствам, которые они испытывали сами или приписывали своим персонажам, так что все эти бури, болотистые верещатники и прелестные солнечные деньки — не украшения, призванные расцветить скучную страницу, и не демонстрация авторской наблюдательности, они несут заряд чувства и высвечивают мысль всей книги.

Мысль всей книги часто лежит в стороне от того, что в ней описывается и говорится, она обусловлена главным образом личными авторскими ассоциациями, и поэтому ее трудно ухватить. Тем более если у автора, как у сестер Бронте, талант поэтический и смысл в его творчестве неотделим от языка, он скорее настроение, чем вывод. «Грозовой перевал» книга более трудная для понимания, чем «Джейн Эйр», потому что Эмили больше поэт, чем Шарлотта. Шарлотта все свое красноречие, страсть и богатство стиля употребила для того, чтобы выразить простые вещи: «Я люблю», «Я ненавижу», «Я страдаю». Ее переживания хотя и богаче наших, но находятся на нашем уровне. А в «Грозовом перевале» Я вообще отсутствует. Здесь нет ни гувернанток, ни их нанимателей. Есть любовь, что связывает мужчин и женщин. Вдохновение Эмили — более обобщенное. К творчеству ее побуждали не личные переживания и обиды. Она видела перед собой расколотый мир, хаотическую груду осколков и чувствовала в себе силы свести их воедино на страницах своей книги. От начала до конца в ее романе ощущается этот титанический замысел, это высокое старание — наполовину бесплодное — сказать устами своих героев не просто «Я люблю» или «Я ненавижу», а — «Мы, род человеческий» и «Вы, предвечные силы...» Фраза не закончена. И неудивительно. Гораздо удивительнее, что Эмили

Бронте все-таки дала нам понять, о чем ее мысль. Эта мысль слышна в маловразумительных речах Кэтрин Эрншо: «Если погибнет все, но *он* останется, жизнь моя не прекратится; но если все другое сохранится, а *его* не будет, вся вселенная сделается мне чужой, и мне нечего будет в ней делать». В другой раз она прорывается над телами умерших: «Я вижу покой, которого не потревожить ни земле, ни адским силам, и это для меня залог бесконечного, безоблачного будущего — вечности, в которую они вступили, где жизнь беспредельна в своей продолжительности, любовь — в своей душевности, а радость — в своей полноте». Именно эта мысль, что в основе проявлений человеческой природы лежат силы, возвышающие ее и поднимающие к подножью величия, и ставит роман Эмили Бронте на особое, выдающееся место в ряду подобных ему романов. Но она не довольствовалась лирикой, восклицаниями, символом веры. Это все уже было в ее стихах, которым, быть может, суждено пережить роман. Однако она не только поэтесса, но и романистка. И должна брать на себя задачу гораздо труднее и неблагодарнее. Ей приходится признать существование других живых существ, изучать механику внешних событий, возводить правдоподобные дома и фермы и записывать речь людей, отличных от нее самой. Мы возносимся на те самые высоты не посредством пышных слов, а просто когда слушаем, как девочка поет старинные песенки, раскачиваясь в ветвях дерева; и глядим, как овцы щиплют травку на болотистых пустошах, а нежное дыханье ветра шевелит тростники. Нам открывается картина жизни на ферме, со всеми ее дикостями и особенностями. И можно сравнить «Грозовой перевал» с настоящей фермой, а Хитклифа — с живыми людьми. При этом думаешь: откуда ждать правдивости, понимания человеческой природы и более тонких эмоций в этих портретах, настолько отличных от того, что мы наблюдаем сами? Но уже в следующее мгновение мы различаем в Хитклифе брата, каким он представляется гениальной сестре; он, конечно, немыслимая личность, говорим мы, и, однако же, в литературе нет более живого мужского образа. То же самое происходит с обеими героинями: ни одна живая женщина не может так чувствовать и поступать, говорим мы. И тем не менее это самые обаятельные женские образы в английской прозе. Эмили Бронте словно бы отбрасывает все, что мы знаем о людях, а затем заполняет пустые до прозрачности контуры таким могучим дыханием жизни, что ее персонажи становятся правдоподобнее правды. Ибо она обладает редчайшим даром. Она высвобождает жизнь от владычества фактов, двумя-тремя мазками придает лицу душу, одухотворенность, так что нет нужды в теле, а говоря о вересковой пустоши, заставляет ветер дуть и громыхать гром.

1916

УИЛЬЯМ СОМЕРСЕТ МОЭМ

ЭМИЛИ БРОНТЕ И «ГРОЗОВОЙ ПЕРЕВАЛ»

...«Грозовой перевал» — необычная книга. Романы в большинстве своем отражают эпоху не только манерой письма, характерной для времени их создания, но и согласованностью с преобладающими мнениями дня, особенностью нравственной позиции автора, тем, какие предубеждения он разделяет, а какие отвергает. Юный Дэвид Копперфильд, несомненно, мог бы написать (пусть и не столь талантливо) роман типа «Джейн Эйр»; Артур Пенденнис — роман, подобный «Городку», хотя под влиянием Лауры он, конечно, остерегся бы той откровенной сексуальности, что придала остроту книге Шарлотты Бронте. Но «Грозовой перевал» — исключение. Этот роман не имеет ничего общего с литературой эпохи. Это очень скверный роман. Это очень хороший роман. Он уродлив. В нем есть красота. Это ужасная, мучительная, сильная и страстная книга. Кое-кому казалось невозможным, чтобы дочь священника, жившая уединенной однообразной жизнью, мало кого знавшая из людей и ничего не знавшая о мире, могла написать такое. Эти сомнения я считаю нелепыми. «Грозовой перевал» — бешено романтическая книга. А романтизм сторонится скрупулезных реалистических наблюдений и описаний; он отдается необузданному полету фантазии и упивается — порой восторженно, порой мрачно — ужасом, тайной, страстью и насилием. Эмили Бронте с ее характером, с ее яростной, подавленной эмоциональностью, о которой говорят дошедшие до нас свидетельства, написала именно такую книгу, какой от нее следовало было ожидать. Однако, поверхностному взгляду может показаться, что эту книгу скорее мог бы написать ее непутевый братец Брэнуелл, и были люди, которые сумели убедить себя в том, что это, полностью или отчасти, его произведение. Один из них — Фрэнсис Гранди — писал: «Патрик Бронте заявил мне — и сказанное его сестрой подтверждает это заявле-

Перевод выполнен по изданию: Maugham W. S. Ten novels and their authors. London: Mercury Books, 1963. P.204—233. Печатается с сокращениями.

© Л. Мотылев, перевод на русский язык, 2000.

ние, — что бóльшую часть «Грозового перевала» написал он... Диковинные фантазии болезненного таланта, подобные тем, какими он потчевал меня во время наших долгих прогулок близ Ладденден-Фут, вновь появляются на страницах этого романа, и я склонен думать, что самый план книги создан не его сестрой, а им». Как-то раз двое приятелей Брэнуелла — Дирден и Лейленд — договорились встретиться с ним в гостинице по дороге к Кили, чтобы почитать друг другу свои поэтические произведения; и вот что писал Дирден примерно двадцать лет спустя в галифакской газете «Гардиан»: «Я прочел первый акт «Королевы-демона»; но когда Брэнуелл пошарил в своей шляпе — обычном хранилище его мимолетных писаний на обрывках бумаги, — куда, как ему казалось, он положил рукопись своих стихов, он обнаружил, что по ошибке поместил туда несколько случайных страниц из романа, на котором он «пробовал руку». Огорченный разочарованием, которое он вызвал в друзьях, он хотел было положить бумаги обратно в шляпу, но оба друга принялись настаивать, чтобы он прочел то, что там написано, поскольку им было интересно, как он владеет пером прозаика. После некоторых колебаний он исполнил требуемое и занял наше внимание на час или около того, опуская по прочтении каждую страницу все в ту же шляпу. Повествование оборвалось внезапно, на середине фразы, и он рассказал нам продолжение viva voce*, назвав по ходу дела подлинные имена прототипов своих героев; однако, поскольку некоторые из названных им лиц еще живы, я воздержусь от разглашения этих имен. Он сказал, что еще не решил, как озаглавить свое произведение и выразил опасение, что никогда не сможет найти издателя, который наберется смелости выпустить книгу в свет. Место действия прочитанного Брэнуеллом отрывка и участвующие в нем персонажи — насколько они получили развитие — были те же, что и в «Грозовом перевале», который, как убежденно заявляет Шарлотта, создан ее сестрой Эмили».

Одно из двух: либо это махровая ложь, либо это истина. Шарлотта презирала и, в рамках христианской любви, ненавидела своего брата; впрочем, как мы знаем, христианская любовь всегда находила массу оправданий для хорошей чистосердечной ненависти, и поэтому мы не должны верить Шарлотте на слово. Она могла склонить себя, как делают многие, к вере в то, во что ей хотелось верить. Приведенный рассказ достаточно подробен, и трудно предположить, что он выдуман кем-то без особой причины. Где же объяснение? Его нет. Выдвигалось утверждение, будто Брэнуелл написал первые четыре главы, после чего этот пьяница и наркоман бросил начатый труд, и Эмили его продол-

---

* Здесь: не по написанному (*лат.*)

жила. Довод, состоящий в том, что эти главы написаны в более высокопарной манере, чем последующие, на мой взгляд, не выдерживает критики; если в них и чувствуется некоторая ходульность стиля, я объясняю это небезуспешной попыткой Эмили представить Локвуда глупым и самодовольным шутом. У меня нет никаких сомнений в том, что «Грозовой перевал» написан Эмили и никем больше.

Следует признать, что роман написан скверно. Сестры Бронте вообще писали не ахти как хорошо. Как гувернантки, каковыми они в свое время и были, они практиковали напыщенный и педантичный стиль, для характеристики которого было создано слово littératise*. Главная часть повествования дана в устном рассказе миссис Дин, йоркширской прислуги за все, подобной Табби, служившей в доме у Бронте; здесь подошел бы разговорный стиль, однако Эмили заставляет ее изъясняться так, как не может изъясняться ни одно человеческое существо на свете. Вот типичное высказывание этой служанки: «Я постаралась развеять всяческие опасения на сей счет, многократно утверждая, что этот вероломный поступок, если здесь применимо столь суровое определение, не должен повториться»**. Эмили Бронте, по всей видимости, понимала, что вкладывает в уста миссис Дин слова, которые ей вряд ли могли быть известны, и, чтобы как-то объяснить это, заставляет ее сказать, что, работая служанкой, она имела возможность читать книги; но тем не менее претенциозность ее речей просто устрашает. Она не читает письмо, а вчитывается в послание; она не отправляет письмо, а шлет весть. Она не выходит из комнаты, а покидает покои. Свои обычные обязанности она называет «трудами и заботами дня». Она не начинает дело, а приступает к нему; не заканчивает, а завершает. Люди у нее не кричат и не вопят — они возглашают; не слушают, а внимают. Есть нечто трогательное в том, как пасторская дочка Эмили изо всех сил старается писать как леди, но добивается не более чем жеманства. И все же не испытываешь никакого сожаления о том, что «Грозовому перевалу» недостает тонкости письма; роман ни на йоту не стал бы лучше, будь он лучше написан. Подобно тому, как на картинах ранних фламандцев, изображающих погребение Христа, мучительные гримасы изнуренных персонажей, их неловкие угловатые жесты усиливают ощущение ужаса и обыденной жестокости этой сцены, делают ее более острой, более трагической, чем исполненное гармонии изображение тех же событий Тицианом, — так и здесь, в этой неуклюжей языковой стилизации, присутствует нечто, странно акцентирующее яростную страстность повествования.

---

* «Литературщина» (*фр.*)
** Здесь и далее цитаты из романа в переводе Н. Вольпин.

308

«Грозовой перевал» неуклюже построен. Это неудивительно, потому что Эмили Бронте никогда раньше не писала романов, а ей нужно было рассказать сложную историю, охватывающую два поколения. Сделать это непросто, потому что автор должен придать некое единство двум группам действующих лиц и событий: нельзя допускать, чтобы одна из этих групп затмевала другую. В этом Эмили не преуспела. После смерти Кэтрин Эрншо, пока мы не доходим до последних великолепных, необычайной фантазии страниц, чувствуется некоторый спад. Младшая Кэтрин неудовлетворительна как образ, и кажется, что Эмили Бронте просто не знала, как с ней быть; она явно не могла наделить ее ни страстной независимостью старшей Кэтрин, ни глупостью и слабостью ее отца. Она — избалованное, взбалмошное, упрямое и невоспитанное создание; и мы не можем особенно сочувствовать ее страданиям. Не прояснено постепенное нарастание ее влюбленности в молодого Гэртона. Да и сам он — смутная фигура, мы узнаем про него только то, что он был мрачен и красив. Кроме того, автор такого романа, как «Грозовой перевал» должен спрессовать долгие годы в сжатый промежуток времени, который читатель мог бы охватить единым взглядом, как разом видишь громадную фреску. Не думаю, что Эмили Бронте сознательно размышляла о том, как придать рыхлому повествованию единство впечатления, но мне кажется, что она все же должна была задаться вопросом, как сделать его связным; ей, видимо, пришло в голову, что верней всего она добьется этого, заставив одного из персонажей пересказывать всю длинную цепочку событий другому персонажу. Это — удобный способ вести повествование, и не она его придумала. Его недостаток — невозможность поддерживать какое-либо подобие разговорного стиля в случае, когда рассказчику приходится, описывая, например, место действия, рассказывать такое, что никому в здравом уме не придет в голову рассказывать. И, разумеется, если у вас есть рассказчик (миссис Дин), то должен быть и слушатель (Локвуд). Опытный прозаик, возможно, нашел бы лучший способ изложить историю «Грозового перевала»; но я не могу поверить в то, что Эмили Бронте потому построила роман именно так, что ей захотелось взять на вооружение чужую находку.

Более того, я считаю, что она использовала именно тот прием, какого только и можно было от нее ожидать, принимая во внимание крайности ее болезненного, скрытного и застенчивого характера. Какие были альтернативы? Можно было написать роман от лица всеведущего автора, как были написаны, например, «Миддлмарч» и «Госпожа Бовари». Но я думаю, что ее жесткая и бескомпромиссная принципиальность взбунтовалась бы, вздумай она рассказать эту неистовую историю от своего собственного лица; и если бы она все же так поступила, ей трудно было бы избежать рассказа о нескольких годах, которые Хитклиф провел вдали от Грозового перевала, — годах, в течение которых он сумел получить образование и разбогатеть. А этого она сделать не могла — просто потому что сама не знала, как ему это удалось. Она предлагает читателю принять факт, поверить в который трудно, и поэтому она была рада возможности просто сообщить об этом и оставить все как есть. Другой альтернативой было передать от первого лица историю, которую рассказала хоть бы и та же миссис Дин, но лично ей, Эмили Бронте; однако я подозреваю, что это тоже означало бы контакт с читателем, невыносимо близкий для ее болезненной чувствительности. Передоверив вначале повествование Локвуду, а затем заставив его слушать рассказ миссис Дин, она спряталась, так сказать, за двойной маской. В связи с этим приобретает значение один эпизод, о котором мистер Бронте рассказал миссис Гаскелл. Когда его дети были еще юными, он, желая узнать что-либо об их характерах, скрытых от него их застенчивостью, заставил всех по очереди надевать старую маску, из-под которой они могли свободнее отвечать на задаваемые им вопросы. Когда он спросил Шарлотту, какую книгу она считает лучшей на свете, она ответила: «Библию»; но когда он спросил Эмили, как ему быть с ее непослушным братцем Брэнуеллом, она сказала: «Попробуй его убедить; а если не будет слушать убеждений, выпори его».

Но почему Эмили нужно было прятаться, сочиняя эту мощную, страстную и жуткую книгу? Думаю, потому, что она выразила в ней свои сокровеннейшие побуждения. Заглянув глубоко в колодец своего одинокого сердца, она увидела там несказанные тайны, которые тяга к писательству понуждала ее тем не менее высказать. Писали о том, что пищу ее воображению давали диковинные рассказы отца об Ирландии его юности, а также сказки Гофмана, к которым она пристрастилась во время учебы в Бельгии и которые, как утверждали, продолжала читать и после возвращения домой, сидя на ковре у камина и обнимая за шею бульдога Кипера. Охотно верю, что она нашла в полных тайны, жестокости и жути сочинениях немецких писателей-романтиков нечто созвучное собственной натуре; и все же я думаю, что Хитклифа и Кэтрин Эрншо она отыскала в сокровенных глубинах своей души. Я думаю, она сама была Хитклифом, и она сама была Кэтрин Эрншо. Не странно ли, что она вложила себя в оба главных действующих лица книги? Никоим образом. Ведь никто из нас не целен; в каждом из нас живет не один человек, а больше, и зачастую они мучительно трудно уживаются друг с другом; особенность литератора в том, что ему дано вместить все многообразие живущих в нем личностей, воплотив их в характеры своих героев; беда же его в том, что он не в состоянии вдохнуть жизнь в персонажи, сколь ни необходимые для повествования, если они не имеют с ним самим ничего общего. Вот почему младшая Кэтрин из «Грозового перевала» выглядит столь неубедительно.

Я считаю, что Эмили вложила в Хитклифа всю себя. Она наделила его своей бешеной яростью, своей неистовой подавленной сексуальностью, своей страстной неутоленной любовью, своей ревностью, своей ненавистью и презрением к роду человеческому, своей жестокостью, своими садистскими наклонностями. Вспоминается случай, когда без серьезной причины она голым кулаком била по глазам пса, которого любила, может быть, больше, чем кого бы то ни было из людей. Эллен Насси передает еще одну любопытную деталь: «Ей нравилось приводить Шарлотту в такие места, куда та не отважилась бы пойти по собственной воле. Шарлотта до смерти боялась незнакомых животных, и Эмили доставляло удовольствие подводить ее к ним близко и потом рассказывать ей, как она себя вела, весело смеясь над ее ужасом». Я думаю, что Эмили любила Кэтрин Эрншо мужской, животной любовью Хитклифа; я думаю, что так же, как она смеялась над страхами Шарлотты, она смеялась, когда, перевоплотившись в Хитклифа, пинала ногами и топтала Эрншо, когда она колотила его затылком о каменные плиты пола; я думаю, что и когда, будучи Хитклифом, она била младшую Кэтрин по лицу и осыпала ее оскорблениями, она тоже смеялась. Я думаю, она потому испытывала освобождающий восторг, запугивая, оскорбляя и понося создания своего воображения, что в реальной жизни она терпела горькое унижение в обществе себе подобных; и мне кажется, что, будучи Кэтрин, беря на себя, так сказать, двойную роль, она хотя и враждовала с Хитклифом, хотя и презирала его, хотя и считала его диким зверем, но в то же время любила его телом и душой, наслаждалась властью над ним и, поскольку в садисте всегда есть нечто мазохистское, восхищалась жестокостью, грубостью и необузданностью его натуры. Она чувствовала, что Хитклиф и Кэтрин — родственные души, каковыми они и вправду были, если справедливо мое предположение о том, что и он, и она были воплощением Эмили Бронте. «Нелли, я и есть Хитклиф, — кричала Кэтрин. — Он всегда в моей душе, и это не в радость мне, по крайней мере не больше, чем я сама себе в радость; просто он часть меня».

«Грозовой перевал» — история любви, может быть, страннейшая из всех, когда-либо написанных, и достаточно странно в ней, среди прочего, то, что влюбленные сохраняют невинность. Кэтрин страстно любила Хитклифа, так же страстно, как Хитклиф любил ее. К Эдгару Линтону она относилась с мягкой терпимостью, часто сменявшейся раздражением. Удивительно, что два сгорающих от любви человека не убежали вместе, какая бы бедность их ни ждала. Удивительно, что они не стали настоящими любовниками. Это может объясняться тем, что воспитание Эмили заставляло ее смотреть на адюльтер как на непростительный грех, или же тем, что сама мысль о сексуальной близости была для нее отвратительна. Я думаю, что обе сестры были чрезвычайно чувственны. У Шарлотты было некрасивое лицо, бледная кожа и длинный асимметричный нос. При этом она получала предложения руки и сердца, будучи еще безвестной и не слишком обеспеченной — а ведь в те времена было принято брать невесту с приданым. Отнюдь не только красота делает женщину привлекательной, и более того, прекрасная внешность часто расхолаживает — вы восхищены, но не взволнованы. Если молодые люди влюблялись в такую придирчивую и критично настроенную девушку, какой была Шарлотта, то, безусловно, этому могла быть лишь одна причина — они смутно ощущали ее чувственность. За мистера Николса она вышла замуж не по любви; она считала его человеком узким, догматичным, мрачным и далеко не умным. Однако по письмам видно, что после замужества ее отношение к нему переменилось: письма полны несомненной игривости. Она полюбила его, и его недостатки перестали что-либо значить. Наиболее правдоподобное объяснение состоит в том, что ее сексуальные желания были наконец удовлетворены. У нас нет причин считать, что Эмили была менее чувственна, чем Шарлотта.

Попытка проследить происхождение романа — чрезвычайно захватывающее занятие. Как правило в первом романе писателя (а Эмили, насколько мы знаем, только один и написала) мы находим воплощение внутренних желаний автора, в каком-то смысле преображенный опыт его собственной биографии. Вполне можно допустить, что «Грозовой перевал» — продукт чистой фантазии. Кто может сказать, какие эротические мечты вынашивала Эмили во время своих долгих бдений бессонными ночами или когда она проводила весь летний день, лежа среди цветущего вереска? Нетрудно заметить сильное сходство между Рочестером у Шарлотты и Хитклифом у Эмили. Хитклиф мог быть побочным отпрыском, незаконным ребенком, родившемся у младшего сына в семье Рочестеров от служанки-ирландки в Ливерпуле. Оба мужчины смуглы и грубы лицом, жестоки, яростны, страстны и таинственны. Они различны лишь в той степени, в какой различны натуры двух сестер, создавших их ради удовлетворения своих настоятельных, не получавших выхода чувственных желаний. Рочестер — мечта женщины с нормальными инстинктами, которая жаждет отдаться властному, сильному мужчине; Эмили же придала Хитклифу свои собственные мужские черты, свою неистовость, свой необузданный темперамент. Но первичным образом, с которого сестры писали два взрывчатых, тяжелых мужских характера, был, я полагаю, их отец, преподобный Патрик Бронте.

Хотя, повторяю, вполне можно допустить, что Эмили создала «Грозовой перевал» на основе одних лишь своих фантазий, я все же не слишком в это верю. Я думаю, что очень редко плодотворная идея, дающая толчок к созданию литературного произведения, приходит к автору, как падающая звезда, ниоткуда; чаще всего она приходит к нему из опыта, обычно из эмоционального опыта — либо его собственного, либо переданного ему эмоционально близким человеком; после чего его воображение малопомалу вылепливает характеры персонажей, их поступки и обстоятельства жизни, пока наконец не создается законченное произведение. Лишь немногие, однако, представляют себе, сколь малый намек, сколь незначительное во всех отношениях событие может послужить той искрой, от которой воспламенится творческая мощь автора. Когда мы смотрим на цикламен с его листьями в форме сердечек, окружающими изобилие цветов, чьи беззаботно-своенравные лепестки, кажется, растут как попало, нам трудно поверить, что это пышное великолепие, это красочное буйство выросло из семени размером с булавочную головку. Точно так же может обстоять дело с порождающим семенем, дающим начало бессмертной книге.

Мне кажется, что нужно всего лишь прочесть стихи Эмили Бронте, чтобы угадать, какой эмоциональный опыт заставил ее искать облегчения от жестокой боли в создании «Грозового перевала». Стихов она написала немало. Они неровные; иные из них банальны, иные трогательны, иные прелестны. Как видно, привычней всего ей были гимны, которые она пела по воскресным дням в приходской церкви в Хоуорте, но их привычные ритмы нисколько не скрывают силы живущего в ней чувства. Многие из стихов принадлежат к «Хроникам Гондала» — пространной истории вымышленного острова, сочинением которой они с сестрой Энн забавлялись в детстве и которую Эмили продолжала писать,будучи уже взрослой женщиной. Возможно, это был для нее удобный способ высказать чувства своего измученного сердца — чувства, которые из-за своей природной застенчивости она не смогла бы запечатлеть иным образом. В других стихах она выражает свои эмоции прямо. В 1845 году, за три года до смерти, она написала стихотворение под названием «Узник». Насколько известно, она никогда не читала сочинений мистиков, и тем не менее в этих строках она так описывает мистический опыт, что не возникает никаких сомнений в том, что она лично пережила состояние, о котором говорит. Она употребляет почти те же слова, что использовали мистики для описания мучительного возврата к обыденности после единения с Бесконечным:

Ужасен миг обрыва, возвращенье,
Когда мы обретаем слух и зренье;
Вновь мыслит мозг, и сердце бьется снова,
Дух осязает плоть, а плоть — оковы.*

Эти строки, безусловно, отражают пережитое, и глубоко пережитое, чувство. Так почему же мы должны предполагать, что любовные стихи Эмили Бронте — не более, чем литературные упражнения? Мне представляется, что они очень ясно указывают на ее любовь, которая была отвергнута, и на ее жестокие страдания. Эти стихи она написала, когда преподавала в школе для девочек в Ло-Хилле близ Галифакса. Ей было девятнадцать лет. Там у нее было мало шансов познакомиться с мужчиной (и мы знаем, как она избегала мужчин); таким образом, то, что мы можем предполагать о ее характере, позволяет с немалой долей вероятности заключить, что она влюбилась либо в одну из учительниц, либо в одну из учениц. Эта любовь стала единственной в ее жизни. Вполне возможно, что порожденного любовью несчастья было достаточно, чтобы заронить в плодотворную почву ее измученной чувствительности то самое семя, из которого выросла известная нам диковинная книга. Я не знаю другого романа, в котором боль, экстаз, безжалостность любви выразились бы с такой силой. В «Грозовом перевале» есть серьезные недостатки, но они не имеют никакого значения: они значат не больше, чем поваленные деревья, разбросанные там и здесь камни, снежные сугробы, которые не в силах остановить альпийский поток, бурно низвергающийся с горного склона. «Грозовой перевал» невозможно уподобить никакой другой книге. Его можно уподобить лишь полотнам Эль Греко, где посреди сумрачного, безводного ландшафта, под грозовыми тучами, затаив дыхание, стоят во власти какого-то неземного чувства длинные изможденные фигуры в мучительных позах. Молния, трещиной пересекшая свинцовое небо, наполняет сцену ощущением таинственного ужаса.

---

* Перевод Л. Мотылева.

МЮРИЕЛ СПАРК

ЭМИЛИ БРОНТЕ — ЖИЗНЬ И ТВОРЧЕСТВО

Отрывки из книги

Эмили Бронте родилась в 1818 году 30 июля, а умерла 19 декабря 1848 года. Нет никаких свидетельств, что она так или иначе планировала свое будущее. Наоборот, она словно больше всего на свете хотела избежать необходимости «устроить» свою жизнь, и, когда временами ей внушали, что позаботиться о том, как жить дальше, — ее долг, она пыталась его исполнить, но терпела неудачу.

Да, Эмили Бронте словно твердо решила, что ее жизнь должна подходить под определение: «Лишенная каких-либо событий». И не потому, что была к ней равнодушна, а как раз напротив: потому, что ее полностью поглощало собственное жизненное призвание. Жизнь, какой она ее узнала в родном доме, была проникнута смыслом. И все свои усилия Эмили направляла на то, чтобы определить этот смысл — и прямо через свое творчество, и косвенно через посредство домашних и семейных обязанностей. Тратить же время сверх этого на улучшение собственного жребия ей было в тягость, и в конечном счете для себя она не сделала практически ничего.

Плодом этой инстинктивной целеустремленной самодисциплины явилось то замечательное свершение, благодаря которому мы знаем ее имя, — ее стихи и ее роман «Грозовой перевал». Вот главные факты жизненного пути Эмили Бронте — и они настолько важны, что перенесли ее личность в область легенд.

Любая гениальность притягивает легенды. Легенда ведь — обычный способ запечатлеть проявление гения в тех людях, которые не поддаются обычному описанию. Вот почему к легендарным подробностям, касающимся гениальных людей, следует относиться бережно. Один из последних биографов Бронте утвер-

Перевод впервые опубликован в книге: Бронте Э. Грозовой перевал: Роман; Стихотворения. М.: Худож.лит., 1990. Раздел: «Английские писатели о сестрах Бронте». С. 363—425. Печатается с сокращениями.

ждает, что ему удалось «расчистить накопившийся мусор легенд». Автор этой книги такой цели себе не ставил. Подобные легенды хранят в себе важнейшие аспекты истины, и их не следует отметать только потому, что они недоступны проверке, — как, разумеется, нельзя верить им буквально.

Конкретные факты биографии Эмили Бронте мы извлекаем из семейной переписки и из кропотливых трудов позднейших исследователей. Непосредственно от нее самой нет практически ничего. То, как подаются эти факты (упоминания о ней в письмах и дневниках), позволяет заключить, что до того момента, как она начала раскрывать свой гений в своих произведениях, люди, наиболее тесно с ней связанные, относились к ней с тем сочувствием и пониманием, какие близкие родственники приберегают для «нервных» членов семьи. Пока творчество Эмили не привлекло к себе внимания, гением ее не считали, что, впрочем, естественно: без своих произведений она была просто одной из дочерей в доме священника, чей особый характер требовал особой снисходительности.

Итак, после 1846 года в упоминаниях родных об Эмили появляется — сперва очень незаметно — новая нота. Ее легко обнаружить в письмах ее сестры Шарлотты. Шарлотта всегда относилась к Эмили с уважением, и новая нота — это не просто возрастание уважения, хотя в ней есть и оттенок почтения. Теперь Шарлотта начинает видеть сестру как драматическую личность, и, по мере того как Эмили идет навстречу своей драматической смерти, Шарлотту все больше завораживает совершенно новый образ младшей сестры как средоточия скрытых грозных сил, беспощадной к себе, пренебрегающей роковой чахоткой, не желающей искать облегчения. Эмили обретает легендарный аспект. Все это, разумеется, было оправданно. В полных страдания письмах, касающихся последней болезни Эмили, Шарлотта ничего не придумывает. Так, может быть, Эмили и была такой крупномасштабной с самого начала?<...>

Быть может, Эмили сама не понимала себя, пока не создала «Грозовой перевал». И только тогда осознала новый свой образ, в который вживалась с сумрачным упорством. Это, конечно, только предположения, однако ясно, что современные ей источники предлагают нам два разных портрета Эмили Бронте. На одном она предстает застенчивой девушкой, живущей в деревенской глуши, — она добросовестно исполняет свои домашние обязанности и никому не показывает то, что пишет, с тех самых пор, как кончились дни, когда все они были детьми и усердно занимались сочинительством. Более поздний портрет написан гораздо более яркими красками. Каждый, кто соприкасался — пусть даже мимолетно — с обретшей славу писательницей, добавлял свой мазок к изображению Эмили Бронте, поэтессы и романистки. Тот же самый мсье Эгер, брюссельский учитель, который некогда писал ее отцу, что она «избавлялась от... недостатков в своем образовании и от того, что было хуже, — от робости», теперь задним числом видит ее уже по-другому. «Ей следовало бы родиться мужчиной — великим навигатором, — гласит прославленный абзац. — Ее могучий ум, опираясь на знания о прошлых открытиях, открыл бы новые сферы для них; а ее сильная царственная воля не отступила бы ни перед какими трудностями или помехами, рвение ее угасло бы только с жизнью»<...>

<...> Предположить, что современники Эмили Бронте не замечали глубин ее натуры, пока не обнаружили их в ее творчестве, разумеется, можно, но это не открывает пути, чтобы в достаточной мере свести воедино замкнутую «трудную» девочку со страстной сверхженщиной, которую потом живописала Шарлотта. Это не объяснит природу и размах перемены в оценках Эмили, а только укажет, что перемена действительно была.

Прояснить положение можно на примере ее сестры Шарлотты. Успех «Джейн Эйр», ее первого опубликованного романа, был мгновенным. Когда ее друзья и знакомые мало-помалу узнали, что она — автор этой нашумевшей новинки, на них это произвело безусловное впечатление. На нее начали смотреть по-новому, однако нигде нет указаний ни на единый случай, чтобы чье-то прежнее мнение о характере Шарлотты внезапно претерпело полнейшую перемену из-за этого открытия. После первых выражений изумления в глазах своих соседей и близких людей Шарлотта Бронте тем не менее осталась практически прежней. Личная ее репутация метаморфоз не претерпела. Но если успех Шарлотты снискал ей и уважение, и неодобрение, и злобные укусы, книга Эмили вначале сенсации вне семейного круга не произвела. Но постепенно, когда в Эмили открыли автора «Грозового перевала», ее репутация стала кардинальным образом меняться. Эмили преобразилась в таинственную силу, в женщину больше натуральной величины и продолжала обретать все новые атрибуты после своей смерти три года спустя.<...>

Эмили Бронте сделали женщиной легенды сначала те, кто читал ее произведения, а затем те, кто слышал об этой легенде. Жители деревни, которые помнили ее, хотя и редко с ней разговаривали, весьма одолжили первых ее биографов рассказами о тех или иных чудачествах. Сотворение легенды — занятие заразительное. Старые слуги семьи Бронте подбавили свои воспоминания. Их истории удивительно соответствуют высоковольтной ауре, окружившей посмертное имя Эмили. Творилась легенда, разумеется, бессознательно, и хотя приписываемые Эмили странности могут быть в деталях неточны, они, скорее всего, очень для нее типичны.

Цель этого эссе — не бросить тень на общепринятое восприятие Эмили Бронте, но, во-первых, указать, что восприятие это по своему происхождению опирается на легенду, а потому поддается различным истолкованиям (теории, касающиеся Эмили Бронте, по своему изобилию уступают, пожалуй, только теориям, касающимся Шекспира). Во-вторых, его цель — рассмотреть сущность этой легенды — ту сущность, которая, видимо, оставалась скрытой от самых близких Эмили людей до последних лет ее жизни<...>

<...> Наиболее частый просчет заключается в том, что качества, которые Эмили Бронте приобрела в последние три-четыре года своей жизни, относят к предыдущим стадиям ее развития. А в результате создается впечатление, будто никакого развития ее личности вообще не было. Она и так загадочна, но, когда остальные душевные свойства относят к нереальному времени, перестаешь удивляться, что Клемент Шортер назвал ее «сфинксом нашей современной литературы».

Тон этих «воспоминаний задним числом» словно бы заимствован у Шарлотты, чьи позиции после смерти Эмили мешают найти в ней надежную свидетельницу, если надо показать жизнь Эмили в развитии.<...>

После того как Шарлотту отдают в школу (пансион некой мисс Вулер в Роу-Хэд под Дьюсбери), Эмили и Энн заметно сближаются. Брэнуелл, чей статус единственного сына, а также бесспорный ум внушал девочкам большое уважение, не был склонен разделять игры младших сестер. Примерно тогда и возник Гондал. Вначале Эмили и Энн рассматривались как мятежники, отделившиеся от правителей «Стеклянного города», где сосредотачивалась сказочная великосветская жизнь. Мало-помалу Гондал приобретает признанную независимость. Когда летом возвращается Шарлотта, под двойным управлением — ее и Брэнуелла — возникает Ангрия, продолжая более ортодоксальные линии, наметившиеся в повествовании о Стеклянном городе.

Гондал (от которого не сохранилось никаких ранних рассказов), видимо, отличается от Ангрии большей легендарностью даже на этом первом этапе своего развития. Ангрия ближе к социальной фантазии и всегда, прямо или косвенно, отражает текущие политические события. И она гораздо более цивилизованна. Гондал — северная островная территория на севере Тихого океана. Там персонажи, следуя почти сверхтипичным канонам, враждуют, хранят верность, любят, предают, затевают кровавую резню и — что гораздо хуже — томятся в темницах. Судя по гондалским стихам Эмили и Энн, написанным, когда они были уже взрослыми, эту мифологическую сцену, видимо, населяли средневековые фигуры, исполненные первозданных страстей, — своего рода комбинация Скотта и Гомера. Быть может, Гондал явился следствием тех «лучших» и «тайных» пьес, которые Шарлотта, по ее словам, делила с Эмили в 1827 году.

Энн оставила нам список гондалских географических названий, записанных ею на переплете учебника по географии, которым, предположительно, девочки пользовались не столько для справок, сколько в поисках пищи для воображения. Названия эти неоднократно встречаются во взрослых сохранившихся стихах Эмили и Энн.

Александрия, королевство на Гаалдине.

Алмедор, королевство на Гаалдине.

Элсраден, королевство на Гаалдине.

Гаалдин, большой остров, недавно открытый в Южном Тихом океане.

Гондал, большой остров в Северном Тихом океане.

Регина, столица Гондала.

Ула, королевство на Гаалдине, управляемое четырьмя государями.

Зелона, королевство на Гаалдине.

Зедора, большая провинция на Гаалдине, управляемая вице-королем.<...>

Первое сохранившееся стихотворение Эмили помечено следующим годом. Возможно, перед смертью она уничтожила все предшествовавшие. Это представляется более вероятным, чем высказывавшиеся предположения, будто их уничтожила Шарлотта или кто-то еще из домашних. Во-первых, Эмили относилась к судьбе своих произведений с сильным собственническим интересом, а во-вторых, нет никакой логической причины, которая побудила бы ее душеприказчиков уничтожить (если они вообще что-то уничтожали) все без исключения, написанное именно для этого года, но сохранить такое большое количество последующих незавершенных стихов. (Многие из них — просто отрывки, набрасывавшиеся в процессе работы).

Начиная с 1836 года ее стихи дают нам материал, позволяющий заглянуть в душу Эмили Бронте, — но и не дают. Во-первых, часть их сочинялась в соответствии с требованиями гондалской эпопеи, над которой она, как и Энн, постоянно работала. Принято считать, что с самого начала Эмили главенствовала над Энн во всем, что касалось Гондала. Никаких доказательств этого не существует. Единственным прямым свидетельством отношения Эмили к Энн и Энн к Эмили являются их адресованные друг другу тайные записки, а в них, как мы увидим, нет ничего, что указывало бы на главенство Эмили. Бесспорно, как поэт она далеко превосходила сестру, но когда речь идет о соавторстве, отнюдь не всегда организует, руководит и подталкивает более талантливый.

Между сестрами, видимо, существовал взаимный обмен на достаточно свободной основе, не стеснявшей свободу индивидуального выражения. Тем не менее свобода эта ограничена условиями гондалского развития и действия. Если говорить о действии, нам неизвестно, какой вклад в историю Гондала принадлежит Эмили, а какой Энн. Мы знаем только, какие из гондалских стихотворений были написаны кем. Однако настроение и содержание их могли оговариваться сестрами заранее.

Поэтому по гондалским стихам Эмили нельзя строить гипотезы о ее мировоззрении в целом. Бесспорно, как литературные критики, мы можем сделать вывод, что такое-то или такое-то стихотворение заключает в себе пантеистическую философию или окрашено мистицизмом. Но, если речь идет о гондалском цикле, у нас нет права утверждать, что Эмили, когда писала их, была пантеистом или мистиком. Будь она единственной создательницей Гондала, нам было бы много легче воссоздать ее личностный мир. Ведь даже ее «личные» стихотворения, которые она сама отделила от своих гондалских произведений, проникнуты гондалской героикой. В целом эти личные стихи не обладают той полнотой поэтических намерений, которая ощущается в гондалском цикле. Собственно говоря, наиболее ярка Эмили именно в гондалских творениях. О них можно с полным правом судить как о ее поэтическом творчестве, но не как о чистом выражении ее мыслей. Доминирующим фактором тут являлось гондалское действие, а оно, насколько нам известно, лишь частично разрабатывалось ею. Мы не можем также предположить, что соавторы писали каждая свое, предварительно не советуясь и ничего не обсуждая, то есть что стихи определяли ход событий в Гондале. Очень маловероятно, чтобы подобная бесплановость могла бы дать столь органичные результаты, которые чувствуются даже в сохранившихся разрозненных стихотворениях.

Вот почему опасно искать в стихах Эмили Бронте свидетельства, которые позволили бы установить состояние ее духа в тот или иной период.<...>

<...> Только взяв все ею созданное в совокупности, мы обретаем право делать выводы о сущности личной философии Эмили Бронте. Тогда мы получим представление о ходе ее мыслей в процессе создания гондалской эпопеи.

<...> Однако вполне уместно рассмотреть то, что подразумевает самый факт существования этих стихотворений. А подразумевает он, что в ее жизни найдется мало периодов — особенно после 1836 года, когда бы она не была поглощена своим творчеством. Если ее стихи внушают нам мысль, что она глубоко страдала, была обманута в самых пылких чаяниях своего духа, много раз оказывалась во власти неизбывной тоски, мы, кроме того,

совершенно точно знаем, что все это перемежалось периодами счастья, когда она занималась своим искусством. А так как в ее произведениях мы обнаруживаем влияние других поэтов, нам остается только признать еще один бесспорный факт: она множество раз бывала счастлива, читая этих поэтов.<...>

Эмили двадцать три года. Она уже напрактиковалась не только в стихах, но и в прозе, <...> и у нее есть все основания быть довольной и даже радостной, на что указывает дух ее записки ко дню рождения. Ее литературная работа успешно продвигается. Стихи ей удаются; как мы знаем из ее стихов, гондалская эпопея продолжается, и, хотя именно теперь наступил некоторый застой («У меня на руках много книг...» относится к гондалским «томам», о которых упоминает ниже и Энн), в целом с ней все обстоит прекрасно. Между Эмили и ее творчеством в этот период нет пока тесной личностной связи. Между трагическим настроением ее последних стихотворений, развивающих тему смерти, раскаяния, мести, заключения в темнице, и настроением радости бытия, которое Эмили вложила в записку ко дню рождения, трудно обнаружить что-либо общее. Энн должна прочесть не только записку, но и стихи, которые займут свое место в гондалском повествовании, а потому невозможно предположить, что в записке Эмили тщательно прячет свое истинное душевное состояние, хотя раскрывает его в стихах. Наиболее простое и очевидное объяснение поразительного контраста между тоном произведений Эмили и изложением ее собственных мыслей сводится к тому, что замыслы свои она тогда черпала не из личных переживаний, как может показаться. Августа, Джулиус, Дуглас и прочие гондалские персонажи отнюдь не являются субъективными вариантами самой Эмили Бронте, поскольку биографические данные это опровергают. К тому же, как уже упоминалось, гондалские персонажи создавались не одной Эмили. Те же стихотворения, которые не входят в гондалскую категорию, также в это время, видимо, черпались из поэтического, а не личного, реального опыта. Однако поэтический опыт может быть пророческим, он может отражать тенденцию в мышлении поэта, пока еще потенциальную, одну из многих. Вот почему строки, написанные Эмили за несколько дней до записки ко дню рождения:

> Вокруг одни надгробья тут
> И тени длинные растут.
> Под этим дерном, в глубине
> Лежат *ОНИ* в далеком сне.
> Под этим дерном, подо мной —
> Холодный, темный их покой.

И память бредит, и опять
Я слезы не могу сдержать,
Ведь время, смерть, людская боль
На раны вечно сыплют соль.
Запомнить бы хоть половину
Земной тоски, когда я сгину.
Тогда и райской вышине
Не успокоить душу мне...* —

эти строки, так сказать, предвосхищают возможное развитие
миросозерцания Эмили Бронте, но они не отражают душевного
состояния, которое хоть в чем-нибудь соответствовало бы настро-
ению записки. И стихи и «бумага» написаны в июле 1841 года,
но стихи принадлежат области потенциального опыта и говорят
нам только, что в июле 1841 года Эмили Бронте ощущала в себе
способность страдать от страшных воспоминаний, но не доказы-
вают, что такие воспоминания у нее уже были.<...>

<...> В жизни сестер Бронте Шарлотта была великой движу-
щей силой. Всеми своими соприкосновениями с внешним ми-
ром они были обязаны ей, и она же определила посмертные пред-
ставления о них. Однако, если бы не активность Шарлотты, мы,
возможно, вообще не знали бы ничего ни о каких сестрах Брон-
те. Это благодаря ей их рукописи попали к издателям. Вполне ве-
роятно, что именно Шарлотта внушила Эмили и Энн желание
написать вещь, которая котировалась бы на книжном рынке, то
есть роман. Если бы не Шарлотта, младшие сестры, пожалуй, так
бы и транжирили свой талант, добавляя все новые вымыслы к
разбухающей гондалской саге. Стремление Шарлотты командо-
вать порой смахивает на своего рода отчаяние. Она отчаянно
старалась чего-то достичь в жизни, она была отчаянно настойчи-
вой, когда чего-то очень хотела.<...>

<...> Во время пребывания в Брюсселе Эмили чаще вызыва-
ла антагонизм. <...> Ее «странности», насколько мы могли судить
до сих пор, вполне нормальны для натур определенного склада,
для людей, одержимых своим призванием. Пока Эмили могла
следовать своему призванию так, как ей требовалось (а это ис-
ключало упорядоченность формального образования, его дис-
циплинирующее воздействие), она была симпатичной, полной
надежд и энергии. В Брюсселе она начала заниматься система-
тически, направила свою волю на приобретение знаний — и ее
симпатичность исчезает, она утрачивает дружеское расположение
к миру, причем не только не может подавить в себе отвращение
к происходящему, но не в силах хотя бы скрыть его.

* Перевод Т. Гутиной.

Быть может, Эмили Бронте отлично отдавала себе отчет, отчего «получение образования» приводило ее в столь очевидный ужас, или же он был следствием какого-то происходившего в ней инстинктивного процесса, которого она не осознавала. Возникает вопрос, насколько это было оправданно. Ответ заключен в ее творчестве, и отыскивать его должны критики, это творчество изучающие. Но, бесспорно, в то время для Эмили какой-то выбор существовал, она была способна поддаться упорядочению и приведению в систему своего мышления, хотя отвергала их всем своим существом. Мсье Эгер совершенно напрасно ставил ей в упрек «недостатки образования и робость». Сохранилось пять эссе, написанных Эмили Бронте по-французски под его руководством. По большей части они абсолютно не похожи на что-либо еще, принадлежавшее ее перу, не только по жанру, но и по содержанию. Это, пожалуй, ее первые попытки сформулировать свою философию, осознать собственное мировоззрение. Пока ей не навязали эти эссе, раскрываемая в них философская позиция была скрыто и неотделимо вплетена в образную ткань ее поэзии. Те же догмы более явно пронизывают «Грозовой перевал». Например, эссе «Король Гарольд накануне битвы при Гастингсе» самой пылкостью и категоричностью тона выдает восторг перед сконцентрированной мощью крайне романтичного героя, который сам себе закон. Хитклиф в «Грозовом перевале» — тот же герой в ином обличии — художественный вклад в нарождавшийся культ сверхчеловека. Не всех, кого восхищает «Грозовой перевал», восхитят принципы, которые Эмили отстаивает в этом коротком и во многих отношениях нелепом эссе. Не всем понравится четкая беспощадная обрисовка природы в ее губительной жестокости, представленная в набросках «Кошка» и «Бабочка». В своем творчестве Эмили повторяет многие мысли, образующие темы этих эссе. Однако самый акт сотворения произведения искусства — уже своего рода искупление извращенной темы. Чем ближе произведение искусства к совершенству, тем больше принцип упорядочения берет верх над породившим его хаосом, каков бы этот хаос ни был.

Таким образом не столь уж неправдоподобно, что Эмили действительно страшилась сознательного приобретения знания путем систематических занятий, поскольку в результате ее рабочие гипотезы были бы доведены до их логических крайностей. Не так уж неправдоподобно, что она страшилась выводов, к которым логическое формулирование вынудило бы ее прийти. К тому же ее интеллект был вполне способен охватить нравственную подоплеку ее творчества. Это четко следует из эссе, в которых ее рассуждения строятся на индукции; предпосылка у нее содержится в конкретных примерах, на которые опираются ее обобщения.

Не так уж неправдоподобно, что Эмили хотела — сознательно или бессознательно — не делать выводов, поскольку они бросали резкий моральный свет на плоды ее созерцательного невымуштрованного ума.<...>

В эссе «Бабочка», возможно, есть намек на самооправдание, выраженный аллегорически. Она описывает лесную сцену и, рассуждая о «естественном порядке», обнаруживает вместо порядка безумие. «Жизнь существует на принципе гибели; каждое существо должно быть беспощадным орудием смерти для других, или само оно перестанет жить... вселенная представляется мне гигантской машиной, построенной лишь для производства зла...» И далее, «точно ангел укоризны, посланный с небес, между деревьев порхала бабочка с большими крыльями, сверкающими золотом и пурпуром... вот символ грядущего мира — как уродливая гусеница есть начало великолепной бабочки, так шар земной есть эмбрион нового неба и новой земли, самая скромная красота которых бесконечно превосходит силы смертного воображения...». К этой традиционной иллюстрации она прибегает, чтобы сделать теологический вывод: «Бог — это Бог правосудия и милосердия», страдание — семя божественного урожая. Быть может, это эссе как-то связано с собственным ее желанием создать гармонию из материала заведомо хаотичного. Но это не более чем предположение — ведь писалось эссе не только с эстетической целью.<...>

В промежутке между ее днем рождения в июле 1845 года и опубликованием «Грозового перевала» в декабре 1847 года Эмили словно исчезает из виду. Между этими двумя датами вышли ее стихотворения вместе со стихотворениями ее сестер, и она написала «Грозовой перевал», но очень мало стихов (то есть известных нам). Роман был завершен в первой половине 1846 года, а в сентябре того же года она написала поэму, но затем словно бы не создала ничего, пока не села за переделку той же поэмы в мае 1848 года. Таким образом, почти два года не отмечены ни одним новым произведением. Существует предположение, что она начала второй роман, который затем уничтожила.

Упоминания об Эмили в этот период довольно редки. Замечание Шарлотты в письме к мисс Вулер в начале 1846 года, что Эмили была «не так покладиста и доступна убеждениям, как мне хотелось бы», указывает, что отношение Эмили к Шарлотте по меньше мере несколько изменилось с того времени, когда она была просто полезной сестрой-домоседкой. <...> Эмили начала проявлять собственную волю, Шарлотта сожалела об этом, но уступала. Быть может, ее слегка удивило, что Эмили, всю жизнь такая покладистая, теперь в некоторых делах занимает собственную непреклонную позицию. Удивили Шарлотту и стихи Эмили, которые она в письмах к мистеру Уильямсу неизменно ставит очень высоко. Сочетание этих обстоятельств, возможно, и объясняет постепенные изменения в тоне Шарлотты, когда она упоминает Эмили. Особенно заметными они становятся в последние годы, которые оставались Эмили прожить. Шарлотта не всегда одобряет Эмили, но уважает ее по-новому. Недоумение перерастает в любопытство, а затем обретает оттенок почтительного страха — она признает силу литературного таланта Эмили и пробудившуюся в ней силу личности. Можно счесть это доказательством дальнейшего развития восприимчивости и наблюдательности Шарлотты. <...>

Когда роман Эмили был опубликован, Шарлотта с жадностью узнавала, какое впечатление он производит. Письмо с мнением ее друга мистера Уильямса до нас не дошло, но в нашем распоряжении есть ответ Шарлотты: «Вы близки к истине в ваших суждениях... Эллис обладает сильным оригинальным умом, которому присуща странная и даже мрачная власть. Когда он пишет стихи, власть эта проявляется в языке одновременно сжатом, отполированном и утонченном, но в прозе воплощается в сценах, которые более потрясают, чем привлекают. Впрочем, Эллис знает свои недостатки и сумеет их преодолеть». Недостатки Эмили, согласно этим выводам, проявляются в наиболее бурных сценах «Грозового перевала», тех, которые шокировали Шарлотту и многих других читателей, то есть, собственно говоря, наиболее типичных для романа. «Эллис знает свои недостатки». Означает ли это, что Эмили проанализировала свое произведение? Возможно, она сама была «потрясена» «Грозовым перевалом».

Шарлотта почти наверное прочла «Грозовой перевал», едва он был завершен в первой половине 1846 года, если не раньше, в процессе его создания. Стихи Эмили были ей известны с осени 1845 года. Они тоже способствовали выводу, что Эмили «обладает сильным оригинальным умом, которому присуща странная и даже мрачная власть», но выражение этот вывод находит только теперь, на исходе 1847 года. С этого времени стиль Шарлотты при упоминании Эмили обретает риторичность, что также создает ощущение почтительного страха. И объясняется это не только все более высокой оценкой творчества Эмили, а, по всей вероятности, и ее ежедневным соприкосновением с самой Эмили. <...>

Постоянство — и в большой степени — мы обнаруживаем в развитии поэзии Эмили, все более сближающейся с «Грозовым перевалом». В конечном счете стихи соответствовали характеру Эмили Бронте, но темы их не развивались идентично развитию ее личности. Стихи не только воплощали особенности ее духа, которые она не открывала другим и которые, собственно говоря, были скрыты от нее самой, — тогда особенности эти еще полностью не определились. То, что стихи привели к «Грозовому перевалу», еще не означает, что они не могли бы привести к чему-либо другому с такой же, казалось бы, неотвратимостью.

Мы видим, что в последние годы жизни Эмили Бронте ее личное поведение более приближается к характеру ее творчества — мы узнаем автора «Грозового перевала» и мистических стихов в том, как Эмили относилась к болезни, сведшей ее в могилу. Прежде в домашних сценах, обрисованных ею самой и Шарлоттой, она никак не кажется живым воплощением страсти к смерти, влюбленности в землю, которыми пронизаны ее стихи того времени. Напрашивается вывод, что Эмили за очень короткое время осознала подлинные истоки своего творчества, начала реализовывать принципы, скрывавшиеся в глубинах ее сознания. <...>

По какой-то причине — быть может, пытаясь понять собственные чувства — Шарлотта, когда упоминает Эмили, старается показать ее на редкость незаурядной личностью. «Эмили как теоретик...»; «идеи, которые, на мой взгляд, гораздо более смелы и оригинальны, чем практичны...» <...> Шарлотта опасалась практического воплощения идей Эмили — и с полным на то основанием. <...>

Следующее критическое высказывание Шарлотты о «Грозовом перевале» показывает, что ее очень тревожил моральный аспект образа Хитклифа. Она указывает на его «от природы извращенную, мстительную и неумолимую натуру»; доброе обращение могло бы сделать из него человека, но тирания и невежество превращают его в демона. «А самое худшее, — продолжает Шарлотта, выдавая свои опасения за нравственную сторону книги, — заключается в том, что все повествование, в котором он фигурирует, словно бы проникнуто его духом...» Что тем не менее было бессознательной данью таланту автора.

В сентябре издатель Шарлотты приобрел их книгу стихов у прежнего ее издателя. Вновь Шарлотта превозносит стихотворения Эмили. «Когда я читала их одна и тайно, они будоражили мое сердце, как звук трубы... Сначала я получила суровый выговор за то, что позволила себе столь недопустимую вольность. Ничего другого я не ожидала — Эллис обладает незаурядной, несгибаемой натурой. Но мольбами и уговорами мне удалось вырвать неохотное согласие на опубликование «стишков», как презрительно были они названы. Автор редко о них упоминает и всегда с пренебрежением. Но я не знаю ни единой женщины, когда-либо жившей, которая писала бы подобные стихи: сжатая энергия, ясность, законченность, особый могучий пафос — таковы их особенности...»

Эти фразы и определения, рисующие Эмили, стали почти ключевыми словами в длинной череде посвященных ей страниц.

«Незаурядная, несгибаемая натура», «презрительно», «с пренеб-
режением». Презрительная, полная пренебрежения, несгибаемая,
созданная из сверхчеловеческого материала — вот такая Эмили
дошла до нас. Эти определения датируются последним годом
жизни Эмили, когда Шарлотта драматизирует сестру даже с еще
большим пылом. <...>

Мы знаем, что Эмили занималась теоретическими размыш-
лениями — создавала идеи, которые Шарлотте казались дерзки-
ми и оригинальными, но не практичными. Если Эмили вывела
философию из собственного творчества, если она разработала си-
стему, которая была логическим эквивалентом той, в которой
умещались ее произведения, то Шарлотта права — они не были
практичными. Претворение их на практике было бы крайне опас-
но, так как они строились на разрушительных принципах.

Многие приводившиеся факты наталкивают на вывод, что
Эмили начала драматизировать в себе устремления, воплощен-
ные в ее творчестве. Если в конце она представала в своих гла-
зах героем и идеалом собственных произведений, мы должны
обнаружить нечто близкое к тому, что обнаруживаем: копию ав-
топортрета, увеличенного благодаря подробностям, которые со-
общали ее близкие и знакомые после ее смерти. <...>

Смертельная болезнь Эмили на тридцать первом году жизни
усилила стремление (если оно у нее было) воплотить в жизни
излюбленную роль. Сама болезнь, туберкулез, была наследствен-
ной. Не следует полагать, будто безвременная смерть составля-
ла непременную часть героики, с которой Эмили себя идентифи-
цировала, но одно было обязательно: когда бы смерть ни пришла,
встретить ее она должна была так, как требовала ее роль. Мож-
но, разумеется, привести довод, что наследственный туберкулез
предрасположил ее готовиться к смерти именно таким образом,
но это вопрос, на который, пожалуй, не возьмутся ответить оп-
ределенно даже те, кто понимает психологию больных туберку-
лезом. Во избежание биографической неточности необходимо
указать, что Эмили умерла не потому, что хотела умереть. Она
простудилась на похоронах брата. <...>

Когда Эмили вошла в моду, для всех, кто писал о ней, колос-
сальный интерес представляла ее «стоическая» смерть. И не толь-
ко смерть эта была возвышена и облагорожена куда больше, чем
она того заслуживала, но из нее, кроме того, делались столь бла-
гоговейно-хвалебные выводы, что людям не слишком романтич-
ным Эмили может показаться каким-то демоническим суще-
ством. Первой, кто заложил основу для этих построений, была
Шарлотта, которая в письме к Эллен Насси более или менее при-
знала, что смерть Эмили превратилась для нее в навязчивую
идею. «Я не могу забыть смертный день Эмили. Эта мысль пре-

следует меня даже больше, чем прежде, становясь все более навязчивой и мрачной. Было так ужасно. Она была вырвана в полном сознании, задыхаясь, противясь, но с решимостью, из счастливой жизни». <...>

Не исключено, что начиная с 1847 года Эмили страдала психической неуровновешенностью и что в последние месяцы ее жизни это трагическое состояние усилилось. Действительно, создается впечатление, что она искренне верила в свои сверхчеловеческие свойства, в то, что от ее воли зависит умереть или не умереть от смертельной болезни. Разумеется, не раз повторялось, что туберкулезу сопутствует особый оптимизм. Но у Эмили никакого оптимизма заметить невозможно. Ее категорический отказ от медицинской помощи, от каких-либо забот о ней и мучительные старания вести обычный образ жизни больше указывают на усилия побороть самый факт своей болезни.

Если система идей, заложенных в творчестве Эмили, превратилась в личную манию, то навряд ли у нее оставалась хоть какая-то свобода выбора. Вероятно, теоретизирование принесло ей неизмеримый вред, как она инстинктивно предвидела, когда всеми силами старалась избежать упорядочивания своих мыслительных процессов с помощью школьного образования. В последние месяцы жизни она демонстрирует все симптомы подобной мании. <...> С какой бы точки зрения ни взглянуть на Эмили Бронте в последний период ее жизни, она остается человеком, которого терзал собственный придуманный образ, фантастический недостижимый идеал. Ее дух страдал от этого недуга бесконечно больше, чем ее тело от болезни. <...>

Если сравнивать Эмили с сестрами, в ней особенно поражает ее творческая целеустремленность. Все ее «странности», предубеждения, поведение дома объяснимы, только если признать, что творчество было средоточием ее существования. В своих бумагах ко дню рождения она мечтает о деньгах, потому что они обеспечат досуг, чтобы писать. Она несчастна, когда лет под двадцать попадает в школу, потому что ее влечет творчество, несовместимое с рационально вымуштрованным умом. Она взбунтовалась против обязанностей учительницы, потому что опять-таки оказалась в тисках дисциплины, чуждой ее творчеству. Она принимает первый план их собственной школы, потому что это был наиудобнейший способ получить относительную свободу и возможность писать спокойно. Она заставила себя согласиться на брюссельский пансион, но ожесточенно бунтовала против своего согласия, потому что ее ум сбивали с предназначенной для него тропы. Против второго плана открыть пансион трех мисс Бронте Эмили даже не сочла нужным взбунтоваться, а просто объявила, что учить не будет: теперь она была финансово независимой и не видела нужды заниматься чем-нибудь помимо своего творчества и домашних обязанностей. Она прямо выражала недоумение, почему остальные не чувствуют того же. Когда Шарлотта заявляла о любви Эмили к вересковым пустошам, это, несомненно, соответствовало истине. Конечно, она любила верески, своего пса, своих сестер, свой дом, но больше всего она любила свое творчество. <...>

Отношение Эмили Бронте к другим людям в первую очередь характеризуется тем, что она, видимо, не нуждалась ни в чьем обществе, кроме своей семьи, и особенно Энн. Возможно, это свидетельствует о том, насколько полно была она поглощена своим творчеством. Но поэтому ей не представлялось случая осуществить свой потенциал в отношении того типа любви, который она понимала, который раскрывается в ее поэзии и в «Грозовом перевале». Это тип любви, присущий тем, кого природа создала для безбрачия, и современное употребление термина «платоническая любовь» не вполне ее определяет. Это не бесстрастная дружба, но страстный и во многих чертах мистический союз, который, согласно ранним толкователям, означал такое тесное единение двух людей, что они словно обладали одной душой, не утрачивая при этом собственной личности, — состояние отнюдь не частое, но не несущее в себе ничего противоестественного. <...>

Ее гений проявлялся наиболее ясно, в присущих только ему формах, именно когда она создавала эти вселенские формы любви. «Я — Хитклиф!» — восклицает Кэти в «Грозовом перевале». Возможно, нас эта идея не слишком трогает по уже изложенным причинам: влюбленные недостаточно значимы, им не хватает величия, чтобы убедить нас в том, что столь редкие отношения хоть как-то оправданны. Но слова Кэти иным толкованиям не поддаются. В произведениях Эмили мужчин и женщин единит страстное ощущение общности их личности. <...>

ЛЕСЛИ ПОУПС ХАРТЛИ

ЭМИЛИ БРОНТЕ В МИРЕ ГОНДАЛА И ГААЛДИНА

Эмили Бронте — автор личностно окрашенный, она ворожея, и ослепляет разум, а, может статься, даже похищает сердце у читателя. Написанное ею не подлежит сравнению или анализу. Ее мыслями и чувствами владеет страсть к абсолюту, и читатель, перенявший у нее тоску по совершенству, вскоре научается видеть в ней жрицу, а не просто сочинительницу. К тому же, Эмили одна из героинь — теперь, пожалуй, главная — семейной легенды, величие которой связано с трагизмом жизни сестер Бронте не меньше, чем с их литературными свершениями. Для неискушенного читателя сестры Бронте, наверное, воплощают собой высший канон литературного вкуса; точно так же литературные снобы питают слабость к П. Г. Вудхаусу — вопреки собственным канонам вкуса. Рафинированные читатели, в чьих умах горит сухой пламень рассудочности, сразу чувствуют, что их морочат и мистифицируют каким-то эксцентричным, эзотерическим культом. Хоть Эмили не выставляет свою личность напоказ и не заискивает перед читателем, вокруг нее составилось целое общество пылких приверженцев, у которых при одном звуке ее имени появляется хмельное, недоступное обычным смертным чувство, будто это их собственная личность воспаряет в заоблачные выси.

Эмили явно не отличалась дружелюбием:

> «За восемнадцать долгих лет
> Друзей мне не дала судьба»* —

писала она в 1837 году, когда дважды уезжала в школу, где могла бы, как Шарлотта, найти своих собственных Эллен Насси и Мери Тэйлор. Но Эмили не хотела дружбы, она хотела любви.

Перевод выполнен по изданию: Hartley L. P. The Novelist's responsibility. London: Hamilton,1967. P. 35—53. Печатается с сокращениями.

© Т. Казавчинская, перевод на русский язык, 2000.

* Перевод Дм. Раевского.

Я сказал, что она была писателем личностным, и это нуждается в небольшом разъяснении. Ее роман — самый безличный из романов; на его страницах автор нигде не говорит от своего имени, ни на шаг не отклоняется от своего рассказа ради обобщения или комментария, и уж тем более не обращается непосредственно к читателю. Однако во всей поэзии не найти стихов более личных, чем стихи Эмили Бронте — они похожи на вскрик, от которого нельзя удержаться — словно ты наткнулся на иголку. Роман предназначался для печати, стихи писались для себя; не для чужого взгляда — только для своего собственного (даже Энн, которая вместе с Эмили сочиняла Гондалские хроники, не всегда было известно, о чем написаны стихи сестры; Шарлотта ничего о них не знала, пока случайно не наткнулась на заветную тетрадку, к огорчению и возмущению Эмили). Возможно, этим и объясняется различие умозрений в стихах и в «Грозовом перевале». Но тем не менее и стихи, и роман в равной степени несут отпечаток ее необычной личности — они властно, можно сказать, повелительно, захватывают одних, оставляют равнодушными, а то и отталкивают других. И дело тут не в одних литературных достоинствах «Грозового перевала» — теперь они общепризнаны, былая критика этого шедевра давно забыта или опровергнута. Рецензенты, жившие сто лет назад, признали и его оригинальность, и множество других сильных сторон. Отнюдь не все критики громили его, многие отдали дань, причем, по нашим нынешним меркам, совсем немалую: пять рецензий по три тысячи слов в среднем. Но всех до одного шокировала жестокость «Грозового перевала». Однако нам, пережившим атомные взрывы и концентрационные лагеря, можно не притворяться, будто нас приводят в ужас всевозможные щипки и шлепки «Грозового перевала», — разного рода повешенные собачки и загробные видения, от которых вроде бы волосы должны встать дыбом — вся эта его незамысловатая брутальность. Нам только и остается, что почтительно согласиться с автором, по мнению которого люди, считающие его роман «странным», попросту притворяются. Эта книга не может не задевать любителей незыблемых устоев, под которыми я понимаю не махровых консерваторов и обывателей, а тех, кто свято верит, что беллетристика питается свидетельствами чувств и создается рациональным, хорошо натренированным умом, и ее дело — подражать внешним формам жизни, а не посягать на трансцендентное. То, что скрывается за внешней оболочкой, должно лишь подразумеваться; извлекая его на свет Божий, рискуешь еще больше извратить истину — пусть тайное остается тайным.

Таков рациональный взгляд на вещи, которым объясняется немеркнущая популярность Джейн Остен и Энтони Троллопа. Но наше время далеко от рациональности, и после всего, что испытало человечество и еще может испытать впоследствии в гораздо больших, катастрофических масштабах, нельзя не задуматься о том, что есть человек, коль скоро он способен на такие пароксизмы духа. На мой взгляд, единственный английский автор, чьим героям ведомы подобные бездны, — это Эмили Бронте. Они и в самом деле разрушители (обитатели Грозового перевала, а не Мызы Скворцов), хотя к разрушению стремятся не больше нашего, ведь мы тоже невольно превращаем все в развалины. Цель Хитклифа и Кэтрин — полное духовное единение, слияние двух душ в одну. «Хитклиф — это я», говорит Кэтрин Нелли. Я думаю, так выражает себя извечная потребность духа — возможно, самая глубокая его потребность, ради удовлетворения которой он готов на все.

Наверное, в этом главный секрет книги, забирающей все большую и большую власть над читателем: дилемма души представлена здесь во всей своей бескомпромиссной обнаженности. Пойди человечество по пути прогресса, как его понимали люди девятнадцатого века, двигайся оно в сторону все большей цивилизованности жизни, «Грозовой перевал», возможно, стал бы музейным экспонатом и подтвердил суровый приговор сэра Лесли Стивена: «Бессильной попыткой ухватить вечность Эмили Бронте превращает свой роман в необъяснимый кошмар». Однако история пошла другим путем. Реальный для нас душевный опыт — скорее всего, совершенно запредельный для знаменитых викторианцев, — был реален и для Эмили Бронте. Критик «Этласа» нечаянно набрел на счастливую формулировку: «противоестественно-естественная история, демонстрирующая реальность нереального». Сегодня нас ошеломляют пагубные свойства человеческой натуры, но Эмили Бронте, знавшую, как мало властен разум над вырывающимися наружу человеческими инстинктами, они не удивляли. Она писала как бунтарка (все Бронте — кроме, пожалуй, Энн — бунтовали против общества, в котором видели заговор пошлых, приземленных душ против добра и цельности личности), ее сердце было с Хитклифом и Кэти в их Потерянном рае, куда их привели безудержные страсти и гордыня.

Я еще вернусь к «Грозовому перевалу», а в этой маленькой преамбуле я лишь хотел сказать, что книга эта навсегда причислена к классике. Даже ее композиция, которая когда-то казалась неудачной не только противникам, но и поклонникам, теперь стяжает похвалы.

В общем, можно не оправдываться, объявляя «Грозовой перевал» шедевром, но как быть с поэзией Эмили Бронте? За исключением горстки стихов, вошедших во все антологии, она сравнительно мало известна. Да и художественные ее достоинства признаны далеко не всеми. Очень уважаемая поэтесса Эдит Ситуэл сказала, когда мы заговорили об Эмили Бронте: «Я благоговею перед этой великой женщиной, при одном звуке ее имени я преклоняю колени, но ни во что не ставлю ее стихи и не верю их искренности».

Нужно соблюдать осторожность, когда не соглашаешься с таким большим авторитетом, и я позволю себе лишь то возражение, что верю чувствам этих стихов, то есть верю, что это подлинные чувства, но испытала ли их Эмили в действительности, пережила ли в самом деле все те обстоятельства, на которые так мучительно намекают ее стихи, ключи ли это к ее сердцу, — совсем другой вопрос. Лирический герой стихов — слабый, запуганный, цепляющийся за воздух человек, которого гнетет тоска и одолевает раздражение, который бьется из последних сил, пытаясь склеить из осколков целостное мировоззрение. В «Грозовом перевале» ничего подобного нет, это несомненно.

Эмили Бронте называют литературным сфинксом. Давайте на мгновение вглядимся в ее портрет, верней, портреты, потому что их несколько, и они весьма разнятся между собой.

«Моя сестра, чья натура была сильнее, чем у мужчины, и простодушнее, чем у ребенка, ни на кого не походила», — пишет Шарлотта. Когда думаешь об Эмили Бронте, на ум, прежде всего, приходит тот ее образ, который встает из писем Шарлотты, написанных во время последней болезни сестры, и из вступления и биографической заметки, предпосланных «Грозовому перевалу». Никогда из-под пера Шарлотты не выходило ничего более совершенного; критический разбор и мемуарный очерк — это шедевры, и каждое письмо, пронизанное тяжелым чувством обреченности, обогащает сокровищницу литературы, повествующей о душевных страданиях и горе. Даже теперь, по прошествии стольких лет, читать это невыносимо больно.

Главное впечатление от этих строк — восхищение мужеством, даже непреклонностью Эмили перед лицом страдания («...если бы к великим достоинствам моей сестры можно было присовокупить еще одно, самое скромное: покладистость...»). Это та самая Эмили Бронте, которая прижгла утюгом укус набросившейся на нее бешеной собаки, не пасовала перед пьяными угрозами и дебошами Брэнуелла, до последнего дня выполняла свои домашние обязанности и просила лишь об одном:

«Сквозь жизнь и смерть свободный дух
Без страха пронести»*.

---

* Перевод Т. Гутиной.

В последние годы жить для Эмили значило страдать, и выход она находила лишь в стоицизме. В отличие от мужества, которое всегда обращено к жизни, бескомпромиссный стоицизм — отказ от жизни, неверие в ее способность дарить счастье; как правило, это является плодом горького разочарования. Испытала ли его Эмили?

Шарлотта пишет, что Эмили «была вырвана, задыхаясь, противясь, из счастливой жизни». Так ли это? Подтверждается ли это фактами? Ведь схватив смертельную простуду на похоронах Брэнуэлла, Эмили наотрез отказалась подпустить к себе «отравителей-врачей» и скончалась через три месяца после смерти брата. Не напоминает ли это самоубийство?

Как справедливо заметил кто-то из критиков, Шерли не могла бы написать «Грозовой перевал», однако стоит внимательно вглядеться в ее образ: это еще один портрет Эмили, начатый Шарлоттой перед болезнью сестры и завершенный уже после ее смерти (Шерли, несомненно, списана с Эмили). Перед нами образ женщины, располагающей средствами и досугом, одновременно практичной и возвышенной, сосредоточенной не на одной своей особе, а интересующейся и многим другим, но подверженной приступам страстной тоски и тяжелых раздумий; она, пожалуй, не вполне от мира сего, но в общем и целом его приемлет и готова познать его печали и радости. У Шарлотты был необычайно острый глаз, и «Шерли» живо воссоздает флюиды, исходившие от личности Эмили, какой мы ее знаем по воспоминаниям Эллен Насси: «Счастливое дитя, готовое радоваться и веселиться». В Шерли чувствуется сила, независимость и сдержанность, что, судя по всему, не помогает ей превозмогать собственные горести, но и не побуждает навязывать свою волю другим. Она черпает силы у природы, с которой живет в радостной гармонии, впрочем, как и почти со всеми своими ближними. «Слишком непорочна, чтобы гореть в аду, слишком мятежна, чтобы вознестись на небеса», — как охарактеризовал ее кто-то, но это вовсе не означает, что на земле ей неуютно — отнюдь нет. Вспомним сон Кэтрин: ангелы сбрасывают ее с неба, и она просыпается в болотах Грозового перевала, рыдая от счастья; вспомним также весьма значимые строки из стихотворения самой Эмили:

> Удел немногих смертных
> Так на земле страдать.
> Но только ты способен
> В раю о ней мечтать.*

---

* Здесь и далее стихи Э. Бронте в переводе Дм. Раевского.

Ясно, что иметь дело с Шерли трудно. Она соткана из света и воздуха и не отбрасывает тени, жизнь она пьет взахлеб.

Сохранилось пять школьных сочинений, пять devoirs*, написанных Эмили по-французски по заданию мсье Эгера. Не стану тут высказываться о том, подтверждают ли они слова Шарлотты: «По-моему, в полной своей силе Эллис может предстать только как эссеист». Хотя в этих очерках слишком много французской риторики, той самой риторики, которая, по мнению Мей Синклер, имела катастрофические последствия для самой Шарлотты в «Шерли», к юношеским пробам пера их не отнесешь. Эмили исполнилось двадцать четыре года; ее отличала неукротимость духа; шарлоттиного благоговения перед мсье Эгером она не испытывала и, надо думать, выражала собственные чувства — тем более, что ученикам предоставлялось право самим выбрать тему хотя бы для одного сочинения. Эмили выбрала короля Гарольда накануне битвы при Гастингсе — ясно, что ей была близка влюбленность в поражение и даже, пожалуй, в смерть. Такой мы видим Эмили летом 1842-го, за три-четыре года до того, как был написан «Грозовой перевал». Гарольд для нее — воплощение героического начала, осиянный славой лучезарный образ, не омраченный даже малейшей человеческой слабостью. И то, что на следующий день его ждет сокрушительный разгром и гибель, ничуть не умаляет ее восхищения; ей важен только отблеск божественного, который лежит на его личности. Поражение лишь прибавляет величия его одинокой фигуре.

Все Бронте испытывали преклонение перед героями, образ герцога Веллингтона владел их воображением чуть ли не с младенчества. В «Шерли» приводится перечень кумиров героини: полководцев, политиков, философов, — и все они предстают как благодетели рода человеческого и образцы для подражания.

Хитклиф — тоже натура героическая, он, как и Гарольд, не страшится поражения и молит смерть избавить его от жизненных оков. Но Эмили ни разу не говорит, что в нем есть хоть искра божественного, — если он ангел, то падший, безнадежно падший. Когда она создавала этот образ, обычно присущая ей любовь к идеализации словно исчезла. А между тем прошло всего три года с тех пор, как она прославляла Гарольда. Создательница «Грозового перевала», конечно же, не сомневается в бессмертии, но в бессмертии, не обусловленном нравственной безупречностью. Нелли Дин не раз осуждает Хитклифа за пороки, Нелли — но не автор: должно быть, в ту пору требования морали уже перестали что-либо значить для Эмили. «Я буду невообразимо далеко от вас и высоко над вами»**, — говорит Кэтрин, умирая, однако в ее

---

* Письменная работа, задание (*франц.*).
** Здесь и далее цитаты из романа в переводе Н. Вольпин.

словах нет претензии на добродетель, да это и было бы смешно со стороны Кэтрин, вся жизнь которой — сплошное своеволие.

Обратимся к некоторым датам. 1835 год, несчастливый для Эмили и позорный для всей семьи. Эмили пришлось забрать из школы в Роу-Хэд, где она, проработав всего три месяца, буквально заболела тоской по дому, и Шарлотта испугалась, что сестра умрет. В то время семья планировала отправить Брэнуелла в Лондон учиться живописи; неизвестно, в какой мере этот план осуществился, но как бы то ни было, все кончилось тем, что Брэнуелл стал денно и нощно пропадать в трактире «Черный бык». Сестрам было суждено лицезреть, как «свет их очей, гордость семьи» опускается все ниже, и из подающего надежды гениального юноши превращается, по выражению Эмили, в «пропащего человека», каждый шаг которого вызывает страдания и стыд.

Был ли 1835 год поворотным для Эмили? Писать стихи она начала год спустя и писала их в течение последующих десяти лет. Хотя ее поэзия, возможно, и не носит автобиографического характера, это стихи очень личные, и как-то не верится, что выраженные в них чувства и настроения не пережиты самой Эмили. В стихотворениях Гондалского цикла мы встречаемся с тем же противопоставлением, что и в «Грозовом перевале»: холодному, северному, продуваемому ветрами Гондалу всегда противостоит Эдем Гаалдина — «тропический остров, омываемый южными морями, где прерии всегда в цвету, и реки вольно стремят свои воды», и всегда Гаалдин уступает Гондалу:

> Одна снежинка мне милей
> Всей роскоши садов, —

заявляет Эмили и вопрошает в другом стихотворении:

> Ужель изумрудное поле
> Сравнится с суровой страной,
> Где ветер, ревущий на воле,
> О прошлом тоскует со мной?

Слишком ли фантастична догадка, что воображение Эмили, все претворявшее в символы (что было свойственно и Брэнуеллу), рисует знакомые, близкие предметы в романтически преображенном, гиперболизированном виде, так что дом разрастается до поместья; церковь — до кафедрального собора; Гондал не дальше отстоит от пасторского дома, чем Грозовой перевал; а бурные моря, которые переплывают гондалцы, подчас весьма смахивают на ближайшую железнодорожную ветку в десять миль длиной, да на вересковую пустошь, отделяющую Эмили от уехавших из дому Энн, Брэнуелла и Шарлотты? Что значат все эти стены подземелий, на которых гондалцы пишут свои имена, Дворцы Просвещения, откуда они спасаются бегством, тюремные норы, где они томятся, — что, если не те школы, где учительствовали оторванные от родного гнезда сестры Бронте?

Мисс Брэнуелл была родом из Пензенса, и за долгие годы так и не привыкла к суровому климату Йоркшира, к его грубоватым, прямолинейным жителям, к их независимому нраву. Она не уставала твердить племянникам, как прекрасен Корнуолл. Не это ли сформировало безотчетную потребность Эмили соотносить все совершавшееся в ее воображении либо с севером, либо с югом и, в силу естественного патриотизма и пуританства, утверждать превосходство севера, потому что там труднее?

Одно несомненно: ее стихи — свидетельство глубокого, все обострявшегося горя, и так же несомненно, что они обращены в прошлое, к годам, предшествовавшим 1836-му, когда она была счастлива:

> Арфа диких, чудных стран!
> Вновь твоя струна
> Мне поет о том, что я
> Позабыть должна.
>
> В те далекие года
> Пела я в тиши.
> Не тревожила тогда
> Ты моей души...
>
> Что в груди моей спало,
> Тотчас оживет —
> Будто тьмой заволокло
> Ясный небосвод.

Кроме картин утраченного счастья, в ее стихах находит выражение множество чувств: сожаление и угрызения совести; вина и отчаяние; доброта, одиночество и нежность; тоска по отсутствующим друзьям и горе разлуки; пылкая любовь к умершему, который больше не может дарить ее ответным чувством; страстное желание быть любимой и утешенной — все это трудно совместить с силой, уверенностью и стоицизмом других портретов Эмили.

> Если беда за бедою
> Обрушатся на тебя,
> Если ты сломлен судьбою,
> Ко мне обратись, любя.

Я одинока безмерно,
Тоскою сердце полно.
В себя твою боль впустив,
Разбиться готово оно...

Все Бронте время от времени переживали великое уныние духа, и мысль о смерти посещала их так часто, что они, можно сказать, сроднились с ней. Многие из писателей-романтиков любили заигрывать с утешительницей-смертью, но для Бронте это не было игрой. Смерть двух старших сестер, Мери и Элизабет, оставила в их сердцах незаживающую рану. Наверное, Эмили предчувствовала свою раннюю кончину и подчас страстно призывала ее — ради красоты умирания, а не для того, чтобы избавиться от горестей. Должно быть, ей нравилось воображать, что она чахнет от безнадежной любви: это любимая греза юности, ведь при всей духовной зрелости какая-то часть ее существа так и осталась детской: в 27 лет она все еще играла с Энн в Гаалдин. Люди, не склонные к болезненной мечтательности, не могут представить себе, какое сокрушительное действие оказывает она на личность, — вплоть до полного перерождения.

1845 год стал еще одним поворотным пунктом. Брэнуелл вернулся домой насовсем. До отца и сестер вскоре дошло известие о его позорном изгнании из Торп-Грин. Шарлотта в письме к Эллен Насси без всяких околичностей пишет о том, чего стоит близким его пребывание дома: «До тех пор, пока он остается среди нас, трудно рассчитывать, что под нашим кровом будет царить мир».

За три с половиной года, которые пролегли между возвращением Брэнуелла и смертью Эмили, она написала всего пять стихотворений. В то время она писала не стихи, а «Грозовой перевал» и закончила его за полтора года до своей кончины, в течение которых практически ничего не создала (правда, некоторые исследователи придерживаются мнения, что она работала над вторым романом, который был утерян). Какова причина такого творческого бесплодия? Трудно удержаться от мысли, что дело было в горе — горе, которое ей причиняло зрелище постепенной деградации Брэнуелла. Но свидетельства, как всегда, противоречивы. Большинство ее стихотворений, и ранних и поздних, — это жалобы; как мне кажется — жалобы на физическую гибель старшей сестры Мери и духовную — Брэнуелла...

По свидетельству близких, Эмили говорила: «Я хочу быть такой, какой меня сотворил Бог». Обрести выход в любви ей не было дано, общение с природой также перестало приносить ей радость, и она обращает свой мысленный взор внутрь, в самые дальние тайники души, стараясь выработать философию, которая поможет справиться с чувством безысходности. Ее мысль идет в двух направлениях. Первое направление весьма пессимистично — она пытается осознать нравственный миропорядок, но находит исцеление лишь в смерти:

> Ликующее зло — с добром
> Погибшим рядом спит.

Второй путь, по которому движется ее мысль, сосредоточен на мире без морали; она ищет утешения в чем-то вроде мистического самопоклонения («Последую за собственной природой — иной теперь не нужен проводник») и в жажде бессмертия («Я забросила якорь желаний далеко в незнакомую вечность»). Таким образом, ее тяготение к смерти становится позитивным волевым актом, а не трусливым отказом от жизни и голым отрицанием. Окончательное торжество духа над страхами и сомнениями слышится в ее стихотворении «Последние строки»: «Душе неведом страх». Суровая к себе, она была равно сурова ко всему человечеству. Известно, что Эмили всегда чуралась общества — обычно считалось, чуралась из робости, но в свете ее поэзии более естественным кажется другое объяснение: она была настроена мизантропически. Должно быть, она всегда страдала мизантропией.

Сократ сказал, что для того, чтобы стать мизантропом, довольно разувериться в одном-единственном человеке. Примечательно, что давнишний рецензент «Грозового перевала» высказал предположение, будто автор страдает не от разочарования в любви, а от уязвленной гордости, и это так ожесточило его сердце, что в отместку он сочинил язвительную повесть и с циничным удовлетворением швырнул ее в лицо роду человеческому, воскликнув: «Вот вам, получайте!» Я не думаю, что «Грозовой перевал» был сознательно задуман как изобличение человеческой природы (лишь характер Джозефа обрисован с ненавистью), но полагаю, что, когда Эмили писала эту книгу, ее дух, говоря ее собственными словами, «столь многое претерпел и ожесточился» от пережитого, что она больше не находила радости ни в повседневной жизни, ни в привычных человеческих взаимоотношениях, с их неизбежными компромиссами, и принуждена была искать духовных радостей в далеких, неземных сферах. Как узника, с которым она так часто себя сравнивала, ее радовала лишь надежда на побег: «И хуже всего, я наскучила этой жалкой тюрьмой. Надоело мне быть узницей. Я устала рваться в тот прекрасный мир и всегда оставаться здесь: не видя его — хотя бы смутно, сквозь слезы, и томясь по нему в своем изболевшемся сердце, а на самом деле я с ним и в нем», — говорит в «Грозовом перевале» Кэтрин. Как справедливо отметил сэр Дэвид Сесил, она хотела еще на этом свете проникнуть в тайну бессмертия души.

А «этого света» в «Грозовом перевале» очень и очень много. Все действующие лица, кроме Хитклифа и Кэтрин, — создания вполне земные, а то и приземленные, да и ухищрения, на которые идет Хитклиф, чтобы, в целях мщения, разорить врагов, ни в чем не противоречат установлениям земного закона. «Этот свет», в конце концов, побеждает, ибо Хитклиф повержен, и торжествует тот самый нравственный миропорядок, который попирали влюбленные.

Как противоречивы имеющиеся свидетельства! И то, что Брэнуелл тоже терзался болью утраченного счастья, лишь увеличивает путаницу. Он не мог смириться со смертью старшей сестры, которая заменила мать всем детям Бронте. Не могла с этим смириться и Эмили. В стихах она часто обращается к Мэри и радуется, что та недоступна земным горестям, выпавшим на долю ее близких. Эмили явно возмущало осуждение, с которым окружающие относились к Брэнуеллу. Платила ли она им ненавистью? Ожесточало ли ее сознание того, что, как главная союзница Брэнуелла, она также вызывает презрение общества; заставляло ли задаваться вопросом, по какому праву все эти люди, весьма далекие от нравственности, вершат моральный суд? Полагала ли она, что нападение — лучший вид обороны?

> Перед лицом врага хочу
> Стоять с тобой плечом к плечу.

Полагала ли она все свои надежды в Брэнуелле до того, как стала полагать их в вечности? В стихах она говорит о нем, как о мертвом, тот Брэнуелл, на которого она уповала, и в самом деле умер. Он умер, а реальный Брэнуелл превратился в чудовище, которое благородная душа не могла не отринуть:

> Мечты, уж вас не стало!
> Века прошли с тех пор,
> Когда я осознала,
> Что ад таит твой взор.

Итак, на миг мелькнула путеводная нить — нам кажется, что мы движемся в верном направлении и кусочки головоломки складываются в цельную картину: перед нами столь преданная брату сестра, что его отпадение от благодати переворачивает ей душу и меняет все ее мировоззрение. Она не хочет, не может презирать его. Из грозящего адским пламенем моралиста, каким она предстает в своем брюссельском эссе, она превращается в иммmoralista — автора «Грозового перевала».

Хитклиф, конечно, не Брэнуелл, но списан, возможно, с того «несгибаемого мужа», которым мечтал стать Брэнуелл в своей байронической, сатанинской гордыне. Впрочем, так ли это? Нас тотчас охватывают сомнения, на ум приходят десятки противоречивых подробностей, уводящих в сторону подсказок — и вся картина рассыпается, но для того лишь, чтобы собраться в новое целое. Какое на этот раз? Эмили Бронте жила и живет в окружении сложившихся мифов и легенд, и о ее загадке — как о загадке Шекспира — нельзя не задумываться.

Любой картине можно придать определенную тональность, позвольте же завершить наш рассказ светлой концовкой, причем принадлежащей самой Эмили — дабы избежать каких-либо натяжек во имя торжества той или иной теории. Приводимый отрывок взят из письма, написанного ею в июле 1845 года (за три с половиной года до смерти), в день рождения:

«Мы с Энн отправились в наше первое длительное путешествие вдвоем 30 июня в понедельник, переночевали в Йорке, вечером во вторник вернулись в Кили, переночевали там и вернулись домой пешком в среду утром. Хотя погода была не очень хорошая, мы получили большое удовольствие, если не считать нескольких часов в Брэдфорде. И все эти дни мы были Рональдом Маколгином, Генри Ангора, Джульеттой Августина, Розабеллой Эсмоладан, Эллой и Джулианом Эгреонами, Катарин Наваррой и Корделией Фицафолд, бежавшими из Дворцов Просвещения, чтобы присоединиться к роялистам, которых сейчас беспощадно теснят победоносные республиканцы. Гондалцы по-прежнему в полном расцвете. Я пишу труд о Первой войне...»*.

* Цит. по: Спарк М. Из книги «Эмили Бронте» / Пер. И. Гуровой //Сестры Бронте. М.: Худож. лит., 1990. Т.3. С. 404.

ВИКТОР СОДЕН ПРИТЧЕТТ

НЕПРИМИРИМЫЕ ВОИТЕЛИ
«ГРОЗОВОГО ПЕРЕВАЛА»

Ровно двадцать лет прошло с тех пор, как я впервые прочитал «Грозовой перевал» — роман, который принято считать созданием поэтической фантазии, полным мистики и совершенно лишенным какого бы то ни было правдоподобия. Обычно говорят, что таких людей, как Хитклиф или Кэтрин, никогда не бывало. Да, безусловно «Грозовой перевал» — это роман, рожденный фантазией поэта, — и все же, при пристальном его чтении, мне показалось, что трудно создать более реалистически-достоверное описание и самого Йоркшира, с его долинами и вересковыми пустошами, и людей, которые живут на его землях. Сам я родился на юге, но бо́льшую часть своего детства провел в сельских районах северных графств, в тех самых домах, подобный которому описан в знаменитом романе Эмили Бронте, среди людей, так напоминающих ее героев: столь же безудержных и неистовых.

Доехав на поезде до находившейся в стороне от основной ветки станции, мы обычно нанимали двуколку и, буквально через несколько миль, попадали в вереско-болотистое царство. Невероятной силы ветер, казалось, обрушивался на нас как на злейших врагов; в каплях моросящего над всей бескрайней равниной дождя возникали и тут же исчезали какие-то странные видения, а раздававшиеся отовсюду жалобные крики птиц звучали словно прощальные стоны навсегда уходящих от нас в прошлое призраков. И на земле, и в небе — во всем ощущалась суровая враждебность, край казался не только безлюдным, но словно бы и не предназначенным для жизни. Выстроенные из камня небольшие, заведомо тесные, строения, в которых жили обитатели этих мест, встречались редко на нашем пути и напоминали военные крепости, а сами их обитатели выходцу из южных графств казались солдатами: вечно угрюмые, всегда немно-

Перевод выполнен по изданию: Wuthering Heights. An Anthology of Criticism. Comp. by A. Everitt. London.: Frank Cass Co.LTD., 1967. P. 152—155.
© Ю. Фридштейн, перевод на русский язык, 2000.
Цитаты из романа «Грозовой перевал» приводятся в переводе Н. Вольпин.

гословные. Даже самые обычные фразы в их устах звучали как вызов, или оскорбление, или издевка — быть может, из-за всегдашней ухмылки, словно сквозившей во взгляде. Я совсем не хочу сказать, что эти жители глухих йоркширских мест были людьми злыми или негостеприимными, — нет, просто прожив среди них совсем недолго, ты начинал понимать, сколь откровенно их самолюбование, как неискоренима живущая в них ненависть. Казалось, они буквально упиваются ею — сами почитая ее за искренность прямоту; но ненависть эта — как бы поточнее сказать — являлась для них средством самоутверждения: вот каковы они есть, какими только и могут быть. Это был способ продемонстрировать все то, что на самом деле представляют они собой как люди: не притворствуя и не лукавя. И от вас ожидали они той же открытости, а если этого не происходило, готовы были уничтожить вас презрением. Им была присуща воинствующая гордость людей, принадлежащих к избранному клану, — а среди жителей этих отдаленных сельских поселений кланы складывались на протяжении многих столетий. Мне вспоминается несколько случаев из собственного детства, случаев столь же необыкновенных, как и многие события, описанные в «Грозовом перевале». Быть может, герои его поначалу поразят читателя неприкрытой жестокостью и безжалостностью — однако на самом деле в резкости и непримиримости суждений, в гордыне, в обостренном ощущении греха выражалась присущая обитателям этих мест жизненная философия, превыше всего ставившая волю каждой человеческой личности. Для того, чтобы выжить в этих краях, необходимо было научиться подчинять себе других, самим при этом никому не подчиняясь.

Нет в английской литературе другого такого романа, как «Грозовой перевал». Его уникальность прежде всего в полном отсутствии каких бы то ни было недоговоренностей, рефлексии, сомнений. Никогда еще ни в одном романе герои не отдавались взаимной ненависти с таким самозабвением. Самозабвением, присущим только истинным северянам. Есть, правда, слабый намек на то, что Нелли, от лица которой ведется повествование, — это такая добродушная словоохотливая старушка. Но всмотритесь в нее повнимательнее. Ведь там открытым текстом говорится о том, как она шпионит, выслеживает, сводничает, читает чужие письма. И хотя перед нами, казалось бы, типичная старая нянюшка, столь хорошо знакомая нам по романам Вальтера Скотта или Ричардсона, в ней нет лишь одного: и тени присущей ее предшественницам благостности. Напротив, и в ней — та же стальная твердость, и она, как и другие персонажи, не раздумывая, вступает в бой. В этой книге ненавидят — все, но никто из ее героев не скрывает ненависти, никого из них не назовешь «приятным», «милым». «Грозовой перевал» — словно глоток свежего воздуха во всей романистике викторианской эпохи: в нем напрочь отсутствует какое бы то ни было морализаторство — но при этом никто не скажет, что он лишен моральных устоев. Так странно для викторианской литературы, чтобы страсть представала не отклонением от нормы, но естественной основой жизни. Как завораживающе занимательно следить за этим открытым столкновением человеческих воль, словно воочию присутствуя при том, как жизнь, проносясь над человеком, своим огнем будто испепеляет его; в этой книге ощущение человеческой души передано так, — как она сама себя ощущает.

...Производимое этим романом мощное впечатление еще больше усиливается тем, сколь простым и будничным языком он написан, а кроме того — умением автора ни при каких обстоятельствах не упустить ни одной подробности в описании домашнего быта или природы. Если, скажем, на страницах романа бушует непогода, словно разверзлись хляби небесные, то производит это столь оглушительное впечатление именно потому, что хляби эти имеют вполне земное происхождение: Эмили Бронте не была бы самой собой, допусти она в описании бури хоть минимум напыщенной риторики.

Впрочем, что касается второй половины романа, то я не принадлежу к числу ее поклонников. Понимая, сколь необходима она автору с точки зрения нравственного замысла, я все равно не могу не ощущать его полного художественного алогизма. Роман отчетливо распадается на две части, и на сломе этом возникают ситуации, прямо скажем, фантастические, невероятные. Так, к примеру, потрясающая сцена последней встречи — и расставания навсегда — Кэтрин и Хитклифа мне представляется одной из грандиознейших любовных сцен во всей английской литературе. Но — когда нам тут же открытым текстом рассказывают, в каком состоянии находилась во время своего объяснения с Хитклифом Кэтрин, когда мы узнаем, что через несколько часов после его ухода у нее происходят преждевременные роды, а через два часа после того, как «семимесячный крошечный младенец», ее дочь, появляется на свет Божий, Кэтрин, не приходя в сознание, умирает, — когда все это становится понятно, то я, например, воспринимаю все эти откровения так, словно мне нанесли тяжелейшее физическое оскорбление, словно пощечину. А уж все, что происходит потом — безумное самобичевание Хитклифа, когда он, «закатив глаза, ревет, не как человек — как дикий зверь, которого искололи до полусмерти ножами и копьями», или еще — когда он через разбитое окно врывается в собственный дом, и «его острые зубы людоеда, оскаленные от холода и бешества, сверкают в темноте», и затем все его зверства над Хиндли, и прочее в этом духе — все это воспринимается как нагромождение типично «готических» ужасов, от которых становится только смешно, а совсем не страшно. Когда Кэтрин номер два оказывается пленницей в доме Хитклифа, мы с самого начала ее появления там отлично понимаем, какая судьба ей уготована автором: конечно же, она непременно должна полюбить Гэртона, тем самым воздав ему за долгие годы унижений, прожитые им на положении прислуги в собственном доме. Тем самым автор переводит повествование в русло психологического реализма с сильным социальным уклоном, и я не убежден, что это правильный путь.

Сказанное вовсе не означает, будто я считаю, что вторая половина романа написана хуже, чем первая. Нет, и развитие характеров, и описания места действия, и движение сюжета — все это сделано столь же замечательно, как и в первой половине, действительно — по-настоящему замечательно; нельзя не восхищаться тем, с какой виртуозностью ведет писательница свой рассказ. И все же — та грандиозная мощь, что столь ошеломляла, столь подчиняла себе в первой части романа, — ее больше нет, словно порыв ветра внезапно утратил всю свою силу, а сам Хитклиф из яркой мятущейся натуры превращается в достаточно ординарного персонажа, и заложенное в нем подлинно сатанинское начало сводится к заурядному злобному нраву. Лишь на самых последних страницах, когда перед болезненным взором Хитклифа предстает видение Кэтрин, когда он в какой-то момент отказывается от пищи, страстно желая смерти и всячески приближая ее и в последние часы словно заново переживает их с Кэтрин любовь, — только в этот момент роман вновь обретает свою грандиозную неодолимую силу. Эти финальные страницы заставляют нас примириться с той нравственной установкой, что заложена во второй части романа, потому что на самом деле ее уязвимость не в сумбурном развитии сюжета, как это представляется многим, но в том смятении, что поселяется в авторском сознании.

ДЭВИД ЛОДЖ

ПРОТИВОБОРСТВО СТИХИЙ В РОМАНЕ ШАРЛОТТЫ БРОНТЕ «ДЖЕЙН ЭЙР»

«Я принес книжку для приятного чтения по вечерам», — и он положил на стол только что вышедшую поэму: это было одно из тех замечательных творений, которых так часто удостаивалась счастливая публика того времени — золотого века современной литературы» (гл. XXXII).

«Только что вышедшая поэма», которую Сент-Джон Риверс приносит почитать Джейн Эйр, — это «Мармион» Вальтера Скотта, вышедший в 1808 году: единственное во всем романе Бронте точное указание на время, когда происходят описываемые в нем события. Упоминание поэмы Вальтера Скотта в подобном контексте дает нам все основания предположить, что, отнюдь не ставя перед собой задачи создать в своем романе некий «образ эпохи» (будь оно так, Шарлотта Бронте несомненно уделила бы значительно больше внимания реальным историческим фактам и датам), она, скорее всего, о том даже не задумываясь, помещает свою героиню в ту эпоху, литература которой в собственной ее душе рождала наибольший отклик: расцвет романтизма, «золотого века современной литературы».

Если бы романтизма не было, невозможно даже и вообразить, чтобы мог быть написан такой роман, как «Джейн Эйр». И те «готические» мотивы, что столь часто отмечаются в критике, — «байронический» герой «с прошлым», сумасшедшая жена, скрываемая от посторонних глаз взаперти на верхнем этаже дома, и прочее в этом роде — все это лишь малая доля того, что в действительности почерпнула Шарлотта Бронте в литературе романтизма. Куда более существенна сама тема ее романа, сугубо романтическая: лежащее в его основе стремление к максималь-

Статья впервые опубликована в книге: Lodge D. The Language of Fiction. London: Routledge & Kegan Paul, 1966. Перевод выполнен по изданию: The Brontes: A collection of critical essays. / Ed. by L. Gregor. Englewood Cliffs, N. Z.: Prentice-Hall, 1970. P. 110—134. С сокращениями. Цитаты из романа «Джейн Эйр» приводятся в переводе В. Станевич.

ной реализации собственного личностного начала, присущее его героине, а кроме того — его чисто романтическая образность — будь то описание пейзажей, морского берега, солнца или луны, а также четырех основных стихий (земля, вода, воздух, огонь), с помощью которой тема эта реализуется.

С другой стороны, совершенно особая значимость романа Шарлотты Бронте, равно как и весьма существенная причина того неординарного впечатления, которое он производит, заключается именно в том, что он не является исключительно романтическим произведением. Ибо присущий романтическим героям инстинктивный, «темный», не сдерживаемый никакими нравственными узами, порыв любой ценой добиться воплощения своего «Я», в романе Бронте в значительной мере удерживается в узде именно вследствие ее приверженности христианским этическим нормам, а также благодаря пониманию того, что в отношениях между людьми следует руководствоваться не только чувствами, но и разумом тоже. Борьба, происходящая в душе Джейн после того, как ей становится известна тайна первого брака Рочестера, когда она понимает, что должна с ним расстаться, сводится именно к этому: метанию между осознанным решением уехать и страстным желанием остаться.

Разумеется, главной движущей силой романа, тем, к чему обращены все устремления его героев, является все же страсть, но не «доводы рассудка». «Чувства без разума не слишком питательная среда; но и разум, не смягченный чувством, — горькая и сухая пища и не годится для человеческого потребления», — звучит в одном из внутренних монологов Джейн (гл. XXI). На протяжении всего романа нам то и дело напоминают, что сама Джейн — натура пылкая и страстная. «Ты несдержанна, Джейн, согласись!» — говорит ей миссис Рид (в главе IV), и Джейн соглашается: «Я не знаю ни в чем середины; и никогда в своих отношениях с людьми более властными и твердыми, наделенными характером, противоположным моему, я не могла найти середины между полной покорностью и решительным бунтом» (гл. XXXIV).

С другой стороны, с самого начала своего знакомства с Джейн Рочестер ощущает присущие ей здравый смысл и силу воли, способные сдерживать обуревающие ее страсти. Позже, в эпизоде, когда он, переодетый цыганкой-гадалкой, читает по чертам лица ее характер, он, в частности, говорит о глазах, взгляд которых «мягок и полон чувства», говорит про ее рот, «подвижный и выразительный». И все же, предсказывая Джейн ее будущее, он прочитывает по ее лбу совсем другое: «Я вижу только одного врага этого счастья — лоб; лоб как будто говорит: «Я могу жить и одна, если уважение к себе и обстоятельства этого нотребуют. Мне незачем ради блаженства продавать свою душу...(гл. XIX).

Для начала мне хотелось бы сосредоточить внимание читателя на длящемся в течение всего повествования диалоге: страсти и рассудка, чувства и здравого смысла, слепого порыва и веления долга. В самом начале романа Джейн предстает несчастным ребенком, бесправным, лишенным средств к существованию. Она поднимает бунт против тирании миссис Рид, ощутив при этом чисто романтическое упоение выпущенной на волю страстью: «...моей душой начало овладевать странное, никогда не испытанное мною чувство освобождения и торжества» (гл.IV). Джейн отправляют в Ловудскую школу, где ее личность подавляется еще больше, чем прежде. Однако, здесь она впервые сталкивается и с иным восприятием страданий и несправедливости: христианским стоицизмом своей соученицы Элен Бернс, любимой книгой которой неслучайно оказывается «История Расселаса» доктора Сэмюэля Джонсона, являвшейся полной противоположностью литературе романтизма. Позже, познакомившись с Элен ближе, Джейн скажет ей: «Когда нас бьют без причины, мы должны отвечать ударом на удар — я уверена в этом — и притом с такой силой, чтобы навсегда отучить людей бить нас» (гл.VI). В ответ на это Элен произносит: «Я надеюсь, ты изменишь свою точку зрения, когда подрастешь; пока ты только маленькая, несмышленая девочка», и в подтверждение своих слов цитирует Новый Завет: «Любите врагов ваших, благословляйте проклинающих вас, творите добро ненавидящим и презирающим вас». Смирение Элен плюс уроки и поддержка молодой учительницы мисс Темпль помогают Джейн стоически перенести жизнь в Ловуде — сначала в качестве ученицы, а потом и учительницы. Однако мисс Темпль выходит замуж и покидает школу: «...и теперь, оставшись наедине с собой, я вновь стала такой, какой была на самом деле, и во мне проснулись былые чувства... Теперь я вспомнила, что мир необъятен и что перед теми, кто отважится выйти на его простор, чтобы искать среди опасностей подлинного знания жизни, открывается широкое поле для надежд, страхов, радостей и волнений» (гл. X). То неясное томление, что переживает в эти моменты Джейн, выражается и типично романтическим ощущением пейзажа, открывающегося из ее окна: «Мои глаза миновали все остальное и остановились на самом дальнем — на голубых вершинах: через них хотелось мне перебраться. Все заключенное в пределах этих скал и пустынных лесов показалось мне тюрьмой. Я следила взором за белой дорогой, извивавшейся вокруг подошвы одной из гор и исчезавшей в ущелье между двумя склонами: как хотелось мне уйти по этой дороге!» (там же).

Она уходит по этой дороге. Следующей остановкой на ее пути оказывается Торнфильдхолл, где Джейн становится гувернанткой Адель, маленькой воспитанницы мистера Рочестера. Рочестер близок Джейн по духу: он столь же чужд условностей, столь же непредсказуем, он так же живет страстями. Общение с ним дает Джейн возможность воплотить все свои туманные романтические грезы. Но жизнь, подчиненная одному лишь чувству, оказывается невозможной: постоянная опасность, живущая под крышей Торнфильдхолла, тревога, вызванная мучительным для всех присутствием злобной сумасшедшей жены Рочестера Берты, вводит эту жизнь чувства в некие границы.

Первым настоящим испытанием в жизни Джейн становится необходимость выбора между тем, чтобы, следуя голосу страсти, стать любовницей Рочестера, или же, напротив, вняв соображениям разума и велению долга, отвергнуть его. Она избирает второе, однако ее самоотречение вынужденное. Когда в жизнь Джейн входит искушение иного рода — не менее мучительное: став женой Сент-Джона Риверса, чье смирение носит значительно более отталкивающий и ханжеский характер, чем у Элен Бернс, навсегда отречься от любви и полностью посвятить себя миссионерской деятельности, — Джейн отказывается и от этого предложения. Воздаянием за все страдания становится в финале ее воссоединение с Рочестером, ослепшим после страшного пожара в Торнфильдхолле, но зато свободным, а потому имеющим возможность предложить Джейн законный брак.

В своем тонком, рождающем множество ассоциаций эссе «Сестры Бронте, или Одомашнивание мифа» Ричард Чейз замечает: «Происходящее в романах «Джейн Эйр» и «Грозовой перевал» грандиозное замещение домашних, «земных» ценностей трагедийными, мифологическими — хотя и не в полной мере реализованное, и есть тот знак, что отмечает превосходство сестер Бронте над всеми остальными романистами-викторианцами»*. Именно это замещение и есть причина непреходящего интереса, который по сей день вызывают их романы, однако из этого вовсе не следует, что, реализуйся оно в полной мере, художественные достижения писательниц оказались бы еще более значительными. Одомашнивание мифа, — или, я бы сказал, присущий «Джейн Эйр» романтический мотив, и есть тот конечный результат, достижению которого и посвящен роман Бронте. Результат этот вовсе не должен казаться жалким компромиссом, ибо в сущности речь идет о великой фаустианской дилемме, завещанной романтизмом каждому, живущему в современную эпоху: как

---

* Chase R. The Brontes, or Myth domesticated // Forms of Modern Fiction / Ed.by V. O'Connor. Bloomington: Midland Book ed., 1959. P. 119.

сочетать возможность свободного проявления отдельной личности с необходимостью выполнять правила и условности, предписываемые нравственными законами, равно важными и для индивидуума, и для общества в целом. Другими словами — как обрести блаженство, не продавая при этом душу. Что на самом деле поразительно в романе «Джейн Эйр», так это именно то, как Шарлотте Бронте удается создать такую литературную модель, в которой могли бы сосуществовать бытовое и мифологическое, мир реальный, устроенный согласно правилам и законам, установленным в обществе, и мир романтический, подчиняющийся только чувственному самосознанию, — сосуществовать столь естественно, пусть и с отдельными, незначительными накладками и несообразностями.

Ведь если мы попытаемся как-то подытожить все свои ощущения от романа «Джейн Эйр», то скорее всего картина получится вполне двоякой: с одной стороны, перед нашим мысленным взором предстанет Джейн-ребенок, ее одинокое несчастливое детство, сначала в доме миссис Рид, позже в Ловудской школе; или Джейн уже взрослая, когда она, вымокшая до нитки, смотрит в окно на уютно коротающих вечер у семейного очага обитателей Мурхауза. И — с другой стороны — нечто совсем иное: будь то описания рисунков Джейн, или же сцена, когда Рочестер делает ей предложение, и удар молнии, превративший роскошный цветущий каштан, под которым происходит их объяснение, в мертвую обуглившуюся развалину; или же, после расстроившейся свадьбы Джейн, — развернутое сравнение ее будущего с зимними холодами, нежданно грянувшими посреди ослепительно цветущего лета. На одном уровне — язык и стиль, предельно реалистические, когда восприятие и воссоздание происходящего кажется подробно-буквальным, когда все внимание сосредоточено на чувствах вполне бытовых, ординарных, на событиях вполне не повседневных, когда во главу угла ставятся чисто домашние радости, словом — когда жизнь сводится к почти животному существованию, а в отношениях между людьми превалирует обыденное спокойствие, которому чужды и непонятны бурные проявления чувств. В то же время стиль и язык романа могут быть и подлинно поэтичными, полными прозрений и предощущений, когда все чувства напряжены, когда они находятся почти на пределе человеческих возможностей, и тогда главным, единственно существенным, оказывается ценность каждой отдельно взятой человеческой индивидуальности, ее максимально полное воплощение, достигаемое в результате столкновения чувства и разума — столкновения, происходящего на невероятном эмоциональном накале. Задача настоящей статьи в том и состоит, чтобы показать не то, как Шарлотте Бронте удается каждая из этих взаимоисключающих интонаций, но как она достигает столь органичного их соединения в пределах единого повествования. Поскольку именно этого она и стремится достичь: не просто совместить их в общих сюжетных рамках, но, что много сложнее и что является для нее самым главным, — в пределах единого человеческого сознания, в согласии друг с другом.

Это ощущение пронизывающего весь роман единства, соединяющего в себе столь невероятно разнородные элементы, — единства, не реализуемого с помощью таких расхожих понятий, как «сюжет» или «характеры», ибо тогда все предстает в нелепом, даже абсурдном свете, — это ощущение единства было отмечено, как мне кажется, большинством из писавших о романе исследователей. Один из них, Уолтер Аллен, так сформулировал эту мысль: «Если бы не общая тональность, присущая всему роману, его можно было бы счесть непоследовательным и бессвязным, поскольку сама по себе его «конструкция» представляется крайне неумелой, даже несуразной»*. «Общая тональность» — удачная формулировка для понимания художественной целостности романа «Джейн Эйр», хотя внешне она совсем не столь очевидна.

«Джейн Эйр» — роман о внутренней жизни его героини: с этим выводом давно согласились все исследователи; все остальное — приметы жизни, описания нравов — являет собой необходимую принадлежность романной формы повествования, и Шарлотте Бронте нужно лишь постольку, поскольку оно эту внутреннюю жизнь определяет и формирует. Бронте удается соединить воедино столь разнородные составляющие своего романа благодаря системе «предметных коррелятов», одинаково успешно поддающихся использованию в ситуациях взаимоисключающих: от вполне прозаических, заземленно-реалистичных, до подлинно символистских и высоко поэтичных. В основе этой системы — использование образов четырех основных стихий: земли, воды, воздуха, огня. По логической, а также лингвистической, ассоциациям они находят свое воплощение в описаниях погоды; образов природы, изменяющейся следом за переменой погодных состояний; в широком использовании того, что можно назвать «ложной патетикой»; наконец, в эту систему непременными слагаемыми входят луна и солнце — не просто вызывающие перемены погоды, но и способные оказать мистическое влияние на человеческую судьбу.

Огонь есть источник тепла и света. Согласно знаменитому мифу о Прометее, похитившем огонь у богов и давшем его людям, он является неотъемлемым условием человеческой жизни. Он поддерживает наш дух среди окружающего мрака, таящего

_____

* Allen W. The English Novel. London: Penguin Books, 1958. P. 190.

351

в себе угрозу неопределимого зла. Именно он, в особенности в английском климате, является центром всякой общественной и домашней жизни: когда семья собирается у очага, наиболее почитаемые ее члены занимают место поближе к огню. Образ огня часто является метафорой страсти, в особенности, страсти сексуальной. Но огонь не только дарит нам уют и тепло — он еще и сжигает, и испепеляет нас. Религиозные, особенно христианские, представления о чистилище и Страшном суде связаны именно с огнем. Все эти смыслы и коннотации присутствуют в тексте романа «Джейн Эйр»; в нем насчитывается примерно восемьдесят пять разного рода упоминаний об огне, горящем в камине и согревающем дом (плюс более дюжины мест, в которых фигурирует слово «очаг»), более сорока аллюзий, также связанных с огнем, десять буквальных упоминаний об огне пожара (связанных с поджогом, который устраивает Берта), и наконец, четыре упоминания адского огня. На конкретных примерах я намереваюсь доказать, что в то время как использование в различных ситуациях выражений, связанных с огнем домашнего очага, направлено на то, чтобы подчеркнуть стремление Джейн к общепринятому комфорту, размеренному домашнему счастью и благополучию, — метафорические выражения, связанные с огнем, подчеркивают ее внутреннюю жизнь, ее жажду самовыражения, ее порывы, пугающие своей непредсказуемостью; но в то же время эти метафоры указывают и на то, какие бедствия и сколь жестокое наказание влечет за собой безвольное следование голосу страсти.

Столь значительное количество упоминаний, связанных с огнем самого обычного камина, разумеется, может быть объяснено чисто бытовыми причинами. Шарлотта Бронте всю жизнь прожила в наиболее холодной и неуютной части Англии, где открытые камины являлись широко распространенным, общепринятым способом элементарно обогреть и осветить мрачные темные комнаты. Уголь был относительно дешев, а потому его жгли даже летом. Таким образом, эти упоминания огня камина в романе «Джейн Эйр» носят чисто практический, бытовой характер, являясь абсолютно реалистическим описанием тогдашнего образа жизни, что составляет один из основополагающих элементов романного жанра.

И тем не менее, ни одна деталь в художественном произведении не бывает случайной, «просто так», а потому мне кажется, что в романе «Джейн Эйр» есть вполне прозрачные указания на то, что огонь камина рождает весьма значимый комплекс самых разных ощущений, что его смысловая нагрузка совсем не так проста и однозначна. Вот, к примеру, крайне впечатляющее описание того, как меняется, в зависимости от огня в камине, сам дом: «В холле было полутемно, горела только бронзовая лампа высоко под потолком; на нижних ступеньках дубовой лестницы лежал теплый красноватый отблеск — он падал из большой столовой, раздвижные двери которой были открыты; в камине жарко пылал огонь, бросая яркие блики на мраморную облицовку и медную каминную решетку, на пышные пунцовые шторы и полированную мебель» (гл. XII). Кстати сказать, пылающий огнем камин оказывается для Джейн первым знаком того, что владелец Торнфильда вернулся домой; ритуал зажженного камина сопровождает все сколько-нибудь значимые семейные события, связанные с отъездом из дома или возвращением под родной кров.

Преобладание в романе «Джейн Эйр» образности, связанной с огнем, придает особую значимость его буквальным описаниям. Однако особенно поражает то, что подлинный смысл употребления слова «огонь» — как в буквальном, так и в переносном значении, — выявляется только в сочетании с иными, противоположными, подчас кажущимися несовместимыми, природными явлениями. Взаимная страсть, пронизывающая все отношения Джейн и Рочестера, воплощается с помощью словесной образности, восходящей к огню, а разрыв их отношений, связан ли он с тем, что они вынуждены расстаться, или же с появлением в качестве возможного соперника Рочестера Сент-Джона Риверса, — образностью совсем иной, связанной с землей и водой: камень, лед, дождь, снег и т. д. Упоминания горящего в камине огня, имеющие вполне буквальный характер, также встречаются именно в такого рода сочетании. Вот один лишь пример.

Когда Джейн подходит к ослепшему Рочестеру, стоящему «прислонившись головой к высокому старомодному камину», огонь которого «едва тлел за решеткой», первое, что она ему говорит, вполне практического свойства: «Теперь я на минутку вас покину; надо, чтобы здесь расчистили камин и хорошенько протопили. Вы различаете яркий огонь?», — спрашивает она. — «Да, правым глазом я вижу свет — в виде красноватого пятна», — отвечает он (гл. XXXVIII). Эта фраза Рочестера впервые дает нам понять, что зрение может вернуться к нему.

Горящий в камине огонь становится таким образом емкой метафорой заложенной в человеке жизненной силы, а холод и непогода — столь же однозначно ассоциируются со смертью. И тем не менее, значимость огня осознается именно благодаря той важной роли, что играют в книге другие стихии, обладающие собственной, грандиозной и завораживающей мощью.

Первая часть романа, где действие разворачивается в Ловудском приюте, по праву считается блестящим литературным текстом, во многом, как известно, основанном на собственном, достаточно горестном, жизненном опыте писательницы. Предложенная мною схема и здесь оказывается небесполезной. Вот как описывает Бронте воскресные зимние походы в церковь: «Выходили мы уже иззябшие, а до места добирались совершенно окоченевшими: во время утренней службы руки и ноги у нас немели от стужи... Как мечтали мы, возвращаясь, о свете и тепле яркого камина! Но малышам и в этом было отказано: перед обоими каминами немедленно выстраивался двойной ряд взрослых девушек, а позади них, присев на корточки, жались друг к другу малыши, пряча иззябшие руки под передники» (гл. VII).

Горящий камин играет важную роль и в сцене, описанной в следующей главе, когда мисс Темпль принимает у себя Джейн и Элен Бернс: «В ее комнате ярко горел камин и было очень уютно... Какими красивыми казались мне фарфоровые чашки и ярко начищенный чайник, стоявший на маленьком круглом столике возле камина... Когда мы кончили чай и поднос был убран, она снова подозвала нас к камину... Быть может, вкусный чай, яркое пламя камина, присутствие и ласка ее [Элен] обожаемой наставницы были тому причиной, а может быть, сказались еще неизвестные мне черты ее своеобразной натуры, но в ней точно пробудились какие-то новые силы. Ее всегда бледные и бескровные щеки окрасились ярким румянцем, а глаза засияли влажным блеском, что придало им вдруг необычайную красоту...» (гл. VIII).

Акцент в этой главе сделан не столько на исходящем от камина реальном тепле, сколько на тепле душевном, на атмосфере искреннего участия, создающейся рядом с ним. Любопытно также, как именно с помощью восходящих к понятию «огонь» слов передает автор неожиданное преображение Элен («яркий румянец», «сияние»): она словно светится отраженным от пламени камина светом.

В романе есть масса эпизодов, когда пламя камина особым светом освещает происходящее: разговоры или встречи, много значащие для судьбы героини. Так, в частности, происходит во время первых двух диалогов Джейн с Рочестером (гл. XIII и XIV). Во второй из этих сцен Джейн наблюдает за своим хозяином, «озаренным пламенем камина»; когда же он сам устраивает Джейн своеобразный экзамен, то делает это, стоя у камина, так объясняя неслучайность выбранной им позиции: «Моя поза, мисс Эйр, спиной к огню и лицом к вам, благоприятствует наблюдению» (гл. XIV).

Не случайно также и то, что разговор Джейн с Рочестером во время которого Джейн понимает, что он ей лжет, происходит не при свете камина, но ночью, при лунном свете, традиционно являющимся символом зла, предательства и обмана:

«— Ты должна быть моей, всецело моей. Хочешь? Скажи да, скорей!

— Мистер Рочестер, дайте мне поглядеть вам в лицо, станьте так, чтобы на него светила луна.

— Зачем?

— Оно скажет мне правду. Повернитесь.

— Ну вот. Вы прочтете на нем не больше, чем на исчерканной, скомканной странице. Читайте, но только скорей. Я страдаю.

Лицо его был взволнованно, оно пылало, судорожно подергивалось, в глазах вспыхивал странный огонь» (гл. XXIII).

Зловещие вспышки молний, вой ветра, раскаты грома — словом, полная атрибутика романтического жанра (вспомним хотя бы поэму Кольриджа «Кристабель») налицо. А расколотый молнией надвое каштан, под которым происходит объяснение героев, — каштан, этот излюбленный у романтиков символ жизни, символизирует предстоящую разлуку Джейн и Рочестера. Впрочем, расколот он не безнадежно, не окончательно: «Вы правы, держась друг за дружку, — сказала я, словно эти гигантские обломки были живыми существами и могли слышать меня. — Я думаю, что хотя вы опалены и обуглены, какое-то чувство жизни в вас еще осталось, оно притекает к вам из ваших крепко переплетенных друг с другом честных и верных корней. У вас никогда больше не будет зеленых листьев, и птицы не станут вить гнезда и идиллически распевать свои песни на ваших ветвях. Время радости и любви миновало для вас, но вы не одиноки; у каждого есть товарищ, сочувствующий ему в его угасании» (гл. XXV).

Этот пассаж весьма недвусмысленно намекает на воссоединение, которое ожидает Джейн и Рочестера в будущем, однако в нем звучит и печальная нота, предвидение того, что, когда это воссоединение произойдет, Рочестер будет «опален и обуглен» тем огнем, что испепелит Торнфильд, и что жизнь окажется в отношении его и Джейн столь же жестока, как те зимы, что предстоит выстоять расколотому на две половины дереву. Джейн произносит свой монолог в отсутствие Рочестера, неожиданно уехавшего из Торнфильда, и совсем незадолго перед их несостоявшейся свадьбой. Между этими двумя событиями в ее спальне ночью возникает сумасшедшая Берта. Неосознанное беспокойство, которое испытывает Джейн в опустевшем доме, передано через описание непогоды, а ее тревога за Рочестера связывается с образом огня: «Нет, я все-таки не могу вернуться в дом, — решила я. — Не могу сидеть у камина, когда он где-то там скитается в непогоду». Но вот Рочестер вернулся: «Когда мы опять остались одни, я помешала угли в камине и села на скамеечку у ног мистера Рочестера» (гл. XXV).

Джейн рассказывает Рочестеру о том, что случилось с нею прошедшей ночью, нагнетая в своем изложении истории появления в ее спальне сумасшедшей Берты идущую по нарастающей «романтическую» ложную патетику: «...становилось все темнее, и ветер усиливался. Он вчера не так завывал, как сегодня, а скулил тонко и жалобно, навевая тоску. Мне хотелось, чтобы вы были дома. Я вошла в эту комнату и, увидев ваше пустое кресло и холодный камин, почувствовала озноб» (там же).

Этот прием обретает некую метафорическую самостоятельность в изумительном внутреннем монологе Джейн, раскрывающим ее душевное состояние после расстроенной свадьбы и известия, что Рочестер женат: «Та Джейн Эйр, которая с надеждой смотрела в будущее, Джейн Эйр — почти жена, стала опять одинокой, замкнутой девушкой. Жизнь, предстоявшая ей, была бледна, будущее уныло. Среди лета грянул рождественский мороз, белая декабрьская метель пронеслась над июльскими полями, мороз сковал зрелые яблоки, ледяные ветры сорвали расцветающие розы, на полях и лугах лежал белый саван, поляны, еще вчера покрытые цветами, сегодня были засыпаны глубоким снегом, и леса, которые еще двенадцать часов назад благоухали, как тропические рощи, теперь стояли пустынные, одичалые, заснеженные, как леса Норвегии зимой» (гл. XXVI).

Значение огня, как своеобразного центра, к которому сходятся все «эмоциональные нити» романа, абсолютно очевидно. Теперь я перехожу к упоминаниям этого ключевого слова в переносном значении. Обычно таковое в применении к слову «огонь» сводится к ассоциациям со скрытой, внутренней жизнью человека, к проявлению его чувств и страстей — что, как бы высоко ни ставилось автором романа, все же с нравственной точки зрения показано ею в двойственном свете. Достаточно сказать, что связанные с огнем образы касаются только двух героев романа: Джейн и Рочестера. Каждый из них ощущает друг в друге этот огонь, именно это взаимное знание и придает смысл их непростым отношениям; однако столь же отчетливо осознают они (только к Рочестеру это осознание обычно приходит с некоторым опозданием) угрозы, что таит в себе присущая им неистовость, и, следовательно, — неизбежную необходимость сдерживать свои чувства.

Сказанное легко подтвердить примерами того, как использует автор связанные со словом «огонь» метафоры, чтобы передать свойственный ее героине бунтарский дух, не позволяющий ей при столкновении с какой-нибудь несправедливостью обуздывать свое возмущение.

Не только бурный, взрывной темперамент, но и многие иные стороны характера Джейн Эйр находят свое выражение с помощью образа огня. Фантазии, которыми питается ее воображение, также связаны с этим образом, и переодетый цыганкой Рочестер, лучше других понимающий суть ее натуры, так ставит Джейн свой «диагноз»: «Вам холодно оттого, что вы одиноки, — ваш огонь не соприкасается с другим огнем» (гл. XIX). «Другой огонь» — это, разумеется, сам Рочестер. После того как Джейн фактически спасает ему жизнь, и он благодарит ее за это, «его голос полон своеобразной силы, его взгляд — странного огня» (гл. XV). Огонь, бегущий по его жилам, — это настоящая вулканическая лава, в моменты потрясений изливающаяся наружу. Он признается Джейн: «Жить для меня, Джейн, — значит стоять на тонкой коре вулкана, она каждую минуту может треснуть, и пламя вырвется наружу» (гл. XX). Когда Мэзон появляется в церкви, где происходит их венчание, и прерывает его, в глазах Рочестера появляется «странный красноватый, кровавый отблеск, напоминающий разгорающийся пожар» (гл. XXVI). А когда Джейн объявляет ему о своем решении с ним расстаться, «кровь бросилась ему в лицо. В глазах вспыхнуло пламя...» (гл. XXVII).

«Вулканическая» образность помогает с абсолютной точностью передать не только тот трепет, что испытывала Джейн в присутствии Рочестера, — трепет, постепенно переросший в подлинное чувство, — но и необоримый ужас, который присутствует для нее в каждой их встрече: продолжая описывать свое состояние во время объяснения с ним, Джейн вспоминает: «Это была настоящая пытка. Мне казалось, что раскаленная железная рука сжимает мне сердце. Ужасная минута, полная борьбы, мрака и огня!.. Казалось, он пожирает меня своим пылающим взглядом. Я чувствовала себя, как былинка, объятая горячим дыханием пламени; но я все еще владела собой, и меня не покидала уверенность, что я нахожусь в полной безопасности» (гл. XVIII).

И уже совершенно невероятные примеры того, как Шарлотта Бронте в полном смысле слова манипулирует своими излюбленными приемами для передачи внутреннего состояния героев, — описание отношений Джейн и Сент-Джона Риверса. Джейн впервые встречается с ним в момент, когда в его душе происходит внутренняя борьба с чувством, которое вызывала в нем юная и ослепительно прекрасная Розамунда Оливер. Отметив про себя, «как вспыхнуло его лицо» при появлении Розамунды, у Джейн в первый и последний раз на протяжении всего романа возникают в отношении Сент-Джона ассоциации, связанные с огнем: «Я увидела, как его мрачные глаза зажглись огнем и заблистали неудержимым волнением. И в этот миг он, оживший и порозовевший, показался мне красавцем почти в той же мере, в какой она была красавицей» (гл. XXXI). Ощущая призвание к миссионерскому поприщу, Риверс подавляет вспыхнувшее чувство; говоря об этом призвании, Джейн вновь — но уже совсем в ином контексте — мысленно проводит параллели с огнем: «Он как будто говорил [Розамунде]: «Я люблю вас, и знаю, что вы отдаете мне предпочтение перед другими... Предложи я вам свое сердце, вы, вероятно, приняли бы его. Но это сердце уже возложено на священный алтарь; костер уже разведен вокруг него. Скоро от этой жертвы останется только пепел» (гл. XXXII).

Позже именно этим священным жертвенным огнем сам Сент-Джон будет заклинать Джейн — когда ему покажется, что он обрел в ней «душу, жаждущую жертвы» (гл. XXXIV). Джейн испытывает в эти мгновения величайшее искушение поддаться на его уговоры — ведь ее собственная способность к самопожертвованию, к самоотречению только что была доказана разрывом с Рочестером. Однако когда Сент-Джон будет настаивать еще и на том, чтобы Джейн стала его спутницей на миссионерском поприще не в качестве верной помощницы, но в качестве жены, именно это и окажется для нее абсолютно невозможным. Невозможным потому, что для нее отношения мужчины и женщины не могут основываться на чем-либо ином, кроме страстной, всепоглощающей любви. То есть именно на том чувстве, что вызвал в ней Рочестер, и которого Сент-Джон никогда — она это знает — не заставит ее испытать.

Суть несовместимости Джейн и Риверса — этой несовместимости огня с землей и водой — особенно проявляется в эпизоде, о котором уже шла речь выше: когда Сент-Джон в пургу появляется в ее уединенном жилище, чтобы сообщить Джейн известие о свалившемся на нее наследстве и рассказать ей семейную сагу: «Вдруг послышался шум... это был Сент-Джон Риверс, который, открыв дверь снаружи, появился из недр леденящего мрака и воющего урагана и теперь стоял передо мной; плащ, окутывавший его высокую фигуру, был бел, как глетчер... Никогда еще его красивое лицо так не напоминало мраморное изваяние, как сейчас; он откинул намокшие от снега волосы со лба, и огонь озарил его бледный лоб и столь же бледные щеки...» (гл. XXXIII).

Уют, исходящий от горящего камина, вновь оказывается великолепным катализатором откровений и признаний, однако Джейн приходится проявить изрядную настойчивость, чтобы заставить Сент-Джона отказаться от витиеватости и изъяснить свои чувства более открыто: во время их шутливой пикировки происходит весьма примечательное обыгрывание слов «огонь» и «лед»:

«— Но я уже говорил вам, что я человек упрямый, — сказал он, — меня трудно убедить.

— И я тоже упрямая женщина, я не хочу откладывать на завтра!

— И потом, — продолжал он, — я холоден, и никакой горячностью меня не проймешь.

— Ну, а я горяча, а огонь растапливает лед» (гл. XXXIII).

Все эти, в сущности, вполне банальные метафоры-клише словно обретают новую жизнь в иных, куда более смелых и безоглядных сравнениях того же «ряда»: в ответ на вопрос Сент-Джона «А вы не выйдете за меня? Вы настаиваете на своем решении?» — Джейн, обращаясь не к нему, но к нам, произносит: «Известно ли вам, читатель, как леденит сердце вопрос, заданный бездушным человеком? Его гнев похож на падающую снежную лавину, а его негодование — на бурный ледоход» (гл. XXXV).

В обоих случаях отношения с мужчиной представляются Джейн как погружение во что-то и поглощение этим нечто. Только в случае с Рочестером это «нечто» есть огонь, а в случае с Риверсом — вода*. Характерно, что при разговоре о Риверсе образы огня и образы воды и земли всегда стоят рядом — словно бы в своеобразной внутренней полемике.

Неудивительно, что Шарлотту Бронте часто сравнивают с Д. Г. Лоуренсом — автором романа «Влюбленные женщины». Позволю себе, однако, высказать более чем дерзкую мысль: переходы от реального к воображаемому Бронте удавались не в пример лучше.

Еще один образ, постоянно присутствующий в романе, — это луна. Впервые она возникает на рисунке в книге Бьюика «Жизнь английских птиц», которую читает маленькая Джейн: «Призрачная луна, глядящая из-за угрюмых туч на тонущее судно» (гл. 1). Глава XX, в которой происходит явление сумасшедшей Берты, начинается с описания лунного света, — первого, что увидела Джейн, проснувшись среди ночи. В главе XXV Джейн рассказывает Рочестеру приснившийся ей страшный сон, оказывающийся впоследствии провидческим: Торнфильд, превратившийся в груду развалин, среди которых «в лунную ночь» она бредет в полном одиночестве... Рочестер, рассказывая Джейн о том, каким кошмаром оказалась его жизнь в Вест-Индии, когда он понял, что Берта Мэзон, ставшая его женой, — безумна, вспоминает, что в ту самую ночь, когда он наконец принял решение совершенно переменить свою жизнь, «луна садилась в воду, огромная, красная, как раскаленное пушечное ядро, она бросала свой последний кровавый взгляд на мир, содрогавшийся от предвестий бури. Эта атмосфера и пейзаж физически угнетали меня» (гл. XXVII). Историю своей жизни Рочестер рассказывает Джейн после их несостоявшейся свадьбы. Они сидят вдвоем, у горящего камина,

---

* Неслучайной в этом смысле представляется и сама фамилия героя: «river» по-английски означает «река».

а именно сидя у камина Джейн обычно слышит от других людей правду.

Одно из самых зашифрованных упоминаний луны в романе «Джейн Эйр» находит свое объяснение только в контексте других, более мощных стихий. Я имею в виду весьма игривую и легкомысленную сцену, в которой Рочестер дразнит свою маленькую воспитанницу Адель, когда девочка сопровождает его и Джейн при посещении магазинов. Покупки делаются к предстоящей свадьбе, о которой ребенок, разумеется, ничего не знает, однако, уловив, что ее собираются отправить в школу, Адель спрашивает своего опекуна, «поедет ли она... без мадемуазель?» И далее между ними происходит следующий диалог, в процессе которого Рочестер в весьма своеобразной манере сообщает Адель о своей предстоящей женитьбе:

«— Да, — ответил он, — без мадемуазель. Я собираюсь увезти мадемуазель на луну, я отыщу пещеру среди белых долин и вулканических кратеров, и там мадемуазель будет со мной, и только со мной.

— А что же она будет есть? Вы уморите ее голодом, — заметила Адель.

— Я буду утром и вечером собирать для нее манну небесную. На луне холмы и долины сплошь белые от манны, Адель.

— А если ей захочется согреться, где она найдет огонь?

— Огонь есть в огнедышащих горах: когда ей станет холодно, я отнесу ее на какую-нибудь вершину и положу на краешек кратера» (гл. XXIV). Рочестер еще какое-то время продолжает и дальше развивать сей сказочный сюжет, однако аллегория, в нем заложенная, достаточно прозрачна: полет на луну — это предложение стать его женой, сделанное им Джейн Эйр, а когда Адель «со свойственным ей здравым смыслом француженки заявила, что мистер Рочестер настоящий обманщик, что она ни на минуту не поверила его рассказу», — то это и значит, что Рочестер действительно обманывает Джейн, сочиняя сказки — на поверку оказывающиеся ложью. На луне не может быть ни огня, ни пищи, и т.д. То есть, по мысли Шарлотты Бронте, стремление Джейн к уютному женскому счастью в собственном доме не может быть реализовано без законного брака, — в отличие от ее романтических порывов, где властвуют не доводы рассудка, но «вулканический огонь» обуревающих ее страстей.

Таким образом, луна оказывается в структуре романа символом достаточно многозначным и противоречивым. Различные ее модификации, переданные через ложную патетику, отражают тем не менее скрытый внутренний мир героев; в то же время присущие ей от века ассоциации, восходящие к старинным легендам, а также в значительной степени к романтической поэзии, и связанные с представлениями о чем-то сверхъестественном, делают луну весьма подходящей деталью в тех эпизодах, где доминирует иррациональное начало.

Все ассоциации, связанные с палящим солнцем, с разного рода экзотикой, обычно имеют в романе уничижительный оттенок. Первая женитьба Рочестера, оказавшаяся крахом всей его жизни, происходит в Вест-Индии; отчаяние Рочестера достигает своего апогея во время тропической бури, когда он в полной мере осознает весь ужас и всю безысходность своего положения. «Свежий морской ветер, дувший из Европы» (гл. XXXVII) отрезвляет его и заставляет принять решение, способное в корне изменить его жизнь. В своих метаниях по европейским столицам он пытается обрести «идеал женщины, ...которая была бы во всем полной противоположностью креолке» (там же). Он обретает его в лице Джейн Эйр, когда «в морозный зимний вечер подъезжал к Торнфильдхоллу» (там же). Когда Рочестер понимает, что его брак с Джейн невозможен, он делает попытку уговорить ее бежать из Англии вместе с ним: «Мы уедем на юг Франции и поселимся в беленьком домике, который я когда-то приобрел на берегу Средиземного моря» (там же). Джейн отвечает ему отказом, и чуть позже, самое себя убеждая в правильности принятого ею решения, она совершенно однозначно связывает расслабляющую, томную безмятежность жаркого климата с утратой присущих ей незыблемых нравственных принципов.

Этот мотив в романе «Джейн Эйр» есть прежде всего следствие тех настойчивых усилий, что были присущи самой Шарлотте Бронте: вырваться из рамок собственных литературных штампов, которыми было отмечено ее раннее творчество, когда экзотически-знойный антураж вымышленной страны Ангрии оказывался той самой декорацией, на фоне которой происходили все чисто романтические страдания и метания героев. Тот факт, что писательница осознанно стремилась избавиться от соблазнов связанной с Ангрией мифологии, ощущая, сколь разрушительно сказывается она на развитии ее собственного стиля, подтверждается отрывком из ее записей, условно датируемым 1839 годом, который приводит в своей книге Кэтлин Тиллотсон: «За прошедшие годы я написала не так мало книг, герои, темы, место действия которых отчасти перекочевывали из одной в другую... И мои читатели уже давно привыкли находить в них практически один и тот же, бесконечно повторяющийся набор... Между тем, от зрелища возникающей столь часто, давно ставшей привычной, картины глаз в какой-то момент неизбежно устает, и потому необходимо постоянно меняться...

Только прошу вас, читатель, не требуйте от меня, чтобы смена эта происходила слишком быстро: ведь совсем непросто вычеркнуть из своего со́знания те образы, что в течение стольких лет питали его; они давно стали моими друзьями, моими добрыми знакомыми, для меня не составляет никакого труда описать их лица, их голоса, их поступки — всех тех вымышленных людей, над чьими судьбами я размышляла не только днем: даже ночью они являлись ко мне во сне, продолжая тревожить меня. И потому, расставаясь с ними, я ощущаю себя так, будто стою на пороге родного дома и говорю «прощайте» тем, с кем прожила в нем всю жизнь. Когда же я пытаюсь вызвать в своей фантазии совершенно новые образы, то мне кажется, будто я вступаю в абсолютно чужую мне страну; лица людей, которых я встречаю на улице, мне совершенно незнакомы, а склад характера всего народа, живущего в этой стране, кажется мне полной загадкой. Мне требуется немало усилий, чтобы понять все это, и таланта, чтобы понятое описать. И все же мне очень хочется хоть на время расстаться с тем знойным краем, где и без того я слишком надолго задержалась, расстаться с его пламенеющим небом, с его ослепительно-яркими красками закатов — мой мозг устал от этого постоянного накала, он жаждет холодных стран, где по утрам просто восходит солнце, неяркое, словно бы серебристое, которое не ослепляет тебя, и где в течение дня небо хотя бы на мгновения заволакивают тучи»*.

В этих словах — прощание Шарлотты Бронте со своей Ангрией. «Холодные страны» — это тот мир, мир реальных вещей и внутренней жизни, — что воссоздан в ее зрелых романах, в первую очередь — в «Джейн Эйр». И хотя фантазия Бронте по-прежнему живо откликается как на тропический зной, так и на арктический холод, ее героиня все же устраивает свою судьбу «в промежутке» между этими двумя крайностями: в районе с умеренным, хотя и вовсе не идеальным, климатом. Любые чрезмерности — как огня, так и льда — в равной степени смертоносны для Джейн — это прочитывается в романе между строк.

В своеобразной битве земных стихий и в сохранении прихотливого равновесия противоборствующих сил, — именно в этом Джейн Эйр открывает для себя смысл жизни. День прекрасен, потому что он приходит на смену ночи, тишина — потому что наступает вслед за разразившейся бурей. Огонь дарит тепло и свет, но и он особенно ощутим и дорог тогда, когда за окном льет дождь или идет снег.

---

* Tillottson K. Novels of the Eighteen Forties. Oxford: Oxford Univ. press, 1961. P. 272—273.

СЕСТРЫ БРОНТЕ
В РОССИИ

ИРИНА ВАСИЛЬЕВА

СЕСТРЫ БРОНТЕ В РОССИИ.
ПРИХОТИ СУДЬБЫ

Интерес в России к романам сестер Бронте, своеобразию их личностей и характеров, к тому уникальному литературно-художественному явлению, которое представляет творчество этой семьи, — сам по себе довольно знаменательный культурно-исторический феномен со своими внутренними пружинами развития. Наглядное подтверждение этому — предложенная вниманию читателей библиография переводов Бронте и русской критики о них на протяжении 150 лет. Характерен уже сам этот поистине юбилейный срок — сто пятьдесят лет. Да, книги сестер Бронте, — разумеется, Шарлотты прежде всего, были замечены в России и переводчиками, и критикой почти тотчас после их появления у себя на родине: роман «Дженни Эйр»* в переводе Иринарха Введенского был опубликован в «Отечественных записках» в 1849 г. Любопытен комментарий переводчика, отражающий не столько его отношение к самому роману — тот факт, что он его весьма заинтересовал, вполне очевиден, — сколько к распространенным в те времена принципам переводческого дела: это не перевод в нынешнем понимании слова, но пересказ, говорит Введенский, и бестрепетно поясняет, что «считал для себя совершенно позволительным не церемониться с английской гувернанткой». Важнее, впрочем, другое обстоятельство, обосновывающее, кстати, тогдашний принцип переводческого ремесла: сделать роман доступным русскому читателю, ввести его в рамки русской культуры. Эти задачи доминировали над стремлением познакомить читателя с культурой и реалиями иностранными.

В кратком редакционном вступлении к переводу говорится, что «Дженни Эйр» написана гувернанткою г.Теккерея, которому и посвящена эта автобиография при втором ее издании».

В том же году журнал «Библиотека для чтения» сообщает в аннотации — с некоторым опозданием — о выходе в Англии ро-

* В названиях романов и цитатах сохранено написание соответствующих лет издания.

мана «Дженни Иръ. Автобиография». Анонимного автора этой заметки больше всего занимает — как и английских читателей и писателей той поры — кто же скрывается под псевдонимом Коррер Белль? Отмечен «высокий и энергичный местный [т.е. «английский в полном значении этого слова», как сказано строкой ниже, — *И. В.*] характер книги» и, что особенно ценно — и как современно это звучит! — «мужество сердца» героини. Параллельно дан — в стиле времени — полуперевод, полупересказ некоторых сцен, из которых наиболее удачен знаменитый эпизод в «красной комнате».

Обращает на себя внимание наивная бесцеремонность как в отношении личности автора, получившего статус гувернантки, да к тому же Теккерея (как известно, он был знаком с молодой провинциальной писательницей и активно поддерживал ее), так и применительно к жанру книги, без тени сомнения названной автобиографией. Во многих последующих изданиях слово это присутствует как подзаголовок.

Пройдет больше ста лет, прежде чем автобиографизм романов Ш. Бронте будет осмыслен как эстетико-стилистический принцип построения их художественного мира.

А пока русская читающая публика увлекалась необычностью романов Шарлотты Бронте. Выходят русские переводы: в 1857 г. С. И. Кошлаковой «Дженни Эйр, или записки гувернантки» и «Дженни Эйр (Локвудская сирота)»: Роман-автобиография в переводе В. Владимирова (1893), «Дженни Эйр: история моей жизни» (в «Библиотеке юного читателя», 1901, без указания переводчика). Все та же вольность в переводе заглавия и определении жанра.

И другие романы Ш. Бронте переведены на русский еще при ее жизни: «Шэрли» (1851), «Вильетт» (1853) — все в той же «Библиотеке для чтения». Последний роман вышел и в вольном переводе под вольным же названием «Наставница, или Пансион в Брюсселе» (1860, перевод Н. Новосильского). Даже первый роман Шарлотты «Учитель», отклоненный всеми английскими издателями и увидевший свет у себя на родине лишь после смерти автора, был опубликован в «Отечественных записках» в 1857 г.

А вот роман Эмили «Грозовой перевал», в критике поминавшийся нередко, в частности, под названиями «Витерингские высоты», «Бурные вершины», будет переведен лишь в 1956 г. (перевод Н. Вольпин); еще менее повезло произведениям младшей сестры Энн, всегда находившейся в тени славы Шарлотты и Эмили: русский читатель познакомился с ее романами «Агнес Грей» и «Незнакомка из Уайлдфелл-Холла» лишь в 1990 г.

Итак, Шарлотте Бронте повезло больше всех — с точки зрения интереса к ее книгам в русском читающем обществе.

«Успех замечательный, успех европейский, — писал в 1852 г. о романе «Джейн Эйр» А. В. Дружинин, первый серьезный русский критик Бронте, — «свежее пламенное создание юного таланта, мощной фантазии и многосторонней опытности». Он отмечал «сжатый, энергический слог, простоту» языка. «Дженъ Ир» есть истинно женское произведение», — писал Дружинин. — Это «история, трогательная, но естественная, высокая без идеальности, смелая без заносчивости, благородная без донкихотства, ...нежная без любовной схоластики»; «талант почти беспримерный по силе и поэзии, в нем слившихся». Последнее высказывание (1856) поражает своей проницательностью: сколько раз впоследствии, на протяжении полутора веков критики разных стран мира будут первоочередно восхищаться именно этими чертами манеры Шарлотты.

Дружинина приводил в восторг и роман «Городок»: «Вильетъ» есть одно из замечательных произведений за все последние годы, и, может быть, замечательнейшая из книг, когда-либо написанных женщиной». Кстати, критики 50-х годов прошлого века, можно сказать, в наипервейшую очередь задавались вопросом, сколь успешно может женщина быть писательницей, а не матерью семейства. У А. В. Дружинина, впрочем, это замечание носит проходной характер. Он сосредотачивается — что в те времена было нечасто — на поэтике романа. «Вильетъ», — отмечает он, — пропитан новой, *незаимствованной* [курсив Дружинина — *И.В.*] поэзией». «Как дошла эта необыкновенная женщина до поэзии в жизни, до вдохновенного чутья, по которому узнается поэт, до творческой энергии, помогшей ей добыть золото там, где понапрасну копаются тысячи поэтов... Мне хотелось бы проникнуть в тайники творческого духа, в лабораторию гения...».

Дружинин отмечает «глубокий поэтический такт, практическую силу ума, женскую способность мириться с действительностью и одевать ее цветами юношеской фантазии» — именно в этом видятся ему причины успеха романа. «Вильетъ» есть произведение, — заключает Дружинин, — исполненное изумительной силы и страсти».

Роман «Джейн Эйр», как можно судить по отзывам русской прессы и писательским высказываниям, а также прямым упоминаниям в художественных произведениях, был чрезвычайно популярен как в русской провинциальной интеллигентской среде (см. «Обрыв» И. А. Гончарова, разговор Марфиньки с Райским), так и среди выдающихся русских классиков. Его выделял Ф. М. Достоевский, Н. Г. Чернышевский (несмотря на некоторую, по его словам, склонность автора к «мелодраматизму»); уже упомянутый Гончаров ценил «Джейн Эйр» за то, что Ш. Бронте так высоко ставила категорию «долга» — столь значимую в системе ценностей русской классики; Л. Н. Толстой многократно поминает в своих письмах (в частности, к В. П. Боткину) роман «Джейн Эйр»; по его высказываниям очевидно также, что он знаком — в подлиннике — с работой Э. Гаскелл.

У нас есть возможность понять, что именно привлекало к романам Ш. Бронте внимание русского читателя прошлого века: остались красноречивые примеры журналистской критики на эту тему, а также специально написанные о Бронте статьи и книги. Этот ценный материал с очевидностью свидетельствует, что подавляющее большинство читателей и критиков того времени привлекали прежде всего сами фигуры писательниц, их личности, сформировавшиеся в нелегких условиях йоркширского пасторского быта. Отсюда — громадный успех перевода в России работы Э. Гаскелл «Жизнь Шарлотты Бронте» (в отрывках): в «Русском вестнике» в 1857 г., а также в «Библиотеке для чтения» — практически одновременно с выходом этой работы в Англии. (Заметим также попутно, что видные русские издания — особенно «Вестник Европы», «Русские ведомости» постоянно печатали сообщения и рецензии на вышедшие в Англии книги о творчестве Бронте: А. Суинберна, Т. Рида, к примеру.)

Книга Гаскелл, представлявшая собой не только личные впечатления писательницы, хорошо знакомой с семейством Бронте, но и включавшая также ее переписку с Шарлоттой, деловые письма самой Шарлотты издателям, писателям, критикам — в значительной мере раскрыла русским читателям суть так интриговавшей их природы талантливости сестер Бронте, человеческой и творческой, расцветшей в столь неблагоприятных обстоятельствах.

Эта последняя деталь усиленно муссировалась во многих статьях, выходивших в России. Их было немало, из наиболее значительных стоит отметить, в частности, статью Евгении Тур «Мисс Бронте, ее жизнь и сочинения» («Русский вестник», 1858 г.). Она опять-таки в значительной мере опирается на книгу Э. Гаскелл, а также — в первую очередь — на романы Ш. Бронте, с которыми Тур была хорошо знакома и которые она интерпретирует весьма своеобразно.

Е. Тур многократно акцентирует духовный облик Шарлотты, «создания, страдающего со спокойствием и стойкостью истинного героя, с гордостью и сосредоточенностью фанатика, исполняющего непреложный долг свой». Здесь, как и во многих высказываниях других русских критиков и писателей, явственно ощутим русский культ долга, отмечено «немилосердное отношение к себе» Шарлотты. И уж совсем несправедливый перекос: Тур говорит о ее «тупой покорности жребию» (?!).

В то же время Е. Тур отмечает, что Шарлотта «одарена великим сердцем, которое не могло быть совершенно подавлено». Стремление к творчеству для нее — попытка «вырваться из капкана тягостной действительности». Шарлотту, полагает критик, «спас талант», изложение своей скорби и страстей на бумаге. «Это больше, чем убеждение, заключает она, — это своего рода вознаграждение».

И, в очередной раз противореча себе, говорит в конце своей статьи: «Жизнь отчасти исказила талант Шарлотты, а не развила его, ...не позволила ей выработать в себе ясного сознательного взгляда на жизнь. Кроме того, все романы Шарлотты — романы слишком личные: рамки их тесны...».

Тут слышен голос критика «общественной ориентации», что так характерно для русской демократической мысли 50-х — 60-х годов прошлого века: озабоченность «общественными» сторонами жизни ставилась выше внимания к «жизни сердца»...

Не менее характерно в этом смысле следующее высказывание Е.Тур: «Перо Шарлотты тогда становится пламенно-красноречивым и мужественным, когда руководит им возмущенная несправедливостью и угнетением душа».

Не приходится удивляться, что Эмили и ее роман вовсе не вызывают симпатий критика. «Она не развита, ум ее бродит, воображение работает бесплодно, разум блуждает во мраке изуверства, софизмов и разных нелепых теорий». «В нем [романе «Грозовой перевал» — *И.В.*] мало, даже вовсе нет действительности и много болезненно настроенного воображения»; «характеры неестественны, нравы отвратительны», книга — «болезненный бред». И уж совсем поражает своей несправедливостью обвинение в «неведении человеческого сердца, незнакомстве с жизнью и страстями».

Да, не пришло еще тогда время Эмили быть оцененной по достоинству (точно так же, как и у себя на родине), слава ее еще впереди...

«Социологический уклон» в оценке прозы Ш. Бронте заметен и в статье М. Цебриковой «Англичанки романистки» («Отечественные записки», 1871 г.). Отмечая «свежесть, силу, оригинальность таланта» Шарлотты, Цебрикова склонна рассматривать ценность ее романов сквозь призму «социальной борьбы» — черта, как уже отмечалось, характерная для демократически ориентированной критики, особенно сосредоточенной на правах женщин. М. Цебрикова упрекает Шарлотту в том, что она «исключительно заперлась в своем внутреннем мире... от великих задач жизни». Более того, русская писательница склонна винить Шарлотту в том, что она не призывает к борьбе с «установленными законами, как бы бесчеловечны они ни были».

Но, прочитав «Шерли», Цебрикова смягчается: «В первый раз, пишет она, — раздался в английской литературе голос за права женщины», однако не удерживается и корит Шарлотту за «узость миросозерцания». Ее окончательный приговор: «Во всех романах мисс Бронте героини [выше в ее статье говорилось, что «материал для создания своих героинь Ш. Бронте черпала в самой себе» — *И.В.*] отличаются умственным несовершеннолетием». Это вновь не мешает М. Цебриковой несколькими строками ниже заявить, что она «в Джэн видит черты самостоятельной свободной женщины будущего». М. Цебрикова прекрасно осведомлена, что успех романов Ш. Бронте у публики огромен; не отрицая самого этого факта, она обосновывает его «удачным показом страданий женщины». Эти противоречия, нестыковки и несовместимые высказывания, в изобилии обнаруживающиеся в статье М. Цебриковой, весьма интересны для сегодняшнего исследователя. Право же, порой кажется, что читаешь статью 40-х — 50-х годов нынешнего века: идеологические шоры приводят к на удивление схожему результату.

Но были и иные критики, другие литературоведческие исследования, обращенные к критериям эстетической и психологической значительности художественного произведения. Книгу О. М. Петерсон «Семейство Бронте» (1895) можно считать не только первым «полнометражным» исследованием творчества сестер Бронте в России (как оказалось — на долгие годы), но и по-настоящему тонким, проницательным анализом своеобразной природы таланта сестер, попыткой понять не только обстоятельства их жизни — без удручающего акцента на «несчастности», но и их романное творчество — в динамике, в движении (впервые, кстати, идет профессиональный разговор об их юношеских сочинениях). И что еще очень важно — и на это в русской критике также впервые обращено должное внимание — тщательно исследованы их генеалогические корни, судьбы предков, что, в частности, проливает абсолютно новый свет на природу творческого дара Эмили, своеобразие ее ни на что не похожего воображения. Именно по этим причинам большой отрывок из книги О. Петерсон, в свою очередь опирающейся на очень интересную книгу У. Райта «Бронте в Ирландии, или Факты более удивительные, чем вымысел» (Нью-Йорк, 1893), мы предлагаем вниманию читателя.

Книга О. Петерсон «Семейство Бронте» была названа в одной из рецензий «первой русской биографией английской романистки» (А. Андреева, «Русские ведомости», 1895). Это не совсем верно: работа Петерсон — удачный сплав биографических сведений (главный источник — все та же Гаскелл, а также уже упомянутое нами исследование У. Райта), переписки Шарлотты с сестрами, с друзьями, с издателями; наконец критических суждений о романах Бронте самой О. Петерсон, глубоко профессиональных и аргументированных. Книга Петерсон, не утратившая информационной и исследовательской ценности и по сей день, по своему жанру может быть сопоставлена с исследованием М. Спарк «Эмили Бронте», помимо того, что во многих отношениях она структурно связана и с «Жизнью Шарлотты Бронте» Э. Гаскелл: всем этим работам присущ органический синтез критико-библиографических элементов, введение подлинных документов, «оживляющих» воссозданные эпизоды.

Главный вопрос, занимающий Петерсон и интересный — как правильно она это угадала! — огромному числу поклонников Бронте: «Откуда почерпнули они свой опыт, такое знание человеческой природы, со всеми ее хорошими и дурными свойствами, с неукротимой страстью, способной на преступление; где почерпнули они свои радикальные воззрения, свою ненависть к ханжеству? ...Что способствовало в них такому гигантскому воображению и что могло сообщить ему его обличительную мрачную окраску?»

Итак, русского критика, как и подавляющее большинство английских историков литературы рубежа веков, не говоря уже о XX веке, прежде всего занимает природа творчества семьи Бронте, ее истоки, воздействие на национальную культуру, его восприятие зарубежным, в частности, русским читателем.

«Казалось непонятным, — с изумлением не наивного читателя, но сведущего знатока литературы, вопрошает Петерсон, — откуда три застенчивые скромные девушки [обратим особое внимание на это число: раньше вопрос об Энн Бронте практически не возникал — *И.В.*] ...брали всю яркость и силу красок в описании страсти».

Наиболее, пожалуй, важный аспект в критическом анализе Петерсон: она не просто многократно упоминает Эмили, она фактически отдает ей пальму первенства («...именно Эмили и является самой яркой выразительницей таланта Бронте»), а ее роман «Грозовой перевал» называет «самым ярким выразителем семейного характера и таланта Бронте». Это очень существенное наблюдение: исследование таланта в единстве с семейным характером; этот ракурс определил основной принцип критической системы О. Петерсон.

Как проницательно увидела критик главное в характере Эмили: сочетание страсти и отчаяния, что, в частности, объясняет ее безоговорочную верность Брэнуеллу, — в отличие от остальных членов семьи. Неудивителен поэтому глубокий, значительно опередивший время вывод Петерсон о творчестве Эмили Бронте: «Это почти шекспировское развитие поглощающей страсти казалось каким-то уродливым, болезненным явлением, как бы

371

указывающим даже на извращенность натуры самого автора. Талант Эмили был чересчур оригинален, чересчур самобытен для того, чтобы найти себе немедленную оценку».

И все же сама О. Петерсон отдавала предпочтение более упорядоченному художественному миру романов Шарлотты, — в согласии с широким читательским мнением, а не с точкой зрения критиков-профессионалов, с конца XIX века все больше выделявших Эмили. «В последнее время в английской литературе окончательно признано, — прямо отмечает Петерсон, демонстрируя свою немалую профессиональную осведомленность, — что талант Шарлотты уступал в силе и оригинальности таланту Эмили. Мы, со своей стороны, не можем согласиться с этим мнением. Признавая за Эмили пальму первенства в деле оригинальности, мы не можем не видеть известной узости и ограниченности ее кругозора и недостатка отзывчивости на все, что не входило в рамки ее личных привязанностей и, так сказать, домашних интересов. Талант же Шарлотты, как и самая натура ее, при всей своей глубине отличалась большой широтой и отзывчивостью, делавшею ее доступной самым разнородным влияниям».

Говоря о переводах книг Бронте, статьях и работах, посвященных им в XIX веке, невольно обращаешь внимание на следующее обстоятельство: романы Шарлотты были замечены сразу, тут же переведены, оценены в прессе, обрели огромную популярность. А вот «феномен сестер Бронте» как уникальное явление в истории английской литературы в общем не был осмыслен во всей своей глубине. Внимание привлекали прежде всего житейские трудности семьи Бронте, которые приходилось преодолевать сестрам. Преобладающая интонация в критике: такие бедные, такие больные, такие талантливые. Исключение — на долгие годы — составила книга О. Петерсон. И все-таки мы сознательно обильно цитировали, а не просто резюмировали или анализировали эти работы: чтобы прозвучали голоса самих критиков, создав тот диапазон мнений, что сложился в русской критике к концу XIX века.

Первая половина XX века поражает почти полным отсутствием интереса к произведениям Бронте — ни переводов (в том числе и переизданий старых), ни критики — иные времена, иные предпочтения. Тем ценнее отдельные упоминания, преимущественно о «Джейн Эйр», к примеру, в статьях и письмах М. Цветаевой. Она называет эту книгу «настольным романом наших бабушек и дедушек», а ее автора поминает в числе «некрасивых любимиц богов»; есть упоминания о Бронте в дневниках К. Чуковского (больше — в контексте проблем перевода), но это отдельные крохи, лишь оттеняющие тотальное молчание, отсутствие этих имен в тогдашнем читательском обиходе.

Перелом пришелся как раз на середину века: в 1950 году в «Гослитиздате» вышел роман «Джейн Эйр» в переводе В. Станевич с послесловием З. Гражданской. С тех пор этот перевод (неплохой, но местами небрежный, а главное неполный, с купюрами), был переиздан десятки раз, и, что еще более поразительно, — ведь на протяжении десятилетий критерии оценок существенно менялись — все с тем же сопроводительным текстом З. Гражданской. Роман вновь вошел в читательский обиход тех поколений, чье детство пришлось на 50-е — 60-е годы (впору повторить приведенную выше — для другой эпохи — цитату М. Цветаевой).

Отрадно, что вскоре (в 1956 г.) в том же издательстве в переводе Н. Вольпин вышел роман Эмили Бронте «Грозовой перевал».

Заново открыли русские читатели и другие романы Шарлотты: «Шерли» (1963, Гослитиздат, перевод И. Грушецкой и Ф. Мендельсона), «Городок» («Художественная литература», 1983, перевод Л. Орел и Е. Суриц, вступительная статья Н. Михальской); этот последний перевод очень качественен, идеально передает оттенки оригинала: переводческая школа 70-х — 80-х годов отличалась высоким уровнем мастерства; сопровождающая перевод обширная статья Н. Михальской не только позволяет аналитически обозреть романное творчество Шарлотты — в ней впервые тщательно обрисована природа, точнее даже концепция, поэтического воображения Ш. Бронте.

Есть, видимо, что-то закономерное в том, что первый и действительно наименее удачный роман Шарлотты «Учитель» стал известен русскому читателю XX века лишь в 1997 году (Спб, «Мир и семья»).

Настоящим событием в знакомстве нашей читающей публики с произведениями сестер Бронте стало издание «Художественной литературой» в 1990 г. трехтомника (составитель Е. Гениева), в котором: пропуски в переводе В. Станевич были наконец-то восстановлены И. Гуровой; впервые изданы в России романы Энн Бронте «Агнес Грей» и «Незнакомка из Уайлдфелл-Холла» в переводе И. Гуровой; широко представлены стихи всех трех сестер (переводы Т. Гутиной), сильно расширяющие наше знание об их художественных принципах и миросозерцании; в кратких, тщательно продуманных предисловиях к томам Е. Гениевой, Н. Михальской, Г. Йонкис тонко проанализированы черты художественного мира сестер. Наконец, этот трехтомник, который без преувеличения можно назвать первой попыткой академического издания романов Бронте на русском языке, удачно дополняют помещенные в одном из томов выдержки из произведений ведущих английских критиков и писателей XIX—XX вв. (У. М. Теккерея, Э. Гаскелл, Д. Г. Россетти, Э. Троллопа, Г. К. Честертона, В. Вулф, М. Спарк), значительно расширяющие то информационное поле, которое помогает русскому читателю глубже осмыслить «феномен сестер Бронте».

Этой же цели плодотворно содействовал и сборник «Эти загадочные англичанки...» («Прогресс», 1992, составитель Е. Гениева), в который вошло много материалов именно о сестрах Бронте (письма Э. Гаскелл и глава из ее книги; замечательная книга М. Спарк «Эмили Бронте», статья В. Вулф «Джейн Эйр» и «Грозовой перевал»).

В 90-е годы романы всех трех сестер Бронте были многократно переизданы всевозможными коммерческими издательствами в сериях «Дамский клуб», «Купидон», «Рандеву» и т. п. — как популярные любовные романы. Но умеющий читать да прочтет...

Что же касается русской критики второй половины XX века, то ее интерес к произведениям сестер Бронте вспыхнул вместе с возобновлением изданий их романов. Так же естественно и то, что она отражала — нередко вынужденно — настроение, дух времени, его ведущие представления о литературе, искусстве.

Первая советская работа о Ш. Бронте (А. А. Будагян) вышла в том же году, что и перевод «Джейн Эйр» В. Станевич. Неудивительно, что статьи и диссертации 50-х—60-х годов отмечали по преимуществу «обличительный характер произведений Ш. Бронте» (название диссертации 1954 г.), эстетическая глубина и психологическая уникальность романа Эмили вовсе не были поняты поначалу (вступление к изданию 1956 г. З. Гражданской, диссертация Д. Б. Хардак 1969 г.). Усиленно акцентировалась тема «борьбы», реализма, воспринятого крайне схоластически, демократической направленности — в идеологических категориях 50-х — 60-х годов.

Но и тогда появлялись работы — А. А. Аникста, И. М. Левидовой, А. А. Елистратовой, в которых больше внимания уделялось художественному миру сестер Бронте, — особенно, как естественно предположить, Шарлотты, — нежели социальным аспектам ее романов. Было отмечено столетие со дня смерти Шарлотты Бронте (статья А. Аникста, биобиблиографический указатель, изданный ВГБИЛ — составление и вступительное слово И. М. Левидовой). Постепенно внимание критиков переносится с вульгарно-социологически толкуемых проблем «реализма» на органическую соотнесенность его с романтизмом (А. А. Елистратова), вообще на эстетические взгляды писательниц (М. Гритчук), художественно-стилистические принципы их поэтики (Р. И. Соркина).

Первым серьезным исследованием творчества Ш. Бронте можно считать большую главу «Затворница Хоуорта» в книге В. В. Ивашевой «Английский реалистический роман в его современном звучании» (1974), обращенную к исследованию внутреннего мира Шарлотты и ее художественным поискам. Отмечая достоинства этой книги, А. М. Зверев точно выразил ее главный — не побоимся этого слова — идейный результат: «Только сегодня становится ясным и подлинное значение Шарлотты Бронте, которую то без успеха пытались представить социальной романисткой, то голословно упрекали в неправдоподобии характеров».

Представление русского читателя о личности и наследии Ш. Бронте очень расширила книга М. П. Тугушевой «Шарлотта Бронте. Очерк жизни и творчества» (1982). Проделана громадная исследовательская работа: изучена необъятная литература о сестрах Бронте, вышедшая в Англии, обширная переписка Шарлотты. Сколь ни ценен, однако, огромный фактический материал, накопленный в книге, гораздо важнее тот непредвзятый, всесторонне аргументированный взгляд на личность и творческий мир Шарлотты Бронте, к которому критик приходит в итоге тщательного, профессионального исследования.

Это исследование в какой-то мере можно сопоставить по своему значению — по насыщенности информацией, глубине выводов, широте охвата материала, связанного с жизнью семьи Бронте и литературными нравами эпохи — с книгой О. М. Петерсон «Семейство Бронте». Это две опоры, несущие конструкции, которым еще долго предстоит обрастать новыми работами — чтобы и в русской критике произошло то, чем может гордиться английское литературоведение: проникновение в суть «феномена сестер Бронте».

Статья М. Тугушевой, помещенная в ее книге «В надежде правды и добра: Портреты писательниц» (1990), удачно дополняет предшествующую работу; в ней найдены новые интересные аспекты личности Шарлотты, уникального своеобразия ее внутреннего мира, претворившегося в необычных художественных образах.

Существенно изменились и трактовки творчества сестер Бронте в учебных курсах, историях зарубежных литератур, энциклопедических изданиях. С этой точки зрения особенно стоит отметить статьи Е. Ю. Гениевой в «Истории зарубежной литературы XIX века. ч. II» (1983) и ее же главу в английском разделе «Истории всемирной литературы» (1989, т. 6). «Не будет преувеличением сказать, — пишет Е. Гениева, — что с творчеством сестер Бронте — Шарлотты и Эмили — английский реализм вступил в новую для него область — внутреннюю жизнь чувств, страсти». Критик отмечает «правдивую и психологически глубокую картину человеческого сердца», воссозданную в их романах.

Заметно, что начиная с 80-х годов, а в 90-х особенно, критики и академическое литературоведение все чаще обращаются и к творчеству Эмили Бронте («Проблема пейзажа», «Роль христианской символики в формировании художественного пространства романа Э. Бронте «Грозовой перевал» — вот весьма красноречивые названия некоторых работ последнего времени). Очевидно, однако, что в русской критике необычное, не сопоставимое с традициями ее эпохи творчество Эмили Бронте еще ждет всестороннего осмысления. Как, добавим, безусловно желателен и новый, больше проникающий в глубинный смысл оригинала, перевод «Грозового перевала».

Вообще же бесспорно, что каждая новая эпоха будет по-своему, в соответствии со своими художественными и нравственными критериями, оценивать романы этих удивительных писательниц. Забвение им не грозит.

СЕСТРЫ БРОНТЕ
В РУССКИХ ПЕРЕВОДАХ И КРИТИКЕ
Библиографический указатель
1849—1998

СОБРАНИЯ СОЧИНЕНИЙ

1—3. Сестры Бронте. [Сочинения. Кн.1—3] / Сост. Е. Гениевой;
Оформл. А. Лепятского. — М.: Худож. лит., 1990.

1. [Кн.1]. Бронте Ш. Джейн Эйр: Роман; Стихотворения / Предисл.
Е. Гениевой; Ил. Ф. Эйхенберга. — 447 с.

Содерж.: Гениева Е. Неукротимый дух; Джейн Эйр: Роман / Пер.
В. Станевич (пропуски в тексте восстановлены И. Гуровой); Сти-
хотворения: Тоска по дому; Ретроспекция; Раненый олень; «Он
спать не мог...»; Монолог учительницы; Погружение; Расставание;
Выбор; Утро; Учитель и ученица; Разум; «Он видел боль мою...»;
На смерть Эмили Джейн Бронте; На смерть Энн Бронте / Пер.
Т. Гутиной.

2. [Кн.2]. Бронте Энн. Агнес Грей; Незнакомка из Уайлдфелл-Хол-
ла: Романы;Стихотворения / Вступ. ст. Н. Михальской; Ил.
Ю. Игнатьева. — 525 с.

Содерж.: Михальская Н. Третья сестра Бронте; Агнес Грей; Не-
знакомка из Уайлдфелл-Холла: Романы / Пер. И.Гуровой; Сти-
хотворения:. Голос из темницы; Ребенку; Песня («Мы знаем гор-
ный наш приют...»); Песня («Клич торжества на пиршество
зовет...»); Уединение; Уныние; Былые дни; Воспоминание; Мо-
литва; Ночь; Сны; Кауперу; Последние строки / Пер. И. Гуровой.

3. [Кн.3]. Бронте Эм. Грозовой Перевал: Роман; Стихотворения /
Предисл. Г. Ионкис; Ил. Ч. Брока. — 430 с.

Содерж.: Ионкис Г. Магическое искусство Эмили Бронте; Грозо-
вой Перевал: Роман / Пер. Н. Вольпин; Стихотворения: «Ветра
неистовство, вереск в смятенье...»; «Познанья золотой песок...»;
«Ни любопытства, ни тоски...»; «Только редкие стрелки ярко-зе-
леной травы...»; «Верь сердцу, верному тебе...»; А.Г.А. («Сон не в
усладу мне...»); «Я пред тобой предстану...»; «Мне тем светлей, чем
дальше прочь...»; Песня («Из южной король уходил страны...»);
«Пес, распластавшись на полу:..»; «Не плачь, не плачь над ним...»;
А.А.А. («О, не спи, твой лучший день...»); Песня («Благоденствие
и горе...»); «В те дни я лезла на рожон...»; «Те будут лихом поми-
нать...»; «Мне поздно звать тебя. О нет...»; «Что мне богатство? —
Пустота...»; «С тех пор, как не жалеешь...»; «Вот он идет, вот под-
нял в ночь...»; «О, как светла! Как взор открыт!..; А.Г.А. — А.С.
(«Ты, я и ветер-пешеход...»); К воображению; Бог видений; Фи-
лософ; Воспоминание; «Смерть, ударь, ты била напрямую...»; Звез-

ды; «Как для тебя еще полны...»; Узница; «Душе неведом страх...»; «Где и когда — не все ль равно?..»; «Я знала, неизбежны возвращенья...» / Пер. Т. Гутиной.

Книга включает также раздел «Английские писатели о сестрах Бронте». См. N 283.

4—7. Сестры Бронте. [Романы] / Оформл. М. М. Горлова. — Нальчик: Изд. центр «Эль-Фа», 1997—1998.

4. Бронте Ш. Джен Эйр / Пер. В. Станевич; Послесл. З. Гражданской. — 1997. — 446 с.

5. Бронте Ш. Городок / Пер. Л. Орел и Е. Суриц. — 1997. — 522 с.

6. Бронте Эм. Грозовой перевал / [Пер. Н. Вольпин]. — 1997. — 287 с.

7. Бронте Энн. Агнес Грей; Незнакомка из Уайлдфелл-Холла / Пер. И. Гуровой. — 1998. — 621 с.

СБОРНИКИ

8. Бронте Эм. Грозовой перевал / Пер. Н. Вольпин; Бронте Энн. Незнакомка из Уайлдфелл-Холла / Пер. И. Гуровой; Худож. М. Селезнев. — М.: Вече-РИПОЛ, 1994. — 638 с. — (Женские любовные романы).

9. Бронте Ш. Джейн Эйр / Пер. В. Станевич; Бронте Эм. Грозовой Перевал / Пер. Н. Вольпин; Бронте Энн. Агнес Грей / Пер. И. Гуровой; Ил. Ф. Эйхенберга. — М.: ОЛМА-ПРЕСС, 1998. — 831 с.— (Сер. «Воспитание чувств»).

Включены также отрывки из книги М. Спарк «Эмили Бронте — жизнь и творчество». См. № 318.

БРОНТЕ ШАРЛОТТА (BRONTE CHARLOTTE. 1816—1855)

10. Джейн Эйр: Роман; Стихотворения / Сост. стихотв. раздела и предисл. Е. Гениевой; Ил. Ф. Эйхенберга. — М.: Худож.лит., 1990.— 447 с. — (Сестры Бронте. Кн.1).

То же / Худож.-оформитель Б. Бублик; Фронтиспис А. Савченко. Харьков: Фолио; М.: АСТ, 1998. — 476 с. — (Сер. «Рандеву»). Роспись содержания см. № 1.

ОТДЕЛЬНЫЕ ПРОИЗВЕДЕНИЯ

РОМАНЫ

JANE EYRE (1847)

11. Дженни Эйр: Роман / Пер. И. Введенского; Вступ.заметка от ред. // Отеч.зап. — Спб., 1849. — Т.64, № 6. — Отд.1. — С. 175—250; Т. 65, № 7. — Отд. 1. — С. 6—158; № 8. — Отд. 1. — С. 179—262; Т. 66, № 9. — Отд. 1. — С. 66—130; № 10. — Отд. 1. — С. 193—330.

12. Дженни Эйр, или Записки гувернантки: В 3 ч. / Пер. С.К...вой [С. И. Кошлаковой]. — Спб.: Смирдин, 1857. — Ч.1. — 214 с.; Ч. 2. — 161 с.; Ч. 3. — 229 с.

13. Джен Эйр. — М.: Тип. Штейна, [1893]. — 590 с. — (Моя б-ка. № 41—44).

14. Дженни Эйр: (Локвудская сирота): Роман-автобиография в 2 ч. / Пер. В. Владимирова. — Спб.: Ледерле, 1893. — 590 с.

15. Дженни Эйр: История моей жизни / Сокр. пер. в 2 ч. — Спб., 1901. 232 с. — (Б-ка «Юного читателя»).

16. Джен Эйр / Пер. В. Станевич; Послесл. З. Гражданской; Ил. В. Домогацкого. — М.: Гослитиздат, 1950. — 524 с.

17. Джен Эйр / Пер. В. Станевич; Предисл. З. Гражданской. — М.: Гослитиздат, 1952. — 516 с.

18. Джен Эйр / Пер. В. Станевич; Послесл. А. Ромм; Ил. А. И. Харшак. — Л.: Лениздат, 1955. — 516 с.

19. Джен Эйр / Пер. В. Станевич; Предисл. З. Гражданской; Ил. Р. Великановой. — Алма-Ата: Казгослитиздат, 1956. — 499 с.

20. Джен Эйр / Пер. В. Станевич. — Киев: Рад. письменник, 1956. — 499 с.

21. Джен Эйр / Пер. В. Станевич; Послесл. А. Ромм. — Минск: Гослитиздат БССР, 1957. — 522 с.

22. Джен Эйр / Пер. В. Станевич; Предисл. З. Гражданской; Ил. В. Заборского. — Барнаул: Алтайск. кн.изд-во, 1958. — 519 с.

23. Джен Эйр / Пер. В. Станевич; Послесл. А. Ромм; Ил. Г. Шевяковой. Ташкент: Гослитиздат УзССР, 1959. — 524 с.

24. Джен Эйр / Пер. В. Станевич; Ил. М. Виденского. — Горький: Кн. изд-во, 1960. — 504 с.

25. Джен Эйр / Пер. В. Станевич; Предисл. З. Гражданской; Ил. и оформл. А. Яковлева и А. Озеревской. — М.: Правда, 1983. — 509 с. То же. — 1988; 1989.

26. Джен Эйр / Пер. В. Станевич; Худож. И. А. Шульгатый. — Краснодар: Кн. изд-во, 1985. — 459 с. То же. — 1986.

27. Джен Эйр / Пер. В. Станевич; Предисл. З. Гражданской; Худож. И. Тимофеев. — Махачкала: Дагестан. кн. изд-во, 1986. — 477 с.

28. Джен Эйр / Пер. В. Станевич; Предисл. З. Гражданской. — Минск: Вышэйш. шк., 1988. — 495 с. — (Б-ка отеч. и зарубеж. классики).

29. Джен Эйр / Пер. В. Станевич; Послесл.З. Гражданской. — Саранск: Мордовск. кн. изд-во, 1988. — 461 с. То же. — 1989.

30. Джен Эйр / Пер. В. Станевич; Худож. И. Костина. — Баку: Язычы, 1989. — 499 с.

31. Джен Эйр / Пер. В. Станевич; Послесл. И. Шайтанова. — М.: Худож. лит., 1989. — 382 с. — (Классики и современники. Зарубеж. лит.).

32. Джен Эйр / Пер. В. Станевич; Послесл. З. Гражданской; Худож. О. А. Сивоконь. — Воронеж: Центр.-Чернозем. кн.изд-во, 1990. — 494 с.

33. Джен Эйр / Пер. В. Станевич. — М.: Худож.лит., 1990. — 492 с.

34. Джейн Эйр / Пер. В. Станевич (пропуски в тексте восстановлены И.Гуровой) // Бронте Ш. Джейн Эйр; Стихотворения. — М., 1990. — С. 15—428. — (Сестры Бронте. Кн. 1).
То же. — Харьков; М., 1998. — С. 20—458. — (Сер. «Рандеву»).

35. Джен Эйр / Пер. В. Станевич; Вступ. и коммент. К. Андерсона; Худож. Г. Акулов. — М.: Дет. лит., 1991. — 511 с. — (Шк. б-ка).

36. Джен Эйр / Пер. В.Станевич. — Саратов: Приволжск. кн. изд-во; СО НПО «Инсолар», 1991. — 333 с.

37. Джен Эйр / Худож. Н. Мишуста. — Архангельск: Сев.-Зап. кн. издво; Вологда: ВППО, 1992. — 416 с.

38. Джен Эйр / Пер. В. Станевич. — Ижевск: Урал-БИСИ, 1992. — 510 с. — (Суперсерия).

39. Джен Эйр / Пер. В. Станевич; Предисл. З. Гражданской. — Красноярск: Ред.-изд.центр «Гротеск», 1992. — 493 с.

40. Джен Эйр / Пер. В. Станевич; Послесл. З. Гражданской. — Минск: Беларусь; Акция, 1992. — 541 с.

41. Джен Эйр / Пер. В. Станевич. — Минск: Парус; МП «Оракул», 1992. — 494 с.

42. Джен Эйр / Пер. В. Станевич. — М.: Дом, 1992. — 468 с. — (Семейный роман).

43. Джен Эйр / Пер. В. Станевич. — М.: ОЛМА-ПРЕСС, 1992. — 496 с. — (Сер. «Купидон»).

44. Джейн Эйр / Пер. В. Станевич. — М.: Сов. писатель, 1992. — 397 с. — (Знаменитая кн.).

45. Джен Эйр / Пер. В. Станевич. — М.: СП «Внешибериха», 1992. — 510 с.

46. Джен Эйр / Пер. В. Станевич. — Новосибирск: Кн. изд-во, 1992. — 480 с. — (Дорогим женщинам).

47. Джен Эйр / Пер. В. Станевич. — Омск: Обл. тип., 1992. — 511 с.

48. Джен Эйр / Пер. В. Станевич. — Ростов н/Д.: Гермес, 1992. — 459 с. — (Б-ка сентимент. романа. Т. 2).
То же / Худож. В. Н. Криушенко. — 1994.

49. Джен Эйр / Пер. В. Станевич; Послесл. Г. П. Шалаевой. — Спб: ИМА-Пресс, 1992. — 382 с.

50. Джен Эйр / Пер. В. Станевич; Худож. А. Жестарев. — Иваново: Т-во «Вольное слово», 1993. — 410 с.

51. Джейн Эйр /Пер. В. Станевич. — Казань: Тат. кн. изд-во, 1993. — 447 с.

52. Джен Эйр / Пер. В. Станевич; Вступ. и коммент. К. Андерсона. Калининград: Кн. изд-во ИПП «Янтарный сказ», 1993. — 495 с.

53. Джен Эйр / Пер. В. Станевич. — Краснодар: Юж. звезда, 1993. — 479 с. — (Женщины в романах знаменитых писателей).

54. Джейн Эйр / Пер. В. Станевич. — М.: ИПФ «Зевс», 1993. — 524 с. — (Любовный роман. Бестселлер былых времен).

55. Джен Эйр / Пер. В. Станевич; Худож. С. И. Дудин. — М.: ИПО Полигран, 1993. — 400 с.

56. Джейн Эйр / Пер. В. Станевич. — М.: ТОО «Корум», 1993. — 397 с. — (Популярные романы).

57. Джен Эйр / Пер. В. Станевич; Послесл. И. Шайтанова. — Томск: Изд-во Томск. ун-та, 1993. — 494 с.

58. Джен Эйр / Пер. В. Станевич. — М.: Худож. лит., 1994. — 492 с.
59. Джен Эйр / Пер. В. Станевич; Послесл. И. Шайтанова. — Улан-Удэ: Бурятск. кн. изд-во, 1994. — 494 с.
60. Джен Эйр / Пер. В. Станевич; Худож. Н. Абакумова. — М.: Известия, 1996. — 507 с.
61. Джейн Эйр / Пер. В. Станевич // Бронте Ш. Джейн Эйр; Бронте Эм. Грозовой Перевал; Бронте Энн. Агнес Грей. — М., 1998. — С. 7—392. — (Сер. «Воспитание чувств»).
    См. также № 4.
62. Джен Эйр: (Отрывок): (Свидание Джен Эйр и Рочестера) / Пер. В. Станевич // Зарубежная литература. Х1Х век: Хрестоматия. — М., 1979. — С. 284—288.

ИНСЦЕНИРОВКИ

63. Бирх-Пфейфер Ш. Локвудская сирота (Жан Эйр): Комедия в 4-х д. / Пер. Д. А. Мансфельда. — М.: Литогр. Моск. театр. б-ки Е. Н. Рассохиной, 1889. — 83 с.

SHIRLEY (1849)

64. Шэрли: Повесть Керрер-Белля, автора «Джен Ир» // Б-ка для чтения. — Спб., 1851. — Т. 105, № 1. — С. 1—68; № 2. — С. 167—226; Т. 106, № 3.— С. 1—122; № 4. — С. 153—214; Т. 107, № 5/6. — С. 1—172. — (Разд. II: Иностр. словесность).
65. Шерли: Роман / Пер. И. Грушецкой и Ф. Мендельсона; Вступ. ст. З. Гражданской; Коммент. А. Родионова; Ил. М. Чегодаевой. — М.: Гослитиздат, 1963. — 631 с.
66. Шерли / Пер. И. Грушецкой и Ф. Мендельсона. — Спб: ТОО «МиМ»; Харьков: Фолио, 1994. — 521 с.
    То же / Худож.-оформитель Б. Бублик; Фронтиспис А. Савченко. — Харьков: Фолио; М.: АСТ, 1998. — 526 с. — (Сер. «Рандеву»).

VILLETTE (1853)

67. Вильетт: Роман Коррер Беля // Б-ка для чтения.— Спб., 1853. Т. 120, № 7. — С. 1—36; № 8. — С. 37—145; Т. 121, № 9. — С. 1—74; № 10. — С. 131—164; Т. 122, № 11. — С. 1—122; № 12. — С. 194—267. (Разд. II: Иностр. словесность).
68. Наставница, или Пансион в Брюсселе: Английский роман / Соч. Курер-Белль (Шарлотты Бронте) // Пантеон. — Спб., 1856. — Т. 25, кн. 1. — С. 1—42; Т. 26, кн. 3. — С. 43—74; кн. 4. — С. 75—100; Т. 27, кн. 5. — С. 101—174. — (Приложение).
69. Наставница, или Пансион в Брюсселе: Роман / Пер. П. Новосильского. Спб., 1860. — 476 с.
70. Городок / Пер. Л. Орел и Е. Суриц; Вступ. ст. Н. Михальской; Примеч. Л. Орел; Ил. П. Пинкисевича. — М.: Худож. лит., 1983. — 558 с.
71. Городок / Пер. Л. Орел и Е. Суриц; Вступ. ст. Н. Михальской; Примеч. Л. Орел. — М.: Правда, 1990. — 479 с.
72. Городок / Пер. Л. Орел и Е. Суриц. — М.: Дом, 1993. — 460 с. — (Семейный роман).

73. Городок / Пер. Л. Орел и Е. Суриц; Примеч. Л. Орел; Худож.-оформитель Б. Бублик; Фронтиспис А. Савченко. — Харьков: Фолио; М.: АСТ, 1998. — 449 с. — (Сер. «Рандеву»).
См. также № 5.

THE PROFESSOR (1857)

74. Учитель: Роман г-жи Коррер-Белль (авт. «Джени Эйр» и др.) // Отеч. зап. — Спб., 1857. — Т.115, N 11. — Отд. 1. — С. 107—202; № 12. — Отд. 1. — С. 621—730.
75. Учитель / Пер. и примеч. Н. Флейшман; Послесл. Е. Тепловой; Худож. Л. Сергеева. — Спб.: НПО «Мир и Семья», 1997. — 383 с. — (Б-ка брит. классики).

СТИХОТВОРЕНИЯ

76. Погружение; На смерть Анны Бронте / Пер. Л. Володарской // Прекрасное пленяет навсегда: Из англ. поэзии XVIII—XIX веков. — М., 1988. — С. 306.
77. [Стихотворения в пер. Т. Гутиной] // Бронте Ш. Джейн Эйр; Стихотворения. — М., 1990. — С. 431—446. — (Сестры Бронте. Кн. 1). То же. — Харьков: Фолио; М.: АСТ, 1998. — С. 460—476. — (Сер. «Рандеву»).
Роспись стихов см. № 1.

СТАТЬИ. ПИСЬМА

78. Из писем / Пер. Т. Казавчинской // Теккерей в воспоминаниях современников. — М., 1990. — С. 92—95.
Девять писем, частично в отрывках, к У.-С. Уильямсу, Дж. Тейлору и Дж. Смиту за 1848—1851 гг.
79. Об «Эллисе» и «Эктоне»: (Из писем) / Пер. И. Гуровой // Бронте Эм. Грозовой Перевал: Роман; Стихотворения. — М., 1990. — С. 305—306. — (Сестры Бронте. Кн. 3).
Из писем 1847—1848 гг. с высказываниями о творчестве Эмили Бронте.
80. О младшей сестре: (Из предисловия) (1850 г.) / Пер. И. Гуровой // Бронте Эм. Грозовой Перевал: Роман; Стихотворения. — М., 1990. С. 306—307. — (Сестры Бронте. Кн. 3).
О романе Энн Бронте «Незнакомка из Уайлдфелл-Холла».
81. Предисловие редактора к новому изданию «Грозового перевала» (1850 г.) / Пер. М. Тугушевой // Писатели Англии о литературе. XIX—XX век. — М., 1981. — С. 86— 89.

БРОНТЕ ЭМИЛИ ДЖЕЙН
(BRONTE EMILY JANE. 1818—1848)

82. Грозовой Перевал: Роман; Стихотворения / Сост. Е. Гениевой; Предисл. Г. Ионкис; Ил. Ч. Брока. — М.: Худож. лит., 1990. — 430 с. — (Сестры Бронте. Кн. 3).
То же / Худож.-оформитель Б. Бублик; Фронтиспис А. Савченко. — Харьков: Фолио; М.: АСТ, 1998. — 320 с. — (Сер. «Рандеву»).
Роспись содержания см. № 3.

WUTHERING HEIGHTS (1847)

83. Грозовой Перевал: Роман / Пер. Н. Вольпин; Вступ. ст. З. Гражданской; Ил. М. Клячко. — М.: Гослитиздат, 1956. — 343 с.

84. Грозовой перевал / Пер. Н. Вольпин; Послесл. З. Гражданской; Ил. В. А. Бундина. — Минск: Учпедгиз БССР, 1958. — 347 с. — (Шк. б-ка).

85. Грозовой перевал / Пер. Н. Вольпин; Вступ. ст. З. Гражданской; Ил. Е. Пылль. — М.: Известия, 1960. — 364 с.

86. Грозовой перевал / Пер. Н. Вольпин; Вступ. ст. З. Гражданской; Ил. и оформл. А. Озеревской и А. Яковлева. — М.: Правда, 1982. — 348 с.

   То же. — 1988.

87. Грозовой Перевал / Пер. Н. Вольпин // Бронте Эм. Грозовой Перевал; Стихотворения. — М., 1990. — С. 21—274. — (Сестры Бронте. Кн. 3).

   То же. — Харьков; М., 1998. — С. 21—292. — (Сер. «Рандеву»).

88. Грозовой перевал / Пер. Н. Вольпин. — Иркутск: Вост.-Сиб. кн. изд-во, 1992. — 284 с. — (Сентимент. роман).

89. Грозовой перевал / Пер. Н. Вольпин; Предисл. Г. Ионкис. — М.: Сов. писатель; Знак, 1992. — 267 с.

   То же. — М.: Знаменит. кн., 1992. — 272 с.

   Включена также статья В. Вулф «Джейн Эйр» и «Грозовой перевал» (1916 г.). См. № 274.

90. Грозовой перевал / Пер. Н. Вольпин. — М.: ПАИМС, 1993. — 331 с.

91. Грозовой перевал / Пер. Н. Вольпин // Бронте Эм. Грозовой перевал; Бронте Энн. Незнакомка из Уайлдфелл-Холла. — М., 1994. — С. 3—266. — (Женские любовные романы).

91а. Грозовой перевал / Пер. Н. Вольпин. — М.: Терра, 1997. — 336 с. — (Готический роман).

92. Грозовой Перевал / Пер. Н. Вольпин // Бронте Ш. Джейн Эйр; Бронте Эм. Грозовой Перевал; Бронте Энн. Агнес Грей. — М., 1998. — С. 395—634. — (Сер. «Воспитание чувств»).

   См. также № 6.

* * *

93. Грозовой перевал: (Отрывок): (Хитклиф встречается с Кэтрин незадолго до ее смерти) / Пер. Н. Вольпин // Зарубежная литература. XIX век: Хрестоматия. — М., 1979. — С. 290—295.

СТИХОТВОРЕНИЯ

94. О, Бог видений... / Пер. Э. Ананиашвили; «Передо мною тьма ночная...» / Пер. Л. Володарской // Европейская поэзия XIX века. М., 1977. — С. 91—92. — (Б-ка всемир. лит.).

95. О, Бог видений... / Пер. Э. Ананиашвили; «Передо мною тьма ночная...» / Пер. Л. Володарской; Узник / Пер. Г. Раттгауза; Последние строки / Пер. А. Шараповой // Прекрасное пленяет навсегда: Из англ. поэзии XVIII—XIX веков. — М., 1988. — С. 307—310.

96. [Стихотворения в пер. Т. Гутиной] // Бронте Эм. Грозовой Перевал; Стихотворения. — М., 1990. — С. 275—302. — (Сестры Бронте. Кн. 3).

То же. — Харьков; М., 1998. — С. 293—317. — (Сер. «Рандеву»).
Роспись стихов см. № 3.

БРОНТЕ ЭНН (BRONTE ANNA. 1820—1849)

97. Агнес Грей; Незнакомка из Уайлдфелл-Холла: Романы; Стихотворения / Сост. стихотв. раздела Е. Гениевой; Вступ. ст. Н. Михальской; Ил. Ю. Игнатьева. — М.: Худож. лит., 1990. — 525 с. — (Сестры Бронте. Кн. 2).
То же / Худож.-оформитель Б. Бублик; Фронтиспис А. Савченко. — Харьков: Фолио; М.: АСТ, 1998. — 572 с. — (Сер. «Рандеву»).
Роспись содержания см. № 2.

98. Агнес Грей; Незнакомка из Уайлдфелл-Холла: Романы / Пер. И. Гуровой; Худож. Е.А. Запесочная. — М.: Дон, 1994. — 560 с. — (Семейный роман).
См. также № 7.

ОТДЕЛЬНЫЕ ПРОИЗВЕДЕНИЯ

РОМАНЫ

AGNES GREY (1847)

99. Агнес Грей / Пер. И. Гуровой // Бронте Энн. Агнес Грей; Незнакомка из Уайлдфелл-Холла: Романы; Стихотворения. — М., 1990. — С. 19—154. — (Сестры Бронте. Кн.2).
То же. — Харьков; М., 1998. — С. 20—168. — (Сер. «Рандеву»).

100. Агнес Грей / Пер. И. Гуровой // Бронте Энн. Агнес Грей; Незнакомка из Уайлдфелл-Холла: Романы. — М., 1994. — С. 5—156. — (Семейный роман).

101. Агнес Грей / Пер. И. Гуровой // Бронте Ш. Джейн Эйр; Бронте Эм. Грозовой Перевал; Бронте Энн. Агнес Грей. — М., 1998. — С. 637—768. — (Сер. «Воспитание чувств»).

102. Агнес Грей / Пер. И. Гуровой // Бронте Энн. Агнес Грей; Незнакомка из Уайлдфелл-Холла: Романы. — Нальчик, 1998. — С. 5—175. — (Сестры Бронте).

THE TENANT OF WILDFELL HALL (1848)

103. Незнакомка из Уайлдфелл-Холла / Пер. И. Гуровой // Бронте Энн. Агнес Грей; Незнакомка из Уайлдфелл-Холла: Романы; Стихотворения. — М., 1990. — С. 157—512. — (Сестры Бронте. Кн. 2).
То же. — Харьков; М., 1998. — С. 170—558. — (Сер. «Рандеву»).

104. Незнакомка из Уайлдфелл-Холла / Пер. И. Гуровой // Бронте Энн. Агнес Грей; Незнакомка из Уайлдфелл-Холла: Романы. — М., 1994. — С. 157—555. — (Семейный роман).

105. Незнакомка из Уайлдфелл-Холла / Пер. И. Гуровой // Бронте Эм. Грозовой перевал; Бронте Энн. Незнакомка из Уайлдфелл-Холла. — М., 1994. — С. 267—639. — (Женские любовные романы).

106. Незнакомка из Уайлдфелл-Холла / Пер. И. Гуровой // Бронте Энн. Агнес Грей; Незнакомка из Уайлдфелл-Холла: Романы. — Нальчик, 1998. — С. 176—621. — (Сестры Бронте).

СТИХОТВОРЕНИЯ

107. Ночь / Пер. Л. Володарской // Прекрасное пленяет навсегда: Из англ. поэзии XVIII—XIX веков. — М., 1988. — С. 310.
108. [Стихотворения в пер. И. Гуровой] // Бронте Энн. Агнес Грей; Незнакомка из Уайлдфелл-Холла: Романы; Стихотворения. — М., 1990. — С. 515—526. — (Сестры Бронте. Кн. 2).
То же. — Харьков; М., 1998. — С. 560—572. — (Сер. «Рандеву»).
Роспись стихов см. № 2.

1849

109. [Вступительная заметка от редакции к переводу романа «Джейн Эйр»] // Отеч. зап. — Спб., 1849. — Т.64, № 6. — Отд.1. — С. 175. — Подпись: Ред.

«После «Домби и Сына» лондонская публика в последнее время с особенною благосклонностью приняла два романа, вышедшие один за другим: «Vanity Fair» («Базар житейской суеты») и «Jane Eyre, автобиографию». Первый из этих романов принадлежит г.Теккерею, известному сатирическому писателю; но автор последнего не известен до сих пор. Английская публика догадывалась, что «Дженни Эйр» написан гувернанткою г.Теккерея, которому и посвящена эта автобиография при втором ея издании; но некоторые не без основания подозревают здесь участие совсем не женского пера. Не бесполезно заметить, что этот роман, по своей основной мысли, совершенно противоположен знаменитому произведению Теккерея. В обоих романах главное действующее лицо — гувернантка, девушка, круглая сирота, обязанная собственными средствами устраивать карьеру своей жизни, но в характере этих 2-х героинь нет ничего общего».

110. «Дженни Ир»: Автобиография // Б-ка для чтения. — Спб., 1849. — Т. 94, № 3/4. — Отд. 7. — С. 151—172. — (Лит. новости в Англии). Анализ романа, пересказ содержания с цитатами.

Достоевский Ф. М. см. № 132.
Чернышевский Н. Г. см. № 152.

1850

111. [Дружинин А.В.?] Джен Эйр, роман Коррер Белля // Современник. — Спб., 1850. — Т. 21, № 6. — Отд. 4. — С. 31—38.

«Роман, которого заглавие здесь выписано, принадлежит к числу замечательнейших современных романов. Умолчать о таком произведении мы находим тем более неудобным, что ничего не сказали о нем в «Обозрении русской литературы за 1849 год», с. 31; «Чрезвычайно интересно было бы собрать биографические сведения об авторе, но, к сожалению, их почти нет. Автор «Джен Эйр» лицо новое в английской литературе и только недавно еще стало известным, что под псевдонимом Коррер Белля скрывается девушка, настоящее имя которой Шарлотта Бронт... вот и все достоверного об авторе», с. 38.

112. Кто такой Коррер-Белль? // Современник. — Спб., 1850. — Т. 21, № 5. — Отд. 6. — С. 131.

«В Англии появился новый писатель, напечатавший, под именем Коррер-Белля, два романа «Дженни Эйр» и «Ширлей», имевшие огромный успех. Один из этих романов, а именно «Дженни Эйр» переведен на русский язык. Совершенно неизвестное имя Коррер-Белля подстрекнуло всеобщее любопытство и подало повод к различным догадкам. Долго не знали, кто этот таинственный Коррер-Белль, наконец открыли, что он девушка — Шарлотта Бронт. Но замечательно всего то, что у этой девушки были две сестры, также занимавшиеся литературой и пользовавшиеся заслуженной известностью: одна из них, Эмилия, писала под именем Эллис-Белля, другая под именем Актон-Белля. Обе сестры Шарлотты Бронт умерли от чахотки».

1851

113. Введенский И.И. О переводах романа Теккерея «Vanity Fair» в «Отечественных записках» и «Современнике»: Письмо редактору с примеч. от редакции // Отеч. зап. — Спб., 1851. — Т. 78, № 9. — Отд. 8.— С. 61—81.

О своем переводе романа Ш. Бронте «Джейн Эйр» и об анализе романа, сделанном, предположительно, А. В. Дружининым в статье «Джен Эйр, роман Коррер Белля» (N 111), с. 249—250. «Роман «Джейн Эйр» действительно не переведен, а переделан мною, что я готов теперь объявить по секрету... Стараясь по мере сил воспроизводить как можно вернее Диккенса и Тэккерея, которых люблю и уважаю от всего моего сердца, я в то же время считал для себя совершенно позволительным не церемониться с английской гувернанткой», с. 250.

См. также № 192.

114. [Дружинин А.В.] Письма иногороднего подписчика в редакцию «Современника» о русской журналистике: XXIII. Янв. 1851 // Современник.— Спб., 1851. — Т. 25, № 2. — Отд. 6. — С. 215—254.

То же // Собр. соч.: В 8 т. — Спб., 1865. — Т. 6. Письма иногороднего подписчика. — С. 460—495.

О романе Ш. Бронте «Шерли» и переводе его на русский язык, с. 485—488.

См. также № 192.

1852

115. [Дружинин А.В.] Коррер Белль и его два романа: «Shirley» и «Jean (sic!) Eyre» // Б-ка для чтения. — Спб., 1852. — Т. 116, № 12. — Отд. 5. — С. 23—54. — Подпись: А. Д.

«...В Лондоне появился роман молодой и неизвестной писательницы,скрывшей свое настоящее имя под псевдонимом Коррер Белля. Роман этот назывался Джен Ир, был написан чрезвычайно сжатым, картинным, энергическим слогом и сразу получил успех замечательный, успех европейский. То было свежее и пламенное создание юного таланта, мощной фантазии и многосто-

ронней опытности, создание, вырвавшееся из души, без побуди-
тельных мер и предварительных расчетов, без притязаний на эф-
фект, — вырвавшееся как вырываются все первые создания талан-
тливых людей, бурно и почти непроизвольно, может быть против
желания самого автора», с. 36.

1853

116. [Дружинин А.В.] Коррер Белль и его роман: «Shirley» // Б-ка для
      чтения. — Спб., 1853. — Т. 117, № 2. — Отд. 5. — С. 17—40.
      Автор указан в оглавлении.

117. [Дружинин А.В.] Письма иногороднего подписчика об английской
      литературе: Письмо третье // Современник. — Спб., 1853. — Т. 38,
      № 4. — Отд. 6. — С. 271—279.
      То же. [Под загл.:] Письма об английской литературе. IV. // Собр.
      соч.: В 8 т.— Спб., 1865. — Т. 5. — С. 333—349.
      О романе Ш. Бронте «Городок», с. 336—337; Ш. Бронте об У. М. Тек-
      керее, с. 338.

117а. [Марченко А.Я.] Умная женщина: Повесть // Б-ка для чтения. —
      Спб., 1853. — Т. 122, № 11.— Отд. 1. — С. 1—98. — Подпись: Т.Ч.
      «В настоящее время он [герой повести Николай Сергеевич] стал
      знакомиться с новейшей английской литературой, читая Диккенса
      во всех журналах в переводе. Таким образом он прочел также во
      всех наших журналах «Дженни Эйр» и «Базар житейской суеты»
      (или «Ярмарку тщеславия»), а в последнее время, очень недавно
      кончил читать «Давида Копперфильда», с. 3.

118. [О статье А. В. Дружинина «Коррер Белль и его роман: «Shirley»]
      // Москвитянин. — М., 1853. — Т. 2, № 5. — Март. — Отд. 5. —
      С. 31—32. — (Журналистика).
      См. № 116.

1854

119. Новости литературы, искусств, наук и промышленности // Отеч.
      зап. — Спб., 1854. — Т. 93, №3. — Отд. 7. — С. 1—71.
      Краткая заметка по материалам французской прессы о переводе
      романа «Джейн Эйр» на французский язык, выполненном Лаба-
      зель Сувестр, с. 14. («Переводчица заслужила полную благодар-
      ность читающей публики, которая с удовольствием прочтет один
      из лучших английских романов».)

      Ростопчина Е. П. см. № 155.

1856

120. [Дружинин А.В.] Литературные беседы и парадоксы иногородне-
      го подписчика: По поводу Коррер Белля и его романа «Вильет»
      // Б-ка для чтения. — Спб., 1856. — Т. 140, № 12. — Отд. 2. —
      С. 93—120. Подпись: Иногород. подписчик.

То же. [Под загл.:] Галерея замечательнейших романов: VI. «Вильет», роман Коррер-Белля // Собр. соч.: В 8 т. — Спб., 1865. — Т. 5. — С. 211—235.

«Вильет» есть одно из замечательнейших произведений за все последние годы, и, может быть, замечательнейшая из книг, когда-либо написанных женщиною. В этом романе слишком много поэтической силы для того, чтобы он мог быть причислен к обыкновенному разряду романов», с. 215; «Со времени Павла Домби ни в одной литературе не появлялось подобного лица, — мало того нам кажется, что слава Диккенса, как живописца детей, едва ли не померкла со дня появления «Вильет» с его Полиной Мери», с. 219; «Лучшего и более нового воспроизведения поэзии школьного мира я не могу указать ни в одной литературе», с. 226.

121. [Дружинин А.В.] Рецензия на перевод романа У. М. Теккерея «Ньюкомы». Спб., 1856] // Б-ка для чтения. — Спб:, 1856. — Т. 138, № 7. — С. 1—14.

То же. [Под загл.:] Галерея замечательнейших романов: VII. «Ньюкомы», роман В. М. Теккерея // Собр.соч: В 8 т. — Спб., 1865. Т. 5. — С. 236—248.

То же. [Отрывок] // Теккерей в воспоминаниях современников. — М., 1990. — С. 407—416.

«...Коррер-Белль [Ш. Бронте], посвящая ему свою «Шэрли», называл его первым писателем нашего времени», с. 410. (А. В. Дружинин допустил неточность: Ш. Бронте посвятила У. М. Теккерею роман «Джейн Эйр»).

1857

122. Благосветлов Г. Е., И. И. Введенский: Краткий биографический очерк. — Спб.: Тип. Имп. Акад. наук, 1857. — 23 с.

«Введенский не влачился раболепно за своими образцами; он пересоздал их и нередко становился выше оригинала, так например, перевод «Дженни Эйр», самый мастерский из переводов Введенского, гораздо лучше подлинника», с. 22.

123. Жизнь Шарлотты Бронте (Коррер-Белля), автора «Дженни Эйр», «Шерли» и «Вильетт» // Рус. вестн. — М., 1857. — Т. 9, кн. 2. — С. 109—119.

Примечание от редакции: «Мы заимствовали эту статью из одной английской газеты, чтобы немедленно познакомить публику с новым произведением г-жи Гаскелль [Gaskell E.The life of Charlotte Bronte.— London,1857] и чтоб рассказать ее словами жизнь Шарлотты Бронте (Коррер-Белля), одной из даровитейших женщин-писательниц нашего времени», с. 109—110.

124. Лондонская почта: Биография Шарлотты Бронте // Б-ка для чтения. — Спб., 1857. — Т. 144, № 7. — Отд. 7. — С. 148—155. — Рец. на кн.: Gaskell E. The life of Charlotte Bronte.— London, 1857.

Приводятся выдержки из двух писем Шарлотты Бронте.

125. Шарлотта Бронте // Рус. инвалид. — Спб., 1857. — № 205. — С. 849—850.

О книге Э. Гаскелл «Жизнь Шарлотты Бронте».

Толстой Л. Н. см. № 146, 149.

126. Тур Е. Мисс Бронте, ее жизнь и сочинения // Рус. вестн. — М.; Спб., 1858. — Т. 18, кн. 2. — С. 501—575.
О кн.: Gaskell E. The life of Charlotte Bronte; Romances by Correr Bell: Jane Eyre; Shirley; The Professor; Villette.

1860

Гончаров И.А. см. № 161, 162.

1864

127. Шмидт Ю. Обзор английской литературы XIX-го столетия / Пер. с нем. — Спб.: Тип. И. Бочкарева, 1864. — 212 с.
О влиянии У. М. Теккерея на творчество Ш. Бронте, с. 196—197.

Чернышевский Н. Г. см. № 156.

1869

128. Гончаров И.А. Обрыв // Вестн. Европы. — Спб., 1869. — Кн. 1—5. То же // Собр.соч.: В 8 т. Т. 5. — М., 1953.— 365 с.; Т. 6. — М., 1954. — 453 с.
Из разговора Марфиньки с Райским: «Елену» недавно читала мисс Еджеворт, еще «Джен Эйр». Это очень хорошо... Я две ночи не спала: все читала, не могла оторваться», т.5, с. 182.

1871

129. Цебрикова М. Англичанки-романистки // Отеч.зап. — Спб., 1871. — Т. 198, № 9. — С. 121—172.
О сестрах Бронте, с. 121—142.

1878

130.. Реньяр А. Наука и литература в современной Англии: Письмо 7-ое // Вестн. Европы. — Спб., 1878. — Т. 2, кн. 3. — С. 230—265.
О книгах, посвященных творчеству Ш. Бронте (Swinburne A. C. A note on Charlotte Bronte. — London, 1877; Reid T.W. Charlotte Bronte: A monograph.— London, 1877), с. 262—265.

1882

131. Гарт Ф. Б. Мисс Микс. Соч. Ch-l-tte Br-nte / Пер. Е. А. [Е. А. Красновой?] // Вестн. Европы. — Спб., 1882. — Т. 6, кн. 11. С. 334—342. — (Повести-пародии. IV).
Пародия на сцены из романа «Джейн Эйр».

132. Достоевский Ф. М. — Достоевскому М. М. Спб., Петропавловская крепость, 14 сент. 1849 г. // Неделя. — Спб., 1882. — 3 янв. (№1). — С. 23.
То же // Полн. собр. соч.: В 30 т. — Л., 1985. — Т. 28, кн. 1. — С. 160—161.
«В «Отечественных записках» английский роман [«Джейн Эйр»] чрезвычайно хорош».

133. Кенель Л. Женщины-писательницы в Англии // Живопис. обоз-
рение. — Спб., 1882. — № 37/38./— С. 591—602.
Изложение статьи из журнала «La nouvelle revue» от 1 нояб. 1881 г.
О Шарлотте и Эмили Бронте, с. 599, 602.

1890

134. [Скворцова О.И.] Уголок Англии // Рус. ведомости. — М., 1890. —
17 февр. (№ 46). — С. 2—3. — Подпись: О. С-ва.
О семье Бронте. (Перевод или изложение отрывка из кн.: Montegut
E. Ecrivains modernes d'Angleterre. Ser. 1.— Paris: Hachette, 1885).

1891

135. [Мазаев М. Н.] Бронте (Шарлотта Bronte) // Энциклопедический
словарь Брокгауза и Ефрона. — Спб., 1891. — Кн.8 [т. 4а]. —
С. 723—725.
То же. [Под загл.:] Бронте Чарлот // Новый энциклопедический
словарь Брокгауза и Ефрона. — Спб., [191—]. — Т. 8. — С. 210—
211. — Подпись: М. М.
То же // Энциклопедический словарь Брокгауза и Ефрона: Био-
графии.— М., 1992. — Т. 2. — С. 560—561.
Содержатся также сведения об Эмили и Энн Бронте.

1895

136. Петерсон О. М. Семейство Бронте: (Керрер, Эллис и Актон Белль). —
Спб.: Тип. И. Н. Скороходова, 1895. — 232 с.: фронт. портр.
О книге О. М. Петерсон «Семейство Бронте».

137. Андреева А. Шарлотта Бронте: (По поводу русской биографии
английской романистки Керрер Белль) // Рус. ведомости. — М.,
1895. — 19 дек. (№ 350). — С. 2—3.

137а. [Аннотация] // Рус. ведомости.— М., 1895. — 24 окт. (№ 294). —
С. 4. — (Библиогр. заметки).

138. [Рецензия] // Рус. мысль. — М., 1895. — Кн. 11. — С. 557. — (Биб-
лиогр. раздел.).

1896

Чехов А. П. см. № 228.

1900

139. Боборыкин П.Д. Европейский роман в XIX столетии. [Т. 1.] Роман на
Западе за две трети века. — Спб.: Тип. Стасюлевича, 1900. — 643 с.
О романе Ш. Бронте «Джейн Эйр», с. 501—502. «Если считать фе-
минизмом — употребляя новейший термин — все, что в литера-
туре ратовало за женщину, ея права и печальную долю, то и ро-
ман Шарлотты Бронтё «Дженни Эйр» был также в свое время
торжеством феминизма», с. 501.

140. Бронте Шарлотта // Словарь иностранных писателей / Сост.
Н. Я. Харламов. — Киев; Пб.; Одесса, [19—]. — Т. 1. — С. 133—134.

141. Сестры Бронте // Рус. вестн. — М.; Спб., 1900. — Т. 265, № 2. — С. 723—729. — (Новости иностр. лит.).
Хроника семьи Бронте (по материалам статьи М. Дармштетер в «Ревю де Пари»).

1901

142. Бронте Шарлотта // Большая энциклопедия. — Спб., 1901. — Т. 3. С. 738—739.
То же.— 2-е изд. — 1902.
То же.— 3-е изд. — 1903.
В тексте упоминаются также Эмили и Энн Бронте.

[191-]

143. Бронте, Шарлотта // Энциклопедический словарь Гранат. — М., [191—]. — Т. 6. — С. 598—599.

1911

144. А. А. Толстая — Л. Н. Толстому. Сергиевка, 4 июня 1858 г. / Пер. с фр. // Переписка Л. Н. Толстого с гр. А. А. Толстой. 1857— 1903. — Спб., 1911. — С. 108—113. — (Толстовский музей. Т. 1).
«...Мне хочется привести вам одну фразу из письма miss Bronte; в двух словах она резюмирует все томы, которые я могла бы написать, чтоб объяснить вам, что я такое, и сказать вам, как бы я хотела, чтобы вы думали обо мне: «Do not mistake me — do not think I am good; I only wish to be so», с. 110—111.

1915

145. Метерлинк М. Мудрость и судьба (1898) / Пер. Н. Минского и Л. Вилькиной // Полн. собр. соч.: В 4 т. — М., 1915. — Т. 2. — С. 248—318.
То же // Метерлинк М. Разум цветов. — М., 1995. — С. 341—474.
О жизни и творчестве Э. Бронте, с. 454—462. «У меня перед глазами биография одной из самых могучих и страстных душ, мимо которой все приключения, создающие счастье или несчастье людей, как бы прошли, ни разу не взглянув ей в лицо. Речь идет о несомненно гениальной женщине, необычайно странной, жившей в первую половину XIX века, — Эмили Бронте», с. 454.

1923

146. Л. Н. Толстой — В. П. Боткину. Цюрих, 21 июля 1857 г. / Примеч. В. И. Срезневского // Толстой: Памятники творчества и жизни. — М., 1923. — Вып. 4. — С. 36—38.
То же // Полн. собр. соч.: В 90 т. — М., 1949. — Т. 60. — С. 217— 218.

О книге Э. Гаскелл «Жизнь Шарлотты Бронте»: «Прочтите биографию Curer Bell, ужасно интересно по интимному представлению литературных воззрений различных лучших кружков современных английских писателей и их отношений», с. 218.

1926

Цветаева М. И. см. № 309

1933

Цветаева М. И. см. № 236.

1934

147. Шиллер Ф. П. Шарлотта Бронте // Из истории реализма XIX века на Западе.— М., 1934. — С. 200—229.

Цветаева М. И. см. № 237.

1936

148. Чуковский К. И. Искусство перевода. — М.; Л.: Academia, 1936. — 222 с.
«...у Иринарха Введенского и Диккенс, и Теккерей, и Шарлотта Бронте сделались российскими гражданами, жителями Песков или Охты», с. 107.
См. также № 202.

1937

149. Толстой Л.Н. Полн. собр. соч.: В 90 т. Т. 47: Дневники и записные книжки. 1854—1857. — М.: Худож. лит., 1937. — 615 с.
Из записи от [4/16 июля] 1857 г. (Люцерн): «После обеда пописал, сколько мог, несмотря на жару, читал Вильгельма Мейстера и Miss Brontë», с. 144; в записях от 7/19, 11/23 июля, 12, 13, 14 авг.: «Читал Бронти», «читал Brontë», с. 145, 146, 151, 152. (Имеется в виду вышедшая в 1857 г. в Англии биография Ш. Бронте, написанная Э. Гаскелл). См. также № 146.

Цветаева М. И. см. № 207.

1939

150. Попов П.С. Стиль ранних повестей Толстого («Детство» и «Отрочество») // Лит. наследство. — М., 1939. — Т. 35/36. — С. 78—116.
«Толстой мог иметь собственный, вполне исчерпывающий автобиографический материал для романа «Семейное счастье», но понадобился соответствующий образец в лице «Jane Eyre» Шарлотты Бронте, чтобы оправдать подобное изображение любви в форме воспоминаний женщины», с. 82.
151. Фокс Р. Роман и народ / Пер. и примеч. В. П. Исакова; Вступ. ст. Р. Миллер-Будницкой. — Л.: Худож. лит., 1939. — 230 с.
О романе Э. Бронте «Грозовой перевал», с. 104—107.
См. также № 193.

152. Чернышевский Н. Г. Дневник 22-го года моей жизни (1849—1850) // Полн. собр. соч.: В 15 т. — М., 1939. — Т. 1. — С. 298—402.
«...Больше читал «Отеч. записки» — «Дженни Эйр», весьма хорошо, жаль только, что и здесь хотят вмешать трагические сцены до мелодраматического и страшные приключения — этого не следовало» (запись от 18 [авг.] 1849 г.), с. 310.

1941

153. Детство сестер Бронте // Интерн. лит. — 1941. — № 9/10. — С. 287. — (Хроника).
О кн.: Ratchford F.E. The Bronte's Web of Childhood. — New York, 1941.

1942

153а. Литературные новинки швейцарских издательств // Интерн. лит. — 1942. — № 11. — С. 170.
В т. ч. роман Роберта де Траза «Семья Бронте» (Tras R. de. Die Familie Bronte. — Z ürich, 1941).

1945

154. «Холмы буйных ветров» // Брит.союзник. — 1945. — № 43. — С. 11. О романе Э. Бронте «Грозовой перевал».

1948

155. Е. П. Ростопчина — А. В. Дружинину. Москва, 28 окт. 1854 г. // Письма к А.В. Дружинину (1850—1863) / Ред. и коммент. П. С. Попова. — М., 1948. — С. 276—278. — (Гос. лит. музей. Летописи. Кн. 9).
«Villette, которую вы мне хвалите, я не могу одобрить — несравненно слабее Джэни Эйр; надоели до смерти все эти гувернантки — это уже шестая, которая появляется в английской литерат[уре]. И что за странная мысль назвать серьезный рассказ дурацким собрикетом, выдуманным мещанским остроумием пивоваров и кузнецов, странствующих по материку? Никогда true gentlemen или lady thoroughbred не позволят себе такой глупой или плоской шутки, как эти прозвища, данные вкривь и вкось целой стране, да еще и дурным франц[узским] языком. Потом много пустяков, а много интересного не договорено; героиня — какое-то жалкое, холодное, неуклюжее существо; герой — Квазимодо, переведенный на язык нашего времени и века. А фразеология?.. а беспрестанные сравнения из мистического мира для вещей самых обыкновенных и наоборот? А претензии на жанполизм, на таинственность и поэзию!.. Ну как можно сравнить это произведение с Натали, by Miss July Cavanagh, или с Леди Бярд, Джоржиана Фоллертон!», с. 217.

156. Н. Г. Чернышевский — А. Н. Пыпину. [Май 1864 г.] // Полн. собр. соч.: В 21 т. — М., 1949. — Т. 14. — С. 488—489.

Письмо из Петропавловской крепости. В списке книг, подготовленных к отправке в Сибирь, под № 45 указана «The Life of Charlotte Brontë», 2 тома (автор Э. Гаскелл); под № 47 роман Ш. Бронте «Учитель» («Professor» by Carrer Bell»).

157. Будагян А. А. Творческий путь Шарлотты Бронте: Автореф. дисс. ... канд. филол. наук / Моск. обл. пед. ин-т. — М., 1950. — 9 с.

158. Гражданская З. Роман Шарлотты Бронте «Джен Эйр» // Бронте Ш. Джен Эйр. — М., 1950. — С. 518—522.

159. Гражданская З. Предисловие // Бронте Ш. Джен Эйр. — М., 1952. С. 3—8.

160. Гражданская З. Предисловие // Bronte Ch. Jane Eyre.— М., 1952. С. 3—9.
То же. — 1954; 1958.
Текст на англ. яз., предисл. на рус. яз.

161. И. А. Гончаров — Е. А. и С. А. Никитенко. Мариенбад, 23 июня/ 4 июля 1860 г. // Лит. архив. — М.; Л., 1953. — Т. 4. — С. 122— 126.
То же // Собр. соч.: В 8 т. — М., 1955. — Т. 8. — С. 338—343.
«Я жадно прочел Jane Eyre: взгляните-ка, Софья Александровна, как там разъясняется, в чем долг состоит. Как ни подзывал пастор Джанну в Африку, как ни убеждал, что она создана для этой жертвы, однако она нашла, что долг ее *любя* — остаться у Рочестера, слепого, больного», с. 342—343.

162. И. А. Гончаров — С. А. Никитенко. Мариенбад, [24] июня /[6] июля 1860 г. // Лит. архив. — М.; Л., 1953. — Т. 4. — С. 127—131.
«Взял вчера роман Currer Bell: Shirley по-английски, но отдал назад: много слов не знаю, а от этого ускользают разные интересные подробности. Взял Villett того же автора по-немецки, чтобы как-нибудь провести эту неделю или десять остающихся дней», с. 131.

163. Базилевич В.М. Обличительный характер произведений Шарлотты Бронте: Автореф. дис. ... канд. филол. наук / Львов. гос. ун-т им. Ив. Франко. — Львов, 1954. — 15 с.

164. Аникст А. Шарлотта Бронте: К 100-летию со дня смерти // Иностр. яз. в школе. — 1955. — № 4. — С. 23—25.

165. Гражданская З. Т. Сестры Бронте // История английской литературы: В 3 т. — М., 1955. — Т. 2, вып. 2. — С. 347—380.

166. Гражданская З. Т. Творчество Эмили Бронте // Учен. зап. / Моск. обл. пед. ин-т. — 1955. — Т. 34. Тр. кафедры зарубеж. лит. — Вып. 2. — С. 119—130.

167. Михайлова М.С. Демократическая направленность и реализм романов Ш. Бронте: Автореф. дис. ... канд. филол. наук / Моск. обл. пед. ин-т. — М., 1955. — 15 с.

168. Ромм А. Послесловие // Бронте Ш. Джен Эйр. — Л., 1955. — С. 506—513.
То же. — Минск, 1957. — С. 517—523.
То же. — Ташкент, 1959.

1956

169. Гражданская З. Предисловие // Бронте Ш. Джен Эйр. — Алма-Ата, 1956. — С. 3—6.
То же. — Барнаул, 1958. — С. 3—8.

170. Гражданская З. Эмилия Бронте и ее роман «Грозовой Перевал» // Бронте Э. Грозовой Перевал. — М., 1956. — С. 3—10.

171. Гритчук М. «Шерли» Ш.Бронте // Bronte Ch. Shirley.— М., 1956. С. III—XII.
Текст на англ. яз., предисл. на рус. яз.

172. Левидова И. Переписка семьи Бронте // Иностр. лит. — 1956. — № 2. — С. 247. — Рец. на кн.: The Bronte Letters / Sel.a.with an introd. by M. Spark. — London: P. Nevill, 1954.
Наиболее полное собрание писем всех членов семьи, главным образом Шарлотты. В том числе ее переписка с Э. Гаскелл, критиком Дж. Льюисом и издателями. Высказывания Ш. Бронте о У. М. Теккерее, О. де Бальзаке, Жорж Санд, Дж. Остен, о проблемах творчества и т. п.

173. Левидова И.М. Шарлотта Бронте: Библиогр. указ. к 100-летию со дня смерти. — М.: Всесоюз. кн. палата, 1956. — 24 с.: портр. — (Писатели зарубеж. стран).

174. На родных просторах // Известия. — 1956. — 1 апр.
Читательская конференция по книге Ш. Бронте «Джейн Эйр» в Калининской обл. б-ке им. А. М. Горького.

175. Роман английской писательницы // Смена. — Л., 1956. — 2 сент.
Аннот. на кн.: Бронте Э. Грозовой Перевал. — М., 1956.

176. Чичерин А. «История английской литературы» // Иностр. лит. — 1956. — № 2. — С. 204—208. — Рец. на кн.: История английской литературы. Т. 2, вып. 2. — М.: Изд-во АН СССР, 1955.
О сестрах Бронте, с. 207—208.

1957

177. Гритчук М. А. Реализм Шарлотты Бронте («Джен Эйр» и «Шерли»): Автореф. дис... канд. филол. наук / Моск. гос. пед. ин-т им. В. И. Ленина. — М., 1957. — 15 с.

178. Гритчук М. А. Шарлотта Бронте и Элизабет Гаскелл // Елизарова М. Е. и др. История зарубежной литературы XIX века. — М., 1957. — С. 447—453. То же. — М., 1964. — С. 478—484.

179. Елистратова А. А. К проблеме отношения реализма и романтизма (на материале истории английской литературы конца XVIII — начала XIX вв.) // Вопр. лит. — 1957. — № 6. — С. 28—47.
О Шарлотте и Эмили Бронте, с. 44—45.

180. Маркс К. и Энгельс Ф. Об искусстве: В 2 т. Т. 1 / Сост. М. Лифшиц. — М.: Искусство, 1957. — 631 с.
То же. — 4-е изд., доп. — 1983. — 605 с.
«Блестящая плеяда английских романистов... Диккенс и Теккерей, мисс Бронте и мистрисс Гаскелл...» (из статьи К. Маркса «Английская буржуазия», 1854 г.); упоминание Керрер Белл в письме К. Маркса к дочери Дженни от 10 июня 1869 г., с. 514.

181. Моэм У. С. Подводя итоги (1938) / Пер. М. Лорие; Ред. и авт. предисл. Кот. Шангриладзе. — М.: Изд-во иностр. лит., 1957. — 226 с.
То же // Собр. соч.: В 5 т. — М., 1994. — Т. 5.— С. 263—446.
«Я подозреваю, что, когда писатели отрицают, что пишут с живых людей, они обманывают себя... или обманывают нас. Если же они говорят правду и действительно не имели в виду какого-нибудь определенного человека, то персонажи их, как мне кажется, рождены скорее не творческим инстинктом, а памятью. Сколько раз встречали мы д'Артаньяна, миссис Прауди, архидиакона Грэнтли, Джейн Эйр и Жерома Куаньяра под другими именами и в другой одежде!», с. 388.

182. Шарлотта Бронте: «Рисование — самое большое удовольствие» // Курьер ЮНЕСКО. — 1957. — № 8. — С. 42: ил.
Воспроизведен рисунок церкви, выполненный Ш. Бронте в 1845 г.

1958

183. Горбунов А., Давыдова М. Художественная литература стран Европы: Обзор изданий 1956—1957 годов // Библиотекарь. — 1958. — № 1. — С. 21—30.
Аннот. на книгу Э. Бронте «Грозовой Перевал» (М., 1956), с. 29.

184. Гражданская З. Эмилия Бронте и ее роман «Грозовой перевал» // Бронте Э. Грозовой перевал. — Минск, 1958. — С. 341—347.

185. Гритчук М.А. Эстетические взгляды Шарлотты Бронте // Учен.-зап. / Моск. гос. пед. ин-т им. В.И. Ленина. — 1958. — Т. 130. Кафедра зарубеж. лит. — Вып. 3. — С. 107—119.

186. Михайлова М.С. Шарлотта Бронте // Тр. Горьк. с.-х. ин-та. — 1958. — Т. 10. — С. 168—184. — Библиогр.: с. 183—184.

187. Соркина Р.И. Художественно-стилистические средства создания образа (Джейн Эйр) // Учен.зап./ Ленингр. гос. ун-т. — 1958. — № 260. Сер. филол. наук. — Вып. 48. — С. 171—182.

1959

188. Гроссман Л. Достоевский и чартистский роман // Вопр. лит. — 1959. — № 4. — С. 147—158.
Ф. М. Достоевский о романе Ш. Бронте «Джейн Эйр», с. 156. См. № 132.

189. Гражданская З. Эмилия Бронте и ее роман «Грозовой перевал» // Бронте Э. Грозовой перевал. — М., 1960. — С. 5—11.

190. Елистратова А. А. Наследие английского романтизма и современность. — М.: Изд-во АН СССР, 1960. — 505 с.
О романах Ш. Бронте «Джейн Эйр» и «Городок» и о романе Э. Бронте «Грозовой перевал», с. 36.

191. Основные произведения иностранной художественной литературы: Лит. библиогр. справочник / Всесоюз. гос. б-ка иностр. лит. — М.: Изд-во кн. палаты, 1960. — 595 с.
То же. — 2-е изд., испр. и доп. — М.: Книга, 1965. — 621 с.
То же. — 3-е изд., испр. и доп. — 1973. — 632 с.
Из содерж.: [Эйшискина Н. М.] Шарлотта Бронте; Эмили Бронте. — С. 82—83.

192. Русские писатели о переводе. XVIII—XX вв. / Под ред. Ю. Д. Левина и А. В. Федорова; Вступ. ст. А. В. Федорова. — Л.: Сов. писатель, 1960. — 696 с.
Из содерж.: Введенский И. И. [Отрывок из статьи «О переводах романа Теккерея «Vanity Fair» в «Отечественных записках» и «Современнике»]. — С. 240—252 (о романе Ш. Бронте «Джейн Эйр», с. 249—250. Первая публикация полного текста и аннотация см. № 113); Дружинин А. В. [Отрывок из письма 23 «Писем иногороднего подписчика»]. — с. 304—305 (о романе Ш. Бронте «Шерли». Первая публикация полного текста и аннотация см. № 114).

193. Фокс Р. Роман и народ / Пер. Т. Рузской; Предисл. и примеч. Р. Померанцевой и Ю. Кагарлицкого. — М.: Худож. лит., 1960. — 245 с.
О романе Э. Бронте «Грозовой перевал», с. 120—121. Первая публикация см. № 151.

1962

194. Аникст А. А. Английская литература // Краткая литературная энциклопедия. — М., 1962. — Т. 1. — С. 194—217.
Упоминание о сестрах Бронте, с. 210.

195. Гражданская З. Т. Бронте (Bronte), сестры Шарлотта, Эмили и Анна // Краткая литературная энциклопедия. — М., 1962. — Т. 1. — С. 746—747: портрет.

196. Писатели о писателях // Иностр. лит. — 1962. — № 7. — С. 267.
К выходу в США антологии «Писатели о писателях» (сост. Л. Кроненберг), где помещен очерк Ребекки Уэст о Ш. Бронте.

197. Эйшискина Н. Статьи по английской литературе в периферийных изданиях вузов // Вопр. лит. — 1962. — № 11. — С. 222—229.
О статье М. С. Михайловой (см. № 186), с. 227.

1963

198. Вышли в свет: [Роман Ш. Бронте «Шерли»] // Веч. Москва. — 1963. — 7 апр.
См. № 65.

199. Гражданская З. Роман Шарлотты Бронте «Шерли» // Бронте Ш. Шерли. — М., 1963. — С. 3—14.

200. Гритчук М. Эмилия Бронте и ее роман «Грозовой перевал» // Bronte E. Wuthering heights.— М., 1963. — С. 3—16.
Текст на англ. яз., предисл. на рус. яз.

1964

201. Отовсюду: Англия // Искусство кино. — 1964. — № 3. — С. 135.
О намерении режиссера Линдсея Андерсона экранизировать ро ман Э. Бронте «Грозовой перевал».

202. Чуковский К. Высокое искусство: О принципах художественно-го перевода. — М.: Искусство, 1964. — 353 с.
То же. [Под загл.:] Высокое искусство. — М.: Сов. писатель, 1968. 383 с.
Упоминание Ш. Бронте, с. 294. Аннот.и первая публ. см. № 148.

1966

203. Васильев Г. Обличительные романы Бронте // Волжск. коммуна. Куйбышев, 1966. — 14 июня.

204. Катарский И. Диккенс в России: Середина XIX века. — М.: На-ука, 1966. — 427 с.
О Шарлотте и Эмили Бронте см. по указателю имен.

205. Кеттл А. Введение в историю английского романа / Пер. с англ.; Предисл. В. Ивашевой; Примеч. В. Скороденко. — М.: Прогресс, 1966. — 446 с.
Из содерж.: Эмилия Бронте: «Грозовой перевал» / Пер. В. Воро-нина.— С. 160—179.

206. Чернавина Л. И. Элизабет Гаскелл и Шарлотта Бронте: К вопро-су о литературных связях // Учен. зап. / Моск. гос. пед. ин-т им. В. И. Ленина. — 1966. — Т. 245. Зарубеж. лит. — С. 261—272.

1967

207. Цветаева М.И. Мой Пушкин (1937) // Цветаева М.И. Мой Пуш-кин: [Сб.] — М., 1967. — С. 34—104.
То же // Собр. соч.: В 7 т. — М., 1994. — Т. 5. — С. 57—91.
«Начинается как глава настольного романа всех наших бабушек и матерей — Jane Eyre — Тайна красной комнаты.
В красной комнате был тайный шкаф.
Но до тайного шкафа было другое, была картина в спальне мате-ри — «Дуэль», с. 57.

1968

208. Честертон Дж.-К. Шарлотта Бронте / Пер. Н. Трауберг // Вопр. лит. 1968. — № 11. — С. 145—147.
То же // Честертон Г. К. Писатель в газете. — М., 1984. — С. 52—54.
См. также № 283.
Из сб. «Разноликие персонажи» (1903 г.).

1969

209. Хардак Д. Б. Эм. Бронте и ее роман «Грозовой перевал» // Учен. зап. / Моск. гос. пед. ин-т им. В. И. Ленина. — 1969. — № 324. — С. 252—283.

1970

210. Кондратьев Ю.М. Некоторые вопросы эволюции жанра реалистического романа в Англии второй половины XIX в. // Учен. зап. / Моск. гос. пед. ин-т им. В. И. Ленина. — 1970. — № 365. — С. 3—28.
Упоминания: Ш. Бронте, с. 12; Э. Бронте, с. 15.

211. Мортон А. Л. Талант на границе двух миров: Шарлотта Бронте; Эмилия Бронте; Анна Бронте // Мортон А. Л. От Мэлори до Элиота / Пер. А. Зверева и Г. Прохоровой; Предисл. Д. Урнова; Коммент. А. Зверева. — М., 1970. — С. 170—190.

212. Экранизация романа Эмили Бронте // Иностр. лит. — 1970. — № 9. — С. 277—278.
О съемках в Англии фильма по роману Э. Бронте «Грозовой перевал». Реж. Роберт Фьюэст.

1971

213. «Грозовой перевал» на экране // Лит. газ. — 1971. — 21 апр. — С. 15.

214. Гражданская З. Т. Бронте (Bronte), сестры Шарлотта, Эмили и Анна // БСЭ. — М., 1971. — Т.4. — С. 54.

215. Клименко Е.И. Английская литература первой половины XIX века: (Очерк развития). — М.: Изд-во Ленингр. ун-та, 1971. — 142 с.
О Ш. Бронте, с. 118.

216. Цветаева А. И. Воспоминания. — М.: Сов. писатель, 1971. — 527 с.
То же. — М.: Изограф; Дом М. Цветаевой, 1995. — 862 с.
«О другом английском романе мама говорила с восхищением: вырастете — будете читать «Джейн Эйр», с. 87.

1972

217. Селитрина Т.Л. Байронизм в романе Э. Бронте «Грозовой перевал» // Учен. зап. / Башк. ун-т. — 1972. — Серия филол. наук. — № 21: О традициях и новаторстве в литературе и устном народном творчестве. — Вып. 2. — С. 278—290.

218. Хардак Д.Б. Творчество Эмили Бронте: (Из истории английского реализма первой половины XIX века): Автореф. дис.... канд.-филол. наук. / Моск. гос. пед. ин-т им. В. И. Ленина. — М., 1972. — 26 с.

219. Чернавина Л.И. Английский сенсационный роман XIX века // Очерки о зарубежной литературе. — Иркутск, 1972. — Вып. 2. — С. 49—65.
О Шарлотте и Эмили Бронте, с. 50.

220. Чугунова В.В. Некоторые наблюдения над лексикой Ш. Бронте в произведении «Jane Eyre» // Изв. Воронеж. пед. ин-та. — 1972. — Т. 139.— С. 202—213.

1973

221. Дорошевич А. Верность чувству // Сов. экран. — 1973.— № 3. — С. 3: ил.
Об экранизации романа Ш. Бронте «Джейн Эйр» в Англии (1970 г.). Реж. Делберт Манн.

222. Неизвестные рукописи [Шарлотты Бронте обнаружены в Вашингтоне] // Лит.газ. — 1973. — 19 дек.— С. 15.

1974

223. Ивашева В. Английский реалистический роман XIX века в его современном звучании. — М.: Худож.лит., 1974. — 458 с.
То же. [Под загл.:] «Век нынешний и век минувший...»: Английский роман XIX в. в его современном звучании. — 2 изд., доп. — М., 1990. — 477 с.
Из содерж.: Гл. VI: Затворница Хоуорта (Шарлотта Бронте, 1816—1855).— С. 250—301.

224. Кертман Л. Л. От мистера Пиквика до Майкла Монта: (К вопросу об эволюции положительного героя в английской литературе критического реализма) // Науч. тр. / Свердл. пед. ин-т. — 1974. — Сб. 203. — С. 5—37.
О героях произведений Шарлотты и Эмили Бронте, с. 19—27.

225. Ремизов Б. Б. Элизабет Гаскелл: Очерк жизни и творчества. — Киев: Вища шк., 1974. — 172 с.
О кн. Э. Гаскелл «Жизнь Шарлотты Бронте», с. 93—101, 110, 117; другие упоминания о Ш. Бронте, главным образом о ее романе «Шерли», с. 9, 37, 42, 59, 62, 76, 86-87, 92, 147, 150, 166; об Э. Бронте, с. 59, 76, 94.

1975

226. Аникин Г. В., Михальская Н. П. История английской литературы: Учеб. пособие для студентов пед. ин-тов и фак. иностр. яз.— М.: Высш.шк., 1975. — 528 с.: ил.
Из содерж.: Сестры Бронте. — С. 303—311.

227. Зверев А. Профили викторианского века // Вопр. лит. — 1975. — № 8. — С. 292—297. — Рец. на кн.: Ивашева В. Английский реалистический роман XIX века в его современном звучании.— М.: Худож. лит., 1974. (См. № 223).
«Только сегодня становится ясным и подлинное значение Шарлотты Бронте, которую то без успеха пытались представить социальной романисткой, то голословно упрекали в неправдоподобии характеров и ситуаций», с. 295.

227а. Рацкий И. [Рец. на кн.:] Ивашева В. Английский реалистический роман XIX века в его современном звучании. — М.: Худож. лит., 1974 // Новый мир. — 1975. — № 9.— С. 283—284. (См. № 223).

«Первый тип реализма ярче всего выразился в творчестве Диккенса и Бронте, искусство которых уплатило богатую дань романтизму и отличалось непосредственным, не всегда тонко нюансированным откликом на социальные бури их времени».

1978

228. А. П. Чехов — П. Ф. Иорданову. Мелихово, 24 нояб. 1896 г. // Полн. собр. соч.: В 30 т.: Письма: В 12 т. — М., 1978. — Т. 6. — С. 234—240.
Прилагает список книг, приобретаемых им для библиотеки в Таганроге. Под № 36 значится книга О. М. Петерсон «Семейство Бронте» (Спб., 1895). См. № 136.

1979

229. Алферовская Л. Г. Пейзаж в поэзии Эмили Бронте. — Л., 1979. — 11 с. — Библиогр.: с. 11.— Рук.деп. в ИНИОН АН СССР.
230. Бронте, сестры Шарлотта, Эмилия и Анна // Укр. сов. энциклопедия. Киев, 1979. — Т. 2. — С. 42.
231. Фильм о сестрах Бронте // Лит. газ. — 1979. — 28 марта. — С. 15. Фильм «Сестры Бронте». Реж. Андре Тешине (Франция).
232. Шарлотта Бронте (1816—1855); Эмили Бронте (1818—1848) // Зарубежная литература. XIX век: Хрестоматия. — М., 1979. — С. 283—284; 288—290.

1980

233. Алферовская Л. Г. Некоторые проблемы изучения поэзии Эмили Бронте // Вестн. Ленингр. ун-та. Сер. История, язык и литература. 1980. — № 20, вып.4. — С. 64—71.
234. Основные произведения иностранной художественной литературы. Европа; Америка; Австралия: Лит.-библиогр. справочник / Всесоюз. гос. б-ка иностр. лит. — 4-е изд., доп. и перераб. — М.: Книга, 1980. — 800 с.
То же. — 5-е изд. — 1983. — 670 с.
То же / Под общ. ред. В.А.Скороденко. — 6-е изд., испр. и доп.— Спб.: Азбука; М.: Терра, 1998. — 683 с.
Из содерж.: Шарлотта Бронте; Эмили Бронте. — С. 128—130.
235. Сто двадцать лет спустя // Иностр. лит. — 1980. — № 8. — С. 262.
К выходу в Лондоне книги анонимного автора, являющейся продолжением незаконченного романа Ш. Бронте «Эмма».
236. Цветаева М. И. Живое о живом (Волошин) (1933)// Цветаева М. И. Сочинения: В 2 т. — М., 1980. — Т. 2. — С. 190—254.
То же // Собр. соч.: В 7 т. — М., 1994. — Т. 4. — С. 159—220.
«...Джордж Элиот, Шарлотта Бронтё, Жюли де Леспинас, Мэри Вебб и другие, и другие, и другие некрасивые любимицы богов», с. 169.
237. Цветаева М. И. Мать и музыка (1934) // Цветаева М. И. Сочинения: В 2 т. — М., 1980. — Т. 2. — С. 94—119.
То же // Собр. соч.: В 7 т. — М., 1994. — Т. 5. — С. 10—31.

«О, как мать торопилась, с нотами, с буквами, с «Ундинами», с «Джэн Эйрами», с «Антонами Горемыками», с презрением к физической боли, со Св. Еленой, с одним против всех, с одним — без всех, точно знала, что не успеет, все равно не успеет всего, все равно ничего не успеет, так вот — хотя бы это, и хотя бы еще это, и еще это, и это еще... Чтобы было чем помятуть! Чтобы сразу накормить — на всю жизнь!», с. 13—14.

238. Чижова Ю. За рубежом: Франция // Искусство кино. — 1980. — № 7. — С. 154: ил.
Аннот. см. № 231.

1981

239. Честертон Дж. К. Шарлотта Бронте — романтик (1917) / Пер. А. Ливерганта // Вопр. лит. — 1981. — № 9. — С. 212—213.

1982

240. Левин Ю. Д. Иринарх Введенский и его переводческая деятельность // Эпоха реализма: Из истории международных связей русской литературы. — Л., 1982. — С. 68—140.
О переводе романа Ш. Бронте «Джейн Эйр», с. 107, 128, 131.
241. Тугушева М. П. Шарлотта Бронте: Очерк жизни и творчества. — М.: Худож. лит., 1982. — 191 с.

1983

242. Абилова Ф. А. Концепция трагического в романе Эмили Бронте «Грозовой перевал» // Жанр романа в классической и современной литературе. — Махачкала, 1983. — С. 113—119.
243. Гениева Е. Ю., Ивашева В. В. Английская литература // История зарубежной литературы XIX века: В 2 ч. — М., 1983. — Ч. 2. — С. 208—294.
Из содерж.: Гениева Е. Ю. Введение. — С. 208—219 (о творчестве Шарлотты и Эмили Бронте, с. 215—219). О сестрах Бронте см. также по указателю имен.
244. Гражданская З. Роман Шарлотты Бронте «Джен Эйр» // Бронте Ш. Джен Эйр. — М., 1983. — С. 3—10.
245. Михальская Н. Шарлотта Бронте и ее роман «Городок» // Бронте Ш. Городок. — М., 1983. — С. 3—18.
246. Орел Л. Примечания // Бронте Ш. Городок. — М., 1983. — С. 552—557.
То же. — М., 1990. — С. 475—478.
То же. — Харьков; М., 1998. — С. 443—446. — (Сер. «Рандеву»).

1984

247. Редкое фото // Известия. — 1984. — 24 окт. — С. 5.
Единственный фотопортрет Ш. Бронте обнаружен в архиве Национальной портретной галереи в Лондоне. Специалисты считают, что он был сделан в 1854 г. Приводится снимок из газеты «Вельт».

248. Хардак Д. Б. Своеобразие эпического повествования: (На материале романа Эм. Бронте «Грозовой перевал») / Липец. гос. пед. ин-т. — Липецк, 1984. — 16 с. — Рук. деп. в ИНИОН АН СССР.

1985

249. Влодавская И. А., Журавлева И. Н. Поэтика романа Э. Бронте «Грозовой перевал» // Целостность литературного анализа. — Донецк, 1985. — С. 189—198. — Рук. деп. в ИНИОН АН СССР.

250. Коттрелл Д. Лоренс Оливье / Пер. А. Д. Ципенюк; Предисл. А. Г. Образцовой; Коммент. Ю.Г.Фридштейна. — М.: Радуга, 1985. — 414 с.: ил.
Об исполнении роли Хитклифа в фильме У.Уайлера «Грозовой перевал» по роману Э. Бронте (США, 1939 г.), с. 133—138.

251. Левин Ю. Д. Русские переводчики XIX века и развитие художественного перевода. — Л.: Наука, 1985. — 297 с.
И. И. Введенский — переводчик романа Ш.Бронте «Джейн Эйр», с. 121, 137, 140; упомянута статья А. В. Дружинина о Ш. Бронте, с. 146.

252. Мурадян К. Е. [Реф.кн.:] Chitham E., Winnifrith T. Bronte facts and Bronte problems. — London; Basingstoke: Macmillan, 1983. // РЖ. Обществ. науки за рубежом. Сер. 7. Литературоведение. — 1985. — № 2. — С. 108—113.

253. Новиков В. И. [Реф.кн.:] Benvenuto R. Emily Bronte. — Boston: Twayne, 1982 // РЖ. Обществ. науки за рубежом. Сер.7. Литературоведение. — 1985. — № 1. — С. 121—124.

254. Тугушева М. П. [Реф. кн.:] Davies S. Emily Bronte: The artist as a free woman. — Manchester: Coronet press, 1983 // РЖ. Обществ. науки за рубежом. Сер. 7. Литературоведение. — 1985. — № 2. — С. 113—116.

255. Форстер М. Записки викторианского джентльмена: Уильям Мейкпис Теккерей / Пер. Т. Я. Казавчинской; Предисл., послесл. и коммент. Е. Ю. Гениевой. — М.: Книга, 1985. — 368 с. — (Писатели о писателях).
О Ш. Бронте, с. 151—152, 169—171, 356.

1986

256. Гражданская З. Роман Шарлотты Бронте «Джен Эйр» // Бронте Ш. Джен Эйр. — Махачкала, 1986. — С. 5—11.

257. Шарп А. Одна из «блестящей плеяды английских романистов»... Несколько фактов о музее Шарлотты Бронте // За рубежом. — 1986. — 12—18 дек. (№ 51). — С. 22—23.
О доме-музее в Хоуорте.

О ТЕЛЕВИЗИОННОМ ФИЛЬМЕ «ДЖЕЙН ЭЙР»
(Великобритания). Реж. Джулиан Эмис.

258. Гениева Е. Благородство чувств // Неделя. — 1986. — 18—24 дек. (№ 50). — С. 5.

259. «Джен Эйр»: Телевизионный пятисерийный художественный фильм // Говорит и показывает Москва. — 1986. — 1—7 дек. (№ 49). — С. 14.

260. Ее зовут Джен Эйр // Известия. — 1986. — 29 нояб. — С. 6.

261. Кагарлицкий Ю. Из века прошлого — на экран // Сов. культура. — 1986. — 13 дек. — С. 5.
     См. также № 262, 263.

1987

262. Бабаева М. Пять серий о любви // Телевидение. Радиовещание. — 1987. — № 3. — С. 29—32: ил.

263. «Джен Эйр»: Телевизионный пятисерийный художественный фильм // Говорит и показывает Москва. — 1987. — 12—18 дек. (№ 50). — С. 14.
     К вторичному показу фильма.

264. Литературный энциклопедический словарь / Под общ. ред. В. М. Кожевникова и П. А. Николаева. — М.: Сов. энциклопедия, 1987. — 751 с.
     О Ш. Бронте, с. 563.

265. Никанорова Т. М. Творчество сестер Бронте в русской и советской критике // Типологические схождения и взаимосвязи в русской и зарубежной литературе XIX—XX вв. — Красноярск, 1987. — С. 11—27.

266. Ремизов Б. Б. «Современник» — пропагандист передовой английской литературы середины XIX века // Литература некрасовских журналов: Межвуз. сб. науч. тр. — Иваново, 1987. — С. 141—149.
     О Ш. Бронте, с. 146.

1988

267. Гражданская З. Роман Шарлотты Бронте «Джен Эйр» // Бронте Ш. Джен Эйр. — Минск, 1988. — С. 3—10.

268. Гражданская З. Роман Шарлотты Бронте «Джен Эйр» // Бронте Ш. Джен Эйр. — М., 1988. — С. 5—12.
     То же. — 1989.

269. Гражданская З. Роман Шарлотты Бронте «Джен Эйр» // Бронте Ш. Джен Эйр. — Саранск, 1988. — С. 455—462.

270. Гражданская З. Эмилия Бронте и ее роман «Грозовой перевал» // Бронте Э. Грозовой перевал.— М., 1988. — С. 3—10.

271. Демидова О. Р. Женский вопрос в произведениях Шарлотты Бронте и Джордж Элиот / Ленингр. гос. пед. ин-т им. А. И. Герцена. — Л., 1988. — 17 с. — Библиогр.: с. 16—17. — Рук. деп. в ИНИОН АН СССР.

272. Соколова Н. И. Романы Шарлотты Бронте (проблема личности) // Проблемы метода и жанра в зарубежной литературе: Межвуз. сб. науч. тр. — М., 1988. — С. 86—96.

273. Тугушева М.П. [Реф. кн.:] Chitham E. The Brontes' Irish background.— London; Basingstoke: Macmillan, 1988 // РЖ. Обществ. науки на рубежом. Сер. 7. Литературоведение. — 1988. — № 2. — С. 93—95.

274. Вулф В. «Джейн Эйр» и «Грозовой перевал» (1916) / Пер. И. Бернштейн // Вулф В. Избранное. — М., 1989. — С. 501—506.
То же // Бронте Эм. Грозовой перевал. — М., 1992. — С. 263—268.
См. также № 283, 299.

275. Гениева Е. Ю., Урнов Д. М. Английская литература // История всемирной литературы: В 9 т. — М., 1989. — Т. 6. — С. 87—138.
Из содерж.: Гениева Е. Ю. Развитие критического реализма. — С. 113—120 (о творчестве Шарлотты и Эмили Бронте, с. 116—120).

276. Демидова О. Р. О стилистических особенностях первого русского перевода романа Ш. Бронте «Джен Эйр» // Анализ стилей зарубежной художественной и научной литературы. — Л., 1989. — Вып. 6. — С. 163—169.
О переводе И. И. Введенского.

277. Красавченко Т. Н. Английская критика о современной английской литературе // Литература капиталистических стран в оценке современной зарубежной критики: Сб. обзоров. — М., 1989. — С. 79—119.
Английские критики Терри Иглтон и Джеймс Кавэна о творчестве сестер Бронте, с. 96—98, 116.

278. Моэм У. С. Искусство слова: О себе и других; Литературные очерки и портреты / Сост. И. Н. Васильевой-Южиной; Вступ. ст. В. А. Скороденко. — М.: Худож. лит., 1989. — 399 с.
Из содерж.: Искусство слова. (Из сборника «Десять романов и их создатели», 1954) / Пер. М. Лорие. — С. 24—42 («У слова «занимательность» много значений, одно из них — «то, что вас интересует или забавляет». Обычная ошибка предполагать, что в этом смысле «забавляет» — самое главное. Не меньше занимательности в «Грозовом перевале» или «Братьях Карамазовых», чем в «Тристраме Шенди» или в «Кандиде». Они занимают нас по-разному, но одинаково закономерно, с. 36; «...если знаешь, что за человек был твой автор, это помогает понять и оценить его произведения... узнавание того немногого, что известно об Эмили Бронте, прибавляет щемящей прелести ее странной и удивительной книге», с. 40—41); Из «Библиотечки путешественника» / Пер. Н. Васильевой. — С. 91—103 («По-моему, роман «Грозовой перевал» более интересен, чем «Дэвид Копперфилд», но у меня нет сомнений, какой из них является более значительным произведением литературы», с. 97); О Достоевском. (Из сборника «Десять романов и их создатели», 1954) / Пер. М. Зинде. — С. 236—243 («...«Братья Карамазовы» — одна из самых выдающихся книг всех времен и народов, занимающая первое место в той небольшой кучке романов, которые стоят несколько особняком от остальных замечательных творений и где ее ближайшими соседями являются «Грозовой перевал» и «Моби Дик», с. 237).

279. Наумова О. А. Проблема автора и некоторые принципы изображения человека в биографическом романе воспитания Ч. Диккенса и Ш. Бронте/ Горьк. гос. пед. ин-т иностр. яз. им. Н. А. Добро-

любова. — Горький, 1989. — 65 с. — Библиогр.: с. 61—65. — Рук. деп. в ИНИОН АН СССР.

280. Соколова Н. И. Концепция личности в юношеских произведениях Шарлотты Бронте / Гос. ком. СССР по образованию; Моск. гос. пед. ин-т им. В. И. Ленина. — М., 1989. — 27 с. — Библиогр.: с. 24—27. — Рук. деп. в ИНИОН АН СССР.

281. Теккерей У. М. Последний очерк (1863): Из «Заметок о разных разностях», 1860—1863 гг. / Пер. Т. Я. Казавчинской // Уильям Мейкпис Теккерей: Творчество; Воспоминания; Библиографические разыскания / Сост. Е. Ю. Гениевой при участии М. Н. Шишлиной. — М., 1989. — С. 268—271: ил.
О характере и судьбе Ш. Бронте.
Ил.: Шарлотта Бронте. С портрета работы Дж. Ричмонда, с. 269.
См. также № 283.

282. Шайтанов И. «Джен Эйр» — роман классической эпохи // Бронте Ш. Джен Эйр. — М., 1989. — С. 381—383.
То же. — Улан-Удэ, 1994. — С. 490—493.

1990

283. Английские писатели о сестрах Бронте // Бронте Эм. Грозовой Перевал: Роман; Стихотворения. — М., 1990. — С. 305—425. — (Сестры Бронте. Кн. 3).
Содерж.: Бронте Ш. Об «Эллисе» и «Эктоне»: (Из писем); О младшей сестре: (Из предисловия) Пер. И. Гуровой. — С. 305—307 (аннот. см. № 79, 80); Теккерей У. М. (Из писем): У.-С. Уильямсу. 28 окт.1847 г.; Люси Бэкстер. 11 марта 1853 г.; Ей же. 25/28 марта 1853 г.; Миссис Брайен Проктер. 4 апр. 1853 г. / Пер. Т. Казавчинской. — С. 307—308 (о романах Ш.Бронте «Джейн Эйр» и «Городок»); Из книги «Заметки о разных разностях» / Пер. Т. Казавчинской. — С. 308—310 (аннот. см. N 281); Гаскелл Э. (Из писем): Кэтрин Уинкорт. 25 авг. 1850 г.; Джорджу Смиту. 1 авг. 1856 г.; Ему же. 13 авг. 1856 г. / Пер. Т.Казавчинской. — С. 311—313 (описание внешности Ш. Бронте, их дома в Хоуорте; биографические сведения о семье Бронте; оценка романа «Учитель» в связи с возможной его публикацией); Из книги «Жизнь Шарлотты Бронте» / Пер. Т. Казавчинской. — С. 314—353; Браунинг Э. (Из писем): 9 янв., 18 февр., 2 апр. 1850 г.; сент. 1853 г. / Пер. И. Гуровой. — С. 353—354 (оценка романов Ш. Бронте «Джейн Эйр», «Шерли», «Городок». Адресат писем не указан); Россетти Д. Г. Эта дьявольская книга / Пер. И. Гуровой. — С. 354 (о романе Э. Бронте «Грозовой Перевал»); Троллоп Э. Изумительная женщина: (Из статьи) / Пер. И. Гуровой. — С. 354—355 (о Ш.Бронте и ее романах «Джейн Эйр», «Городок», «Шерли»); Пейтер У. Романтичнейший роман: (Из эссе) / Пер. И. Гуровой. — С. 355 (о романе Э. Бронте «Грозовой Перевал»); Честертон Г. К. Шарлотта Бронте: (Из сборника «Разноликие персонажи») / Пер. Н. Трауберг. — С. 356—358; Вулф В. «Джейн Эйр» и «Грозовой Перевал» / Пер. И. Бернштейн. — С. 358—363; Спарк М. Эмили Бронте — жизнь и творчество; Приложение / Пер. И. Гуровой. — С. 363—428.

См. также № 208, 274, 281, 299.

284. Гениева Е.Ю. Неукротимый дух // Бронте Ш. Джейн Эйр: Роман; Стихотворения. — М., 1990. — С. 5—14. — (Сестры Бронте. Кн. 1). То же. — Харьков: Фолио; М.: АСТ, 1998. — С. 5—18. — (Сер. «Рандеву»).

285. Ионкис Г. Магическое искусство Эмили Бронте // Бронте Э. Грозовой Перевал: Роман; Стихотворения. — М., 1990. — С. 5—18. — (Сестры Бронте. Кн. 3). То же. — Харьков; М., 1998. — С. 5—20. — (Сер. «Рандеву»). То же // Бронте Э. Грозовой перевал. — М., 1992. — С. 3—16.

286. Михальская Н. Третья сестра Бронте // Бронте Энн. Агнес Грей; Незнакомка из Уайлдфелл-Холла; Стихотворения. — М., 1990 — С. 5—16. — (Сестры Бронте. Кн. 2). То же. — Харьков; М., 1998. — С. 5—20. — (Сер. «Рандеву»).

287. Мясникова Е. В. [Реф. кн.:] Kadish D. W. The literature of images: narrative landscape from Julie to Jane Eyre.— New Brunswick; London: Rutgers univ. press, 1987 // РЖ. Обществ. науки за рубежом. Сер. 7. Литературоведение. — 1990. — № 1. — С. 61—66.

288. Наумова О. А. Автобиографический роман воспитания в творчестве Ч. Диккенса и Ш. Бронте: Автореф. дис. ... канд. филол. наук / Моск. гос. пед. ин-т им. В. И. Ленина. — М., 1990. — 16 с.

289. Соколова Н. И. Проблема изображения человека в эстетике Шарлотты Бронте // Проблема характера в литературе: Тез. докл. — Челябинск, 1990. — Ч. 3.

290. Соколова Н. И. [Реф. кн.:] Prentice B. The Bronte sisters and George Eliot: A unity of difference. — Basingstoke; London: Macmillan, 1988 // РЖ. Обществ. науки за рубежом. Сер. 7. Литературоведение. — 1990. — № 4. — С. 91—95.

291. Соколова Н.И. Шарлотта Бронте: Эстетика; Концепция личности в творчестве: Автореф. дис. ... канд. филол. наук / Моск. гос. пед. ин-т им. В. И. Ленина. — М., 1990. — 16 с.

292. Теккерей в воспоминаниях современников / Сост., вступ. ст. и коммент. Е. Ю. Гениевой; Худож. В. Максин. — М.: Худож. лит., 1990. — 527 с.— (Лит. мемуары). Из содерж.: Гениева Е. Неизвестный Теккерей. — С. 5—20 (Ш. Бронте о У. М. Теккерее: «Его герои неромантичны, как утро понедельника», с. 13); Иннз Г., Дуайер Ф. Теккерей и Левер / Пер. И. Бернштейн. — С. 40—46 (Ш. Бронте о романе У. М. Теккерея «История Генри Эсмонда»: «Но какая же ядовитая Сатира, какое безжалостное препарирование недугов!», с. 45); Ритчи Э. Из книги «Главы воспоминаний» / Пер Т. Казавчинской. — С. 47—78 (дочь У. М. Теккерея о визите Ш. Бронте в Лондон, с. 49—53); Ханней Дж. Из некролога, посвященного У. М. Теккерею / Пер. Т. Казавчинской.— С. 303—309 (упоминание о Ш. Бронте, с. 307); Ригби Э. Из статьи «Ярмарка тщеславия» и «Джейн Эйр» / Пер. И. Гуровой. — С. 353—364; Дружинин А. В. Из статьи «Ньюкомы», роман В. М. Теккерея». — С. 407—416 (о Ш. Бронте, с. 410. Аннот. см. № 121); Е. Гениева. Комментарии. — С. 441—500 (о Ш. Бронте, с. 450—451, 464, 492).

293. Тугушева М. П. В надежде правды и добра: Портреты писатель-
ниц. — М.: Худож. лит., 1990. — 271 с.
Из содерж.: Шарлотта Бронте (1816—1855). — С. 157—208.

1991

294. Андерсон К. Сказание о делах обыденных, или Величие простых
истин // Бронте Ш. Джен Эйр. — М., 1991. — С. 5—6.
То же. — Калининград, 1993.
295. Соколова Н. И. Герои Карлейла — герои Шарлотты Бронте. —
Рук. деп. в ИНИОН АН СССР.
296. Соколова Н. И. Кольридж, Карлейль и идея внутренней красоты
героев Шарлотты Бронте // Литературные связи и литературный
процесс: Матер. конференции: Тез. докл. — Ижевск, 1991.

1992

297. Соколова Н. И. Образ мира-театра в романе Шарлотты Бронте
«Городок» // 2-я межвузовская конференция литературоведов-
англистов,посвященная 200-летию Шелли. — Орел, 1992.
298. Шалаева Г. П. Послесловие // Бронте Ш. Джен Эйр. — Спб., 1992.
С. 381—383.
299. Эти загадочные англичанки...: Э. Гаскелл; В. Вулф; М. Спарк;
Ф. Уэлдон / Сост. и предисл. Е. Ю. Гениевой. — М.: Прогресс,
1992. — 506 с.: ил. — (Мемуары и биографии).
Из содерж.: Гениева Е. Ю. Жемчужины в короне. — С. 5—26
(о жизни и творчестве Шарлотты и Эмили Бронте, с. 6—13); Гас-
келл Э. (Из писем): Кэтрин Уинкорт. 25 авг. 1850 г. / Пер.
Т. Казавчинской. — С. 28—30 (описание внешности Ш. Бронте,
биографические сведения о семье Бронте); Из книги «Жизнь Шар-
лотты Бронте» / Пер. Т. Казавчинской. — С. 31—78; Спарк М.
Эмили Бронте / Пер. И. Гуровой. — С. 155—232; Вулф В. «Джен
Эйр» и «Грозовой перевал» / Пер. И. Бернштейн. — С. 489—494.
См. также № 274, 283.

1993

300. Калужских Н. Н. «Разве не так, леди мать?» // Кн. обозрение. —
1993. — 11 июня (№ 23). — С. 4.
К изданию романа Ш. Бронте «Джейн Эйр» в «Б-ке сентименталь-
ного романа». (См. № 48).
301. Пиняева Е. В. [Реф. кн.:] Chapman R. The sense of the past in Vic-
torian literature.— London: Croom Helm,1986 // РЖ. Социальные
и гуманитарные науки. Зарубеж. лит. Сер. 7: Литературоведение. —
1993. — № 3/4. — С. 51—55.
О Шарлотте и Эмили Бронте, с. 53.
302. Старостина Н. А. [Реф. кн.:] Pykett L. Emily Bronte. — Basingstoke;
London: Macmillan, 1989 // РЖ. Социальные и гуманитарные науки.
Зарубеж. лит. Сер.7: Литературоведение. 1993. — № 2. — С. 47—54.

303. Батай Ж. Эмили Бронтэ (1957) / Пер. с фр. Н. М. Бунтман // Батай Ж. Литература и Зло. — М., 1994. — С. 17—29.

304. Жиляева Э. «Меня зовут Шарлотта Бронте» // Моск. комсомолец. 1994. — 24 июня. — С. 4. — (Дамский клуб).
О современном «дамском романе». «Шарлотта Бронте просто отдыхает рядом с авторами новомодных дамских романов».

305. Проскурин Б. М., Яшенькина Р. Ф. Из истории зарубежной литературы 1830-х — 1870-х годов: Английские реалисты XIX века (Ч. Диккенс, У. М. Теккерей, Ш. Бронте): Текст лекций. — Пермь, 1994. — 152 с. (Перм. гос. ун-т).
Из содерж.: Творчество Шарлотты Бронте и ее роман «Джен Эйр» (1816—1855). — С. 127—149.

306. Комментарии // Бронте Ш. Шерли. — Спб.; Харьков, 1994. — С. 516—520.
То же. — Харьков; М., 1998. — С. 520—524. — (Сер. «Рандеву»).

307. Сэлинджер Дж. Д. 16-й день Хэпворта 1924 года / Пер. И. Бернштейн // Новый мир. — 1995. — № 4. — С. 80—117.
О сестрах Бронте и романе Ш. Бронте «Городок», с. 108.

308. Тяжелые времена и большие надежды: (Герой английской литературы XIX века): Библиогр. эссе / Сост. В. В. Бондаренко. — М., 1995. — 36 с. — (Рос. гос. юнош. б-ка).
Из содерж.: «В надежде правды и добра» (Ш. Бронте). — С. 20—24.

309. М. И. Цветаева — В. Б. Сосинскому. St.-Gilles,27 сент. 1926 г. // Собр. соч.: В 7 т. — М., 1995. — Т. 7. — С. 83—85.
«Молодец, что достали и осилили Урлевана (так у нас зовется). Везем с собой роман второй сестры, которым зачитывались наши бабушки и матери: Jane Eyre (Джен Эйр). Книга когда-то гремевшая. Прочтете — сравните. Герои почти те же. Есть еще третий роман (третьей). Достанем и его!», с. 85. Урлеван — имеется в виду французский перевод романа Э. Бронте «Грозовой перевал» — «Les hauts de hurle-vent».

310. Громчевская-Николаева Е. Пылкая честность была ее главной чертой // Библиотека. — 1996. — № 7. — С. 66—68.
К 180-летию со дня рождения Ш. Бронте.

311. Карельский Д. А. Шарлотта Бронте: Джейн Эйр; Городок: Романы; Эмили Бронте: Грозовой перевал: Роман // Все шедевры мировой литературы в кратком изложении: Сюжеты и характеры. Зарубежная литература XIX века. — М., 1996. — С. 255—268.

312. Никанорова Т. М. Роль христианской символики в формировании художественного пространства романа Э. Бронте «Грозовой перевал» // Английская литература в контексте мирового литературного процесса: Тез. VI-й международной конференции преподавателей англ. лит. — Киров, 1996. — С. 39.

313. Веревкина А. «Джейн Эйр» (Jane Eyre) // Веч.Москва. — 1997. — 15 февр.
О пятой экранизации романа Ш. Бронте (США, 1996). Реж. Франко Дзефирелли.

314. Гражданская З. Роман Шарлотты Бронте «Джен Эйр» // Бронте Ш. Джен Эйр. — Нальчик, 1997. — С. 442—445.

315. Судленкова О. А., Кортес Л. П. 100 писателей Великобритании. Минск: Вышэйш. шк., 1997. — 247 с.
Ш. Бронте, с. 37—38; Э. Бронте, с. 38—39.

316. Тугушева М. Ужель та самая Джейн Эйр? // Лит.газ. — 1997. — 5 нояб. (№ 45). — С. 13.
К 150-летию выхода в свет романа Ш. Бронте «Джейн Эйр».

317. Хайченко Е. Г. Джен Эйр (Jane Eyre) //Энциклопедия литературных героев. — М., 1997. — С. 120—121.

318. Спарк М. Эмили Бронте / Пер. И. Гуровой // Бронте Ш. Джейн Эйр; Бронте Эм. Грозовой Перевал; Бронте Энн. Агнес Грей. — М., 1998. — С. 771—830. — (Воспитание чувств).
Из книги «Эмили Бронте — жизнь и творчество» (Лондон, 1960). Первая публикация см. № 283.

Составители
Б. Парчевская и
Ю. Рознатовская

УКАЗАТЕЛЬ
ПЕРЕВОДЧИКОВ ПРОИЗВЕДЕНИЙ
СЕСТЕР БРОНТЕ
НА РУССКИЙ ЯЗЫК

О. ПЕТЕРСОН

СЕМЕЙСТВО БРОНТЕ

Фрагмент из книги

До сих пор все лица, писавшие о Бронте, ограничивались тем, что следили за судьбой этой семьи лишь со времени появления ее в Англии, — период сравнительно весьма короткий, так как первым Бронте, поселившимся в Англии, был именно сам достопочтенный Патрик Бронте, отец писательницы. Что именно скрывалось там, дальше, за пределами Англии, — оставалось неизвестно. Знали только, что Патрик Бронте был родом ирландец и сам своим собственным трудом и настойчивостью пробил себе путь к образованию.<...>

<...> существуют несомненные и неоднократные указания на то, что Патрик Бронте любил страшные рассказы и предания из ирландской жизни, к которым дети его прислушивались с напряженным, жадным любопытством. Может ли быть, чтобы в рассказах своих он никогда не касался своих предков, и может ли быть, чтобы, представляя собой источник и центр всякого умственного интереса для своих детей в самые формирующие годы, т.е. в годы их детства и ранней юности, он мог бы не оказать на них решающего влияния своими рассказами, передавая в них весь поколениями накопившийся запас поэзии? Что же это была за поэзия и какого рода сюжеты, картины и характеры проходили с раннего детства перед духовными очами маленьких Бронте?

Ответ на это мы находим в высокой степени интересной книге Вильяма Райта «Бронте в Ирландии, или Факты чудеснее вымысла»*, вышедшей первым изданием в октябре 1893 г. и разошедшейся так быстро, что уже в декабре того же 1893 г. потребовалось второе издание, а в октябре 1894 г. даже третье.

Обстоятельства совершенно особым образом благоприятствовали знакомству Райта с семейством Бронте и его историей. <...> Еще ребенком приходилось ему сталкиваться с ирландскими

Петерсон О.М. Семейство Бронте: (Керрер, Эллис и Актон Белль). Спб.: Тип И.Н.Скороходова, 1895.

* Wright W. The Brontes in Ireland, Or Fact Stranger than Fiction. New York: Appelton, 1893. 308 p.

417

Бронте, и уже тогда был он поражен их талантом, хотя ни одно литературное произведение не успело еще прославить их имени в Европе; нянька его жила в четверти мили от их дома и обладала богатым запасом самых необычайных рассказов, касавшихся этой семьи. Первым его учителем классических языков был досточтенный Вильям Мак-Аллистер из Финарда, близ Ньюри. В детстве он был знаком с отцом писательницы, Патриком Бронте, и часто находился в числе слушателей, когда дед писательницы, Гуг Бронте, рассказывал очарованной толпе слушателей все те необычайные приключения, которые легли в основу романа Эмили Бронте «Бурные Вершины» <...> Благодаря этому Райт записал много отрывков, вошедших впоследствии в романы сестер. «Когда читал я романы, написанные сестрами Бронте», говорит он, «у меня всегда являлось такое чувство, как будто бы я вперед знал, что должно последовать в рассказе». Его, главным образом, интересовало изложение и разработка деталей, а не самая фабула, с которой он как будто был уже знаком ранее. <...>

Во времена приготовления Райта к университетскому экзамену, ему пришлось провести месяца два на юге Ирландии, где в костюме крестьянина он странствовал пешком, стараясь восстановить источники традиций, связанных с именем Бронте. И после того не раз предпринимал он длинные путешествия в Ирландию все с той же целью выяснить и проверить различные мелкие факты и подробности в истории этой семьи.

В Ирландии, в Эмдале, в приходе Друмбаллироней, на перекрестке двух дорог, ведущих к довольно значительным городам (Варренпойнт, Ратфриланд, Ньюри и Банбридж) стоял когда-то небольшой деревенский домик. Почти напротив этого домика была кузница, уцелевшая и до настоящего времени. Домик этот принадлежал когда-то Бронте, и существует и теперь, но уже в полуразрушенном виде. Теперь он служит коровником.

Дом состоял из двух комнаток. Одна, над которой и до сих пор сохранилась еще кровля, служила спальней и вообще жилой комнатой; вторая, крыша над которой уже развалилась, служила одновременно кухней и сушильней для зерна. <...>

В домике этом с 1776 г. поселился молодой красивый малый с ярко-рыжими волосами и энергичным, выразительным лицом. Человек он был безграмотный и непривычный к сельскому труду, и потому сушильня на первых порах служила для него почти единственным источником средств к жизни. Но насколько был он беден деньгами, настолько же был богат любовью и, что может быть является самым надежным источником счастья на земле, — богат поэтической фантазией. Человек этот обладал редким даром рассказчика, и принадлежал к типу, в старые годы весьма ценимому в Ирландии, но теперь уже совершенно исчезнувшему. Он был настоящий, прирожденный, пожалуй даже, можно сказать, профессиональный рассказчик, так как, хотя он и не брал платы за свои повествования, но репутация его в этом отношении была незыблема и сохранилась за ним до самой его смерти. Звали этого человека Гуг Бронте.

Отец упомянутого выше Мак-Аллистера сам не раз слышал его рассказы и проводил целые ночи в его сушильне. <...> Сам Гуг Бронте сидел под помостом, прямо перед пылавшим жерлом печки, и поминутно подбрасывал в нее новые высевки; тут же у огня сидела со своею прялкой жена его, знаменитая красавица Алиса Бронте, а на куче мякины лежал маленький сын его, Патрик и, пристально устремив на него глаза, прислушивался к его рассказам еще прежде, чем сам научился говорить.

Гуг Бронте, по-видимому, обладал редкой способностью принимать свои собственные рассказы за истинную правду даже в тех случаях, когда они были чистейшим вымыслом, и иногда создавал такие сверхъестественные и ужасные сцены, что, как он сам, так и его слушатели от страха уже всю ночь не могли двинуться с места. Нередко даже соседи его, не решаясь выйти на темную улицу после какой-нибудь ужасной истории, оставались ночевать тут же на грудах высевок. Со всех окрестных ферм молодые люди собирались по ночам слушать рассказы Бронте, и репертуар его никогда не иссякал, так как он до самой своей смерти не переставал сочинять все новые и новые истории.

При этом, как говорят, повторяя прежде уже рассказанную историю, он рассказывал ее почти дословно. Он был истинный художник. Картина рисовалась в его воображении ярко и отчетливо со всеми мельчайшими подробностями пейзажа, настроения, и, вылившись наконец в определенную, законченную форму, навсегда запечатлевалась в его памяти.

Многие из рассказов его не заключали в себе ничего романического, но во всем, что ни говорил он, сказывался его несомненный литературный талант, благодаря которому зрителей приковывало к себе не только содержание его рассказов, но и самая бессознательно художественная форма их. Но ни один из его рассказов не пользовался таким успехом, как повесть о бедствиях и несчастиях, которые приходилось ему претерпевать в своем детстве и отрочестве. Повесть эту, как говорят, он передавал в торжественном рапсодическом стиле старинных бардов, доступном, впрочем, каждому из его малограмотных и даже совсем безграмотных слушателей. <...>

С этой-то одиссеей деда наших писательниц мы и позволим себе познакомить наших читателей. <...>

Гуг Бронте, согласно собственным его рассказам, принадлежал к одной очень многочисленной семье. Отец его жил где-то на юге Ирландии. Он был человек состоятельный, и раннее детство Гуга прошло в достаточно благоустроенном доме. Это было в половине прошлого столетия, а может быть и несколько ранее.

Вдруг вся семья пришла в сильное возбуждение вследствие приезда одного дяди и тетки, о которых они прежде и не слыхивали. Сначала приезжие показались детям людьми грубыми и неприятными, особенно неприятен был им смуглый цвет лица дяди и мрачный взгляд его глаз.

Но приезжие прогостили довольно долго и под конец впечатление это успело изгладиться. Гуг полагал, что тогда ему было лет пять или шесть. Скоро он сделался любимцем приезжих, которые всюду водили его с собой и укладывали спать на ночь в своей комнате. Ребенок был их постоянным товарищем. Они покупали ему разные безделушки, какие только были ему по вкусу, и, окончательно добившись его расположения, предложили ему уехать с ними и быть им вместо сына, так как своих детей у них не было.

Впоследствии Гуг предполагал, что так было заранее условлено между ними и его отцом, и что им предоставлено было только время, чтобы победить дурное впечатление, произведенное их мрачной наружностью. Они добились этого, рассказывая ему об ожидавших его дома пони, об экипажах, собаках, ружьях и удочках. Воображение ребенка до того воспламенилось этими картинами, что он сам стал упрашивать отца отпустить его с дядей. Согласие воспоследовало, и мальчик проводил дни и ночи в мечтах о жизни среди пони и собак, о прогулках по горам и цветникам, о том, как будет он ловить рыбу в реке Бойне и станет великим ученым, — это тоже входило в программу. <...>

Много лет спустя этот старик, рассказывая в долгие зимние вечера историю своего детства, всегда с особой подробностью останавливался на незамысловатых обстоятельствах той памятной ночи, когда он покинул родной свой дом.

Долго с нетерпением ждал он прибытия местной портнихи; уже поздно, почти ночью, принесла она ему новую, нарочно заказанную для этого случая, пару дорожного платья. Когда платье было надето, мальчика поставили на стул, чтобы он мог поцеловать портниху*. Она отвечала ему таким горячим поцелуем и таким крепким объятием, которых он никогда в жизни не мог забыть. При этом голос ее прервался и глаза наполнились слезами, и она поспешно отвернулась, как бы предчувствуя его судьбу.

Все еще стоя на стуле, простился он с остальными членами своей семьи, за исключением лишь матери, которая не имела духу

---

* Первый поцелуй в новом платье в Ирландии считается знаком особого расположения. (*Примеч. автора.*)

видеть его в эту минуту: она все время была против его отъезда и никак не могла помириться с мыслью о разлуке, чего он, разумеется, по своему младенческому неразумию, совершенно не понимал и только с нетерпением уклонялся от ее усиленных ласк.

Когда прощанье было кончено, отец поднял его на руки, вынес на темный двор и осторожно посадил между дядей и теткой на сиденье с высокой спинкой. В этом экипаже, напоминавшем обыкновенный ирландский джиг, маленький Гуг Бронте, полный самых радужных надежд, начал свое суровое странствование по свету.

Но тут нам надо вернуться несколько назад. Дед Гуга Бронте, прапрадед писательниц, жил большею частью на ферме на берегах реки Бойны, несколько выше Дроггеды. Помимо фермы, он занимался еще торговлей скотом и нередко ездил из Дроггеды в Ливерпуль для продажи своего скота. В одну из его поездок, на обратном пути из Ливерпуля, в трюме корабля нашли завернутого в тряпье какого-то странного ребенка. Он был еще очень мал, очень черен, очень грязен и почти совсем раздет. На корабле никто не знал, откуда он взялся и, казалось, никому не было ни малейшего дела до того, что с ним будет. На корабле не нашлось ни одной женщины, за исключением лишь мистрисс Бронте, сопровождавшей своего мужа в Ливерпуль.

Ребенка выбросили на палубу. Кто-то сказал: «спихните его за борт», но никто не захотел прикоснуться к нему, и он оставался на палубе и горько плакал. Мистрисс Бронте из жалости поневоле приняла в нем участие.

По прибытии в Дроггеду Бронте взяли его на берег, чтобы накормить и одеть, рассчитывая затем опять отправить его назад, в Ливерпуль, но капитан, раз избавившись от него, не согласился уж больше принять его на свой корабль. Ближе Дублина не было никакого воспитательного дома, а Дублин в то время казался очень далеко от Дроггеды, и дело кончилось тем, что мистрисс Бронте сочла удобнее взять его к себе домой, чем везти в Дублин, где еще, чего доброго, он не подошел бы под правила, так что его, пожалуй, и не приняли бы. Все Бронте уже и в то время отличались золотистым цветом волос, и черномазый ребенок ужасно им не нравился. Но «жалость смягчает сердце до любви», и мистрисс Бронте приняла его в среду своих собственных детей.

Когда маленький подкидыш был извлечен из люка корабля, все, видя его, решили, что он должен быть родом из Валлиса и хотя в действительности он, вероятно, мог бы претендовать на гораздо более восточное происхождение, он, тем не менее, став членом семейства Бронте, получил имя Валлийца, или Вельша.

Маленький черномазый Вельш был болезненное, плаксивое существо и, всегда отталкиваемый и презираемый сильными, здоровыми детьми Бронте, рос недовольный, завистливый и хитрый. Он исподтишка ломал игрушки, портил клумбы, убивал птиц и украдкой проделывал столько злых штук над детьми, что постоянно получал от них за это колотушки, потому что хотя им и редко удавалось поймать его на месте преступления, но они и так все приписывали ему и вследствие этого ненавидели и били его. Он же, со своей стороны, постоянно молчал с недовольным, мрачным видом и прерывал молчание лишь в присутствии мистера Бронте, являвшегося ему на выручку.

Он стал любимцем мистера Бронте, частью потому что был слаб и нуждался в его защите, а отчасти и потому, что всегда бежал ему навстречу, когда тот возвращался домой, словно радуясь его приходу и стремясь оказать ему посильную помощь. Дома он следовал за ним, как собака за своим хозяином, и всегда ухитрялся рассказать ему что-нибудь, что говорило не в пользу других детей. Таким образом, он занял прочное место в доме и отстранил детей от их отца.

Как только Вельш немножко подрос, старик Бронте стал брать его с собою на рынок и ярмарки вместо своих собственных сыновей, и тут он оказывался в высшей степени полезным помощником. Этому содействовали также его маленький рост и незначительная наружность. Он втирался в толпу людей, у которых мистер Бронте желал купить скот, подслушивал их разговоры и, разузнав minimum цены, которую они согласны были получить, доносил об этом своему господину. Таким образом дело упрощалось: мистер Бронте предлагал продавцам чуть-чуть больше того, на что они готовы были согласиться, и торг заключался без дальних разговоров. Ту же услугу оказывал он и в Ливерпуле, где на улице на него обращали не больше внимания, чем на какую-нибудь собачонку, вертевшуюся под ногами прохожих.

Торговые дела шли успешно, Бронте скоро разбогател, и Вельш стал ему совершенно необходим: днем он следовал за ним, как тень; ночью свертывался у его ног и спал, как собака. Но чем больше привязывался к нему сам старик Бронте, тем больше ненавидели и презирали его другие дети.

Время шло, и дела Бронте все более и более переходили к его помощнику и, наконец, он окончательно прибрал все к рукам. Но вот на обратном пути из Ливерпуля, где они только что продали огромнейший гурт скота, когда-либо переправлявшийся через канал, мистер Бронте внезапно умер на корабле. Вельш, единственный свидетель его смерти, уверял, что он ничего не знал о деньгах своего господина, и так как тут же кстати исчезли и все счета, то никто не мог сказать, куда делась круглая сумма, полученная им за свой скот.

Дети Бронте, все уже почти взрослые, были воспитаны в относительной роскоши. Нужды их всегда удовлетворялись из кошелька отца, а откуда и каким образом добывались для этого деньги, они не знали. Они получили хорошее образование и подолгу живали в Англии; но они не имели ни малейшего понятия ни о ведении фермы, ни о торговых спекуляциях; к тому же они лишились всего бывшего в обороте капитала; ферма же оказалась в таком запущенном виде, что она совершенно не могла служить средством к жизни для целой семьи, даже при необходимом для обработки земли капитале и искусстве.

В то время как семья находилась в таком безвыходном положении, Вельш, которого братья и сестры выгнали из дому, запретив ему показываться им на глаза, попросил всю семью собраться, чтобы обсудить ту сделку, которую он собирался предложить им, прибавив, что предложение его имело в виду восстановление благосостояния всего семейства. Бронте, надеясь на возвращение хотя бы части украденных денег, согласились.

На свидание это Вельш явился разодетый так, что все были совершенно поражены его костюмом. На нем было платье из тонкого сукна, черное и блестящее, как его собственные, сильно напомаженные волосы; тонкое белье, белое и ослепительно сверкавшее, как его собственные выдававшиеся зубы. Эффект был поразительный для всех, знавших его прежде. Физиономия его, казалось, приняла еще более зловещее выражение, благодаря самодовольной улыбке, придававшей особое значение косине его глаз и шакалообразным челюстям.

Когда все собрались, он, напыщенным тоном скотопромышленника, принялся высказывать свою симпатию к семейству, и заявил, что он на одном только условии готов по-прежнему заниматься торговлей и обеспечивать доходы семьи, а именно, если младшая сестра, Мария, станет его женой. Предложение это было принято взрывом горячего негодования. Не обошлось и без крепких слов. Вельш, уходя из дома, оглянулся назад и сказал: «А Мария будет-таки моей женой; вас же всех я, как отрепья, вышвырну из этого дома, который станет моим домом». С этими словами он исчез во мраке ночи.

Свидание это привело к двоякому результату: оно открыло братьям глаза на грозившую им беду и тем подвигло их на серьезную попытку спасти свой дом, — Валлиец показал свои карты, и необходимо было разрушить его козни. Но для того, чтобы парализовать его пронырливость и коварство, мальчики должны были серьезно приняться за работу. У них было немало друзей, и в скором времени все три брата нашли себе прибыльные занятия, — двое в Англии, а один в Ирландии, так что могли высылать домой довольно денег для того, чтобы уплачивать ренту за свою ферму, так чтобы мать и сестры их могли жить в полном довольстве.

Но и Валлиец не думал отказываться от своих целей, тем более что он, конечно, готов был действовать, не стесняясь средствами. Он не вернулся к торговле скотом, вполне сознавая всю свою непригодность к этому делу, но сумел занять положение, в котором ему всего скорее можно было надеяться отомстить за минувшие унижения и удовлетворить своему корыстолюбию. Землевладелец, которому принадлежала ферма Бронте, сам совершенно не занимался своим имением, а держал агента. Подобный агент в то время был самый большой человек во всем околотке — он изображал собою местное правительство, высшего судью, одним словом, являлся своего рода пашой. Главная обязанность его заключалась в сборе ренты, и ввиду этого, подобным лицам официально были предоставлены почти неограниченные права над имуществом, личностью и чуть ли не жизнью арендаторов. На службе агента состояли поверенные, сборщики податей и под-агенты. Одно из мест под-агента было вакантно, и Валлиец получил его, уплатив агенту значительную сумму денег. <...>

Прежний опыт Вельша, сослужившего службу старому Бронте, толкаясь среди толпы на рынках, оказался очень кстати для него и на его новой службе. Заседая в харчевнях и болтая с подвыпившими арендаторами, он без труда разузнавал все их дела и обстоятельства и всегда с точностью мог определить размеры ренты, которую способно было уплатить за свою ферму каждое данное лицо.

Занимая такую, в высшей степени отвечавшую его способностям, должность и быстро обогащаясь, Вельш не забывал, однако, и своих притязаний на Марию Бронте и на ферму, принадлежавшую этому семейству. <...>

С помощью очень подлой старухи, игравшей в околотке весьма неблаговидную роль сводни и шпиона, и в то же время пользовавшейся славой гадалки и ясновидящей, ему удалось убедить Марию Бронте в своей необыкновенной преданности ее семье и в своей страстной любви к ней, будто бы подвигшей его на уплату вместо них больших сумм денег в то время, когда сами они еще находились в бедственном положении. Марии были показаны даже фальшивые расписки, якобы выданные агентом, но изготовленные самим Вельшем. Наконец Мария, поколебавшись в своем мнении о нем, как о негодяе, согласилась на свидание с ним, желая поблагодарить его за все, что сделал он для их семьи. Свидание назначено было в пустынном поле, и Мария отправилась туда в сопровождении одной лишь старой колдуньи. Вельш воспользовался ее доверчивостью и полным безлюдием, и поставил ее в такое положение, что, во избежание позора, ей оставалось только выйти за него замуж. Они обвенчались тайно. Став мужем одной из дочерей Бронте, Вельш уже без затруднения за добавочную плату получил ферму в свои руки. <...> Он исполнил также и последнюю свою угрозу: мать, сестры, братья — все были рассеяны по свету. <...>

Много лет прошло после описанных выше событий. Агент пал под рукою убийцы, и почти тотчас же вслед за тем дом, в котором жили новые Бронте, сгорел дотла, и все дурно нажитые богатства Вельша погибли в пламени. <...>

Вельш всегда умел подчинять гордость своим интересам и, очутившись в бедности, через посредство своей жены вступил в переписку с одним из ее братьев, в то время уже состоятельным человеком, жившим где-то в Ирландии. Он выражал глубокое раскаяние в своих деяниях и готовность все искупить, если получит прощение. Прошло уже несколько лет после их свадьбы, а у них все еще не было детей, и его очень огорчала мысль, что ферма попадет в чужие руки. А потому они предлагали усыновить одного из своих многочисленных племянников, воспитать его, как родного сына, и передать ему ферму его предков.

Тут были выговорены условия, на которых усыновлялся мальчик, и одним из условий было — дать ему образование. Но главным условием была торжественная клятва со стороны отца — никогда не пытаться видеться с сыном и не вступать с ним ни в какие сношения; со стороны же самого Вельша и Марии — не открывать ребенку места жительства его отца.

В Ирландии такие семейные клятвы внушали суеверный ужас, и были бесповоротны, как судьба. <...>

Условие это строго соблюдалось с обеих сторон, и даже в позднейшие годы, уже в начале нашего столетия, когда Мария Бронте приехала навестить Гуга в собственном доме его в Country Down, он никак не мог выпытать у нее хотя бы какое-нибудь указание или намек, который помог бы ему разыскать родной дом, где провел он свое раннее детство.

Ночь стояла холодная, и Гуг, поплотнее прижавшись к тетке, скоро освоился и принялся болтать, как он обыкновенно делал это на прогулках со своими новыми друзьями.

Но Вельш вдруг разразился потоком резкой брани, приказывая ему прекратить свою болтовню и молчать. Ребенок с минуту не мог прийти в себя от неожиданности и удивления. Однако, все еще не вполне веря, чтобы речь эта могла относиться к нему, Гуг высвободился из-под шали своей тетки и, придвинувшись к дяде, спросил: «Неужели это вы со мной говорите так сердито?»

— Погоди, я научу тебя слушаться меня, ах ты, надменный щенок! — оборвал его Вельш, нанося ему удар прямо по лицу. Оскорбленный и разъяренный маленький Бронте мигом вскочил на ноги и, повернувшись лицом к дяде, принялся кричать:

425

— Ни на шаг дальше не хочу я ехать с вами! Я вернусь домой и расскажу отцу, какое ты старое, злое чудовище! Поверни лошадь и отвези меня домой! — продолжал он кричать, хватаясь за вожжи.

Дом был еще виден, и в окнах его мелькали огоньки. Тут тяжелая рука схватила его и принялась так трясти, что голос замер у него в груди, из глаз посыпались искры и кровь хлынула из носу. В полусознательном состоянии он все еще чувствовал, что его трясли и били о края телеги и в то же время какой-то грубый голос продолжал извергать ужасные проклятия.

Прошло несколько часов, прежде чем Гуг пришел в себя. Очнувшись, он увидел, что лежал в заднем конце телеги, на сырой соломе, а перед ним, спиной к нему, сидели его дядя и тетка. Он чувствовал себя больным, разбитым и голодным. <...>

Он повернулся и стал наблюдать за двумя фигурами, сидевшими бок о бок и неподвижно и молча воздвигавшимися над ним, как будто совсем забыв о его существовании. Всего лишь несколько часов тому назад он любил их со всею страстью и увлечением, на какое только была способна его детская душа. Теперь же все изменилось, и он ненавидел их до нестерпимости. Он вдруг постиг весь ужас одиночества. Все мысли его стремились домой, под уютный родной кров, где окружала его любовь и ласка, но в то же время он вполне сознавал, что все это было навсегда им утрачено. Ночь эта принесла ему большой опыт, заставив его сразу вкусить от древа познания добра и зла. <...>

«Я быстро рос в эту ночь, — говаривал Гуг Бронте, с необыкновенной яркостью и живостью передавая всю эту историю лет через семьдесят после вышеописанной ночи. — Я был младенцем-христианином, я горячо любил, ненавидел, жаждал мести, был энтузиастом, мизантропом, скептиком, атеистом, и все это в какой-нибудь один ужасный час. Незаслуженные удары от руки, когда-то любимой, падают тяжело и наводят на многие думы». <...>

Когда он проснулся, горячее солнце пекло ему прямо в лицо. Он был один в телеге, из которой была даже выпряжена лошадь. <...>

На следующее утро, очень рано, пока Гуг еще спал, приехали они в большой город. <...> После небольшой остановки, во время которой ему не позволяли ни сходить с телеги, ни вступать в разговоры с посторонними лицами, они тронулись в путь, и достигли дома дяди, на берегу реки Бойны, уже поздно вечером.

Вот что рассказывал Гуг Бронте о своем путешествии. Райт в первый раз слышал этот рассказ от Мак-Аллистера, а потом еще от четырех, независимых друг от друга рассказчиков. Все рассказы разнились лишь в незначительных подробностях, и были совер-

426

шенно тождественны в главнейших чертах. <...> Райт, как уже сказано было, даже и не пытался сохранить стиля Бронте. Испытания, вынесенные мальчиком во время этого ужасного путешествия, передавались стариком с таким драматизмом, с кипучею страстью, что совершенно приковывали внимание очарованных слушателей.

Гуг Бронте не опускал ничего, что могло бы придать колоритность и реальность его рассказу. Он говорил о низкорослых деревьях на открытых ветрам вершинах; о тенях, которые, как привидения, колебались на залитых лунным светом равнинах. Он описывал пустынные болота, тянувшиеся по обеим сторонам их пути; о дороге, развертывавшейся перед ними бесконечной лентой, пересекая мосты и броды; по временам он приводил в восторг своих слушателей описанием неба, горевшего звездами, или осеннего пейзажа, позолоченного лучами заходящего солнца. <...>

Дальнейшая история Гуга Бронте не менее интересна и, в свою очередь, очень часто служила темой для его рассказов.

Тотчас же по приезде дядя имел с ним короткое объяснение, в котором постарался точнее внушить ему их будущие отношения и обязанности.

Схватив мальчика за плечи и со злобою глядя ему в глаза, Вельш заявил, что отец его низкий, криводушный негодяй. Вельш, согласно собственным его словам, уговорился с ним, что сделает Гуга своим наследником и даст воспитание, приличное джентльмену, в вознаграждение за что отец Гуга обещал ему выплатить пятьдесят фунтов стерлингов; но обманщик уплатил всего только пять, а потому Гугу придется обойтись без образования и работать из-за куска хлеба. Слова эти сопровождались целым потоком ругательств, которых Гуг никогда не опускал в своем рассказе, и которые читатели найдут целиком в романе его внучки Эмили. При этом объяснении присутствовал высокий, тощий, едва прикрытый какими-то лохмотьями дикарь, по имени Галлагер, который, казалось, был вполне посвящен в это дело и громко выражал свое одобрение каждому слову, произнесенному Вельшем; по окончании же его речи стал призывать Святую Деву и всех святых, моля их поразить отца Гуга и охранять его дядю. Увлекшись, он стал доказывать Гугу, как безрассудно и бесплодно было бы со стороны мальчика, имеющего такого отца, надеяться на счастье здесь, на земле, или рассчитывать на блаженство на небе после смерти, особенно если все блаженные святые будут против него.

Дикарь этот был доможравителем Вельша. Он был очень полезен Вельшу в качестве шпиона в то время, когда Вельш был еще помощником агента. Отец Гуга когда-то на одном сборище изобличил его в шпионстве, вследствие чего он был с позором изгнан. <...>

Галлагер же оказал большую услугу Вельшу и в деле с Марией Бронте: он был сообщником колдуньи Мэг, и в качестве свидетеля вместе с Мэг присутствовал на свидании Вельша с Марией в пустынном поле. Их-то присутствие и понудило Марию обвенчаться с Вельшем. <...>

Галлагер был излюбленным героем Гуга Бронте: говоря о нем, он разрабатывал этот тип с любовью, в деталях, изливая на него весь яд и всю желчь свойственной Бронте сатиры, презрения и ненависти. Каждый, хоть сколько-нибудь знакомый с рассказами Гуга, непременно был знаком с Галлагером. Действительно, имя его в окрестности Баллинаскега превратилось в своего рода прозвище, обозначавшее всяких подозрительных личностей, и, как полагает Райт, употребляется в таком смысле и до сих пор. И теперь еще, по словам Райта, в Лондоне есть семейство, часто употребляющее это прозвище, хотя и в шутку, но не без некоторой серьезной подкладки.

Воспользовавшись первою минутою молчания, Гуг, в воспоминании которого еще живо рисовался его уютный, опрятный родной дом, принялся осматривать свое новое жилище. В одном углу комнаты благодушно растянулась свинья, окруженная своим многочисленным потомством. Один только отчаянно дымивший камин служил признаком того, что это было человеческое жилище. Рядом с очагом возвышалась куча торфу. Сырой земляной пол был грязен. В самом дальнем конце комнаты стояла широкая четырехугольная кровать; на спинки грубых соломенных стульев присаживались куры, прежде чем окончательно поместиться на одной из балок, положенных под кровлей. Тощая рыжая собака с длинным туловищем и короткими ногами равнодушно обнюхивала Гуга, не выражая ни недовольства его появлением, ни приветствия.

Гуг, внимательно выслушав все, что говорил Вельш и Галлагер, все-таки никак не мог толком понять настоящего положения вещей.

— А скоро ли приедем мы домой? — спросил он вместо ответа.

— Ты теперь уже дома, — отвечал дядя. — Никакого другого дома, кроме этого, у тебя не будет, да и им ты обязан мне. Пожалуйста, не задирай тут носу, молодчик! Отец твой был рад-радешенек избавиться от тебя, а ты так-то благодаришь меня за то, что я сделал тебя своим наследником! Убирайся в постель, чтобы я тебя больше не видел, а назавтра я постараюсь найти здесь дело, достойное такой важной персоны.

Но наутро оказалось, что ребенок не мог подняться с постели, на которую лег с таким отвращением в ногах у дяди и тетки. Хрюканье свиньи и возня ее с поросятами, а также куры и петухи несколько раз будили его ночью.

Рано утром дядя встал, чтобы выпустить кур и свинью, и затем насильно стащил с постели Гуга. Но Гуг не в силах был устоять на ногах и как сноп повалился на пол, и никакая ругань не могла остановить горячки и бреда, несколько недель не покидавших мальчика.

К нему не приглашали никакого доктора, тетка сама остригла ему волосы и давала ему пить сыворотку. Наконец, ему стало лучше, но всю зиму был он до того слаб, что не в состоянии был ходить. Зато за эту болезнь он приобрел искренних друзей. Первым, горячо привязавшимся к нему другом, была рыжая собака с жесткою шерстью, — собаки вообще всегда бывали в большой дружбе со всеми Бронте. Весь день проводила она на постели рядом с ребенком и лизала ему лицо и руки. Ночью ее прогоняли, и она укладывалась тут же рядом на полу, сторожа минуту, когда с наступлением утра опять освободится ее прежнее место. <...>

Даже сама его тетка за время болезни привязалась к нему, как к родному сыну, и в отсутствие Вельша всегда старалась подсунуть ему какое-нибудь лакомство, — то яйцо, то свежего масла, только что сбитого на продажу, и даже — верх щедрости — чашку мятного чая, предшественника китайского. За чашкою этого чая, несколько лет спустя, тетка рассказала ему всю трагическую историю своей семьи.

Впоследствии ему всегда отрадно было думать, что трусливый и в то же время деспотичный Вельш был вовсе не Бронте и даже не ирландец родом. <...>

Наступила ранняя весна, а вместе с нею вернулись к Гугу его здоровье и силы. Гуг с своею верною собакой Кипером целые дни проводил на воздухе, стараясь держаться подальше от развалин, служивших домом Вельшу и представлявших собою лишь остатки дома его дедов, уцелевшие после пожара.

Как только он настолько окреп, что мог уже ходить довольно далеко, его стали посылать пасти скот. На обязанности его лежало не позволять коровам и овцам выходить за пределы отгороженного низенькой стеной пастбища и заходить в хлев. Дело было нетрудное, и Гуг с наслаждением проводил целые дни на воздухе вместе со своим верным Кипером. <...> Последующая прославленная любовь внучки Гуга, Эмили Бронте, к своей собаке, тоже Киперу, была не более как какая-то шутка в сравнении с тою страстною привязанностью, которую питали друг к другу этот одинокий мальчик и собака, видевшая в нем своего единственного друга. Это была привязанность, основанная на общности интересов, взаимном уважении и неизменном, постоянном товариществе. Стоило собаке получить пинок, что случалось нередко, чтобы ребенок проявил мрачную враждебность, рискуя сам подвергнуться за это подобному же обращению, а когда Гуг терпел брань или побои со стороны Вельша или Галлагера, что тоже бывало чуть не каждый день, собака обнаруживала явное намерение броситься им на горло.

Но среди своих новых привязанностей Гуг не забывал родного дома. В этом отношении он был истый ирландец, и тоска по родине и старым друзьям не давала ему покоя. В каждом мало-мальски порядочном человеке, появлявшемся на дороге по направлению к ферме, он видел своего отца и освободителя; по ночам он часто просыпался, как ему казалось, разбуженный звуком хорошо знакомых голосов, послышавшихся у двери, и много нужно было времени для того, чтобы погасла в нем, наконец, эта надежда.

Между тем год шел за годом, не принося с собой ни перемены, ни разнообразия, и Гуг Бронте рос в полнейшем уединении и одиночестве, не имея других товарищей, кроме собаки, да окружавшей его природы, с которою он сроднился душой и сердцем. Он давным-давно вырос из своего платья; оно уже несчетное число раз чинилось, штопалось и надставлялось и, наконец, превратилось в какие-то едва державшиеся на плечах лохмотья, а между тем никто и не думал заменить его новым. Когда сапоги его окончательно разорвались, он принужден был ходить босиком. Гребень совершенно отсутствовал в хозяйстве его дяди, мыло тратилось лишь с величайшей бережливостью. Тем не менее, по временам мальчик чувствовал себя почти счастливым в своей суровой, но свободной жизни, среди своих неизменных и лучших друзей — собаки и природы, недоступный шпионству Галлагера и безобразной ругани Вельша.

Дело несколько изменилось, когда пришлось ему приняться и за другую работу — собирать картофель, идя по грязи и под дождем следом за человеком, лопатой вскапывавшим картофельное поле, зимою собирать на полях камни для осушки болотистой почвы, с восхода и до захода солнца участвовать во всей беспорядочной суете первобытно и неряшливо содержавшейся фермы и, наконец, до глубокой ночи молотить и веять хлеб в сарае. Теперь он был чересчур уже велик, чтобы спать поперек постели, а потому спал на мешке высевок в наполовину раскрытом сарае. Дядя ненавидел его до нестерпимости и почти никогда не проходил мимо, не ударив его.

Единственным собеседником Гуга в часы работы был только Галлагер, но его злобное издевательство казалось Гугу еще невыносимее откровенной жестокости дяди. Хотя Гуг своим неиспорченным инстинктом и чувствовал в Галлагере дурного человека, но иногда и ему случалось не выдержать и, обманувшись притворным сочувствием, проболтать свои тайны, и все его речи немедленно же дословно и с прибавлениями передавались Вельшу. Иногда Галлагер принимался смеяться над отрепьем, служившим мальчику одеждой, и вообще надо всем его нищенским видом, уверяя при этом, что все его несчастья были ниспосланы на него всеми святыми в наказание за грехи его отца, и что дьявол когда-нибудь ночью утащит его из сарая, как это уже бывало с детьми дурных людей.

Гуг был невежествен и суеверен, и в ужасе не спал ночей, ожидая дьявольского посещения, и таким образом лишился единственного времени, когда он мог чувствовать себя спокойно.

Этот страх чета Гуг передал и своему потомству, и один из сыновей его дошел до того, что даже прямо вызывал черта на бой.

Галлагер, извращая факты, часто доводил Гуга почти до бешенства, рассказывая ему, как в былые годы бивал он его отца, когда оба они были еще мальчиками, и этим как бы возмещал сыну за те потасовки, которые случалось ему получать от отца за свое шпионство.

Галлагер употреблял все усилия, чтобы сделать жизнь мальчика как можно невыносимее. Он таскал яйца, ломал орудия, выдаивал коров, сваливая все это на Гуга, и всегда старался присутствовать при расправе Вельша, призывая Пречистую Деву и всех святых свидетелями того, что наказание было вполне заслужено.

Отвратительный характер и недобросовестность Вельша сказывались и в отношениях его с соседями. Не говоря уже о том, что он зачастую возвращался домой в синяках и весь избитый, он состоял в постоянной и непрерывной вражде с соседом за клочок торфяника, из которого уже был выбран почти весь торф. В бытность Вельша помощником агента, отняв у Бронте их ферму, он задумал для округления своих владений присвоить себе также и смежный с нею кусок торфяника, принадлежавший соседу. <...>

Поддерживая свои права, Вельш, временами по пояс в воде, снимал с болота покос, чем приводил в ярость своего соседа. Раз дело дошло до крупной перебранки и даже до драки, причем соседу удалось основательно поколотить Вельша. Гуг был тогда уже большой мальчик, лет пятнадцати, и присутствовал при этой сцене. Вельш, видя, что дело плохо, стал звать его на помощь, но Гуг и не подумал тронуться с места, наслаждаясь силою и ловкостью соседа, тем более что драке предшествовало подробное перечисление всех мошеннических проделок Вельша. Сосед громко обвинял его в убийстве старика Бронте, в похищении его денег, в вероломном поступке с его дочерью и в разорении всей семьи. Гуг находил, что Вельш был кругом неправ, и вполне заслуживал быть побитым. К тому же, и сосед всегда был очень ласков с Гугом и в поле не раз делил с ним свою вечернюю порцию хлеба и молока.

По окончании побоища Гуг, призвав на помощь Галлагера, приволок своего окровавленного, искалеченного дядю домой и ложил в постель.

На другое утро, придя несколько в себя, Вельш позвал к себе Гуга, и, задыхаясь от ярости, потребовал объяснения, почему Гуг не явился к нему на помощь, когда он звал его. Гуг отвечал, что он не вмешался в дело, потому что считал соседа правым. И когда рассвирепевший Вельш, тщетно пытаясь подняться на ноги, стал осыпать его ругательствами, Гуг воспользовался случаем, и со своей стороны прочитал ему длинную отповедь, в которой напомнил ему обо всех не сдержанных им обещаниях, данных его родителям, о том, что он не только не послал его в школу, как то было условлено, но даже заставлял его ходить в лохмотьях, держал его впроголодь и всегда обращался с ним самым зверским образом. Гуг кончил свою речь требованием, чтобы дядя или дал ему возможность вернуться домой, или же одел его и послал в школу.

В первый раз решился Гуг заговорить так со своим дядей и, увлекшись и не помня себя, он объявил ему, что он прекрасно знает, что он вовсе не Бронте, а какое-то чудовище, неправедно завладевшее имуществом и именем семьи, и надеется в самом скором времени достойным образом отплатить ему за это.

Высказывая все это, Гуг должен был сознавать, что ему уже нельзя больше оставаться в доме дяди, тем более что за год перед тем у самого Вельша родился сын, и, следовательно, Гугу уже нечего было и думать о наследстве. К тому же Вельш пообещал хорошенько наказать его за дерзость. <...>

Гуг решился бежать из дому. Вопрос был лишь в том, куда бежать, не рискуя быть водворенным на старое место. Гуг прибегнул к совету и содействию того самого соседа, который отколотил Вельша, и нашел в нем вполне сочувствующего и деятельного пособника.

В тот самый день, когда должно было состояться наказание, <...> оглянувшись в последний раз на дом, когда-то принадлежавший его предкам, <...> Гуг спустился к реке, не торопясь снял с себя остатки своих лохмотьев, как будто собираясь купаться, и, сложив их в кучу, приказал Киперу лечь на них. Кипер был его неизменным и верным другом, и трудно было ему решиться расстаться с ним. Но взять его с собою он не мог, так как собака могла бы только навести погоню на след, а потому он нежно простился с ним, и бросился в воду. Платье лежало в таком месте, откуда Кипер не мог наблюдать за ним и приметить, куда он пошел.

Гуг быстро поплыл вниз по течению и скоро очутился в том месте, где благожелательный сосед ожидал его в кустах лозняка с приготовленным для него платьем и сапогами. Карманы платья оказались набитыми овсяным хлебом, а в карманах панталон нашлось даже несколько пенсов. Гуг поспешно оделся, молча крепко пожал руку своему пособнику и пустился в путь, ища свободы и удачи.

Гуг направился к городу Дунлир и, миновав его, не останавливаясь, пошел прямо в Кастельбеллингам. До последних дней своей жизни не мог он забыть той опьяняющей радости, с которой босиком мчался он по дороге, держа в каждой руке по сапогу. Он не имел ни малейшего понятия о том, куда вела дорога, по которой он шел, и вообще куда ему идти, и шел, куда глаза глядят, лишь бы поскорее избавиться от страха погони. <...> На другой день, рано утром, пришел он в Дундалк, и, проспав недолго под стогом сена, продолжал свой путь на восток ровными полями вдоль берега моря, там, где проходит теперь Дундалкская и Гринорская железная дорога. Тут, в маленькой харчевне, купил он себе на последние медные деньги какой-то еды и, по указанию трактирщика, направился в Карлингфорд, по словам его, большой город, лежавший по ту сторону гор.

Часа через два он заметил слева дымок, и повернув от моря в глубь страны, скоро пришел к местечку, называвшемуся Моунт Плизант, где были устроены известкообжигательные печи. Сюда, иногда очень издалека, приезжало много народу за известкой, как для полей, так и для построек. <...>

Тут в первый раз в своей жизни нашел Гуг приличный заработок и свободный труд, которому он предался со страстью и увлечением, свойственным только истым Бронте, и в скором времени стал зарабатывать так много, что не только мог прилично одеться, но даже положительно стал щеголем. Благодаря своему упорному труду и приличному костюму, он скоро получил весьма важное и ответственное место надсмотрщика и стал любимцем как своих хозяев, так и всех, съезжавшихся за известью.

Одними из самых постоянных покупателей были Тодды и Мак-Аллистеры из Баллинаскега и Гласгара. Работники их часто приезжали в сопровождении молодого малого, Мак-Клори, являвшегося со своею собственной телегой.

Мак-Клори и Бронте, приблизительно ровесники, были похожи друг на друга огненным цветом волос. Они скоро стали большими друзьями и было решено, что Бронте прогостит рождественские праздники в доме Мак-Клори.

Посещение это имело решающее влияние на судьбу Гуга.

Гуг в это время уже совершенно не походил на того оборванного, угнетенного мальчика, каким был он в доме Вельша. Это был уже не раб, а человек, впервые познавший свободу, и с увлечением ухватившийся за первый доступный ему труд, и труд этот, в который вкладывал он всю свою душу, года через два уже с избытком обеспечивал ему существование. Благодаря работе на открытом воздухе, удовлетворительному питанию и достаточной одежде, Гуг быстро развился и вырос, и превратился в высокого, красивого, хорошо одетого человека. Гуг сознавал, что он красив, и тратил весь избыток своего заработка на украшение своей особы.

В канун Рождества в наемном джиге Гуг с шиком подкатил к дому Мак-Клори и громко постучался в дверь. Через минуту дверь отворилась и на пороге появилась молодая девушка ослепительной красоты. <...> Это была настоящая ирландская красавица чистейшего кельтского типа.

Волосы ее, ярко-золотистого цвета, обильными локонами ниспадали по ее плечам. У нее был необыкновенно белый гладкий лоб, ослепительные мелкие зубы и яркий румянец на щеках, длинные темно-каштановые ресницы и, как у газели, глубокие глаза с фиолетовым оттенком и мягким трогательным выражением, которые до известной степени перешли и к ее внучкам, делая привлекательными их вообще неправильные лица.

К сожалению, она не передала им своей высокой, красивой фигуры и эффектной постановки головы. До сих пор еще живы люди, помнящие красивую старуху «Эйльс» Бронте, как они ее называли.

Вся самоуверенность Гуга была окончательно уничтожена появлением этой красавицы. Он стоял и смотрел на нее с открытым ртом, теребя в руках шляпу, тщетно пытаясь заговорить. Наконец, он осведомился, дома ли мистер Мак-Клори, и девушка, оказавшаяся Алисой Мак-Клори, сообщив, что брат ее скоро вернется, пригласила его в дом.

Он вошел, красный, чувствуя себя крайне неловко, но Алиса своим простым обращением скоро уничтожила эту неловкость, и прежде, чем брат ее, Патрик Мак-Клори, известный под именем Красного Падди, успел вернуться домой, Гуг был уже без ума влюблен в его сестру. Со свойственной одним только ирландцам быстротой и порывистостью, — свойство, унаследованное от него и его сыном, — Гуг, ослепленный красотой и увлеченный любовью, тут же признался в своей страсти и сделал предложение. Алиса совершенно простым, холодным, деловым тоном объяснила ему, что она его недостаточно еще знает; кроме того, он был протестант, а она католичка, и, следовательно, о браке между ними не может быть и речи. Гуг раскричался, что это никак не могло служить препятствием, так как у него самого не было никакой религии: со времени своего раннего детства он ни разу не был в церкви, и ему было решительно все равно, быть католиком или протестантом.

Алиса отвечала шутками и мало-помалу заставила его рассказать всю свою историю. Гуг передал ее со свойственным ему жаром и увлечением и глубоко растрогал молодую девушку.

Так с наслаждением проводил Гуг рождественские праздники, отказываясь сопутствовать Красному Падди, почти все свободное время просиживавшему в харчевне, и вместо того с удовольствием беседовал с его сестрой. Прежде, чем миновали рождественские праздники, Гуг и Алиса дали уже друг другу слово, но любви их предстояло еще пережить немало тревожных перипетий.

Все родственники и друзья Мак-Клори были ужасно возмущены согласием Алисы выйти замуж за протестанта. <...>

Гуг Бронте не имел еще никакого понятия о той неизмеримой пропасти, которая разделяла протестантов и католиков, а потому не приписывал значения разности религий его и Алисы и вовсе не считал это серьезным препятствием. <...>

Сначала это показалось ему только смешным недоразумением, и при своей открытой, смелой, великодушной натуре он от души желал рассеять его и уговорил Алису устроить ему свидание с ее близкими и друзьями, надеясь одним искренним словом разрушить их предубеждения против него.

В назначенный день в кухне Падди Мак-Клори человек двенадцать лукавых, хитрых католиков окружили простосердечного, добродушного Гуга. После первых приветствий появилась бутылка, и чарка виски стала переходить из рук в руки. Гуг никогда не мог привыкнуть даже к запаху виски и отказался пить с друзьями Мак-Клори. Уже это одно само по себе явилось серьезным оскорблением. <...>

К Гугу приступили с повелительным требованием отречься от протестантизма. Ответ был у него готов заранее. Он был такой же протестант, как и они сами, и ему не от чего было отрекаться. <...>

«Проклинай же скорей короля Вильяма!» — кричал ему пылкий человечек, поддерживаемый хриплым хором полупьяных гостей, не спускавших разгоревшихся глаз с протестанта. — «Я не могу проклясть короля Вильяма, — улыбаясь, возразил Гуг. — Он никогда не причинял мне никакого зла. Ни мои проклятия, ни мои благословения все равно не настигнут его; но, — прибавил он, понемногу разгорячаясь, — я охотно готов проклясть папу, если это он сочинил вашу свирепую и глупую веру». <...>

Противодействие только подлило масла в огонь: Алиса, все еще колебавшаяся и не решавшаяся поступать вразрез со взглядами своих друзей, открыто выказала свою привязанность и, прощаясь в этот вечер в лесу под высокими соснами, они оба поклялись друг другу в неизменной любви. Вторым результатом этого свидания было внезапное и моментальное превращение Гуга в самого ярого и отъявленного протестанта. <...>

Несколько раз по воскресеньям отправлялся он в Баллинаскег и тайно виделся с Алисой в лесу у ручья. <...> Но эти свидания были открыты, за действиями Алисы был учрежден бдительный надзор, и весь клан Мак-Клори соединил свои усилия, чтобы заставить Алису выйти замуж за соседа-католика, Джо Бернса.

Очутившись в таком безвыходном положении, Гуг принялся учиться читать и писать, и достиг того, что по ночам, пользуясь светом от обжигательной печи, писал Алисе письма, так как она умела читать. В это же время начал он читать Евангелие. Между тем среди товарищей его распространилась весть, что он самый заклятый протестант, проклял папу и даже произвел яростное нападение на одного беззащитного и безобидного католика. Отношение к нему товарищей вдруг совершенно изменилось, <...> и Гуг был отставлен от должности. Вероятно, финансы Гуга в это время были очень плохи, потому что он должен был поступить простым работником на ферму в Донаугморе. Такие работники в те времена получали около 6 фунтов в год на всем готовом. Но зато, живя на ферме, он был гораздо ближе к Алисе, а это тоже имело большую цену.

<...> Все были уверены, что он исчез бесследно, и друзья Алисы Мак-Клори прекратили свой строгий надзор за нею, но продолжали усиленно настаивать на ее свадьбе с Джо Бернсом. К этим настояниям присоединился и священник.

Наконец Алиса, к общей радости всей католической партии, сдалась-таки на их уговоры, и день свадьбы был назначен. <...> Жених со своими друзьями приехал верхом на лучших своих лошадях, собрались и другие гости, кто верхом, кто пешком. У дома стояла уже крытая тележка, в которой невеста должна была ехать в церковь. Но произошла какая-то задержка, и почему-то никто не трогался с места. Всадники, потеряв терпение, сошли с коней, стаканы виски давно уже переходили из рук в руки... Наконец пронеслась весть, что Алиса, просидев почти всю ночь, оканчивая свои новые платья, и, совсем уже одевшись к свадьбе, выехала на своей кобылке, чтобы немножко прокатиться и освежиться. В последнее время это было ее любимое удовольствие. Посланные отправились искать ее по всем направлениям, но вернулись ни с чем. Все пришли в страшное волнение и не знали, что делать. Но тут явился человек, ездивший в Банбридж за разными сладостями для угощения на свадьбе, и сообщил, что встретил мисс Мак-Клори и какого-то высокого господина, скакавших во весь опор по направлению к реке Бань у Банбриджа.

Страшный переполох поднялся среди свадебных гостей; пошли в ход стаканы виски, крики, ругательства. После торопливого совещания гости, имевшие коней, решились пуститься в погоню за невестой, но в то время, как они готовы уже были тронуться в путь, к дому подъехал мальчик верхом на кобыле Алисы и передал письмо, в котором сообщалось, что она только что обвенчалась с Гугом Бронте в Маггераллийской церкви. Она высказывала свою любовь и признательность брату и надежду, что гости с удовольствием сядут за свадебный обед и будут пить за здоровье мистрисс Бронте.

Ловкость, с которой привела она в исполнение свой план, вызвала восторг у увлекающихся и легкомысленных ирландцев, и после некоторого колебания решено было последовать ее совету и приняться за обед. Даже Бернс не проявил никакой злопамятности и первый предложил выпить за здоровье молодых, а добродушный Падди сейчас же послал к ним человека передать им общие поздравления. Свадьба деда и бабки писательниц состоялась в 1776 г., в протестантской церкви в Маггералли.

Поселившись в известном уже читателям коттедже, стоявшем на бойком месте, на перекрестке нескольких дорог, где Гуг устроил свою сушильню, молодые сначала жили крайне бедно, но вполне счастливо, и имели много детей. Затем дела их пошли хорошо. Гуг был старательный и хороший работник, и быстро разраставшаяся семья вскоре должна была переселиться в лучший и более просторный дом в Лиснакриви.

Гуг не остановился на той степени грамотности, на которой застаем мы его в то время, когда он царапает свои письма к Алисе при свете обжигательной печи. Поступив простым рабочим на ферму в Донаугморе, к мистеру Джемсу Гаршау, он, так сказать, получил доступ к источнику умственной жизни. Семья Гаршау владела фермой уже с начала XV в., и Джемс, помимо прекрасных традиций, вынесенных им из семьи, получил еще прекрасное образование, достойное истинного джентльмена. Это была простая по своим привычкам, работящая семья, в то же время составлявшая местный умственный центр. Хозяева, по всей вероятности, весьма скоро оценили выдающуюся натуру Гуга и обращались с ним ласково, видимо, ставя его выше обыкновенного слуги и работника; бездны, отделяющей господ от рабочего класса, еще не существовало, и молодые Гаршау стали учить его. Гуг проводил много времени в их семье и, по всей вероятности, и тут не отказывался от своей привычки рассказывать истории.

В конце прошлого века «рассказчики» занимали в Ирландии место современной книги, и Гуг своими рассказами должен был заронить в души молодых Гаршау семена убеждений, принесших впоследствии богатые плоды. Таково было, по крайней мере, твердое убеждение достопочтенного Вильяма Мак-Аллистера. <...>

Гуг Бронте имел одиннадцать человек детей. Старший сын его, Патрик, родился в 1777 г., в том самом домике, где устроена была сушильня. <...>

Вся семья Гуга отличалась большою любовью к независимости, и хотя в положении фермера в Ирландии достичь благосостояния и независимости было довольно-таки трудно, тем не менее, благодаря неусыпной энергии и трудолюбию, это им наконец-таки удалось.

Достопочтенный Патрик Бронте, отец писательниц, был сыном несомненно замечательного по своему уму и дарованиям человека, но человека, не успевшего, да и не стремившегося стать выше сферы, к которой принадлежал он по рождению, и не мечтавшего ни о чем другом для своих детей, и Патрику приходилось добиваться образования и высшего положения в обществе только своими личными усилиями. Средства семьи были очень скудны, особенно в первые годы его детства, но Патрик, видимо, никогда не жалел об этом, своих детей он стремился воспитать в простом, даже суровом духе. Этим объясняются многие факты, возмущающие биографов его дочерей, как, например, суровый режим, не допускавший в детском обеде ничего, кроме картофеля и т.п. Конечно, это, вероятно, была большая ошибка по отношению к девочкам, унаследовавшим слабую болезненную натуру матери, но довольно понятная в человеке, принадлежавшем к такой необыкновенно здоровой и сильной семье, и притом питавшейся почти исключительно одним картофелем, овсянкой да сывороткой. <...>

Когда исполнилось ему четырнадцать лет, родители сочли нужным научить его какому-нибудь ремеслу. Сначала выбор их пал на кузнечное дело, но потом они предпочли ремесло ткача. <...> Ремесло это далось Патрику очень легко, и это было как раз такое время, когда ткачам представлялась возможность значительного заработка. В Ульстере началась усиленная обработка льна, и Патрик, научившись ткать лен, стал получать значительные деньги, работая дома и продавая полотно и в Банбридже, где оно тоже было в цене. Продав полотно, Патрик обег а́л все книжные лавчонки Банбриджа и Ньюри и возвращался домой, нагруженный книгами.

Литературный талант отца нашел себе отзвук и в сыне: уже шести-семилетним мальчиком он знал на память почти все рассказы своего отца, что, перенесенное на печатные строки, составило бы довольно изрядную библиотеку и не только романического, но и философского содержания, так как Гуг всю свою жизнь прилежно читал две книги: Библию и «Путь Пилигрима» Беньяна, и к восьми годам Патрик был знаком в общих чертах с содержанием обеих книг. Рассказы отца пробудили в нем страстную любовь к литературе и жажду к чтению, которую он теперь мог удовлетворять, одновременно занимаясь тканьем и читая книгу, раскрытую перед ним на какой-нибудь самодельной подставке. Так шло время: много зарабатывая и имея возможность покупать себе вдоволь книг, Патрик был вполне доволен своим положением. Но тут произошло незначительное само по себе обстоятельство, которое совершенно изменило его взгляд на положение вещей. В то время ему было лет шестнадцать. Странствуя по лавкам, он наткнулся на маленькое издание Мильтона «Потерянный рай». Никогда еще не попадалась ему книга, которая до такой степени приковала бы его к себе, и он только и делал, что читал и перечитывал ее вновь. Печать была очень мелка, и, поглощенный чтением, он не заметил некоторых упущений в своей работе. В это время один из банбриджских торговцев заказал ему несколько штук очень тонкого полотна, и для этого сам снабдил его тонким челноком и пряжей: молодой Бронте считался уже необыкновенно искусным ткачом, он мог браться за особенно тонкую и дорогую работу и был уже на пути к полному преуспеванию в жизни. Но сдав благополучно и вовремя первый кусок полотна, он на несколько дней запоздал со вторым, и, кроме того, этот второй был найден неудовлетворительным. Рассматривая полотно в увеличительное стекло, торговец заметил, что ткань была неправильная и неровная, и порядком разбранил его за дурную работу.

Патрик совсем пал духом: он не в силах был, да и не хотел отказаться от чтения и не мог продолжать заниматься своим ремеслом, когда внимание его до такой степени раздваивалось. Он решил было посвящать каждому делу по определенной части дня, но Мильтон, заполонивший его память, преследовал его и за ткацким станком.

Но тут судьба свела его с человеком, оказавшимся его истинным благодетелем. В один из летних дней он лежал на траве и вслух, не помня себя от увлечения, декламировал что-то из Мильтона, прибавляя тут же и свои собственные комментарии, как вдруг, оглянувшись, увидел около себя какого-то господина, внимательно слушавшего его декламацию. Это был Андрью Гаршау, дальний родственник тех Гаршау, у которых служил когда-то Гуг.

Мистер Гаршау был, что называется, неудачник в жизни: обладая выдающимися способностями, знаток классических языков и математики и человек весьма начитанный в английской литературе, он с блеском окончил университетские экзамены, и все прочили ему блестящую клерикальную карьеру, но он оказался совершенно лишенным дара слова, и схоронился в глуши, в Ирландии, посвящая свое свободное время занятиям на своей ферме и в небольшой школе в Баллинаферне.

Андрью Гаршау, застав Патрика за декламацией, ласково заговорил с ним, и скоро заставил его высказать, в каком затруднительном положении он находился. Гаршау, человек добрый и отзывчивый, заинтересовался юношей, страдавшим от такого крайнего несоответствия его вкусов и его занятия, и решился прийти ему на помощь. Гаршау сумел открыть перед его глазами широкие перспективы и поставил перед ним цель, к которой монотонный труд его должен был служить первой ступенью. Гаршау обещал ссужать его книгами и учить его, и челнок в его руках с этой поры должен был стать не помехою, а средством к дальнейшему успеху. Обретя надежду и спокойствие духа, Патрик получил возможность заниматься своим ремеслом с полным вниманием и не отвлекаясь тревожными мыслями. Вследствие большой дороговизны свечей люди в положении Бронте не могли ими пользоваться, и заменяли их домашними свечами из смолы, сильно вонявшими и нагоравшими, и лучинками. Ткать при таком освещении было невозможно, а потому Патрик, не покладая рук, с удвоенной энергией работал за своим станком весь день, а все остальное время, — с раннего утра и до глубокой ночи, читал и учился при свете лучины, которую приходилось постоянно держать в руках и поминутно соскабливать обуглившийся конец. Во все это время он спал не более пяти часов в сутки. Так, в уголке у печки дяди Падди читал он своего Овидия, Вергилия, Гомера и Геродота и чертил и решал задачи Эвклида при помощи обожженной лучинки. Часа за два до рассвета он отправлялся к Гаршау, который, разбуженный среди ночи, объяснял ему дальнейший урок, не вставая с постели, при свете светильни, пропитанной смолой. При этом Гаршау всегда настоятельно требовал, чтобы день заставал его уже за станком.

Патрик работал со всем усердием, на которое только может быть способен человек, имеющий в виду блестящую и заманчивую цель, и Гаршау был в высшей степени доволен своим учеником.

Таким образом прошел год, и купец, дававший работу Бронте, умер. Во всем Банбридже никому не нужно было такого тонкого полотна, а Патрик не имел ни малейшей охоты вернуться к грубым и плохо оплачивавшимся тканям. Он накопил довольно много денег, и на время мог отказаться от заработка, вполне предавшись ученью. Гаршау, с своей стороны, находил, что ученик его был настолько уже продвинут, что мог бросить свое ремесло и жить более интеллигентным трудом.

В это время оказалось свободно место учителя в школе при пресвитерианской церкви в Гласгар-Гилле, и Гаршау удалось доставить это место Патрику Бронте.

Страсть Патрика Бронте к поэзии и творчеству особенно сильно и ярко сказалась уже во времена пребывания его учителем в Гласгарской школе. Несомненно, что и ее, как и дар рассказчика, он унаследовал от своего отца. В семье Бронте известно было и сохранялось стихотворение, которое все единогласно приписывали старику Гугу.

Называлось оно «Алиса и Гуг», и в нем воспевалась красота Алисы и их неизменная любовь и счастье. Но так как в нем встречаются выражения вроде «персиковый цвет», «кровавый Марс», то Райт предполагает, что стихотворение это в настоящей своей форме представляет собою несомненно произведение музы Гуга, но несколько сглаженное и исправленное, в смысле формы, сыном его Патриком.

Вообще вся семья эта была до такой степени своеобразна, оригинальна, до того не похожа на обычных фермеров, ни по своим вкусам, ни по своему образу жизни, что производила сильное впечатление на воображение соседей. Могучая фантазия и в некоторых случаях прямой творческий талант заставлял Бронте вносить поэзию и изящество во всю будничную обстановку их жизни. <...> Самая лощина, где жили Бронте, получила фантастическую окраску. Это было очень красивое и романтическое местечко, но чересчур мрачное и уединенное. Местность эта на целые мили в окружности пользовалась весьма дурной славой: тут бродили привидения, и с наступлением ночи никто не отваживался проходить мимо лощины. <...> Из глубины лощины доносились порывистые крики и мучительные вопли, точно умирающего человека.

Согласно издавна существовавшему преданию, какая-то женщина была убита тут в овраге своим вероломным любовником. Гуг Бронте рассказывал эту историю с такими яркими подробностями, что все посетители его сушильни, наконец, знали ее на память.

Негодяй заманил свою жертву в Ратфриланд, под предлогом покупки обручального кольца. Там он попытался было задушить ее, но она вырвалась и уже бежала полями и окольными дорогами домой, к матери, когда, как говорится в одной из неизданных песен Патрика,

«Перескакивая через изгороди и канавы, он взял
                                        кратчайший путь
И опередил ее в тот злополучный день».

Он завел ее в пустынный овраг и убил самым варварским образом. В ту же ночь дух убитой напал на убийцу, с дикими криками вытащил его из постели через окно на улицу и повлек дальше вниз, вниз, с нечеловеческими воплями, на дно бездонной пропасти. На местных собраниях история эта передавалась в форме баллады, автором которой Райт считает Патрика, и пелась на особый печальный напев.

Обоим им суждено было целую тысячу лет бродить по земле. Они выбрали себе местопребыванием эту уединенную лощину, и их-то ужасные страдальческие крики и пугали ночных путников. <...>

Самая смерть Гуга, как истого героя народных преданий, обставлена фантастическими подробностями.

Замужняя сестра Бронте жила со своею дочерью тут же неподалеку, в одном доме, в котором когда-то повесился человек по имени Фрацер. Дух его являлся иногда в доме: ночью, в пустых комнатах слышался шум и стуки; какая-то громадная лягушка с острыми когтями взбиралась по простыням кровати и, усевшись на груди спавшего, давила и душила его.

Гуг, захватив ружье, отправился в дом сестры и стал вызывать привидение на битву. Но ночь прошла тихо и никто не явился.

На следующую ночь Гуг вернулся со скрипкой, надеясь вызвать духа с помощью музыки, но опять-таки тщетно.

На этот раз Гуг вернулся домой в состоянии страшного возбуждения. Он, не переставая, призывал Фрацера явиться, пожать ему руку и помириться. Он лег в постель в полном бреду и беспамятстве, и ночью дух явился к нему и с такою силою сжал его в своих объятиях, что вскоре после этого он умер в страшных мучениях, все время упрекая Фрацера за его бессердечную жестокость и трусость. <...>

Таким образом, как местность, так и сама семья Бронте явились, так сказать, центром приурочения местных преданий, представлявших обильную пищу фантазии и неисчерпаемый источник поэтических вымыслов, достигший, через посредство отца, до внуков, никогда не видавших ни Ирландии, ни своих ирландских родственников*. Семя в виде увлекательных рассказов Патрика Бронте упало на добрую и притом несомненно родственную

---

* Тут, может быть, кстати будет сказать, что в описываемую нами эпоху капитан Майн Рид, автор «Всадника без головы», состоял учеником в школе Мак-Ки и, конечно, был вполне знаком со всем циклом семейных и местных преданий. (*Примеч. автора*.)

почву, и принесло богатые и характерные плоды. Когда Мак-Ки в первый раз прочитал роман Шарлотты «Дженни Эйр», вышедший под псевдонимом Керрер Белль и доставленный ему Гугом (младшим), встревоженным мыслью, не совершила ли его умная племянница чего-нибудь неприличного, написав книгу, столь не похожую, например, на «Путь Пилигрима», он прямо сказал: «роман этот, — сами Бронте от начала и до конца». В романе же второй сестры Эмили «Бурные Вершины» мы встретимся со всеми нашими старыми знакомцами, — Вельшем, Галлагером и другими, памятными нам из истории самого старика Гуга Бронте. Патрик Бронте, в бытность свою учителем в Гласгарской школе, со страстью предавался стихотворству и щедрою рукою черпал свои сюжеты из местных преданий. Произведения его читались в школе его учениками, принимались с восторгом, заучивались на память и даже перекладывались на музыку и пелись.

В 1811 году, когда он состоял уже в должности пастора, вышел томик его стихотворений под общим заглавием *Cottage Poems* и, как полагает Райт, большинство из них было написано в Гласгаре и затем только просмотрено и исправлено для издания. Поэмы эти не раз подвергались суровой критике, и вообще поэтический талант Патрика Бронте остался непризнанным. <...> Между тем нельзя не принимать во внимание, что поэмы эти были написаны мальчиком-ткачом для школы, состоявшей из детей фермеров и рабочих; затем изданы они были священником, который, по самому положению своему, принужден был делать строгий выбор из своих произведений и старательно избегать всего резкого, выдающегося, чересчур оригинального, выходящего из рамок общепринятых клерикальных воззрений. Страстная, фантастическая и притом, как кажется, по преимуществу, сатирическая муза Патрика Бронте всего менее могла проявить себя при таких условиях. Когда занятия Патрика Бронте в Гласгарской школе, внезапно пришли к концу, мистеру Гаршау опять удалось доставить ему место учителя в приходской школе в Друмбаллиронее. Вознаграждение учителя в этой школе было гораздо значительнее того жалованья, которое получал Патрик Бронте в Гласгарской школе, и в четыре года, с 1798 по 1802, он успел скопить, вероятно, около 100 или 120 фунтов стерлингов, что дало ему, наконец, возможность двадцати пяти лет поступить в Кембриджский университет, в коллегию Сент-Джона. Через четыре месяца ему удалось получить стипендию Гара, которой он пользовался четыре года; затем, с 1803 по 1807 он пользовался еще стипендией герцогини Суффолькской и, наконец, в течение 1805 г. стипендией Гудмана. Все эти стипендии, конечно, предназначавшиеся беднейшим из студентов, выдавались, тем не менее, на основании конкурса, и служат несомненным доказательством блестящих способностей, обнаруженных Бронте во время пребывания его в университете. Он получил степень бакалавра 29-го апреля 1806 г., а 26-го мая 1808 г. имя его было окончательно вычеркнуто из университетских списков.

С этой поры начинается деятельность Патрика Бронте в звании английского пастора епископальной церкви, и ее можно проследить чрезвычайно точно по официальным данным. Патрик Бронте, терпевший так много насмешек за католическую религию своей матери, не желал играть в Англии незавидной роли ирландского выходца. Он, как говорят, сумел окончательно отделаться от ирландского акцента и никогда не говорил о своем ирландском происхождении. <...>

Прошло двенадцать лет и, вместо живого, пылкого, не умевшего сдерживать своих порывов юноши, мы находим в Гаворте сурового, необщительного, замкнутого, в высшей степени выдержанного человека, строго исполнявшего свои обязанности, но избегавшего излишних сношений с людьми, и умевшего, когда нужно, смело пойти вразрез с общественным мнением. Хотя он и держался в стороне от своих прихожан, но он никогда не был тем «представителем духовенства», что «презирает бедняка и прилепляется к богатому», и открыто становясь на сторону обиженных, ему не раз случалось приходить в столкновение с судебными властями и наиболее влиятельными и богатыми членами своей паствы. Раз, говорят, он до такой степени испортил себе отношения с окружными владельцами фабрик, что боялся тайного покушения на свою жизнь и с тех пор постоянно носил с собой заряженный пистолет.

Этот суровый, разочарованный, близкий к мизантропии человек до старости сохранил в душе глубокое поэтическое чувство и любовь к природе. В своих бесконечных одиноких прогулках по заросшим вереском торфяникам Гаворта он с любовью наблюдал за каждой птицей, за каждым зверьком, попадавшимся ему на пути. И эта свойственная ему глубина чувства и чуткость к поэзии, скрытые от постороннего глаза холодной, неприветливой внешностью, не могли пройти неоцененными его детьми и создали между ними гораздо более прочную связь, чем все те щедрые, но так часто совершенно поверхностные ласки и заботы о развлечениях и детских забавах, отсутствие которых в жизни маленьких Бронте внушает такую жалость к ним даже мистрисс Гаскель, близкому другу Шарлотты.

СОДЕРЖАНИЕ

Литературно-художественное издание

Бронте Шарлотта

Эмма

Главный редактор *В.И. Галий*
Ответственный за выпуск: *В.В. Гладнева*
Художественный редактор *О.Н. Адаскина*
Компьютерная верстка *Е.Н. Гадиева*
Технический редактор *Л.Т. Ена*
Корректор *Н.Л. Латушко*

Подписано в печать с готовых диапозитивов 19.06.2000.
Формат 84x108¹/₃₂. Бумага типографская. Печать офсетная.
Усл. печ. л. 23,52. Тираж 10 100 экз. Заказ 1618.

Налоговая льгота — общероссийский классификатор продукции
ОК-00-93, том 2; 953000 — книги, брошюры.

ООО «Издательство АСТ».
Лицензия ИД № 00017 от 16 августа 1999 г.
366720, Республика Ингушетия,
г. Назрань, ул. Кирова, д. 13.
Наши электронные адреса:
WWW.AST.RU.
E-mail: astpub@aha.ru.

Фолио
61002, Харьков, ул. Артема, 8.

При участии ООО «Харвест». Лицензия ЛВ № 32 от 27.08.97.
220013, Минск, ул. Я. Коласа, 35—305.

Налоговая льгота — Общегосударственный классификатор
Республики Беларусь ОКРБ 007-98, ч. 1; 22.11.20.300.

Отпечатано с готовых диапозитивов заказчика
в типографии издательства «Белорусский Дом печати».
220013, Минск, пр. Ф. Скорины, 79.

Бронте Ш.

Б 88   Эмма/Сост. И.Н. Васильева и Ю.Г. Фридштейн. — Харьков: Фолио; М.: ООО «Издательство АСТ», 2000. — 445 с.

ISBN 966-03-0768-3 (Фолио)
ISBN 5-17-002119-4 (ООО «Изд-во АСТ»)

Это — «Эмма». Не просто последний — и возможно, интереснейший — из романов Шарлотты Бронте, но книга, долгое время считавшаяся утраченной и почти что таинственным образом обнаруженная в архивах писательницы в 1982 году.

Это — «Эмма». Наверное, самая современная из работ Шарлотты Бронте. Книга, вышедшая из иной эпохи — но созвучная эпохе нашей...

УДК 820
ББК 84(4Вл)